YingHao

21 世纪 人力资源管理专业系列教材

人力资源管理

概 论

（第二版）

主 编 王林雪

副主编 张卫莉 夏彩云

西安交通大学出版社

XI'AN JIAOTONG UNIVERSITY PRESS

内 容 提 要

在全球化竞争的时代,作为资本性的人力资源已成为企业竞争优势的来源,进行科学的人力资源管理,实现合理的人力资源配置,是企业提升竞争力的重要途径。

本书是这套丛书的开篇,从总体上对人力资源管理的理论知识和技术方法进行了概述。本书主要阐述了人力资源管理的功能与任务目标,人力资源管理者角色与职责,人力资源管理部门设置,环境与人力资源管理,人力资源规划,工作分析,招聘、测试与选拔,培训与开发,职业生涯设计与管理,绩效考核与管理,薪酬管理,劳动关系,人力资源战略管理。本书整理、参考和吸收了国内外理论与实践研究成果,突出了理论知识的系统性、前沿性和实践性。书中附有阅读资料和案例讨论,使本书活泼、生动,增强了可读性。

本书可作为高等院校管理专业学生的学习教材,也可作为各类人员管理培训和自学教材。

图书在版编目(CIP)数据

人力资源管理概论/王林雪主编.—2版.—西安:
西安交通大学出版社,2013.9(2024.1 重印)
(英豪21世纪人才资源管理专业系列教材)
ISBN 978 - 7 - 5605 - 5749 - 6

Ⅰ.①人… Ⅱ.①王… Ⅲ.①人力资源管理-概论
Ⅳ.①F241

中国版本图书馆 CIP 数据核字(2013)第 232069 号

书　　名	人力资源管理概论(第二版)
主　　编	王林雪
责任编辑	魏照民
出版发行	西安交通大学出版社
	(西安市兴庆南路 1 号　邮政编码 710048)
网　　址	http://www.xjtupress.com
电　　话	(029)82668357　82667874(市场营销中心)
	(029)82668315(总编办)
传　　真	(029)82668280
印　　刷	西安明瑞印务有限公司
开　　本	727mm×960mm　1/16　印张 23　字数 417 千字
版次印次	2013 年 9 月第 2 版　2024 年 1 月第 13 次印刷
书　　号	ISBN 978 - 7 - 5605 - 5749 - 6
定　　价	39.80 元

如发现印装质量问题,请与本社市场营销中心联系。
订购热线:(029)82665248　(029)82667874
投稿热线:(029)82668133
读者信箱:xj_rwjg@126.com

英豪21世纪人力资源管理专业系列教材

编写委员会

学术指导：席酉民

编委会主任兼总主编：杜跃平

编委会副主任：李增利

编委委员（按姓氏笔画排序）：

王林雪	孙 波	李 明	李 莉
苏列英	张 琳	杨生斌	林 筠
高 艳	高恺元	夏彩云	魏 伟

总　　序

　　进入 21 世纪以来,经济全球化、全球市场化的进程不断加快,人类正在迈向知识经济时代。从农业经济到工业经济,再到服务经济或以体验经济、眼球经济等各种特征组合成的新经济,除了管理的重心逐步从价格、质量等转向创新、反应速度、信誉等外,经济社会发展所依赖的关键资源也由原来的土地、劳力、资本逐步转向信息、经营能力、知识等(即使在我国经济尚处于多元化的状态下,这种趋势也是明显的)。换句话说,知识、人才等智力资本正在成为经济增长和发展的基础性、关键性、战略性资源。高素质人力资源的知识、能力和创造力,是国家、地区、企业获得竞争优势的根本源泉,高素质人力资源的开发与争夺日益成为国家、地区、企业之间竞争的焦点。各国政府和企业越来越重视人力资源的开发与管理,纷纷采取各种措施努力提升人力资源的素质、能力和知识结构,为参与日益激烈的竞争创造持续的动力和源泉。

　　传统经济学一般认为,决定经济增长的基本要素是人、土地、资本,人被看作是"非资本的"一种自然状态的劳动力,而没有真正考虑到劳动者所拥有的知识和技能的价值与作用。战后以来对经济增长和发展的研究揭示了一个新的现象,在不同的国家和地区,相同的实物资本总投入量带来了差异悬殊的收益增长。经济分析和研究发现,这种差异的真正根源在于人力资源质量的差异,即是由人力资源的知识水平和能力差异所导致的人力资源使用效率的差异所形成的。当代经济学家普遍认为,土地、厂房、机器、资金已不再是国家、地区和企业致富的根本源泉,唯独人力资源才是企业和国家经济社会发展之根本。人力资源是决定经济增长的第一资源。正如西奥多·舒尔茨所指出的"人类的未来并不取决于空间、能源和耕地,而将取决于人类智力的发展"。当代经济学理论的创新,一方面反映了新的经济演化本质和特征;另一方面也不断凸显了人力资源和人力资本在未来经济增长和发展中具有的基础性、战略性地位。

　　在现代经济学不断创新和发展的同时,现代管理学理论和实践模式也在实现着创新和发展。无论是管理学中的人性观的变化,还是系统管理理论的创新、管理目标和模式的调整,日益体现了以人为本的思想和理念,特别是从传统的人事管理向人力资源管理和战略性人力资源管理的变革,集中体现了经济学理论的创新成果和管理理论与实践的创新需要,即人力资源是第一资源,人是企业主体,人在管理中居于主导地位。

当今世界,多极化趋势曲折发展,经济全球化不断深入,全球化市场竞争日益加剧,科技进步也日新月异,人才资源及其作用的发挥在综合国力和竞争中的战略地位及决定性意义日益凸显。本世纪头 20 年是我国落实科学发展观与建设和谐社会的关键时期,我们面临诸多挑战,特别是在人才及其选拔和作用机制等管理方面的挑战最为严峻。和谐社会,贵在形成一种人尽其才、物尽其用、"君子和而不同"的"多元统一、异质同构"的社会机制和环境,而其中人才的培养、选拔和使用机制及管理又是关键因素。只有努力造就数以亿计的高素质劳动者、数以千万计的专门人才和一大批拔尖创新人才,建设规模宏大、结构合理、素质较高的人才队伍,把我国的人口大国转化为人才资源强国,才能大力提升国家核心竞争力和综合国力,完成建设和谐社会的历史任务,实现中华民族的伟大复兴。

但是,人力资源的主导地位并不必然导致现实的竞争优势,资源优势的发挥依赖于对人力资源的有效开发和管理。因此,人力资源开发与管理具有特别重大的战略意义。

人力资源管理是世界各国,也是我国多层次工商管理教育和培训课程中一门重要的核心课程。由杜跃平教授主编完成的这套《英豪 21 世纪人力资源管理专业系列教材》,在选题和编写中,体现了知识结构的系统性、理论与方法的前沿性、管理实践的应用性、体裁形式的活泼性,是一套特色鲜明,具有较高水平的作品。

我国从国外引入人力资源管理学科的时间还不长,我国的经济体制和经济发展正处于转型时期,企业管理的变革和创新十分活跃,如何在引进、借鉴国外先进科学的人力资源管理理论与方法的基础上,结合我国经济改革和企业管理的实际,实现我国体制与文化下人力资源的有效开发与管理,仍然是摆在人力资源管理研究者、教育者和实践者面前的重大课题。希望我们不懈努力、积极探索,为形成一种有效的培养、挖掘、释放人力资源能量的适合中国国情的管理机制和环境而出力献策!

西 安 交 通 大 学 副 校 长
教育部高等学校工商管理类学
科专业教学指导委员会主任
管 理 教 授 、博 士 生 导 师

2006 年 8 月于西安交大管理学院

前　言

　　人力资源是企业的第一资源,人力资源管理是企业管理的重要职能之一。如何有效地进行企业人力资源开发与管理,关系到企业的生存与可持续发展。我国改革开放以来,企业管理的变革不断推进和深化。传统计划经济条件下的人事管理正在向现代市场经济条件下的人力资源管理转变,培养和造就一大批具有国际化、科学化、专业化和本土化的高素质人力资源管理研究者、教育者和实践工作者,是不断提高我国企业管理水平和市场竞争力的一项基础性、战略性的工程。

　　人力资源管理学科兴起和发展于西方发达国家,是改革开放以来引入我国的一门新兴管理学科。如何在引进、借鉴的基础上,紧密结合中国经济发展、企业管理和社会文化背景,实现集成创新和引进消化吸收再创新,是我国人力资源管理领域所面临的一项重大课题。我们在长期的研究、教学和管理实践的基础上,通过大量深入的调查研究,为了适应人力资源管理教学和培训的新需要,组织相关人员编写了这套《英豪21世纪人力资源管理专业系列教材》。丛书的作者都是来自高等院校长期从事人力资源管理教学和研究的专业教师以及企业人力资源管理工作者,他们一方面在人力资源管理理论与方法上有一定的研究和积累,在人力资源管理的咨询、教学和企业培训方面有着丰富的经验;另一方面在长期的企业人力资源管理实践工作中,形成了许多宝贵的有效的实践技能和方法。这些都为编写这套富有特色的丛书提供了有利的条件和基础。这套丛书具有以下几方面的特色:

　　一是体系的系统性和重点性相结合。丛书的整体策划和分册的设计基本涵盖了这门学科的整个框架,具有系统性;同时,各分册的选题和体例设计中,注重突出人力资源管理学科的核心内容,进行合理选择,力求实现人力资源管理各个核心模块的内容系统、原理准确、重点突出、方法与技术实用、技能性和可操作性强。

　　二是内容的前沿性和作者的研究性相结合。在各分册的编写中,作者尽量收集、整理了国内外相关领域的最新研究成果,并努力恰当地融入写作中,使读者能够通过本书的阅读了解国内外人力资源管理研究的最新进展和创新成果;同时,由于人力资源管理学科是一门还不成熟的学科,许多方面还处于研究和不断完善之中,尤其如何结合我国的实际创造性地应用和发展,是值得深入研究的问题,作者在对某些问题的长期思考和研究中已经形成了自己的看法和成果积累,在写作中也有选择性地在内容中有所体现。尽管某些成果还不成熟,但是也希望与读者共同分享和思索,体现了作者的研究特色。

三是原理的一般性与本土实践经验的提炼原创性相结合。人力资源管理作为一门国内外公认的管理学科,就具有它自身基本原理的一般性、共同认可性,在编写中必须准确地反映。同时,由于人力资源管理实践在不同经济、文化背景下又体现了自己的特殊性。因此,作者在写作中将自己为企业的咨询、培训、管理实践的一些体会和有效的做法进行了一定的总结提炼,并在书中给予恰当的反映,体现了一定的本土性和原创性。

四是体例设计上体现了新的风格。在编写中,我们在各章中按照问题引导、材料阅读思考、原理与方法工具介绍、思考题和案例讨论的顺序进行体例设计。在案例选择上尽可能新颖、典型,使读者在阅读中循着提出问题、分析问题、解决问题、案例讨论、总结反思的逻辑过程做到理论与实际相结合,原理与案例相结合,传授知识与培养技能相结合,讲授与讨论相结合,以此达到学习目标与实践效果的统一。本丛书适合高等院校的经济学、管理学的研究生、大学生教学之用,也适合各类企业的专业培训和社会有关人员自学。

五是作者的团队合作。本套丛书的作者均是来自高等院校和企业中专门从事人力资源管理教学、研究、培训和管理实践的人员。他们在人力资源管理领域均有较高的造诣,富有思索和创新精神,知识结构合理,实践经验丰富,从而保证了丛书的编写质量。

本套丛书由陕西英豪人力资源管理公司策划组织。公司在工作人员保障、经费支持、组织运作中提供了条件。丛书由七个分册组成,分别是《人力资源管理概论》、《工作分析与职位评价》、《员工招聘》、《绩效管理》、《薪酬管理》、《培训与开发》、《人才测评与职业生涯管理》。作者分别来自西安交通大学、西北大学、西安电子科技大学、西北工业大学、西安石油大学、西安理工大学、西安工业大学、陕西科技大学以及一些知名的管理咨询公司和企业。丛书由西北大学经济管理学院教授、博士生导师杜跃平任总主编。他提出选题和体系安排,在经过编辑委员会成员讨论通过后,由分册主编负责组织编写。初稿完成后,由总主编对各个分册书稿进行审查、修改、定稿。

特别值得一提的是,在丛书的策划与编写过程中,我们得到了我国著名管理学家、西安交通大学副校长、博士生导师、教育部高等学校工商管理类学科专业教学指导委员会主任席酉民教授的大力支持和悉心指导。他在百忙之中欣然同意担任这套丛书学术指导，并且为丛书作序，使我们感到莫大的荣幸和鼓励。在此，我们全体策划、编写人员谨向他表示最衷心的感谢。

　　当然，这套丛书的质量和水平还有待读者去评判。作为一种探索和尝试，本套丛书自然还有许多值得探讨和改进的地方，但是我们毕竟走出了第一步，希望读者和同行专家对丛书提出宝贵的修改意见。我们将在不断修改和完善中努力提高水平，以期能为人力资源管理理论和实践水平的提高贡献我们的一份力量。

《英豪 21 世纪人力资源管理专业系列教材》

编辑委员会

2006 年 8 月于西安

第二版前言

《人力资源管理概论》一书于 2006 年由西安交通大学出版社第一次出版至今,历经 7 年时间,经过 6 次印刷,发行了 14000 多册,颇受读者的好评。但在这 7 年期间,全球经济环境的变化、我国经济的迅猛发展、企业的快速成长、我国《劳动合同法》的出台、劳动力市场的规范与活跃,对人力资源管理的理念、方式方法提出了挑战和更高的要求;对人力资源管理的重视从关注个体到关注群体,从关注企业到关注政府、事业单位,从关注效率到关注公平。面对新的形势,如何更好地实现人力资源与企业战略、企业成长相适应、匹配与一致,是值得我们关注和研究的问题。彭罗斯曲线的基本原理告诉我们:"企业现存的人力资源既刺激了扩张也限制了扩张的速度。即使通过收购和兼并获得的成长也无法逃脱利用现有的管理资源的投入维持组织的一致性这种必要性带来的约束。"我对这一观点深有感触。近一段时间接触了几个处于快速成长或快速扩张时期的企业,他们都谈到了一个共同的问题——人力资源短缺,尤其是中层管理人员短缺,已成为企业快速发展的瓶颈因素。我希望通过我们的共同努力,能够帮助企业寻找到解决问题的工具、路径与方式方法,能够促进企业快速健康地成长。

本书是在第一版的基础上进行的修订,对章节名称、结构、个别内容进行了适当的修改和补充,对每章的阅读资料和案例分析进行了更新,尤其对第 9 章、第 10 章的内容进行了较大的修订。修订分工如下:王林雪第 1、7 章;张卫莉第 2、3、5 章;夏彩云、田朝晖第 4、8 章;宁艳丽第 9 章;张霞第 6 章;方雯第 10 章。全书由王林雪统稿、定稿。本书在修订过程中难免存在不当之处,希望大家批评指正。

　　最后,感谢西安交通大学出版社为本书出版付出的辛勤劳动!

王林雪

2013.8

目　录

第 *1* 章

人力资源管理导论

资源是创造社会财富的源泉。世界上资源丰富,概括起来包括物力资源、财力资源、人力资源、信息资源、时间资源,其中最重要的、能够创造巨大价值的资源是人力资源。对人力资源的开发、利用与管理,是所有组织管理的重要内容。正如 IBM 公司的创始人托马斯·J·沃森所言:"广厦的构筑离不开资本,企业的经营需要人才。"

重点问题

⇨ 人力资源与人力资本
⇨ 人力资源管理
⇨ 人力资源管理模式
⇨ 人力资源管理的职能
⇨ 人力资源管理与组织结构
⇨ 环境与人力资源管理
⇨ 人力资源管理发展趋势

阅读资料

长虹的人力资源管理体系

拥有品牌价值 583.25 亿元,世界品牌 500 强企业——长虹,积极引入现代人力资源战略管理理念,构筑以"3P"(职位管理 position、绩效管理 performance、薪酬管理 payment)为核心的人力资源管理体系,并在实践中推广应用,在实施现代企业人力资源管理进程中,迈出了重要的一步,让人力资源管理活动成为各级管理者的一种习惯。

职位管理是基础。大大小小的职位组成了整个组织结构体系的细胞群集,职位管理也是一切人力资源管理活动的源头。职位管理涉及工作分析、职位描述、职责澄清与责任权限、职位价值评估、职位聘任等各个环节。以职位聘任为例,目前被教育、卫生、金融、邮电、交通、科技等事业单位在人才选拔和聘任中所采用,而成功推行这一举措的企业为数不多。长虹作为国有大型企业集团,结合企业自身特点,先后多次开展大区营销总经理、物业公司总经理、基建公司总经理、医院院长等高级职位公开聘任,让更多的优秀人才参与竞聘活动,并加深了竞聘者对这些关键职位职责内容、任职条件、职位前景规则的认识和理解。长虹在人力资源管理活动中,形成了一套符合自身特色关键职位的后备人才选拔与培训方案,并作为长效机制运行。通过任职资格审查、能力素质测评、潜力评估、并参考最近三年绩效档案结果,建立了后备行政管理、后备工程技术、后备营销等关键职级序列的后备人才库。后备人才库内人员均为设计研发、运营管理、市场销售、工程技术等专业领域的骨干人才,对于这类人才,公司选派参加脱产进修和提升培训,作为企业经营战略发展过程中的后备生力军,并通过建立后备人才职位体系与薪酬相关联,为更好地激励和保留优秀人才提供保障。

业绩引导是原动力。绩效管理是绩效规划、绩效执行、绩效考核、绩效结果反馈与运用的管理过程。有效的绩效管理,能引导和激发人力资源发挥最大的工作潜能,不断改善工作业绩,从而提升企业整体业绩水平。当代管理大师肯·布兰佳在其著作《一分钟经理》中指出:在相当多的企业里,员工其实并不知道经理或者企业对自己的期望,所以在工作时经常出现"职业偏好病",即做了过多经理没有期望他们做的事,而在经理期望他们有成绩的领域里却没有建树。造成这样的情况,完全是由于经理没有为员工作好目标设定,或者没有把目标设定清晰地传递给员工。这指出了员工绩效管理方面一个长期被人忽视的问题:在许多情况下,员工的低效业绩,并不是因为员工的低能力或低积极性,而是因为目标的不明确性。

长虹在实施考核分解之前,首先依据企业经营业务计划需要,确立企业经营战略目标,签订责任书,层层分解落实,对于部门负责人,制定可量化的关键业绩指标(KPI)实施考核,从企业财务、员工成长、客户、运营四大维度设计指标,传递落实企业经营责任,对于主管以下人员,则辅以重点工作计划（MBO）考核、关键事件考核等方式，由事前承诺到事后跟踪落实，评价考核结果；通过建立绩效考核激励机制，带动个人与部门综合业绩的提升。长虹在施行绩效管理的同时，强调了绩效管理必须遵循的四大原则：

原则一：价值引导。在指标设计时，要充分考虑设立的绩效指标、目标与组织追求的价值目标相一致，考核应坚持奖优罚劣，以正确引导员工行为，无论奖罚，都要在员工中创造正向的激励效应。

原则二：公开、公平、公正。绩效管理应严格遵循其方法和流程，所有的绩效考核结果应有绩效方案、目标作支撑，并以客观数据和事实为依据进行科学客观的评估。

原则三：强制分布。针对研发类、管理类、工程技术类等职位序列的相似工作群体，实行强制五级分步法，根据考核结果，按S、A、B、C、D进行强制分布排序，通过对相对价值评估区分员工业绩差异，促进人才开发和合理使用。

原则四：持续沟通。绩效沟通是绩效管理必不可少的一个重点环节，通过沟通以达成个人业绩承诺，引导员工不断提高业绩水平，实现自身价值。同时，沟通应贯穿于绩效管理全过程中，不管是计划制订还是指标设立，抑或是在考核过程中，只有通过不断的沟通，才能促进个人业绩和能力的不断改进。

薪酬管理是价值体现。人力资源管理活动最终归属于薪酬激励，这也是人在一切工作过程和结果等所有活动的价值体现。业内分析人士指出，一个优秀的薪酬体系是建立公平的、具有竞争力的、员工满意的薪酬系统，提高员工工作兴趣和热情，激发员工创造力，形成人力资源体系的良性循环。薪酬管理是与企业经营战略以及人力资源管理的职位、绩效、招聘培训等其他模块密切结合，充分发挥其薪酬激励、引导功能。薪酬除保障员工生活需要的基本功能外，其最重要的作用是吸引人才、激励保留优秀员工，从而改善企业经营业绩，实现战略目标。薪酬活动主要依赖于职位、能力、业绩三大因素。长虹在实施薪酬成果导入阶段，结合行业最佳实践，采取统一的职位价值评估工具，充分运用影响职位价值的14大关键驱动因素，对所有非生产型职位进行价值评估，形成职位矩阵，规划职级职带，确立各职位序列的薪酬水平。有效施行薪酬管理，应遵循"一个前提、二个公平、三项匹配"，应满足公司财务支付能力的要求，兼顾企业内部及外部相似岗位员工的薪酬水平，实现个人薪酬与岗位相对价值、工作绩效以及薪酬总额与公司效益相匹配。总之,要围绕促进公司战略和业务目标实现,充分发挥薪酬管理的激励和保障作用。"为岗位付薪、为能力付薪、为业绩付薪",长虹人力资源资深人士在进行员工培训时一语道出了长虹的付薪理念。

——资料来源:杨斌.长虹:构筑以"3P"为核心的人力资源管理体系[J].人力资源管理,2008(2).

职位、绩效、薪酬三大模块是人力资源管理最核心的内容。着力构筑以"3P"为核心的人力资源管理体系,在企业发展的遥遥征途中,将会起到举足轻重的作用。但人力资源管理是一项系统工程,各专业管理模块有着必然的联系。人力资源管理体系对企业战略的有效支撑,离不开各专业模块的紧密协调和配合。

1.1　人力资源

1.1.1　人力资源的基本界定

1. 人力资源的涵义

对人力资源的内涵,目前理论界并没有一致的见解。伊凡·伯格认为人力资源是人类可用于生产产品或提供各种服务的活力、技能和知识;雷西斯·列科认为人力资源是企业人力结构的生产力和顾客商誉的价值。内贝尔·埃利斯认为人力资源是企业内部成员及外部的人可提供潜在服务即有利于企业预期经营的总和;也有人认为人力资源是具有智力劳动与体力劳动的人们的总和。

以上的论述都是从不同的角度出发来表达人力资源的涵义,都具有一定的代表性。人力资源是指存在于个体中的智力资源,是指人们进行生产或提供服务,推动整个经济和社会发展的劳动者各种能力的总称,体现为质量和数量的统一。这一定义包含以下几点:

- 人力资源突出体现为智力资源。人力资源不仅是脑力和体力的综合,更是智力资源作用的充分体现。
- 人力资源是各种能力的总称,包括知识、经验、技能等。
- 人力资源的作用体现在创造财富及对经济社会发展的贡献。
- 人力资源包含质与量两个方面,是质量与数量的有机结合。

2. 人力资源的数量与质量

人力资源作为社会财富形成的基本要素,具有质的规定和量的要求,无论是国家、地区,还是组织的人力资源都是数量和质量的统一。

(1)人力资源的数量。从广义的角度理解,人力资源的数量包括现实的人力资源和潜在的人力资源。我们可以根据一个国家具有劳动能力的人口数量加以统计,根据各国的实际情况依劳动年龄划分劳动能力人口,可计量出包括潜在的、现实的人力资源数量。我国现行的劳动年龄规定:男性 16～60 岁;女性 16～55 岁。人力资源数量构成如图 1-1 所示。

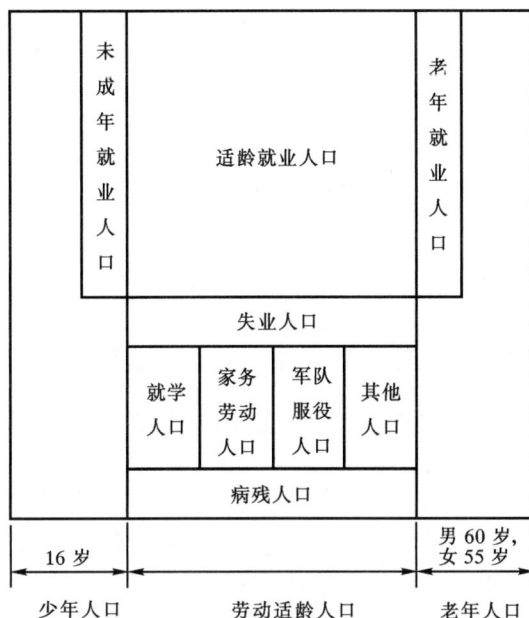

図 1-1　人力资源数量构成

　　由图 1-1 可知,潜在的人力资源数量由适龄就业人口、未成年就业人口、老年就业人口、失业人口和暂不参加就业的其他人口构成,而现实的人力资源数量则由适龄就业人口、未成年就业人口、老年就业人口数量构成。人力资源的数量构成是受到多种因素影响的结果。

　　① 人口总量,包括人口再生产过程。持续不断的人口生产和再生产过程,积累起一定时期、地域的人口总量,人口总量的多少决定了可供给人力资源数量的多少。人口总量的变动受到人口基数与人口自然增长率两个因素的影响,自然增长率又取决于人口的出生率和死亡率两个因素。

　　② 人口的年龄结构。人口的年龄结构直接决定了人力资源的数量。劳动适龄人口是人口总量的一部分,在人口总量相同的情况下,不同的年龄结构决定了可供人力资源数量的不同,劳动适龄人口所占比例越大,可供人力资源数量相对较多,反之就相对较少,并且劳动适龄人口内部年龄构成的变化,会引发人力资源内部构成的变化。

　　③ 人口迁移。人口迁移会使某一地域人口数量发生改变,因而使该地区的人

力资源数量发生变化。人口迁移是由多种因素引起的,如:生存、工作、文化价值观、亲朋吸引、流动能力等。我国人口流动的主要趋向是从农村到城市,从不发达、欠发达地区到发达地区,实现生存和收入最大化。

(2)人力资源的质量。人力资源的质量是劳动者综合素质的体现,是由智力素质和体力素质构成的,具体表现为劳动者的身体健康状况、科学文化水平、专业技能水平、工作态度。人力资源质量构成如图1-2所示。

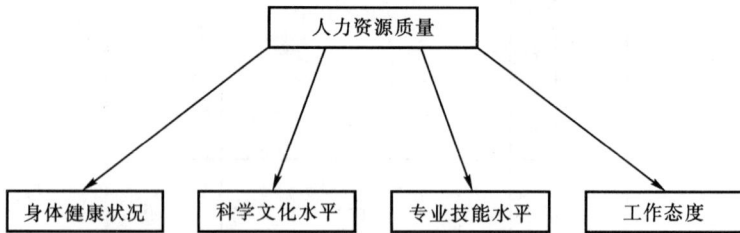

图1-2　人力资源质量构成

劳动者的身体健康状况是人力资源质量的基础,科学文化水平、专业技能水平是决定人力资源质量的关键因素,工作态度是人力资源质量体现的重要条件。现代社会发展中智力因素对经济发展越显重要,人力资源管理与开发的目的就是要加大对人力资源的投资,尤其是对劳动者智力的投资,以提高人力资源的质量。

3. 人力资源的特征

人力资源与物力资源有着明显的不同,体现为如下特征:

(1)社会历史性。不同经济社会发展的不同阶段,人力资源表现为该经济社会特征,社会生产力与生产关系对人力资源有着重要的影响。人力资源状况反映这一时期的经济社会发展水平,人力资源潜力的发挥也受到这一时期的制约。从历史的发展过程来看,人力资源状况处于上升趋势。

(2)潜在性。潜在性是指人力资源在没有得到充分利用与发挥时,部分资源存量被搁置,具有被挖掘、被激发的可能性。这与人的能动性有关。人力资源在开发与利用的过程中,是否能调动起积极性,直接影响到对人力资源开发和利用的水平。

(3)再生性。人力资源具有生物本质特性,这表现为人力资源的再生性。人力资源都有一个生命周期,它是通过人口总体的每一个体的不断替换更新和"人力资源耗费→人力资源生产→人力资源再耗费→人力资源再生产"这一连续不断的人力资源生产、使用过程实现的。

(4)智能性。人力资源包括智力的内容,即具有智能性。这使得它具有了强大的功能,人体内潜伏着巨大的能量,通过自己的智力能创造工具和机器,利用这些手段,使自身作用与利用外界的能力无限扩大,取得巨大的效益。

(5)个体差异性。人力资源是由个体组成的,但每一个体由于成长环境、家庭背景、所受教育、不同经历以及先天因素而具有很大的差异性。不同的人力资源个体在个人的知识技能、素质、劳动参与率倾向、劳动供给方向、工作动力、工作行为、工作绩效等特征方面都具有一定的差异。人力资源的个体差异性要求在进行人力资源管理时考虑到人力资源每一个体的差异,实行个性化管理。

(6)时效性。人力资源具有创造社会财富的能力,但这种能力不是一成不变、永远存在的,人力资源具有时效特性。一方面,人由于其生物本性而具有生命周期,这就决定了人在青年时期社会财富创造能力要强于老年时期,健康时的能力要胜过病弱时。而人一旦失去生命,这种能力也随之消失,这是人力资源的有形损耗。另一方面,随着科学技术的发展,先进技术不断涌现,人力资源如果不能持续学习,跟不上科技变化的步伐,就会导致能力作用变弱或者无用,也就是过时,人力资源价值就会贬值,这是人力资源的无形损耗。

(7)自我增值性。人力资源的主体是人,人具有主观能动性,赋予了人力资源具有自我增值的特性。这种自我增值主要是通过个体发挥主观能动性和智能性,通过学习机制来实现的。通过学习,人力资源可以增加其价值,可以避免人力资源价值的无形损耗;经过学习,人力资源能够使社会财富的创造能力得到增强,从而可实现主体人的经济收益增加,因此人力资源主体也有动力去学习。

(8)流动性。人力资源具有流动性也是其具有主观能动性的引申特性。人力资源作为人有其自己的思想和对外界的认识,因而有自己的需要。人力资源为了追求自己的需要而主动流动到其认为能满足需要的地方。当他们对某项工作岗位、某个工作单位或生活环境感到不满意或不适应时,他们就会利用自己的主观能动性和智能性,搜索信息,找寻并选择最满意的目标,转换工作岗位、工作单位或生活环境,甚至迁移到别的地方或国家。

4. 人口资源、劳动力资源、智力资源、人才资源概念的比较

人口资源是指一个国家或地区具有的人口数量,以生命活体为表征,它主要表明数量概念。

劳动力资源是指一个国家或地区具有的劳动力人口的总称,通常是指 18 岁左右至 60 岁左右的有一定能力从事某种工作的人口群体。年龄是一个重要因素,能够劳动也是其中的一个重要因素。

智力资源是指从智力活动效能方面对人力资源的一种特殊规定,指经过一定的专业技能培育后,能够从事脑力劳动并带来一定经济和社会效益的个人或群体。

人才资源是一个国家或地区具有较强的战略能力、管理能力、研究能力、创造能力或专门技术能力的人口总称。人才资源着重突出人力资源中较杰出、较优秀的那一部分。人力资源、人口资源、劳动力资源、智力资源以及人才资源之间的关系见图1-3。

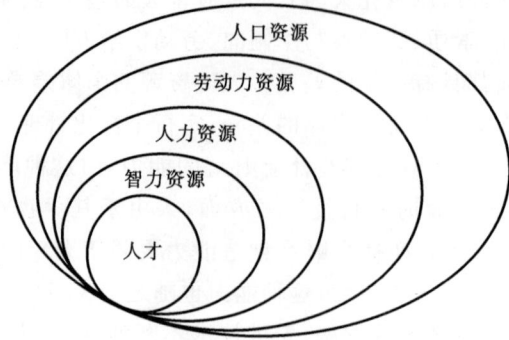

图1-3　人力资源相关概念图

1.1.2　人力资本的内涵、特性及其与人力资源的区别与联系

1. 人力资本世纪内涵及特性

按照西奥多·舒尔茨的观点,人力资本是指体现在人身上的智力、知识和技能的总和,是对人力资源投资而形成的一种资本形态,它强调了以某种代价获得能力和技能的价值,从本质上反映了劳动力的差别。

通过对人力资源投资而形成的人力资本具有如下特性:

(1)依附性。人力资本是无形的,它必须依附于人体和物体,才能发挥资本的作用,这是天然的禀性。人力资本对物的依赖性是指其价值只有在劳动过程中,通过人力资本与物力资本的结合才能得到实现。脱离载体,人力资本价值将无法实现。

(2)隐蔽性。人力资本一旦形成,便潜伏于人体中,我们很难观测到一个人所拥有的资本存量及存量的大小,只有通过对人的实际绩效的衡量,才可清楚其资本存量所带来的价值及增值。

(3)资本专用性。通过对人力投资所形成的人力资本体现为某一领域中的知识、技术和能力,若转用于其他途径,其价值就会贬值。

(4)收入的持续性。随着人力资本使用投入的增加,其收益具有持续不断增加的特性。

(5)投资回报的差异性。人力资本的投资回报因个体能力的差异而产生差异。

(6)外生性。社会平均人力资本的提高由个人人力资本提高引发,而平均人力资本的变化决定了社会平均的运行效率。反过来整个社会运行效率的提高又作用于个人人力资本,使个人人力资本收益进一步提高,因此人力资本具有外生性特征,与其他因素有着密切的关系。

2. 人力资源与人力资本的区别和联系

对人力资本的界定及特征分析,我们可以看到人力资本与人力资源有着密切的联系,但又有着区别。

(1)联系:①二者所依附的载体都是人。不论是人力资源还是人力资本都要依附于人体,离开人体两者没有存在的意义。②人力资本是对人力资源投资的资本形态,表现为资本价值;人力资源是资本性的资源,是对人力资源投资的结果。投资力度大小决定了人力资本质量的高低。③理论发展联系表现为先有人力资本的概念和理论,后有人力资源的概念和理论,人力资源是对人力资本内涵的延伸,人力资本理论是人力资源理论的基础,人力资源经济活动及其收益的核算要依据人力资本理论。

(2)区别:①两者的概念范畴不同。人力资源属于管理学范畴,开发人力资源强调的是人员的开发、使用和合理配置;人力资本属于经济学范畴,开发人力资本强调的是人力的投资、收益和财富的增长。②两者的存在形式不同。人力资源是一种资源形式,强调具有体能、智能和技能的人的资源性;人力资本是一种资本形式,强调人的体能、智能和技能的资本性,其追求价值的最大化。③二者的形成来源不同。人力资源是一种天然资源,人与生俱来就具有潜在的体能和脑力;人力资本则必须经过后天教育、培训、迁移等一系列的投资行为后,获得知识、技能与经验之后形成。

1.1.3　人力资源对社会经济发展的作用

人力资本与人力资源实质上是一个事物的两个方面,可以这样认为,人力资本具有价值的特性,人力资源具有使用价值的特性,共同为经济增长率的提高和经济社会的发展作出重要的贡献。

1. 人力资本对社会经济发展的作用

从人力资本存量上来看,人力资本对社会经济发展的作用是通过人力资本投资实现的,具体表现在:

(1)人力资本投资能够提高劳动者的素质,进而能够提高劳动者的生产力。而劳动者生产力的提高既能够提升劳动者单位工作时间的工资收入,又能够通过个人所得税以及企业产出(数量与质量以及实物量与价值量)的增长来扩大社会财富,促进社会经济增长。

(2)人力资本具有知识效应,包括需求效应、收入效应和替代效应等。其中需求效应不仅能够促进物质资本的技术革命,提高物质资本投入的边际产出,而且能够促进社会生产从劳动密集型向技术密集型的转变,从而提高社会生产率;收入效应能够促进人力资本产权主体合理配置经济资源,提高资源配置效率,进而促进产出的增长;替代效应则能够克服或缓解经济发展中自然资源与物质资本的稀缺与不足,进而能够保持社会经济的持续增长。

(3)人力资本的外生性对经济增长的意义是多方面的。首先,人力资本投资所形成的专业化知识能够使其他要素投入产生递增收益,进而使整个社会经济的规模收益递增。其次,人力资本投资所形成的知识和能力不仅能够提升投资者自身的生产效率,而且能够影响到投资者周围的人,促使他们提高生产效率。再次,人力资本投资在加快社会技术与信息传播、提高人力资源市场运作效率、改善劳动者健康状况、提高社会和谐程度、降低社会犯罪率等方面具有积极作用。

2. 人力资源对组织与社会经济发展的作用

现代经济增长理论研究认为,自然资源、货币资本投入、劳动者技能及科学知识储备的增加是经济增长的主要动因。在知识经济时代,劳动者因素即人力资源对社会经济的发展作用越来越大,是物力、财力资源所无法比拟的。

(1)人力资源是组织与社会存在和发展的基本前提。人力资源是组织与社会经济活动的重要构成因素。人力资源与物力资源、财力资源在组织与社会经济活动中共同作用,其中人力资源处于主体地位,是组织与社会经济活动中的最活跃、最根本的因素,没有人力资源就无法形成组织与社会的经济活动,没有高质量的人力资源更不能创造价值,也不能实现企业发展和经济增长。人力资源成为组织与社会的第一资源。

(2)人力资源是创造社会财富的主体。社会财富的创造离不开自然资源,但只有通过人力资源的作用,才能将自然资源转化为社会财富,人力资源通过自身的经验、技能与科学知识作用于自然资源,改变原有的物质形态为人类所用,体现出了人力资源在创造社会财富过程中的资本价值。

(3)人力资源是组织与社会发展的主要推动力量。人力资源不仅是社会财富形成的主体,还是推动社会发展的主要力量。随着科学技术、知识技能的迅速发展和不断提高,人力资源对社会财富创造的贡献越来越大。社会经济的发展对人力资源的依赖程度越来越高。

1.2　人力资源管理

1.2.1　人力资源管理的概念

人力资源管理(human resource management,HRM)可从宏观、微观两个方面进行探讨,本书主要是从微观的角度,即企业的角度探讨人力资源管理的问题。人力资源管理是企业管理的重要要素和内容,是指企业为了实现总目标,运用科学的方法和技术,对人力资源获取、开发、利用和调控的过程,也是影响员工行为、工作态度和业绩的一系列人事管理政策、实践和制度安排。

人力资源管理既包括对量的管理,也包括对质的管理。对人力资源量的管理是根据企业发展变化的需要,对人力资源的数量、结构实施调整,使人与岗位匹配,人力与物力有机结合,发挥出最佳效果。对人力资源质量的管理是指对人的心理和行为的管理,通过运用现代化的科学方法,对员工的思想、价值观、心理、行为态度进行有效的管理,充分发挥员工的主观能动性,促进员工个人目标和企业目标的实现。人力资源管理实质上就是在合适的时间,把合适的人配置到合适的岗位上。

正确地把握人力资源管理的概念,必须将人力资源管理与人事管理作一区别。人事管理先于人力资源管理,人力资源管理是在人事管理的基础上发展而来的,是在全新视角下对人进行管理。在管理的理念、目标、内容、形式、方式、体制、地位、策略等方面,两者都有着明显的不同,见表 1-1。

人事管理与人力资源管理的区别,并不意味着可以抹杀两者的联系。人力资源管理是人事管理发展的新阶段,人事管理的一些基本职能在人力资源管理中还要发挥作用。

表 1-1　人事管理与人力资源管理的区别

比较项目	人事管理	人力资源管理
管理理念	"以事为中心"	"以人为中心"
管理的目标	组织短期目标的实现	组织与员工目标的共同实现
管理的内容	档案管理、人员调配、职务职称变动、工资调整等具体的事务性工作	将人作为资源进行开发、利用和管理
管理的形式	静态管理	动态管理
管理的方式	采取制度控制和物质刺激手段	采取人性化管理
管理的体制	被动反应型	主动开发型
管理部门地位	只是上级的执行部门,很少参与决策	处于决策层,直接参与企业的计划与决策,为企业的最重要的高层决策部门之一
管理的策略	侧重于近期或当前人事工作,属于战术性管理	注重人力资源的整体开发、预测与规划,属于战术与战略相结合的管理

1.2.2　人力资源管理的内容及模式

1. 人力资源管理的内容

人力资源管理的内容大体上有以下几个方面：

（1）工作分析。工作分析是人力资源管理的基础性、支持性工作环节，工作分析是通过工作设计来决定企业内部如何进行专业分工和任务目标分解，划定不同的工作岗位，决定不同岗位的职权、职责及职能范围。工作分析是对企业中每一个工作岗位进行描述，包括岗位特征、流程、规范、要求，以及能够胜任该岗位人员的素质、知识、技能要求等，最终形成工作说明书。工作分析的结果是企业进行招聘、培训、考核、职位评价、薪酬分配、员工调配等工作的依据。

（2）人力资源规划。人力资源规划是实施人力资源管理战略的重要步骤，它可将人力资源管理战略转化为各阶段、可实施的中长期目标、计划和政策措施。人力资源规划主要是通过对人力资源现状的分析、人力资源需求和供给的预测，制订企业人力资源管理的各项计划方案，平衡人力资源供求关系，保证企业人力资源在数量和质量结构上的合理安排。

（3）人员招聘。人员招聘是企业获取人力资源的重要途径，是企业人力资源管理的基本职能之一。人员招聘是以工作分析和人力资源规划为依据，通过招募、测试、选拔、录用、评估等一系列过程，获取企业所需要的人力资源。

（4）培训与开发。通过人力资源培训与开发，提高员工的综合素质、知识水平、工作技能，挖掘员工的潜力，激发员工的积极性，培养员工与企业的认同感和责任心，既实现员工的个人价值，又促进员工对企业的贡献。培训与开发活动包括培训与开发需求分析、项目制订、计划实施、选择适时的方式方法、培训与开发成果转化与评价。

（5）职业生涯管理。根据员工个人的性格特征、气质、能力、兴趣、价值观等，同时结合企业发展的需要，为员工制订一个事业发展的路径和计划，不断开发员工的潜能，促进员工的成长。

（6）绩效管理。企业通过对不同工作岗位设计绩效考核指标，运用不同的考核方法，对员工一定时期的工作结果进行测定，评价员工的工作业绩，并进行反馈面谈，促进员工绩效改进。绩效管理是对员工实施培训、晋升、薪酬分配等人事决策的重要依据，也是企业调控员工的重要手段。

（7）薪酬管理。企业运用薪酬设计与分配，实现对员工人力资源价值的认可，回报员工对企业的贡献。它既是对员工个人需求的满足，同时也是企业吸引留住人才、激发员工劳动积极性的有力措施。

（8）劳资关系。这是企业与员工在生产劳动过程中产生的经济关系。员工与企业可以就工资、福利及工作条件等问题进行谈判，协调劳资关系。劳资双方的关系是否融洽、健康，直接关系到企业经营活动是否能正常进行，员工是否能忠实于企业，是否能正常发挥人力资源的作用。人力资源管理者通常要关注这类问题。

（9）安全与保健。在生产劳动过程中，员工的生命安全、身心健康是企业人力资源管理中另一个要关注的问题。企业要为员工创造良好的工作环境，提供优越的工作条件，例如减少污染、建立安全保障措施、开展减压活动、配备心理咨询师等，使员工的安全和保健得到保障。

（10）人力资源战略管理。企业将人力资源管理提升到战略的高度，人力资源管理在政策、方针、计划方案设计上与企业战略相适应，推动企业战略的实施，促进企业战略目标的实现。战略性的人力资源管理已成为当前人力资源管理发展中的主要趋势之一。

2. 人力资源管理模式

企业人力资源管理模式的选择与企业管理者的价值观和人事政策有着密切的关系。在企业人力资源管理实践中，随着经济社会发展、市场变化，以及企业管理者价值目标的重新定位，人力资源管理模式不断创新，企业可依据实际情况进行选择，并在实践中不断完善。

（1）"以业绩为导向"的人力资源管理模式。以业绩为导向的人力资源战略管理要求人力资源部门建立以激励为基础的业绩考评系统，以员工个人的业绩管理为基础，通过个人业绩体现企业整体经济效益。该模式的特点体现在：① 企业的经营管理活动以员工业绩为根本出发点。企业的制度、管理、运行机制、发展的战略目标和政策等都要围绕如何提高员工的业绩水平来设计、运作。② 这种管理模式要求企业员工不断更新自己的知识技能，提高业务水平，以达到最优业绩。

（2）"以能力为导向"的人力资源管理模式。以能力为导向的人力资源战略管理，是通过采取有效的方法，最大限度地发挥人的能力，把能力这种最重要的资源作为组织发展的推动力量，并实现组织发展的目标及组织创新。该模式的特点体现在：①它强调不拘一格选人才，把人的科学认识能力、判断能力、选择能力、创造能力、合作能力、专业工作能力、角色承担能力以及对必然事物的承受能力等作为衡量才能的主要指标。②它要求组织对每个人能力的充分发挥提供相对平等的舞台、机会和条件，并营造一个"能力型组织"，围绕有利于发挥每个人的能力来进行组织活动。③它要求组织成员各尽其能、各尽其用，通过自觉学习和实践不断提高自己的能力，通过工作实绩确证自己的能力。

（3）"以员工发展为导向"的人力资源管理模式。以员工发展为导向的人力资源战略管理模式的主要特点就是把人的价值放在企业价值的首位，以个人发展作为企业发展的根本出发点，帮助员工设计制订出个人发展计划，并通过提供培训机会、岗位晋升机会、绩效考核和激励机制等方式帮助员工实现这一计划。

（4）"以顾客为导向"的人力资源管理模式。以顾客为导向的人力资源战略管理模式，就是从企业顾客的角度出发来重新审视人力资源管理的各项职能，要求企业对业务和市场进行深入的接触和了解，对顾客进行合理的定位，在此基础上确认自己应承担的责任和角色，作出人力资源的规划和决策。该模式突破了传统思维的限制，呈现出新的特点。例如：人力资源的职能转向以顾客为导向的管理模式；在招聘活动中雇用那些更能提高顾客满意度的人员；在培训方面，注重培训员工如何让顾客更好地使用、宣传、推介本企业的产品和服务；在绩效考核和薪酬管理方面，以顾客的评价和反馈为重点，奖励那些能够发展长期顾客、长期业务的员工；在劳动关系方面，更注重劳资双方的合作，增强顾客对企业的信赖和忠诚。

1.2.3 人力资源管理的基本功能和任务目标

1. 人力资源管理的基本功能

人力资源管理的基本功能就是通过吸收、整合、开发、激励、调控、保护，实现人力资源管理目标。

（1）吸收功能。人力资源的吸收功能就是根据人力资源规划和工作分析，通过招聘与录用，将组织所需要的人力资源吸收到本企业。

（2）整合功能。企业是人的集合体，个体与个体、群体与群体、个体与群体、个体群体与企业组织之间都会存在差异，整合功能就是通过教育培训、企业文化传播、信息沟通、冲突与压力的调节和缓释等，使员工不同的目标、价值观、态度、行为整合趋于一致。经过整合培养员工的认同感，规范员工的行为，提高员工工作生活质量和满意度。

（3）开发功能。通过教育培训、职业规划等开发管理活动，使员工的知识、技能、综合素质得到进一步的提高，员工的积极性和潜力最大限度地发挥出来。既为企业节省成本，又对企业作出贡献。

（4）激励功能。通过运用多种报酬分配手段，对人力资源的资本价值给予回报，满足员工对物质、精神的需要，激励员工努力工作，创造佳绩。

（5）调控功能。通过运用绩效考核、岗位变动、人员流动等手段，对员工的行为、态度、工作业绩等方面进行调控，提高企业管理水平和管理绩效。

（6）保护功能。企业在经营活动中保护员工的合法权益、保证员工的安全和身心健康，保障员工就业和应得的合法收入，是人力资源管理的一项不容忽视的工作内容，以此保证员工能够持续不断地正常工作。保护功能可以避免劳资纠纷，融洽企业与员工的关系，实现共同发展目标。

2. 人力资源管理的任务目标

人力资源管理的任务目标可从企业和员工两个角度分析。

(1)从企业方面看,人力资源管理的任务目标主要有以下几个方面:

①使企业员工的态度、行为、价值观念符合企业的需要。企业员工在个性表现、教育经历、生活背景等方面各有不同,从而所形成的工作态度、行为和价值观念也存在差异,当其符合企业需要时,则对企业的发展起促进作用,反之则阻碍企业的发展,人力资源管理活动就是寻找、培养符合企业需要的员工,即培养员工对企业的献身精神。人力资源管理的措施可有以下几个方面:

- 树立"人高于一切"的价值观念;
- 实现双向沟通;
- 确保公平的对待;
- 培养团队意识和团队精神;
- 采用"以价值观为基础"的聘用政策;
- 为员工提供就业安全保障;
- 实施"员工与企业是共同体"的薪酬计划;
- 提供员工个人价值自我实现的机会。

②促使人力资源的使用价值最大化。人力资源具有潜在性特征,其潜力是可以被开发和激发的。通过人力资源的培训、开发、教育,以及强有力的激励措施,把员工的创造性、积极性激发出来,不仅促使员工人力资源的使用价值最大化,而且使员工的人力资源价值得到最大的实现。据调查发现,员工在工作中只需发挥自己 20%～30% 的能力,就能完成岗位工作任务。但如果能充分调动其积极性和创造力,其潜力可发挥出 80%～90%,从而创造出更大的价值。

③提高企业生产率和经营绩效。企业员工是企业生产活动的重要资源,企业劳动生产率的高低和经营绩效的水平与员工有着密切的关系。进行人力资源管理的目的就是通过规范员工行为、提高员工技能、鼓励创新和努力工作,以及合理配置资源,来改进员工工作绩效,进而实现企业生产率和经营绩效水平的提高。

④获取持续不断的竞争优势。竞争优势就是一个组织能够更有效益地为消费者提供其所需要的产品或服务,从而在绩效方面超越其他组织的能力。一个企业内,有效的人力资源管理是获取竞争优势的重要源泉。斯坦福大学教授杰弗瑞·菲费认为有 16 种人力资源管理实践活动能够提高一个公司的竞争优势:

- 就业安全感;
- 高工资;
- 诱因薪金;
- 雇员所有权;

- 信息分享；
- 参与和授权；
- 团队和工作设计；
- 培训和技能开发；
- 交叉使用和交叉培训；
- 象征性的平等主义；
- 工资浓缩；
- 内部晋升；
- 长期观点；
- 对实践的测量；
- 贯穿性的哲学。

⑤实现企业的战略目标。人力资源不仅是企业的生产要素，更是企业的战略性资源。战略性人力资源管理是企业战略管理的有机组成部分，通过依据具有核心能力的人力资源建立竞争优势，从而实现企业的战略目标。

(2)从员工角度来看，人力资源管理的任务目标主要有以下几个方面：

①改善员工工作生活质量。要想使员工处于最佳的工作状态，企业就要创造出一种积极向上、有情感归属、心态良好的工作环境。这种环境是否形成，可用工作现场的总体工作生活质量来衡量。工作生活质量是指员工重要的个人需要能在工作中得到满足的程度，至少包括以下几个方面：

- 有价值的工作；
- 舒适安全的工作条件；
- 满足的薪金与福利；
- 安全的就业保障；
- 充分的工作指导；
- 工作绩效反馈；
- 成长和发展的机会；
- 增长才干的机会；
- 积极的社会环境；
- 公正公平的交往。

人力资源管理者的主要职责就是设计和实施一整套制度体系，让员工在这些方面得到最大的满足。例如：用工作设计帮助员工确定所做工作是否有价值；安全与健康的计划的作用是要保障员工能够在安全无忧的环境中安心地工作等等。一个有效的人力资源管理部门能够帮助企业创造一种促使员工努力工作的环境，不断提高员工的工作生活质量。

②员工个人的价值追求得到满足。尽管企业经营的目标是追求利润最大化，但是随着经济社会的发展和员工需求层次的变化，企业不得不将视角从重视企业逐步转向员工，员工个人的成功、价值的实现、精神需求的满足也成为人力资源管理的主要内容和目标。

③促进人的全面发展。企业不仅要重视员工的贡献，还要重视对员工的培养和成长。企业通过人力资源管理使员工达到完善人的意志、脑力、体力、品格，获得更为全面的自由的发展，实现人与企业、社会和谐的发展，这是人力资源管理的最高境界。

1.2.4　人力资源管理者的职能

1. 直线管理人员与部门人力资源管理者的人事管理职责比较

部门人力资源管理者的职责不仅表现在对人的管理与控制上，更重要的是把合适的人配置到合适的岗位上，寻找到人与岗位最佳的契合点。因此，企业人力资源管理不仅是人力资源管理部门的职能活动，而且是与企业经营管理活动密切相关的在战略导向下的所有管理人员的活动。基于此，我们将人力资源管理者分为两类：一类是一般的人力资源管理者，即企业直线管理人员，他们是企业人力资源管理实践活动的主要承担者；另一类是专业的人力资源管理者，即企业人力资源管理人员，他们是人力资源管理活动程序、方法、政策的制定者。在实际工作中，他们各有分工，职责明确，并且相互作用，如表 1-2 所示。

表 1-2　直线管理人员与人力资源管理者的职责

项　　目	直线管理人员	人力资源管理者
获　取	• 向人力资源管理部门提供特定工作岗位的职责要求，协助进行工作分析 • 向人力资源管理部门提供所空缺的职位，解释工作对未来雇员的要求以及所要雇用的人员类型，描述出工作对人员素质的要求，以便人力资源管理部门设计出适当的招募和测试方案 • 同候选人进行面谈，作出最后的甄选决策，选出符合本部门要求的候选人	• 进行工作分析，构建企业的任职资格系统，为员工招聘提供依据 • 制订人力资源晋升、招募计划 • 根据直线部门所提供的所需人员类型和素质要求设计招募方案 • 开展招募活动，获取一批具有高素质的求职者 • 对候选人进行初步的面试、笔试，然后将通过测试的可用候选者推荐给直线部门主管

续表 1 - 2

项　目	直线管理人员	人力资源管理者
整　合	• 促进员工相互了解和沟通 • 指导员工的合作和协调 • 调节员工冲突 • 收集和反馈相关信息	• 保障员工沟通渠道的畅通 • 在员工间传播企业文化 • 增强员工的组织认同感 • 进行人事信息和人员档案管理
开　发	• 运用企业规定的评价形式对员工的工作绩效进行评价 • 总结员工工作中存在的问题，提出培训和开发的内容 • 帮助下属制订职业生涯规划，对下属的职业生涯发展情况进行跟踪评价，为下属的职业发展提供可行性建议 • 对人力资源培训和开发活动进行评价，增进培训和开发活动的有效性	• 开发绩效评价工具并保存评价记录 • 根据直线部门提供的要求及企业的发展战略制订员工培训计划，为员工提供培训服务 • 帮助员工进行职业生涯规划，并为员工实现职业目标提供各种支持 • 构建企业的职位晋升系统，为员工的发展指明方向 • 对管理者进行开发，制订和执行接班人计划
激　励	• 向人力资源管理部门提供各项工作的性质和对价值的贡献程度，帮助他们确定工作水平 • 进行员工绩效评估，为人力资源管理部门为每位员工确定和调整报酬提供依据 • 根据奖励的性质确定支付给雇员的奖金数量 • 制订企业的福利计划和由企业提供的服务项目的总体方案 • 工资、奖惩制度及其他激励措施的实施	• 制订具体的绩效评估方法和制度 • 确定每一项工作对企业的相对价值 • 进行薪资调查，确定企业薪资标准，保证企业的薪资的公平性、公正性和竞争性 • 向直线经理提供有关奖励、各种备选奖金分配和工资支付计划的建议 • 在直线经理的帮助下，制订企业福利和由企业提供的各种服务的详细计划 • 开发多种员工激励方案
维　护	• 保持企业的信息渠道的畅通，使每一个员工都能及时了解企业的发展目标和战略，以及员工在企业目标实现中的贡献 • 公平对待每一个员工 • 尊重、关心员工，与员工保持良好的沟通，及时了解员工的想法和需求 • 解决抱怨和争端	• 构建和谐的企业文化，让员工体会到关爱 • 保障员工的健康和工作安全，为员工提供各项工伤和医疗保险 • 制订确保公平待遇的程序性规定，并对直线管理人员进行相关培训

2. 部门人力资源管理者类型

部门人力资源管理人员因能力不同而分工有所不同,通常可分为三类,分别是文员、人力资源管理专家、人力资源管理总监。

(1)人力资源管理工作文员。文员是人力资源管理部门的支持性人员。其主要工作是文书性质的,如打字员、书记员、接待员、档案管理员等。文员所从事的工作主要有收集数据、保持有关记录、保存相关资料等,对从事文员工作的员工技能要求不高,一般只要求具有高中学历或受过相关文秘技能培训即可。

(2)人力资源管理专家。人力资源管理专家是具体从事一定领域管理活动的人力资源管理人员,包括招募专家、人力资源培训专家、绩效考评专家、薪酬激励专家等。人力资源管理专家一定要接受过正规的有关人力资源管理的大学训练,或者由非人力资源管理人员经过了长期的人力资源某一领域的实践,有着丰富的人力资源管理经验的累积。未来的企业人力资源管理专家还要求具备新的管理能力,应关注重要的大客户、内部客户的需要;对人力资源产品和服务的安装和定制进行有效管理;为改进业务流程和人力资源管理程序提供咨询。

(3)人力资源管理总监。人力资源管理总监是企业人力资源管理的最上层高级行政经理。人力资源总监要负责把握企业人力资源的总体发展方向,协调人力资源管理部门中的人事职能与其他参谋和职能部门的联系和沟通,向不同的人力资源管理职能机构分配资源。人力资源管理总监的具体职责包括制订公司的人力资源战略规划,督促公司的人力资源战略的执行,负责建立畅通的沟通渠道和激励机制,负责公司的内部组织管理,等等。优秀的人力资源管理总监除了应具备深厚的文化水平和业务专长以外,还需要具有较强的组织管理能力、宏观策划能力、综合协调能力、开拓创新能力以及较强的人才观念和服务意识。湘财证券 HR 总监董凡凡认为 HR 总监应扮演三种角色:人力资源总监首先应该是企业内部的"环保工程师",对营造一个公平、公正、以诚待人的工作氛围负有责任,这首先要求人力资源总监要襟怀坦荡、宽容、客观,不以个人好恶评价人与事。其次,人力资源总监应该是"信访办主任",要善于倾听,富于沟通,让工作中为难的、烦恼的事有地方倾诉。最后,人力资源总监还应该是"影子武士",要随时随地为业务部门提供人力资源支持。

3. 人力资源经理的职能与胜任力特征

(1)人力资源经理的职能。人力资源经理对员工关心的程度和对企业关心的程度不同,所扮演的角色也不同,不同的角色的职能和核心内容也有所不同。根据人力资源经理对员工和企业的关心程度的不同,人力资源经理可扮演四种角色:员工顾问、行政管理专家、监督控制者、战略伙伴(见图 1-4)。

行政管理专家是指人力资源经理承担一般人力资源管理者和部门应该履行的

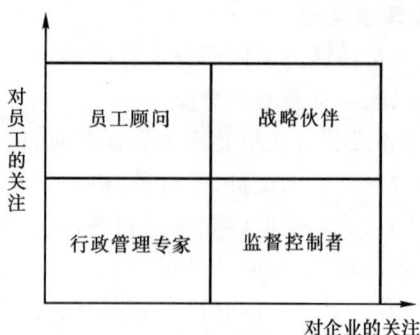

图 1-4　人力资源经理的角色

人力资源责任,要承担相应的人力资源管理活动。人力资源经理作为行政管理专家对企业和员工的关心度都很低,主要是日常的人力资源工作。行政管理专家主要是为企业的其他职能部门服务的,其主要职能有:设计与开发人力资源管理制度、程序和方法;提供良好的、高效的行政人事服务;负责人力资源的规划、招聘录用、培训及绩效管理等;推行有效的人事管理制度,降低人力资源的管理成本。

　　监督控制者是指人力资源经理更多地关注企业的发展和盈利,而对员工的关心却较少。这时期的人力资源经理是员工行为的监督和控制者、组织绩效的伙伴、组织发展变革的推动者。监督控制者主要职能涉及制定员工行为规范,设计员工监督、管理制度,制定和实施员工惩罚制度,保证企业经营目标的顺利实现。作为组织的绩效伙伴,人力资源经理应该在组织中建立绩效伙伴关系,促进员工积极地参与成长和发展活动的组建工作,在员工之间形成良好的互惠关系,帮助员工关键技能和能力得到有效提升,从而获取较高的绩效。人力资源经理作为企业变革的推动者应根据组织内外的情况变化不断更新组织架构,主动参与企业变革与创新,引入新的组织管理办法及变革管理方法,处理组织管理变革过程中的各种人力资源问题,推动组织变革进程,帮助企业减少变革对企业的伤害。

　　员工顾问要求人力资源经理要作为员工独一无二的拥护者,担当起员工的指导者、沟通者和职业生涯的咨询者的角色。人力资源经理作为员工的指导者,为员工提供有关组织的知识,这包括对组织远景、方向、指导思想、经营结构、历史、氛围和文化的理解,通过对员工的指导和支持,促进员工事业的发展。人力资源经理还会扮演沟通者的角色,创造一个信任的氛围,积极地倾听,有效地提问,提升沟通中的移情能力,保证沟通的保密性,培养自我意识,清晰地交流观点以及适当地进行归纳总结,来促进员工间的相互交流,并增进自身与员工们的了解。作为职业生涯的咨询者,人力资源经理帮助员工对他们的表现进行回顾,挖掘他们的兴趣、能力、信仰和期望,鼓励员工去独立地作出有关他们未来事业道路的决策。

战略伙伴不仅注重对企业员工的关心,而且也关注企业的未来发展。作为企业发展的战略伙伴,人力资源经理要充当组织战略的制定者和实施者等角色。战略制定者与实施者要求人力资源管理者和部门以企业战略为导向,既要参与企业战略的制定,还应辅助战略的执行,保持人力资源的服务与企业战略的一致性,不断对企业发展进行诊断,以便企业适时地调整企业发展战略,保证企业健康、持续发展。

(2)人力资源经理的胜任力特征。人力资源经理肩负着重要的职责,既要通过规章制度、激励机制、团队气氛、员工关系、企业文化等手段,创造一种能让员工自觉、高效地完成工作目标的氛围,还需要根据企业经营战略的要求,塑造一支能够完成企业经营战略的职业化的员工队伍,为企业经营提供最佳的人力资源保障。人力资源经理的胜任力所强调的是与优秀人力资源经理取得的业绩有因果联系的素质特征。也就是可以将从事人力资源经理工作中的优秀者与一般者区分开来的个体特征。人力资源经理胜任力主要体现在五个方面,包括知识、技能、自我概念、个性和动机。

① 知识方面。要求人力资源经理形成自己的职业知识体系,包括基本的管理学理论、经济学理论、心理学理论、社会学理论、人力资源专业理论,以及与企业经营直接相关的经营知识。人力资源经理还应具有不断更新知识、获取信息解决难题的能力。

② 技能方面。人力资源经理要求具有独特的十个职业技能,包括:招聘甄选技能、培训开发技能、业绩管理技能、薪酬激励技能、组织设计技能、就业用工技能、人力规划技能、员工关系技能、生涯规划技能、文化推进技能。此外,人力资源经理还应当具备一些突出的职业能力,如:管理沟通能力、冲突协调能力、激励鼓舞能力、洞察判断能力等。人力资源经理要有专业的操作技巧,还要有思维分析能力,能发现问题、解决问题,抓住问题的关键点,能进行战略分析,还要具有人际交往能力和较强的说服力。

③ 自我概念。自我概念指的是自信和价值观。人力资源经理有较强的自信是比较重要的,其价值观与公司价值观越一致越理想。

④ 个性。人力资源经理个性强调的是情商和非智力方面因素。人力资源经理要有很强的情绪调节能力。人力资源经理在工作中要扮演各种角色,如咨询师、战略伙伴,同时又是高层领导的执行者,所以要有很强的承受力,既要敢于做有益公司但会伤及员工利益的事,又要敢于向企业尽力争取员工的利益。要兼顾企业和员工的利益,如果没有好的心理调节能力,是不能处理好这些事情的。

⑤ 动机。人力资源经理应具有较强的成就动机和对组织的奉献精神;具有一定的权力动机,积极影响别人,以更好地开展工作;人力资源经理还应具有较强的

亲和力,以便于和员工进行沟通和交流,利于人力资源工作的顺利开展;风险动机是指人力资源经理应具有一定的魄力,敢于冒风险,勇于创新。

4. 人力资源管理部门的职能

人力资源管理部门的定位和角色是一个动态的概念,随着企业的发展和市场的变化,企业人力资源管理部门的定位和角色将会不断调整。在全球经济一体化和知识经济的客观环境中,人力资源管理部门的角色及职能应定位为:

(1)人力资源管理部门是公司领导的战略合作伙伴。公司领导的合作伙伴固然很多,如生产部门、财务部门等,然而人力资源管理部门却是必不可少的。对企业管理的专业化建议、公司结构的优化、员工的能力开发和有效激励,都是人力资源管理部门承担的重要任务,这使得人力资源管理部门必然成为公司领导的战略合作伙伴。

(2)人力资源管理部门是公司企业文化的诠释者、贯彻者。一种优秀的符合企业实际的企业文化对于企业的发展有着不可缺少的作用,它不仅仅是创造一种工作理念和公司氛围,更重要的是可以弥补制度不规范和滞后时可能产生的管理漏洞。然而,企业文化的生存状态是多种多样的,其中的影响因素便在于企业文化的推动者、诠释者、贯彻者、实施者的工作状况。人力资源管理部门也许不是企业文化的缔造者,但绝对要承担企业文化的宣扬推广者的角色。企业文化作为一个重要的培训内容也是必然,尤其是人力资源管理部门在选才、晋升等工作上的标准直接就表明了全公司怎样的人才、怎样的工作态度和行为方式才是企业所认可并推崇的,这就是一种形式的企业文化理念。人力资源管理部门制订的绩效考核方案及绩效管理过程中的每个细节都在贯彻着企业文化理念。

(3)人力资源管理部门是公司管理系统的建构者、完善者。管理系统的魅力在于它的规范性、恒定性。我们可以设想,当公司出现一些不期的状况时,公司整体运营的好坏正是管理系统完善与否的表现,或者也可以用公司中大部分事件的产生和运作过程中是制度规定的作用大还是人为因素重要作为衡量管理系统完善与否的标准。

(4)人力资源管理部门是公司选才用人的建言者。尤其是在管理者的任用上这点显得更为突出。如果人力资源管理部门在其中只是承担着简单审核和发布信息的工作,那这样的人力资源管理工作是不能创造人力资源本身价值的。

(5)人力资源管理部门是公司核心人才的培养者。一个公司的核心人才将成为公司最重要的人力资源,甚至是最重要的资源,公司的核心竞争力如果不是由核心人才创造也需要有核心人才去维系。然而大部分核心人才的出现不应该是完全依靠直接引进,而是由公司去培养,这样一批人才会成为对公司忠诚度高、合乎公司价值观、了解公司实际的重要人才。这需要人力资源管理部门通过岗位锻炼、职业生涯规划、培训与开发、及时推荐等工作来完成。

（6）人力资源管理部门是企业效益的根本创造者。人力资源管理不仅只是提供职能支持，而且它更是一个决定组织能否有效创造效益的关键因素。组织的技术优势来自组织的人员在知识和技术上的不断开发和创新，生产和销售优势源于优秀的人力队伍，组织创造效益的每一个环节都是由"人"来完成的。而人力资源管理的实质正是围绕着以"人"为核心，以人与组织、人与环境、人与人、人与事为对象，研究其内在原理，掌握其内在规律，认知人性、尊重人性，并通过一系列有效措施，充分开发和调动人的主观能动性，促进和提高人力资源的投入产出比率，从而能够科学地利用财力、物力，为企业创造更大的效益。现代人力资源管理的重点，已经从原来的对一线部门（如：生产部门、销售部门）的人事管理职能支持，提升到积极主动创造效益上来。所以，人力资源管理的核心本质就是创造效益。

1.2.5　人力资源管理部门的组织结构

1. 不同组织结构下人力资源管理定位

企业人力资源管理作为为企业整体运营提供发展支持的单位，其定位必然取决于企业的组织结构、经营战略、企业类型等多种根本性因素。其中企业的组织结构，对其内部的人力资源管理定位，起着决定性的作用。常见的企业管理组织结构有职能式、事业部制、矩阵式等，不同类型的组织结构对人力资源部门的定位也有所不同。

（1）职能式组织结构下的人力资源管理定位。职能式组织结构，是指企业自上而下按照职能进行同类合并，形成按专业划分的部门。例如，主管研发的副总裁负责所有的产品技术研发活动，所有的研发人员都被安排在研发部工作。技术专家结构在组织中占有极为重要的地位，具有相当强大的决策权力；专业化程度高，行为流程化、制度化，因而会有较多的规章制度；整体的分权形式是有限的横向分权。因此，采用职能式组织结构的企业中的人力资源部，其基本定位可以概括为：服务＋领导。

此种结构下的人力资源部，作为唯一的人力资源工作单位，需要负责全部的人力资源管理工作。因此，一方面它需要为所有的员工提供项目众多的常规性的、一般性的人力资源管理，也就是其服务的定位；另一方面，由于其专业性及在整个企业中具有相当高度的权威性，因此它拥有足够的力量来推动、执行人力资源管理的职能目标。所以，人力资源部能够在为企业提供全面人力资源服务的同时，提供具有深度的人力资源管理的领导。也就是要有意识地为企业努力营造灵活、快速反应的管理风格，促进创新，防止组织僵化，以缓解这种组织所特有的缺点，充分发挥人力资源部门内的规模效益,充分体现自己的专家角色。

(2)事业部制组织结构下的人力资源管理定位。事业部制组织结构也被称为产品部式结构或战略经营单位。一般是进行多样化经营的企业,根据单个产品、服务、产品组合、主要工程或项目、地理分布、商务或利润中心来组织事业部。事业部实行决策分权制。这种组织结构中,整体的技术专家结构很小,在整个组织中的地位,相对于其他部分来说,非常次要;直线中层是其关键的构成部分,是重点;在工作核心层中有数个独立的小型的机械性组织。而在这些小型的机械性组织中,专业分工程度高,有很强的技术专家结构,决策权力相对集中;整体的分权形式是有限的纵向分权。

因此,采用产品部式组织结构的企业中的人力资源部,其基本定位可以概括为:划分层次,上层定位于研发、指导及管理者管理,下层定位为提供服务和实务管理。

这种组织结构要求对人力资源管理进行工作分层,以开展不同层次的工作。各个事业部设自己的人力资源工作部门,为自己的事业部提供具体而贴近实际工作需要的服务和实务管理。总部级的人力资源管理部门一方面应定位于对人力资源管理工作的基础性研究与开发,是对企业采用的人力资源管理的理念、方法等提出改良、完善的对策,以便于通过其 HR 的研发工作,降低企业实行此种组织结构的风险,使整个组织获益;另一方面应定位于加强对企业中层管理者的管理,兼顾企业整体发展利益。

(3)矩阵式组织结构下的人力资源管理定位。矩阵式组织结构采用两条相互结合的划分职权的路线:职能与产品,其设计目的在于要兼得职能式和产品部式(项目式)职能划分的优点。因为职能式职能划分与产品部式职能划分的优缺点正好为互补型。同时,此种结构最为突出的特点,就是打破了单一指令系统的概念,而使管理矩阵中的员工同时拥有两个上级。矩阵式组织结构的关键是两种权力的平衡。因此,此种组织结构下的人力资源部,其定位就是致力于两种权力的平衡。这种定位主要集中体现在以下两个方面:

第一,加强组织内部的沟通与人际关系引导。由于这种组织结构的信息量很大,信息流又很复杂,因此必须对所有员工进行正规化、专门化的训练,才能保证这种结构的正常运行。这样做,一方面是帮助员工更好地理解这种组织结构,更为有效地处理各种信息及二元权力模式下的困惑。另一方面,也是引导员工正确对待工作中发生的问题,减少冲突,防止有人对这种二元结构的不良利用。因此,人力资源部作为渗透到各个项目/产品的职能部门,应该定位于积极引导,推动开放沟通的角色。

第二,要加强对关键矩阵角色的人力资源管理。由于矩阵式组织结构比单一职权结构复杂得多,因此,它的正常运转需要一系列的全新管理与执行技能,这也是关键矩阵角色不容忽视的作用。换句话说,关键矩阵角色的状态,直接决定着这种组织结构的成败。这些关键角色包括高层领导者、矩阵主管和有双重主管的员工。人力资源部通过自己的工作,必须确保这些关键角色由胜任者来承担,或是使之达到胜任的要求。

2.　企业规模与人力资源管理部门组织结构设计

人力资源管理部门的设置、职能与地位,同企业规模有着密切的关系。

(1)小型企业的人力资源管理部门。一般来说,小型企业的规模偏小,实力较弱,因此小型企业的战略核心是业务,创业者则是企业的领导核心。小型企业的规模不大,组织结构相对简单,各种制度和流程都不是很齐备和规范,且处于动态变化状态,其优势在于其具有较高的灵活性、快的速度以及应变能力。因此,小型企业的人力资源管理最好不要过早地“职能化”,追求系统化、规范化、程序化和科学化。在小型企业很少有正式的人力资源管理部门和人力资源专家,通常由行政部或者财务部员工兼职,有些工作直接由企业负责人承担,这时人力资源管理侧重于基础管理层面,如雇用和培训有能力的员工。其组织结构如图 1-5 所示。

图 1-5　小型企业的人力资源管理部门组织结构图

(2)中型企业的人力资源管理部门。这类企业有一定的资产规模,组织结构相对健全,人力资源管理工作往往兼人事、行政、公关、宣传、后勤等多项职能,但是,受组织规模以及企业发展程度的限制,中型企业人力资源管理部门内部仍未实现职能化。在一个中型组织中,可能只需设置一个人力资源经理或专员,或者人力资源管理部门内部的人员共同承担处理组织的人力资源事务。企业人力资源管理更侧重于流程管理层面。其具体的结构如图 1-6 所示。

(3)大型企业的人力资源管理部门。大型企业组织结构完整,管理层次较多,

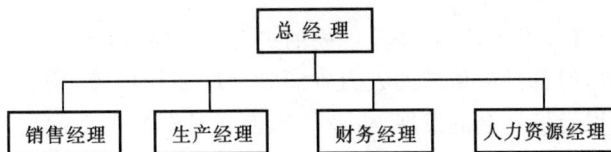

图 1-6　中型企业的人力资源管理部门组织结构图

人力资源管理职能也增多。人员问题因为人员数量和组织层级变得更为复杂时，在人力资源管理部门内部就需要设置一些独立的部门承担不同的人力资源管理工作。这些部门涉及人力资源的获取、开发、利用、激励等各项人力资源管理的职能和任务，如图 1-7 所示。

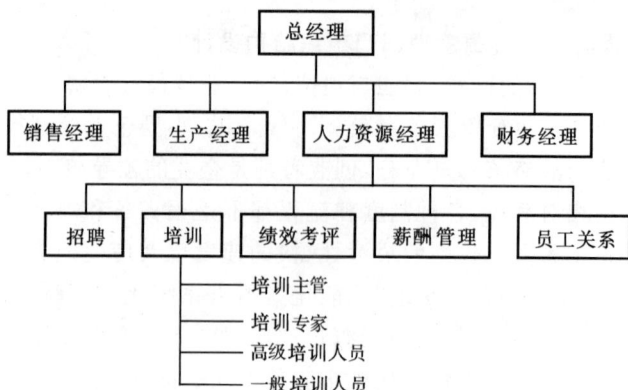

图 1-7　大型企业人力资源管理部门组织结构图

　　这些专业部门的设置使得组织的人力资源管理部门职责区分明确，责任到位，人力资源经理则从事务性的工作中解脱出来，更侧重于战略管理层面，参与组织人力资源管理战略的制定和人力资源管理职能的评价等变革性的活动。

　　(4)集团企业的人力资源管理部门。特大型企业即集团企业业务范围广泛，组织结构庞杂，管理层次复杂。在集团企业中，人力资源管理部门将承担更多的责任，下设的独立部门将更加的专门化，图 1-7 就是某一集团企业的人力资源管理部门的组织结构。从图中可见，人力资源经理下设的各个专门部门变得更加的专业和细化，如培训部门中可以包括培训主管、培训专家、高级培训人员和一般培训人员。这四个岗位的划分并不是行政上的直接隶属和管理关系，而是管理职能专门化和专业化的体现，是员工所拥有的知识和技能差异的体现，为人力资源部门的员工提供了管理和技能双通道的职业发展路径，有利于减少管理层级，缓解员工晋升的压力。由于人力资源各项职能和业务的专业化，人力资源经理更侧重于文化管理层面。

　　由以上内容可以看出，随着企业规模的扩大，人力资源管理职能部门呈现出专业化的发展趋势，但都是以传统的人力资源管理职能如招聘、培训、薪酬和行政等为基础，随着知识经济社会的发展，企业组织模式日渐趋于多样化和灵活化，企业人力资源管理部门为适应这种变化趋势，打破传统的以职能为基础的组织架构方式，构建了一种新的人力资源管理组织模式。这种新的组织模式将人力资源管理

职能有效地划分为三个部分：专家中心、现场人力资源管理者和服务中心，如图
1-8所示。

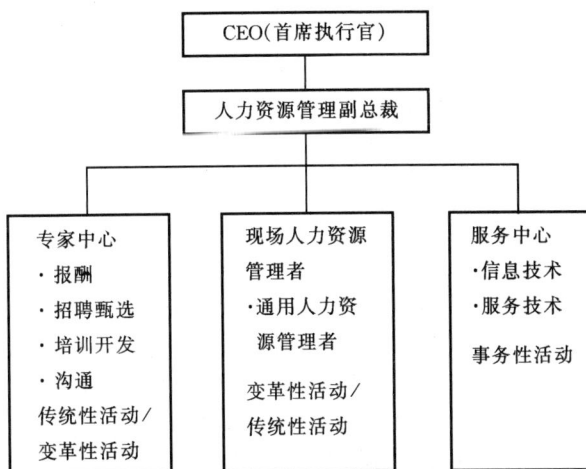

图 1-8　人力资源管理部门的新结构模式

专家中心的员工专门负责职能性技能的开发，而可以不受事务性活动的干扰，现场人力资源管理者则专门负责解决业务部门的难题，服务中心的员工致力于为各个业务部门提供基本的人力资源管理的服务，如员工服务请求的处理和信息收集等。这种结构模式能够提高人力资源管理服务效率，有助于建立系统的人力资源管理结构和职能的协调实施。

1.3　环境与人力资源管理

企业是一个开放的系统，企业人力资源管理是在环境中进行的，环境中各种要素力量会影响企业人力资源管理的各个方面和环节，并为企业人力资源管理的成功提供机会和条件。对环境的认识和把握是企业人力资源管理实践的重要因素。

所谓的环境，也称企业环境，是指企业边界以外对企业绩效起着潜在影响的一系列外部要素力量和条件。它包括两类环境领域，即外部环境和内部环境。

1.3.1　外部环境与人力资源管理

企业人力资源管理所面临的外部环境影响因素主要表现在以下几个方面：

1. 劳动力市场状况

劳动力市场状况是企业进行人力资源管理必须要了解的，对企业人力资源管

理具有关键的影响。对劳动力市场的了解,主要是以下几个方面:

(1)人口与劳动力的数量与质量。人口数量在一定意义上对劳动力供给数量的决定是绝对的,人口基数越大,可供劳动力数量就越多,企业对人力资源的数量需求容易得到满足。此外,人口的质量也决定了劳动力的质量,人口及劳动力中受教育程度、接受高中以上教育的比例、年龄构成,都对企业获得有效人力资源产生重要的影响。此外,人口及劳动力的地区分布也成为企业人力资源招聘和控制的制约因素。就我国情况而言,由于实行了计划生育政策,在 30 多年的时间里,全国累计少出生 3 亿多人。但是庞大的育龄人口基数决定了到 2020 年新增劳动人口每年仍然保持在 1500 万～2200 万之间,新成长劳动力就业需求十分旺盛。20 世纪 80 年代出生的接受我国高等教育的青年以每年 300 万～400 万的规模进入就业市场的同时,20 世纪 90 年代出生的人口也将陆续达到就业年龄。我国青年人口规模庞大,每年新增长劳动力数以千万计,青年就业问题日益突出。劳动力市场的变化必然决定我国就业战略的转移,即从关注下岗职工再就业转向解决青年就业问题。我国企业更应关注这一动向。

(2)不同类型劳动力的供给状况。劳动力可以分为一般劳动力、专业技术人员、管理人才,其中突出的问题是企业对专业技术人员和管理人员的获取。这两类人才的数量、发展速度、地区和行业分布、培养及获取渠道,都对企业获取关键人力资源产生影响,企业对这类人力资源的获取和管理会支付较大的成本。

2. 社会经济环境

宏观的社会经济环境对企业人力资源管理必然产生影响。经济政策的变化、产业结构的调整、资本市场的波动、经济运行的周期性等因素主要作用于企业人力资源管理活动的经济投入、人力资源规模和结构以及员工的薪金、福利、待遇方案等,引致企业人力资源管理的方针政策、手段和措施的改变。例如,服务产业的大力发展,使服务产业的岗位大量涌现。美国在 20 世纪 90 年代新增加的 2100 万个工作岗位几乎都是在快餐、零售、咨询、教育、法律等这样一些服务型行业。企业的利润来自于员工的才能与热情,创造顾客就是创造了企业的利润。企业在获取人力资源时,创造顾客的能力成为关注的焦点。

3. 科学技术因素

日新月异的科学技术的发展,不仅改变着我们的生产方式,使生产效率逐步提高,还使得就业机会从某一职业转向另一职业,并对人力资源提出新的要求。比较明显的事实是计算机技术在生产、办公中的运用,产生了计算机辅助生产系统、办公自动化系统,它代替了人们的工作,使一些岗位消失,又产生一些技术要求较高的新岗位。为了能使新技术得到运用,就会要求从业者必须具备相应的技术技能,这对企业的各个方面都会产生影响。尤其是在劳动密集型企业中,蓝领工作和一般事务性工作的作用会消减,而专业性强、技能性强的工作就显得更为重要。面对这些变化,企业人力资源管理的各项工作都会从新开始。

4. 文化环境

文化是人们的价值观念、道德伦理、风俗习惯、宗教信仰等方面的统称,它对人们的思维方式和行为方式产生重要的影响。不同的国家、地区由于所处环境的不同、发展的历史不同,所形成的文化也是不同的,对该国家、该地区的企业的价值观念、行为方式的形成发生作用,进而影响企业人力资源管理活动。

5. 竞争与管理环境

日益激烈竞争的态势已在全球范围展开,产品创新周期的缩短,要求企业的规模能适应环境的变化。加快技术创新、产品创新,满足顾客个性化需求,迫使企业改变管理方式,一种更具自主性管理的"团队"组织替代了传统的集权式管理的"直线职能制"组织。在这场变革中,人力资源管理部门应是积极的推动者。

6. 法律与政治环境

法律规定和政治制度的建设与完善必然对人力资源管理活动产生影响。在法律建设方面,劳动力市场管理法、劳动法与社会保障法、职业法、专利与知识产权法等法律的产生对管理人员的活动起到限制的作用。例如,许多国家制定了公平就业机会的法律,规定了禁止在就业中存在种族、性别、年龄、宗教、原居住国等歧视的现象。在员工的福利、健康计划等方面,法律也作出了规定加以保障。在政治制度建设中,民主化的政治进程的加快,使人们在机会均等、自主择业、言论自由、人格尊重等方面获得了宽松的环境。我国在 1994 年颁布了《劳动法》,随着我国经济体制改革的深入,政府对劳动力市场管理规范化和法律化进程加快,仅 2004 年就有一系列保护性就业法规政策出台。如:《最低工资规定》、《集体合同规定(新)》、《关于实施〈工伤保险条例〉若干问题的意见》、《劳动保障监察条例》等。2008 年,国务院公布实施了新的劳动合同法,进一步完善了劳动合同制度,明确劳动双方当事人的权利义务,这对于保护劳动者的合法权益、构建和发展和谐稳定的劳动关系具有重要而深远的意义。

1.3.2　内部环境与人力资源管理

内部环境是指企业内部影响人力资源管理活动的各种因素。

1. 工作任务

企业经营性质的不同,决定了工作任务的不同。根据不同工作任务的要求可将工作区分为操作工作、管理工作、商务工作和技术与研发工作等等,不同的工作任务对人力资源管理活动的要求有所不同。

2．工作群体

工作群体是指为了实现工作目标，由两个以上相互依赖、相互作用的个体形成的组合。工作群体有正式与非正式的划分，正式群体的形成是由组织结构决定的，有命令型群体和任务型群体；非正式群体的形成是由群体的共同利益或共同的特性决定的，有利益型和友谊型。不同类型的群体是通过不同的途径和手段满足员工的需要，进而对员工起到激励的作用。员工个人加入不同的工作群体的动机是不同的，无论是正式的群体，还是非正式的群体都对员工的行为和绩效产生深远的影响。

3．组织结构

组织结构是指表现企业组织各部分排列顺序、空间位置、聚集状态、联系方式以及各要素之间相互关系的一种模式。组织结构的本质是企业组织成员的分工协作关系，其内涵是人们在职、权、责方面的结构体系。在企业发展史上产生了不同类型的组织结构，对组织结构的选择设计受到企业战略的影响，美国著名企业史专家钱德勒提出了"结构跟随战略"的思想，强调了组织结构对实现企业战略的重要性。不同的组织结构决定了岗位的数量和性质。对组织结构类型的选择决定了人员匹配。

4．领导作风

企业管理者的领导方式和方法会影响到员工个人及所在工作团队的工作态度、行为和效率，进而影响人力资源管理的最终结果。有效的人力资源管理，既要求企业管理者选择有效的领导方式和方法，也要求管理者采用有效的监督和控制。

5．员工需求

满足员工的合理需要，既体现了以人为本的管理，也是人力资源管理工作依据之一。尤其是企业在建立激励机制方面，必须要关注员工的需求，以员工的迫切需求作为激励的目标，结合企业的目标，制定切合实际的激励机制，激发员工努力工作。

6．企业文化

企业文化是指企业经营价值哲学和管理风貌，是一种以价值观念为核心对企业全体员工进行价值教育的微观文化体系。企业文化对人力资源管理的影响主要表现在企业文化会影响到人力资源管理的政策方针、内容、方式与方法，具体地讲，不同的企业文化在人力资源获取、培训、绩效考核与薪酬管理等方面采用的手段、方式与方法会有不同。

1.4　人力资源管理的历史演变及其发展趋势

1.4.1　人力资源管理的历史演变

要准确、全面地把握人力资源管理的真实面目,就必须探索人力资源管理形成与发展的历史演化过程。人力资源管理在 20 世纪 80 年代诞生于西方国家,并在 90 年代初传入我国。但是,要追述人力资源管理最初起源与发展,其历史应该更加久远。人力资源管理从最初萌芽开始至今共经历三个发展阶段:人事管理阶段、人力资源管理阶段、战略性人力资源管理阶段。

1. 人事管理阶段

早期的人力资源管理被称作"人事管理",它是伴随着工业革命的产生而发展起来的,到二次世界大战期间,人事管理基本趋于成熟。人们主要关注的是人员招聘、上岗培训、工作记录、报酬支付体系、在岗培训及人事档案管理,其特征就是照章办事,属于事务性的工作。彼得·德鲁克在对人事管理进行综述时也认为"人事工作部分是档案员工的工作,部分是管家的工作,部分是社会工作者的工作,部分是消防员的工作,不顾一切地解决工会的问题"。人事管理在西方国家企业中的实践历程大致可以分为三个阶段。

(1)人事管理的萌芽——雇员管理。第一次工业革命促进了英国资本主义的大发展,也带来了劳动关系的深刻变化。1912 年在波士顿召开的"雇佣经理联合会"成立大会上,明确提出了"雇员管理"概念,劳资谈判、劳工关系等问题逐渐提到了议事日程上。其主要工作是为员工提供福利;倡导"关心员工"和"改善员工境遇";建立一些形式的非工会组织的雇员代表会议或"企业民主"组织。

(2)早期的人事管理阶段。20 世纪 40 到 60 年代是人事管理的形成时期。美国全国性工会运动的兴起,使劳资关系更加对立。这一阶段,人事管理主要是强调劳动经济学的重要性,重视劳工关系和劳动立法。企业人事工作的典型职责包括对新员工的录用、职前教育、人事档案管理、制订公司效益计划以及福利上的琐事等。人力资源工作是所有管理人员的职责,而不仅仅是人事或劳动部门的工作。

(3)人事管理的成熟阶段。20 世纪 60 到 70 年代是人事管理获得大发展,走向成熟的时期。这一时期,美国先后颁布了一系列法规,对劳动就业状况和企业用工方式产生了很大的影响。这些规定迫使企业人事政策作出较大的调整。企业的人事管理在实施过程中更注重人的心理需求,考虑人的素质的提高,人与人之间的协调和人力的合理配置。人事管理逐渐从一般事务性管理向系统化管理方向发展。

2. 人力资源管理阶段

从 20 世纪 80 年代开始,人事管理逐渐向人力资源管理蜕变,并最终演变成人力资源管理。1984 年,亨特预言人事管理重点将发生转移,引起了人事管理有关人员的注意,并最终导致了人事管理向人力资源管理的转变。人力资源管理主要依靠制度而不是人的诚信来用人行事、管理企业,企业将人力资源视为一项重要的资产来加以开发和管理。这一阶段中,专门的人力资源管理部门开始出现,除了从事传统的事务以外,增加了人力资源规划、政策制定、人力资源开发、职业生涯管理、工作分析与设计等职能。人力资源部不再仅仅从事事务性的工作,而是开始参与组织战略规划的制订与实施。人力资源管理的责任是确保组织在适当时间以适当的成本获得适当的数量、类型和技能的员工,以满足组织当前及未来发展的需要。

3. 战略性人力资源管理阶段

战略性人力资源管理兴起于学者们对竞争优势来源转变的研究。20 世纪 90 年代以来,企业面临的竞争环境日益激烈。许多学者越来越相信,企业人力资源将是持久竞争优势的重要来源,有效地管理人力资源,而不是物质资源,将是企业绩效的最终决定因素。这一研究显著提高了人力资源在企业竞争优势获取方面的地位,促进了从提升企业竞争力角度对人力资源管理的研究,并直接导致了战略性人力资源管理的兴起。

战略性人力资源管理从组织整体战略发展角度将人力资源管理视为一项战略职能,探索人力资源管理与企业组织层次行为结果的关系,追求人力资源管理部门与组织其他部门的整合性,人力资源管理与组织战略的适应性与协同一致性。战略性人力资源管理对人力资源管理提出了更高的要求:① 要求人力资源管理应完全整合进企业的战略,并且在战略实施过程中,人力资源管理和战略之间应该保持动态协同。② 人力资源管理政策在不同的政策领域与管理层次间应具有一致性。③ 人力资源管理应成为企业每一个部门和员工的事。人力资源管理实践应作为日常工作的一部分被直线经理与员工所接受、调整和运用。④ 人力资源功能通过规划、政策与实践,创造实施战略的适宜环境,发挥"战略伙伴"的作用,从而促使组织更具竞争力。

人力资源管理的实践经历了人事管理、人力资源管理再到战略性人力资源管理三个阶段,在这个发展过程中,人力资源管理的理论逐渐趋于科学和完善,管理技术和方法也在实践中不断地改进,趋于合理化、人性化。

1.4.2　人力资源管理的发展趋势

21 世纪是知识经济的时代,企业间竞争的重点正由先前的产品经营竞争、资本经营竞争转化为智力资本经营的竞争。人力资源成为企业获取竞争优势的源泉。企业只有取得了优于竞争对手的人力资源，并充分发挥他们的智力能量，才能在竞争中获取并保持其竞争优势。因此，知识经济给企业的人力资源管理提出了新的要求，21 世纪的企业人力资源管理将呈现新的发展趋势。

1. 人力资源管理趋于柔性化

未来的人力资源管理将是"柔性化管理"。柔性化管理是使企业在市场机会不断变化、竞争环境难以预测的情况下，快速反应，不断重组其人力和技术资源，获得竞争优势和利润的管理模式。它不依赖于固定的组织结构、稳定的规章制度进行管理，而是随着时间、外部环境等客观条件的变化而变化，是一种反应敏捷、灵活多变的崭新的人力资源管理模式。

柔性化管理本质上是一种"以人为中心"的管理，要求用"柔性"的方式去管理和开发人力资源。"柔性化"要求企业人力资源管理既要有适应不同情况的能力，还要有坚强、韧性、忍受变化带来负面影响的能力。

2. 人力资源管理的系统化趋势

战略性人力资源管理要求以促进企业的发展为目标，从企业的发展战略角度上制定企业的人力资源战略，这就对企业人力资源管理提出了新的要求，企业人力资源管理日益趋于系统化。企业人力资源管理系统主要从人力资源管理角度出发，用集中的数据库将几乎所有与人力资源相关的数据（如薪资福利、招聘、个人职业生涯的设计、培训、职位管理、绩效管理、岗位描述、个人信息和历史资料）统一起来，形成了集成的信息源。人力资源系统所具有的友好的用户界面，强有力的报表生成工具、分析工具和信息的共享使得人力资源管理人员得以摆脱繁重的日常工作，集中精力从战略的角度来考虑人力资源规划和政策。

3. 人力资源管理的电子化趋势

21 世纪，企业竞争直接反映为人才的竞争。为适应全球化快速变化的环境，企业需要更加灵活、快速反应的人力资源管理平台和解决方案，人力资源管理的电子化就解决了这一问题。

人力资源管理的电子化（EHR）有广义和狭义之分，狭义是指基于互联网的、高度自动化的人力资源管理工作，包括招聘、薪酬管理等。广义是指基于电子商务理念的所有电子化人力资源管理工作，包括公司内部网及其他电子手段的人力资源管理工作。人力资源管理电子化一方面可以缩短周期，使工作流程自动化，使员工自主选择 HR 信息和服务等，另一方面，可以使 HR 部门从提供简单的 HR 信息转变为提供 HR 知识和解决方案，可以随时向管理层提供决策支持，提高企业运作效率，降低企业成本。

4．人力资源管理的企业化倾向

由于市场竞争的加剧，人力资源管理部门作为经常性开支的单位，很难在企业内部生存，慢慢遭到许多公司的削减。同时，日益复杂的企业管理问题还要求人力资源管理部门提供更好、更快、更低成本的服务，人力资源外包成为企业选择的一种模式。人力资源管理部门因此转型为以市场为导向、以客户为中心的事业实体，为客户提供更多的产品和服务，尽可能地满足客户的要求，人力资源管理部门主管也变成人力资源客户经理。人力资源管理不再是"企业的合作伙伴"，而是作为一个独立的企业而存在。同时，也有专门从事人力资源管理和开发的专业性公司出现，为企业提供诸如人才招聘、人才培训、人员素质测评、人才规划、职业生涯设计等高效率专业化服务。

5．人力资源管理者的职业化倾向

随着知识经济的推进和近年来人力资源管理中非核心业务的外包，人力资源管理者的工作环境和工作性质发生了质的变化。人力资源管理从事务型转为战略型。这就对企业人力资源管理者的能力提出了更高的要求。企业人力资源管理者要成为人力资源管理的专家。他们除了要掌握人力资源专业知识外，还应领会企业理论的精髓和具备广泛的经营管理知识，学会洞察企业的走向和经营需要，熟练掌握向高层领导和员工推销人力资源产品和服务的技巧，扮演好战略规划的参与者和执行的管理者、行政管理专家、企业员工发展的指导者与支持者、组织发展变革的倡导者与代言人等多重角色，需要同时具备战略意识与综合服务的"通才"能力。

6．人力资源管理趋于全球化

国际竞争的深化将推动企业在全球范围内配置人力资源。人才的国际化、跨文化管理将成为企业人力资源管理的重要问题。人力资源管理的全球化趋势不可逆转。国际化的人才交流市场与人才交流将出现，并成为一种主要形式。人力资源的价值不仅在一个区域市场内体现，而更多的是要按照国际市场的要求来看待人才价值。网络将成为重要的人才市场形式。跨文化的人力资源管理成为重要内容。人力资源管理的边界也从清晰到模糊，从封闭走向开放，国际人力资源管理成为了人力资源管理的新的领域。企业人力资源管理的政策和方法必须和所在地的环境和文化相适应。人力资源管理者也需要具备全球化人力资源管理技能，掌握相关的业务知识，建立人才的全球观念和系统整合观念，要以全球的视野来选拔人才、管理人才。

本章思考题

1.人力资源与人力资本的涵义、特征、联系与区别是什么？

2.怎样理解人力资源管理的涵义？人力资源管理有哪些模式？

3.人力资源管理的功能及任务目标有哪些？

4.人力资源管理部门的职能有哪些？

5.人力资源经理应具备哪些胜任力特征？

6.企业组织结构与人力资源管理具有怎样的联系？

7.不同类型的企业组织的人力资源管理部门是如何设置的？

8.环境是如何影响企业人力资源管理的？

9.人力资源管理的趋势是怎样的？

案 例 分 析

鼎文酒店集团的扩张

鼎文酒店集团最初只是一家普通的国有宾馆，由于地处国家著名的旅游景点附近，故迅速发展壮大——原有宾馆已经推倒重建成为一家五星级大酒店。集团在此尝到甜头后，先后在四个旅游景点附近收购了四家三星级大酒店。对于新收购的酒店，集团只是派去了总经理和财务部全班人马，其他人员都采取本地招聘的政策。因为集团认为服务员容易招收而且简单培训就可以上岗，所以只是进行简单的面试，只要应聘者长相顺眼就可以，同时，为了降低人工成本，服务员的工资比较低。

赵某是集团新委派的下属一家酒店的总经理，刚上任就遇到酒店西餐厅经理带着几名熟手跳槽的事情，他急忙叫来人事部经理商谈此事，人事部经理满口答应，立即解决此事。第二天，赵某去西餐厅视察，发现有的西餐厅的服务员摆台时把刀叉经常摆错，有的不知道如何开启酒瓶，领班除了长得顺眼和会一味傻笑外，根本不知道如何处理顾客投诉。紧接着仓库管理人员告诉赵某发现丢失了银质的餐具，怀疑是小张偷的，但现在已经找不到小张了。赵某一查仓库的账本，发现很多东西都写着丢失。赵某很生气，要求人事部经理解释此事，人事部经理辩解说因为员工的流动率太高,多数员工是才来不到10天的新手,餐厅经理、领班、保安也是如此,所以做事不熟练,丢失的东西较多。赵某忍不住问道:"难道顾客不投诉吗?"人事部经理回答说:"投诉,当然投诉,但没关系,因为现在是旅游旺季,不会影响生意的。"赵某对于人事部经理的回答非常不满意,又询问了一些员工后,发现人事部经理经常随意指使员工做各种事情,例如接送人事部经理的儿子上学,给他的妻子送饭,等等。如果员工不服从,立即开除。赵某再三考虑,决定给酒店换血——重新招聘一批骨干人员,于是给集团总部写了一份有关人力资源规划的报告,申请高薪从外地招聘一批骨干人员,并增加培训投入。同时人事部经理也给集团总部写了一份报告说赵某预算超支,还危言耸听造成人心惶惶,使管理更加困难,而且违背了员工本土化政策。

案例讨论

1. 赵某的想法是否正确?酒店是否必须从外地雇佣一批骨干人员?
2. 赵某应当采取哪些措施来解决酒店目前所面临的问题?

第 2 章

工作分析与工作设计

企业要实现自己的总体战略规划,要制订合乎该战略规划的合理的人力资源规划,就必须对未来一段时间内的人力资源供求情况作出较为准确的判断,而这种判断是以明确企业各个岗位的工作职责、工作方式以及任职资格为前提条件的,这一任务是通过工作分析来完成的,工作分析不仅是企业进行人力资源规划的基础,同时也是企业几乎所有人力资源管理职能的基础,是企业实现人与事合理匹配的有效保障。

重点问题

⇨ 工作分析的概念及作用
⇨ 工作分析应收集的信息内容
⇨ 工作分析的原则与流程
⇨ 工作分析的一般方法
⇨ 职务说明书与工作规范的编写
⇨ 工作设计的基本要求与方法

阅读资料

妙姿公司的工作分析:该不该进行?

日化产品生产企业妙姿公司在国际日化大牌公司进军中国之后遭遇了前所未有的激烈竞争,公司业绩一路下滑,2009 年第三季度公司财务巨亏,营业收入较上年同期下降 42%。为扭转发展颓势,公司在人工成本方面入手开始改革,将本就低于行业水平的员工收入再降10%,但此种节约成本的方式引起员工强烈不满。员工认为,在妙姿公司一直存在部门及员工权责不分、出事互相推诿,缺乏对履职情况的客观考核标准,业绩突出的员工很难晋升到更高职位的问题,现在不区分大家的贡献,只要求员工承担损失,实在缺乏一个可以长期发展的空间,此后则不断有员工特别是公司核心骨干陆续离职。王安是人力资源部门的主管,他在给公司总经理赵伯瑜的报告中建议说应该进行一次工作分析以应对员工所提出的问题,并且这一项活动能够从源头上解决大家对于工作标准的困惑的问题,并且新标准对于招聘、培训、薪酬管理和人员晋升等工作的开展将会有很大的促进作用。赵总经理看着这份摊开的报告,陷入了沉思。

2.1　工作分析概述

2.1.1　工作分析的基本术语及概念

1. 工作分析的基本术语

工作分析是一项专业性较强的人力资源管理工作,它涉及许多专业术语。

(1)工作要素:工作中不能再继续分解的最小工作动作单位。例如,一位秘书所进行的从文件篓中取出文件、开机、敲击键盘打字等都是工作要素。

(2)任务:为了达到某种目的所从事的一系列活动,可由一个或多个工作要素组成。例如讲课、出考题、改考卷、答疑等都是教师的工作任务。

(3)责任:个体在工作中需要完成的大部分任务,可由一至多项任务组成。例如,一名商学院教师的责任包括了教学、研究,为企业、政府做咨询服务等。

(4)职位:又称为岗位,是组织要求个体在一定时期内完成的一项或多项责任。一般地,职位与个体一一匹配,有多少职位就有多少人,二者数量相等,职位的数量称为编制。职位是以"事"为中心确定的,强调的是人所担任的岗位,而不是担任这个岗位的人。如企业中的市场部经理就是与特定个体相关的职位。

(5)职务:一组重要责任相似的职位。根据组织大小和工作性质的不同,一种职务可以有多个职位。例如,企业中有副总经理职务,但是可能有多个此种职位。

(6)职业:在不同组织、不同时间从事相似活动的一系列工作的总称,有时与行业混用。例如教师职业、医生职业等。

(7)工作族:又称工作类型,是指两个或两个以上的职业相似的一组工作。例如文字工作、体力工作等都是工作族。

各类组织为便于人力资源管理,通常将各种职位进行分类。所谓职位分类,是指将所有的职位(即工作岗位)按其业务性质分为若干职组、职系(从横向讲);然后按责任大小、工作难易、所受教育程度及技术高低分为若干职等、职级(从纵向讲),对每一个职位给予准确的定义和描述,制成职位说明书,以此作为对聘任人员管理的依据。与职位分类相关的术语有:

- 职系(series):由工作性质相同而责任轻重和困难程度不同,所以职级、职等不同的职务系列。
- 职组(group):由工作性质相同的若干职系综合而成,也叫职群。
- 职级(class):指将工作内容、难易程度、责任大小、所需资格均很相似的职位划分为同一职级,进行同样的管理、使用并给予同等的报酬。
- 职等(grade):工作性质不同或主要职务不同,但其困难程度、责任大小、工作所需资格都很相似的职级可归纳称为职等。

2. 工作分析的概念

工作分析,又称职务分析,是指获取并分析企业中某个特定工作职务的相关信息,以便对该职务的工作内容和任职资格等作出明确规定的过程。它是对组织中某一特定工作或职务的目的、职责、权利、隶属关系、工作条件、任职资格等相关信息进行收集、分析,作出明确规定,并确认完成工作所需要的能力和资格的过程或活动。工作分析的成果是工作描述和工作规范,可以告诉我们什么岗位需要什么能力的人。

2.1.2　工作分析的内容

工作分析给出了一项工作的职责、与其他工作的关系、所需的知识和技能,以及完成这项工作所需的工作条件的多种信息。工作分析包括工作描述和工作规范两部分,如相关链接 2-1、2-2,分别是某企业销售部经理职位的工作描述和工作规范。工作分析是一个过程,此过程即工作描述、工作规范所需反映的信息的收集与说明书的编写过程,具体的编写要求与方法见本章 2.4 节的相关内容。

相关链接 2-1

某企业销售部经理的工作描述

职务名称:销售部经理

别名:销售部主任、销售部总管、销售部总监

职务编号：03-01

（1）工作活动和工作权限：通过对营销员及各销售网点的管理与监督，实施企业的销售、计划、组织、指导和控制；指导销售部的各种活动；评估销售业务报告并向上级管理部门作出报告；根据对销售区域、销售渠道、销售定额、销售目标的批准认可，协调销售分配功能；安排推销员不同的销售区域和任务；批准各种有助于销售的计划，如培训计划、促销计划等；参与和审查市场分析，确定和研究潜在顾客、价格一览表、折扣率竞争活动；亲自与大客户保持联系；可与其他管理部门合作，建议和批准用于研发工作的预算支出和拨款；可与广告机构就制作销售广告事宜进行谈判，并在广告发布之前对广告题材、内容予以认可；有权根据企业有关管理规定建议或实施对本部门员工的奖惩；可以调用商用车三辆、货车八辆。

（2）工作条件和物理环境：以室内工作为主，一般不受气候影响，但受气温影响，湿度适中。无噪音损害，无体力负重强度要求，无有毒有害气体影响，无个人生命或严重受伤危险。有外出要求，一年中有 $10\% \sim 20\%$ 的工作日出差在外；工作地点为本市和西北省会城市市区。

（3）社会环境：有一名助理，销售部工作人员有 $30 \sim 40$ 人；直接上级是销售副总经理；需要经常交往的部门是生产部、财务部、仓库、质检；可以参加企业家俱乐部、员工乐园的各项活动。

（4）聘用条件：每周工作 $40 \sim 45$ 小时，享受国家法定公休假日；基本工资每月 2200 元，职务津贴每月 1000 元，完成全年销售指标每年加奖金 3000 元，超额完成部分再以千分之一提取奖金；本岗位是企业中层岗位，可晋升为销售副总经理或公司副总经理。每年工作以 $4 \sim 10$ 月份为忙季，其他时间为淡季；每三年有一次出国进修机会；每五年有一次为期一个月的公休假期，可报销 5000 元的旅游费用；公司补贴购买市区二室一厅（70 平方米以上）住宅一套。

相关链接 2-2

某企业销售部经理的工作规范

职务名称：销售部经理

年龄：$25 \sim 40$ 岁

性别：男女不限

学历：大学本科以上

工作经验：从事销售工作三年以上，能听懂陕西话及其他西北方言。

生理要求：无慢性疾病；无传染性疾病；口头表达无障碍，听力正常，视力无重大问题，平时以说、听、看、写为主，能胜任办公室工作；能胜任快节奏工作。

2.1.3　工作分析的目的和意义

1. 工作分析的目的

通常情况下，企业进行工作分析有这样一些情形：

- 新建的企业或部门为满足组织设计与人员招聘需要必须进行工作分析。
- 由于战略调整和业务发展使工作内容、工作性质发生变化，需要进行工作分析。
- 企业技术创新带来劳动生产率的提高，需要重新进行定岗、定员。
- 建立新制度的需要，比如绩效考核、晋升、培训机制的研究需要进行工作分析。

一般地，具体的工作分析的目的是为了解决以下六个重要的问题：

①员工需要完成什么样的体力和脑力活动？（what）

②工作将在什么时候完成？（when）

③工作将在哪里完成？（where）

④为什么要完成此项工作？（why）

⑤员工如何完成此项工作？（how）

⑥完成工作需要哪些条件？（which）

再进一步进行分析就可以发现，上述各问题其实是围绕两个主题展开的：其一是"某一工作是做什么事情的？"这一问题与工作活动内容有关，包括工作的名称、职责、要求、场所、时间以及条件等一系列内容。其二是"什么样的人来做这些事情最适合？"这一问题则与胜任该工作的人的资格有关，包括专业、年龄、必要的知识和能力、必备的证书、工作的经历以及心理要求等内容。

2. 工作分析的意义

工作分析是人力资源管理的基础性工作，人力资源管理的每项工作几乎都需要用到工作分析的结果，可以说，工作分析是企业几乎所有人力资源管理职能的基础。工作分析的意义在于它是企业进行招聘、晋升和业绩考核、培训工作的基础，因此,它对企业有效地进行人力资源的开发与利用有着非常重要的作用。简单归纳起来,可以看出工作分析是企业定编定员的科学依据,是企业聘用和考核员工的客观标准,是确定员工的薪资待遇和培训需求与具体实施的客观基础,是员工明确自己努力方向、改善企业内部的人际关系的一把利器。为了说明工作分析在人力资源管理中的这种基础性作用,下面将其与各人力资源管理主要方面的关系进行更为详尽的分析:

(1)工作分析是人力资源规划的基础。企业内各项工作责任的大小、任务的轻重、时间的约束、工作条件的限制等因素决定了企业所需的不同人员。工作分析就是要根据企业的需要,将影响工作的因素逐一列举分析,首先决定企业中需要设置哪些工作,其次决定每项工作对任职人员有何要求。通过对部门内各项工作的分析,得到各部门人员编制,继而得到企业的人力资源需求计划。另外,通过工作分析可以将相近的工作归类,合理安排,统一平衡供求关系,从而提高人力资源规划的质量。

(2)工作分析有助于人员的选拔和任用。通过工作分析能够明确地规定各项工作的近期和远期目标,规定各项工作的要求、责任,掌握工作任务的静态和动态特点,提出任职人员的心理、生理、技能、知识和品格要求,在此基础上确定任用标准。有了明确而有效的标准,就可以通过素质测评和工作绩效评估,选拔和任用符合工作需要和工作要求的合格人员。只有工作要求明确,才可能保证工作安排得准确,做到没有冗员,每个岗位都人尽其才。

(3)工作分析是实现人力资源调控的基本保障。由于工作分析的结果对岗位的任职资格与要求作出了明确说明,使得企业对员工的晋升、调配、解雇有了客观的标准,企业可根据这些客观的标准与员工的个人能力、素质、绩效进行对比分析,作出相关决策。

(4)工作分析为企业培训方案奠定了基础。工作分析具体规定每项工作如何被一步步地完成,人力资源专业人员可以此为依据安排培训计划。

(5)工作分析可以为绩效评估提供标准和依据。明确的工作规范与要求使对员工的绩效评估有了客观的依据。管理者可依据工作分析的结果判断哪些工作已被完成,哪些工作未达要求。缺乏这个客观依据将影响到绩效评估的科学性,导致员工的工作积极性下降,给企业带来损失。

(6)工作分析为薪酬决策提供了依据。每项工作对组织的相对价值或重要性是薪金比率的基础。工作价值一般通过技能水平、努力程度、责任轻重、工作条件之类的重要因素加以评价。工作分析所提供的信息可用于工作价值的评定,进而用于薪酬决策。

(7)工作分析对生产率改善提供了基本保障。工作分析对各项工作的任职条件的规定是一个指挥棒,指导着员工按照科学设计的工作职责行为,激励着有意于相关工作的员工努力弥补自身条件与该任职条件之间的差距,其对于现实的最佳生产率的出现与保持以及长远的潜在更高生产率的实现都是必需的。

(8)来自工作分析的有关信息在关于特定工作的安全与健康问题的考虑中也是很有价值的。例如,工作说明和工作规范中应该反映出一项工作是否具有危险性。而且,在某些危险的工作中,工人为了安全地完成工作,也需要了解一些有关危险的信息,如建筑业中的高空作业、化工企业中的有毒化学物质的工作对象等都会给任职者带来潜在的或实质性的安全健康方面的问题,对于此类问题在工作分析中予以明确告知并提供更多的可预防不利后果出现的工作流程、工作保护信息就是绝对必要的,也符合各国劳动法律法规的强制性要求,从而有助于减少来自于工伤事故的巨额赔偿责任和不合法的风险。

(9)来自于工作分析的信息指导了员工的职业生涯规划。正如前面所提到的工作分析对长期的生产率改善的积极作用一样,员工可依照差距分析与所任职的特定企业的培训计划、管理人员发展计划、专业技术人员发展计划等规划自己的职业生涯。

(10)工作分析信息对劳动关系也很重要。当考虑对员工进行提升、调动或降职的问题时,工作说明提供了一个比较各人才干的标准。无论公司是否成立了工人的群众性组织(如工会),通过工作分析获得的信息通常能带来更为客观的人力资源管理决策,而且,完整的工作分析对支持雇用实践中的合法性而言是尤为重要的。例如,在企业员工就有关自己的升职、调动和降职的组织决策存在不同意见并进而主张劳动仲裁、调解或者诉讼利益时,工作分析的资料可为企业当事一方主张有关升职、调动和降职的决策的合法性提供依据。

2.2　工作分析的原则、要求及流程

2.2.1　工作分析的原则及要求

如前所述,工作分析对众多的人力资源管理问题均有着重要的基础性作用。工作分析要有效地承担起自己的作用,为员工对组织目标的实现起到实质性的促进作用,其前提在于工作分析本身应该是有效的、科学的,为此,工作分析必须贯彻以下原则和要求:

1. 工作分析的原则

工作分析的原则是贯彻工作分析过程始终的指导性的基本思想的综合体现。它包括:

(1)以人为本的指导原则。工作分析是企业中的大事,对于员工的现实利益和长远利益都有很大影响,成功的工作分析需要员工的支持,工作分析的成果的有效

实施也离不开员工的积极配合。人力资源管理作为专门研究和实践组织人力资源的一门学科,最有必要贯彻现代管理中"使人性得到最完美的发展"这一核心理念,在工作分析这一有机会与组织员工全面接触的人力资源管理的基础性活动中更是如此。

(2)以战略为指导的原则。对于人力资源的重要性的重新认识是知识经济时代、信息社会在对人的认识问题上的巨大发展,人力资源战略作为企业的职能层战略,对于企业的整体战略的实现、核心能力的形成和企业的可持续发展有着基础性支持作用,工作分析必须以组织的既定战略为指导而进行,为之服务。

(3)责权对等的工作原则。所有参与工作分析活动的人员,不论其身份是人力资源专家、任职员工还是分析对象的上级主管,在承担配合做好工作分析的相关工作——如实提供所要求提供的工作信息时,都有权要求企业对自己的意见作出评价、提供反馈。

(4)注重效益的控制原则。工作分析是服务于组织的战略发展的长期目标与确定人员空缺工作职责要求进而补缺、绩效薪酬计算与确定、员工培训与发展等短期目标的,它是人力资源管理中的一项基础性工作,是企业大厦的固基活动,对组织而言,它是产生效益的活动,而不应被看做是无谓成本。作为一项产生效益的活动,工作分析过程不只是有时间的耗费,还会有费用支出、生产率影响的问题,应该在工作分析进行之前、之中进行预算控制,在工作分析之后还应进行评估总结,以利于为后续的工作分析活动提供有效指导。

2. 工作分析的要求

工作分析的要求是对于工作分析中应予遵循的原则的扩展与细化。它包括:

(1)客观性。综合使用各种工作分析方法,从与作为工作分析对象的工作有关的各种主体获得关于该工作的真实有效的信息是成功的工作分析的基本保障。

(2)广泛参与性。工作分析过程是一个广开言路、集思广益的过程,在充分准备之后,由承担该工作的员工、上级主管、人力资源专家共同参与进行分析协商,只有将各方面的意见充分考虑在内了,其成果才会为各方面所接受,也才能在人力资源管理中真正发挥作用。

(3)科学性。只是认真细致、只讲工作分析活动要秉承客观性原则并不一定就有成功的工作分析,工作分析活动必须遵循已经经过实践的反复检验的科学的流程与方法才能带来有效的结果。

(4)战略性与预见性。企业战略会因环境而变化,同时又引起组织设计的相应适变,在组织环境以"恒变"为特征的、技术发展一日千里的今天,工作分析在为人力资源管理中的人员配备、绩效评估、薪酬设计、员工培训与发展等方面服务的同时,始终是服务于企业战略的整体需要这一"大背景"(big picture)的,所以,立足需要、放眼未来的具有战略性与预见性的工作分析应该是一个趋势。

2.2.2　工作分析的流程

作为对工作的一个全面评价过程,工作分析过程可分为以下四个阶段、六个步骤(见图 2 - 1):

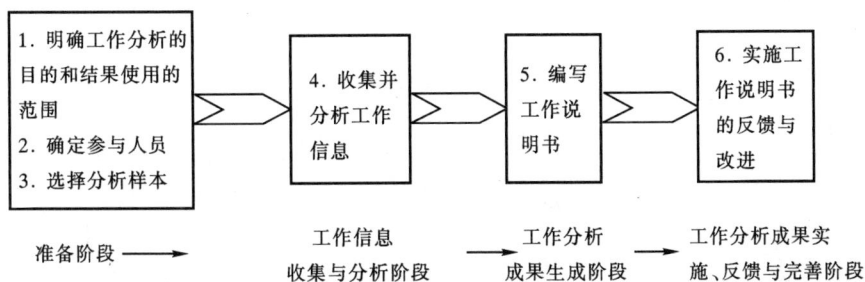

图 2 - 1　工作分析活动的阶段与步骤

第一个阶段,准备阶段,此阶段可分为三个步骤:

步骤一:明确工作分析的目的和结果使用的范围

工作分析的目的与结果使用的范围决定了需要收集信息的类别和获取信息的方法。例如,编写工作说明书,为空缺岗位甄选雇员,可采用与员工面谈的方式收集与工作有关的信息,而要对企业的各种工作进行量化排序、确定报酬,则可采用职位分析问卷(PAQ)法。

步骤二:确定参与人员

参加工作分析的人通常有:人力资源专家——包括人力资源管理者、工作分析专家或咨询人员等,工作的实际承担者以及直接主管等。有时,其他人也可作为工作信息的重要来源,如同部门其他岗位的员工、与本部门有工作联系的其他部门的人员等。对服务性的工作岗位来说,顾客也是一个重要的工作信息来源。

步骤三:选择分析样本

当需要分析的工作较多,而它们当中的有些工作有较大相似性时,如流水线上同一工序工人所做的工作,为节约成本,提高效率,不必对每个工作都进行分析,而应选择有代表性的工作进行分析。

第二个阶段,工作信息收集与分析阶段,此阶段包括了一个步骤:

步骤四:收集并分析工作信息

采用各种方法收集前述有关工作的信息。如前所述,在此之前首先要明确信息收集的范围。不同的工作分析目的需要涉及的信息的范围有所不同。如果工作分析的目的是对工作进行调整和改进,所需信息就比仅以描述职责为目的的工作分析涉及的信息范围要宽许多。

表 2-1 是工作分析的目的与所需收集的信息类型间的关系。

表 2-1　工作分析的目的与所需收集的信息

目　的 ＼ 调查项目	工作目标活动内容	工作责任	工作复杂性	工作时间	劳动强度	工作危险性
工作描述	√	√		√	√	√
工作设计和再设计	√	√	√	√	√	√
对工作执行者的资格要求	√	√	√			√
制订培训计划	√		√			
人力资源开发	√		√			√
进行工作比较	√	√	√	√	√	√
工作绩效评估	√		√			√
明确工作任务	√					

资料来源:郑晓明,吴志明. 工作分析实务手册[M]. 北京:机械工业出版社,2002.

第三个阶段,工作分析成果生成阶段,此阶段包括了一个步骤:

步骤五:编写工作说明书

工作说明书是工作分析的成果体现,具体编写方法将在 2.4 节中介绍。

第四个阶段,工作分析成果的实施、反馈与完善阶段,此阶段包括了一个步骤:

步骤六:实施职务说明书的反馈与改进

在此阶段,工作分析的成果被运用于具体的人力资源管理活动中,从而制作出各种具体应用的文件,如招聘录用文件、绩效考核标准、培训计划等。在此阶段,为了促使工作说明书能够起到最大作用,应该重视对相关使用人员的培训,使其认可工作说明书的价值所在,并对其运用的规范程度进行指导并于必要时提供建议,加强管理活动的科学性。对于在使用中出现的问题,先判断是否符合工作说明书的要求,如果具体的管理行为支持了工作说明书的要求,使用效果良好,就说明本次工作分析是成功的;在出现不符的情况下,不能简单地认为具体的管理行为就是不可接受的,而应该先判断该变动是否是可接受的,如果是可接受的,也能说明工作分析成果的有效性;如果该不符或变动已经超过了在编写工作说明书时所允许的变动幅度,由于工作分析成果生成阶段到其在组织中正式大规模的使用之间存在时滞,就要判断是否应该对变动所针对的工作说明书可适用的部分作出修改,这一点也是在不断变动的经营环境中的组织应变行为在组织分工协作体制上体现的应有之意,同时也是管理控制职能在工作分析中的一种体现。

2.3　工作分析的方法及技术

2.3.1　工作分析的基本方法

工作分析的方法多种多样,国外已开发出许多较为成熟的方法,并已在国内外实践中得到广泛应用。因为工作分析的内容取决于工作分析的目的与用途,不同企业进行调查分析的侧重点会有所不同。合适的方法是相对于不同用途而言的,现实中并不存在一种"最佳"的、放之四海而皆准的具有普适性的方法。

工作分析的方法依靠不同的标准有不同的形式:依照分析内容和确定程度划分为结构性分析方法和非结构性分析方法;依据分析对象划分为任务分析法与人员分析法;依照基本方式划分为观察法、写实分析法和调查法等;按照结果可量化程度又可分为定性方法和定量方法两大类。每种方法都有各自的优缺点,在实践中,要做好工作分析,就要根据不同的岗位,把不同的方法结合起来。

1. 资料分析法

资料分析法是尽量利用现有的资料进行工作分析。这种方法是一种低成本的工作分析方法,也便于对各工作的任务、责任、权利、工作负荷、任职资格等有一个初步的、大致的了解,可为进一步调查奠定基础。如可利用企业现有的岗位责任制中粗略规定的工作的责任和任务信息,再根据各企业的具体情况对岗位责任制再添加一些必要的内容如工作的社会条件、企业环境、聘用条件、工作流程以及任职条件等其他要求,则可形成一份完整的工作描述和工作规范。再如,在运用资料分析法这一工作分析方法时,还可利用作为建立工作标准的重要依据的作业统计方法,对每个生产工人出勤、产量、质量、消耗进行统计,即可获得对工人的工作内容、负荷的更深了解。此外,可提供任职者的基本素质资料的人事档案也是工作分析信息的重要来源,其作用是不容忽视的。在使用这一方法时要注意的是:在工作分析实践中鲜见单独采用资料分析法者,而是与其他工作分析方法结合使用。

2. 观察法

观察法是工作分析人员到现场实地查看员工的实际操作情况,并予以记录、分析、归纳,并整理成适宜的文字资料的方法。观察法是一种实证方法,有助于形成对特定工作的感性认识,最先见于泰勒建立其"科学管理"思想的努力中。在对主要由身体活动构成的工作进行分析时,即对诸如流水线上的操作工之类的,以体力劳动为主、标准化、任务周期较短的工作而言,直接观察是一种有效的工作分析方法,而不适用于脑力劳动比重较高的工作,如科研人员、律师的工作;此外,在组织规模较大时,观察法也必须结合其他的工作分析方法才有效。

在分析过程中,分析人员应注意的是研究的对象是工作而不是个人的特性。分析人员应经常携带员工手册、分析工作指南以便随时可以参考运用。分析人员观察工作时,必须注意员工工作内容、方法、原因、技能水平,对可予改进、简化的工作事项也应予记录。观察某工作场所人员如何执行某工作应通过综合、对比同一工作在不同工作场地被不同人执行的情况而完成,以此获得关于某工作的客观真实的工作内容信息,避免因所观察的特定员工个人习惯所产生的误差。

要注意的是,观察法在从事动作研究的时候常为工程师所运用,但在工作分析时,仅运用此方法所获资料往往不足以供撰写工作描述或工作规范之用。所以,在实践中,观察法多应用于了解工作条件、危险性或所使用的工具及设备等项目方面,且通常与访谈法结合使用,可先观察、后访谈,或二者同时进行。还要注意,在运用观察法时,一定要有一份详细的观察提纲,这样观察才能及时准确。

3. 访谈法

访谈法,又称面谈法,指工作分析人员就某一个工作面对面地询问任职者、主管、专家等人对工作的意见和看法。这是一种应用最为广泛的工作分析方法,与任职者的面谈主要集中于有关工作内容和工作背景的信息方面;而主管的主要作用是评价和证实任职者回答的准确性,并提供有关任务重要性、所期望的绩效水平、新员工的培训需要和工作的必要条件等方面的深层信息。

运用此种方法可对任职者的工作态度与工作动机等深层次内容进行详细的了解。面谈的程序可以是结构化的,也可以是非结构化的。一般情况下,为便于控制访谈内容,并可对同一工作的不同任职者的回答相比较,应用访谈法时应以标准访谈格式记录。

访谈法主要有以下几种类型:个别员工访谈法、群体访谈法和主管人员访谈法。相关链接2-3显示了运用访谈法的过程中会问到的一些典型问题,本例中的问题都是开放式的,给了回答者很大的自由度,对访谈员的引导、控制能力要求较高。

相关链接 2-3

访谈法的典型提问方式

1. 你所做的是一种什么样的工作?

2. 你所在职位的主要职责是什么? 你又是如何做的呢?

　　3. 你的工作环境与别人的有什么不同？

　　4. 做这项工作所需具备的教育程度、工作经历、技能是怎样的？它要求你必须具有什么样的文凭或工作许可证？

　　5. 你都参与了什么活动？

　　6. 这种工作的职责和任务是什么？

　　7. 你所从事的工作的基本职责是什么？请说明你工作绩效的标准有哪些？

　　8. 你的责任是什么？你的工作环境和工作条件是怎样的？

　　9. 工作对身体的要求是怎样的？工作对情绪和脑力的要求又是怎样的？

　　10. 工作对安全和健康的影响如何？在工作中你有可能会受到身体伤害吗？你在工作时会暴露于非正常的工作条件之下吗？

4. 问卷调查法

　　问卷调查法是工作分析中最常用的一种方法，它是指采用调查问卷来获取工作分析的信息。一般是由有关人员事先设计出一套工作分析问卷，然后，由工作承担者或工作分析人员填写问卷，最后，再将问卷加以归纳分析，并作好详细记录，据此制定出工作说明书。形成工作说明书后要再征求任职者的意见，并进行补充和修改。

　　调查问卷主要可分为这么几种类型：有通用的，适合于各种工作的问卷，也有专门为特定的工作职务设计的问卷；有工作定向的问卷和人员定向的问卷，前者比较强调工作本身的条件和结果，后者则集中于了解职工的工作行为；有结构化程度较高的问卷，也有开放式的问卷。

　　下面是一份工作分析问卷的例子。

相关链接 2-4

一般的工作分析问卷(部分)

　　1. 职务名称(　　　　　　)

　　2. 比较适合任职的性别是(　　)。(请选择，下同)

　　　A. 男性　　　　　B. 女性　　　　　C. 男女均可

3.最适合任此职务的年龄是（　　）。

　　A.20 岁以下　　　B.21～30 岁　　　C.31～40 岁

　　D.41～50 岁　　　E.51 岁以上

4.胜任此职务的文化程度是（　　）。

　　A.初中以下　　　B.高中　　　　　C.中专

　　D.大学本科　　　E.本科以上

5.此职务的工作地点在（　　）。

　　A.本地市区　　　B.本地郊区　　　C.外地市区　　　D.其他

6.此职务的工作主要在（　　）。（指 75％以上的时间）

　　A.室内　　　　　B.室外　　　　　C.室内外各一半

7.此职务工作信息的来源主要是（　　）。

　　A.书面材料（文件、报告、书刊杂志、其他各种材料）

　　B.数字材料（包含各种数据、图表、财务数据的材料）

　　C.图片材料（设计草图、照片、X 照片等）

　　D.模型装置（模型、模式、模板等）

　　E.视觉显示（数学显示、信号灯、仪器等）

　　F.测量装置（气压表、气温表等各种仪表）

　　G.人员（消费者、客户、顾客等）

5. 职位分析问卷法

职位分析问卷法（position analysis questionnaire，PAQ）是一种较常用的问卷分析方法，是美国普渡大学（Purdue University）麦考密克（E. J. McCormick）等人的研究成果。PAQ 法是一种以人为中心的结构化的定量工作分析方法，是人员行为定向问卷方法。该方法共有 194 项工作元素、7 个与薪资有关的问题。该方法的优点在于它能给每个工作按照其五项工作活动方面量化评分，这五个方面包括：

①是否有决策、沟通或社交责任。

②是否需进行熟练工作。

③体能活动要求是否很高。

④是否有操作机动车或设备的责任。

⑤是否有处理信息的责任。

对每个元素都要用六个标准之一进行衡量：使用程度、对工作的重要程度、工作所需的时间、发生的概率、适用性、其他。通过这些衡量标准，可以决定一个职务在五个方面的性质。根据这些性质，可在不同组织的不同工作之间进行相互比较。下面是 PAQ 法的一个例子。

相关链接 2－5

PAQ 法的一个例子(部分)

使用程度	
NA 不使用	1. 很少使用
2. 偶尔使用	3. 适度
4. 相当频繁	5. 大量使用

信息输入

1.1　工作信息的来源

根据员工在工作时将下列各项作为信息源的使用程度来评价其等级。

1.1.1　可视工作信息资源

1.(　)　书面资料(书、报告、办公室告示、文章、工作指示、符号等)

2.(　)　量化资料(所有涉及数量或金额的资源,如图、账目、规格、数字表格等)

3.(　)　图片资源(图片或类似图片的、可作为信息源的资源,如草图、蓝图、图表、地图、描绘图、照片、X 光照片、电视照片等)

4.(　)　模式/相关的工具(模板、型板、模式等在使用时所观察到的均可作为信息源,在此不包括第 3 项所包括的内容)

5.(　)　指示器(拨号、测量器、信号灯、雷达、速度表、时钟等)

6.(　)　测量仪器(尺、测径器、轮胎压力器、比例尺、厚度测量仪、米尺、分度器等用于获得体能测试时的可视信息,在此不包括第 5 项所包括内容)

7.(　)　机械仪器(工具、设备、机器和其他仪器,这些仪器在使用或操作时所观察到的均可作为信息源)

8.(　)　在制原料(零件、原料、加工件等,凡可加工、整修及其他处理过程者均可作为信息源,例如,正在制作面包所用的生面团、车床上正在加工的工件、正在裁剪的布、正在上鞋底的鞋等)

9.(　)　非在制原料(非加工过程的零件、原料、加工件在接受检验、处理、包装、配售、选品过程中均是信息源,如库存或销售渠道中的原料与产品,或被检验的产品等)

10.(　　)自然特征(被观察的风景、场地、地质样本、植物、云层结构等
　　　其他自然特征均可提供信息)

11.(　　)人为环境(被观察或检验的建筑、堤坝、高速公路、桥梁、船坞、
铁路等其他人工或刻意改造的户内外设施均可提供信息,不考虑第7
项所指的个体在工作时使用的设备、机器等)

　　——资料来源:Gary Dessler. Human Resource Management[M]. 8 版. 北京:清华大学出
版社,2001.

6. 功能性工作分析法

　　功能性工作分析法(functional job analysis,FJA)是由美国培训与就业服务
中心(U. S. Training and Employment Service)研究出的一种以工作为中心的分
析方法。其核心是通过总结员工在工作时对信息(data,又译为数据资料)、人
(people)、事(thing)的处理方式进行工作职能的分析,并在此基础上归纳出任职说
明、绩效标准、培训需求等工作信息。

　　FJA 法有以下几个基本假设:

　　①完成什么事与员工应完成什么事应有明确的界限。

　　②每个工作均在一定程度上与人、事、信息相关。

　　③事需要体能支持,信息需要以思考进行处理,而人则需要运用人际关系方法
进行管理。

　　④尽管员工的行为或他们所执行的任务有非常多的表现方式与实现方法,但
所要执行、完成的职能是非常有限的。这些职能在难度和内容上有较大的差异,但
每一种职能却只在相对较窄的范围内或特定的范围内依赖于员工的特性与资格来
达到预期的绩效。

　　⑤与信息、人、事相关的职能根据从复杂到简单的顺序按等级排列,复杂的职
能包含了简单的职能。例如,编辑数据包括了比较、复制、计算,但不包括分析等。

　　按照 FJA 法进行工作分析包括工作特点分析与员工特点分析两部分。工作
特点主要包括员工的职责、工作的种类及材料、产品、知识范畴三大类。员工的职
责是指工人在工作过程中,与人、事、信息打交道的过程。任何工作,都离不开人、
事、信息这三个基本要素,而每一要素所包含的各种基本活动又可按复杂程度分为
不同的等级。例如,在员工与数据打交道时,包括七种基本活动,最简单的“比较”
活动为 6 级,而最复杂的“综合”活动为 0 级。分析者在对所收集信息进行分类时,
可以按以上标准给每项职务打分,并以此为依据,对职务加以详细的描述。工作的
种类是指某项职务所属的工种,如电焊工、钳工等,职务分析者在确定了工种之后,
要对此工种的特点及所涉及的设备与工具加以描述。材料、产品及知识范畴是指

此项职务中,用于加工的原材料、最终产品及涉及的自然科学或社会科学知识范畴。

　　员工的特点包括正确完成工作所需的培训、能力、个性、身体状况等特点。表 2-2 是员工基本职能的分类,表 2-3 是对这些基本职能的进一步解释。

表 2-2　员工的基本职能

数　据	人	事
0 综合	0 监控	0 创建
1 配位	1 协商	1 精密作业
2 分析	2 指示	2 运行的监控
3 汇编	3 监督	3 运行的启动
4 计算	4 引导	4 操作
5 复制	5 劝说	5 供应
6 比较	6 交流	6 进料及取货
	7 服务	7 处理
	8 接受指示	

资料来源:余凯成,等.人力资源管理[M].大连:大连理工大学出版社,2001.

表 2-3　职能分析及其维度(部分)

编号	信　息	数　据　职　能　维　度
1	比较	选择、分类或排列数据、人员和事物,判断他们已具备的功能、结构或特性与原定的标准是类似还是不同
2	抄写	按纲要和计划召集会议或处理事务,使用各种工具,抄写、编录、邮寄资料
3A	计划	进行算术运算,撰写报告,进行有关的预计筹划工作
3B	编辑	遵照某一方案或系统但又有一定的决定权去收集、比较、划分资料、人员、事物
4	分析	按照准则、标准和特别原则,按照工艺、技术、技巧的要求,检查、评估有关人员、事物、数据以决定相关影响,并选择替代方案
5A	创新	在整体运行理论原则,保证有机联系的条件下,修改、选择、调整现有的设计、程序或方法,以满足特殊要求、条件或标准

续表 2-3

编号	信 息	事 物 职 能 维 度
5B	协调	在适当的目标和要求下,在资料分析的基础上,决定时间、场所和一个过程的操作程序、系统或组织,并且修改目标、政策(限制条件)或程序,包括监督决策和事件报告
6	综合	基于人事直觉、感觉和意见(考虑或者不考虑传统经验和现有的情况),从新的角度出发,改变原有部分,以产生解决问题的新方法来开发操作系统,或从美学角度提出解决问题的办法或方案,脱离现有的理论模式

编号	信 息	人 员 职 能 维 度
1A	指令协助	注意管理者对工作的分配、指令或命令。除非需要指令明确化,一般不必与被管理者直接交谈
3A	教导	在只有两人或一小组人的情况下,以同行或家庭式的关系关心每个人,扶助和鼓励个体;利用各种机构及参与团队的有关活动、建议和私人帮助对于日常生活给予关心
6	谈判	与作为正式执行工作一方的代表进行协商、讨论,以便充分利用资源、权利,减少义务,在上级给定的权限内或在使程序完整的主要工作中"放弃或接受"某些条件
7	顾问	与有问题的人一起交谈,劝导、协商或指导他们按照法律、科学、卫生和其他专业原则调节自己的生活。用对问题的分析和论断及对他们公开的处理过程劝导他们
1A	处理	当工作对象、材料、工具等的数量仅有一件或很少,工人又需经常使用时,精确度要求比较低,包括使用小轮车、手推车等类似工具
2A	操纵	当有一定数量的加工对象、工具及控制点时,加工、挖运、安排或者放置物体或材料,对精度的要求由精到细,包括工作台前的等待和应用、可换部件的便携、动力工具的使用,以及在厨房或花园工作时普通工具的使用
3B	装配	(安装机器设备)插入工具,选择工装、固定件和附件;修理机器或按工作设计和详细计划说明恢复其功能,包括对其他工人操作或工人自己负责操作的一台或数台机器的主要的精度要求

资料来源:秦志华. 人力资源管理[M]. 北京:中国人民大学出版社,2000.

7. 关键事件记录法

关键事件是指使工作成功或失败的关键行为特征或事件。关键事件记录法源自第二次世界大战时由军队开发出来的关键事件技术（critical incident technology，CIT），该技术在当时是识别各种军事环境下的人力绩效的关键性因素的手段，在当代的工作分析中得到了广泛应用。关键事件识别对丁员工招聘、选拔、培训及制定绩效评估标准，都是极为有效的工具。

采用这种方法进行工作分析时，首先要对工作行为中的关键事件进行记录，记录者一般是管理人员、员工或熟悉工作的其他员工；其次，要对这些记录进行分类，总结出该工作的关键特征和行为要求。关键事件记录应包括以下几方面的内容：

①导致事件发生的原因和背景。

②员工特别有效或多余的行为。

③关键行为的后果。

④员工自己能否支配或控制上述后果。

此种工作分析信息收集方法的弊端在于所收集的信息量有限，不能提供有关工作职责、工作任务、工作环境等相关信息。

下面是有关核能操作工的不负责任行为的关键事件。

相关链接 2-6

有关核能操作工的不负责任行为的关键事件

核能机构正处于困难时期。因为它的许多工人"不可靠"，也就是说，他们很可能操作失误或导致更糟的情况——严重事故发生。该组织试图通过识别那些不负责任的行为，然后采取管理行动，以终止它们或防止它们发生。关键事件技术就被用来识别这些不负责任的行为。

以下列出的是有关发现：

1. 不负责任行为的定义

不负责任行为涉及不严肃认真地对待工作、拒绝遵守规程以及显然缺乏对后果的考虑而妄动。

2. 例子

· 在不加思考的情况下采取行动。

· 在瞬间的刺激下作出错误的判断。

· 经常闹恶作剧。

- 很少考虑惩戒的威胁,嘲笑错误或申诉。
- 经常迟到或缺勤。
- 否认犯有错误。
- 操作设备不仔细。
- 经常漫不经心地工作或不能完成工作。
- 忽视时间限制或程序要求。
- 在对工作感到厌烦时制造刺激性的事物。
- 有偷窃或故意毁坏财产、说谎或欺骗别人的行为。
- 在受到询问时提供不正确或不准确的信息。

——资料来源:[美]劳伦斯·S·克雷曼. 人力资源管理——获取竞争优势的工具[M]. 北京:机械工业出版社,1999.

8. 工作日志法

工作日志法是要求员工就其实际工作的内容、责任、权利、人际关系及工作负荷坚持记工作日志,再经过归纳提炼取得所需工作信息的一种工作信息获取方法。

工作日志法所获得的信息可靠性很高,所需费用也较低,适用于获取有关工作职责、工作内容、工作关系、劳动强度等方面的信息。但这种方法适用的工作类别范围有限,不适用于工作循环周期较长、工作状态不稳定的职位,此种方法所获信息的整理量大,归纳工作繁重。此外,填写工作日志是对工作执行者正常工作的一种扰动,而填写时的可能疏漏也会在一定程度上影响工作分析的有效性。

下面是一个用工作日志法进行工作分析的例子。

相关链接 2-7

某公司员工工作日志实例

工作日志(封面)

姓名:　　　　　　　　　　　　　年龄:

岗位名称:

所属部门:　　　　　　　　　　　直接上级:

从事本业务工龄:

填写日期自 _____ 月 _____ 日

　　　　　　至 _____ 月 _____ 日

（封二）

工作日志填写说明

（1）请在每天工作开始前将工作日志放在手边，按工作活动发生的顺序及时填写；请勿在一天工作结束后一并填写。

（2）请严格按照表格要求进行填写，请勿遗漏任何细小的工作活动，以保证信息的完整性。

（3）请提供真实的信息，以免损害您的利益。

（4）请注意保管，勿使遗失。

感谢您的真诚合作！

工作开始时间：8：30

工作结束时间：17：30

工作日志单（部分）

序号	工作活动名称	工作活动内容	工作活动结果	时间消耗	备注
1	复印	协议文件	4 页	6 分钟	存档
2	起草公文	贸易代理委托书	8 页	75 分钟	报上级审批
3	贸易洽谈	玩具出口	1 次	40 分钟	承办
4	布置工作	对日出口业务	1 次	20 分钟	指示
5	会议	讨论东欧贸易	1 次	90 分钟	参与
...					
16	请示	贷款数额	1 次	20 分钟	报批
17	工作检查	到下属玩具厂视察	1 次	60 分钟	参与
18	接待	市委书记一行	1 次	45 分钟	承办

资料来源：郑晓明，吴志明. 工作分析实务手册[M]. 北京：机械工业出版社，2002.

9. 参与法

工作分析人员直接参与某一需要分析的工作，由此可以细致、全面地体验、了解和分析工作特征及工作要求的方法。如在对一家师资培训机构的管理人员的工作进行分析时，原岗位职责体现出来的只是安排教师、排好课表、课程进度监督、学员成绩登记与查询等教务和学籍管理的内容，但是，工作分析员在开学之初和学期末对该人员的工作的亲身参与表明，管理人员对学员的迎来送往（接待、膳宿、回程安排）以及与各个学院派出教师的交流也占了该工作内容的很大比例。当然，这种直接参与分析对象工作过程的方法和观察法一样对适用工作范围有限制,对分析员的精力、时间的要求是巨大的,一般应和其他方法相结合。

10. 计算机职位分析系统

人力资源管理信息化过程中,计算机与人力资源管理相结合的特点大大方便了人力资源的管理。在工作分析这一基础性工作中,相关的软件系统也是大有用武之地的,可以减少在与准备工作说明有关的各种工作中的时间投入与其他耗费。在此类软件系统中通常有针对每项工作的分组排列的工作职责说明和关于问卷调查范围的说明。先进的扫描仪等外部设备能有效地帮助工作分析员将问卷资料输入计算机,后者就可自动生成以职位特征分类的工作说明书,各种工作任务、职责被分门别类,并被按照相对重要性排序。

2.3.2　不同工作分析方法的优缺点及适用范围

前面几节介绍的几种工作分析方法各有优缺点,表2-4是这几种方法的比较,各种方法的优缺点与适用性一目了然。在实际工作分析活动中应视具体情况将各种方法结合使用。

表2-4　工作分析方法的比较

方法	优点	缺点	适用
资料分析法	成本低;工作效率高	信息不全;不能单独使用,要与其他方法结合使用	有现成相关资料的工作
观察法	工作分析人员能较全面深入地了解工作要求	不适于脑力活动为主的工作和处理紧急情况的间歇性工作,不能得到任职资格的要求,被观察者可能会反感	标准化、任务周期较短、以体力活动为主的工作
访谈法	能了解到工作者的工作态度和工作动机等深层次的内容;收集信息简单、迅速、具体,有助于缓和员工工作压力	访谈者要接受专门训练;费时;成本高;信息易于失真	任务周期长,工作行为不易被直接观察的工作

方法	优点	缺点	适用
问卷调查法	成本低;速度快;适用范围广;结果可量化	问卷设计费时;员工与调查者之间交流不足	各种类型的工作;样本数量较大的场合
功能性工作分析法	对于工作内容的描述全面	费时费力;不反映工作背景信息	以培训与绩效评估为目的的工作分析
关键事件记录法	行为标准明确;能更好地确定每一行为的利益和作用	费时费力;无法描述工作职责、任务、背景、任职资格等;对中等绩效员工难以涉及	以招聘选拔、培训、绩效评估等为目的的工作分析
工作日志法	便于获取工作职责、内容与关系、劳动强度等信息,费用低,分析复杂工作时比较经济有效	关注过程而非结果;整理信息量大;存在误差;可能影响正常工作	任务周期较短,工作状态稳定的工作
参与法	便于深入了解、获取工作职责、内容与关系、劳动强度等信息	存在因分析员素质、认识、参与程度等差异而导致的对于工作特征和任职资格要求的不同认识	任务周期较短,工作状态稳定的工作
计算机职位分析系统	快速有效的全方位工作分析	具体效果受组织信息化程度与所选用软件系统的功能、软件使用者的专业技能的限制	样本数量较大,以招聘选拔、培训、绩效评估等为目的的工作分析

2.4　工作说明书的编写

　　工作说明书又称职务说明书,是工作分析的成果,它包括两个部分:
　　①工作描述(job description),又称工作说明,说明有关工作的特征。
　　②工作规范(job specification),又称任职说明,说明对从事工作的人的具体要求。

2.4.1　工作说明书编写的原则

1. 统一规范

工作说明书的具体形式可能有多种,但其核心内容却不应当改变。对于工作说明书中的重要项目,如工作名称、工作概要、职责、任职资格等,必须建立统一的格式要求,否则工作说明书难以发挥工作管理作用。

2. 清晰具体

传统上,工作说明书作为任职者的工作依据和具体要求,内容必须具体明了,对任职者或监管者而言是可理解、可操作、可反馈的。考虑到工作分析结果更具"弹性",是知识、技能与职责要求远高于之前的工业时代的劳动密集型工作的要求的知识密集型工作的特色趋势,在适用此原则时应先对要分析的工作对象的性质予以明确。但不论是对哪种性质的工作进行分析,语言表述措辞方面都应当符合任职者的水平,不能让人有晦涩难懂之虞。

3. 范围明确

在界定职位时,要确保指明工作的范围和性质,如用"为本部门"、"按照经理的要求"这样的句式来说明。此外,还要把所有重要的工作关系也包括在工作说明书中。

4. 共同参与

工作说明书的编写不应当闭门造车,而应由承担该工作的任职人员、上级主管、人力资源专家共同参与,进行分析协商。只有将各方面的意见考虑在内了,制定出来的说明书才会为各方面所接受,也才能在工作中真正发挥作用。

2.4.2　工作说明书的编制

1. 工作描述的编写

工作描述是关于一种工作中包含的任务、职责以及责任(task, duty, responsibility, TDRs)这三者可以被观察到的活动的目录清单。

工作描述的基本内容包括:

(1)工作识别。工作识别又称工作标识、工作认定,包括工作名称和工作地位。其中工作地位主要指所属的工作部门、直接上级职位、工作等级、工资水平、所辖人数、定员人数、工作地点、工作时间等。

(2)工作编号。工作编号又称岗位编号、工作代码。一般按工作评估与分析的结果对工作进行编码,目的在于快速查找所有的工作。企业中的每一种工作都应当有一个代码,这些代码代表了工作的一些重要特征,比如工资等级等。

(3)工作概要。工作概要又称职务摘要,指用简练的语言概述工作的总体性质、中心任务和要达到的工作目标。

（4）工作关系。工作关系又称工作联系，指任职者与组织内外其他人之间的关系。其包括此工作受谁监督，此工作监督谁，此工作可晋升的职位、可转换的职位以及可迁移至此的职位，与哪些部门的职位发生联系等。

（5）工作职责。工作职责又称工作任务，是工作描述的主体，包括逐条指明工作的主要职责、工作任务、工作权限及工作结果（工作的绩效标准）等。为使信息最大化，工作职责应在时间和重要性方面实行优化，指出每项职责的分量或价值。

（6）工作条件与工作环境。工作条件主要包括任职者主要应用的设备名称和运用信息资料的形式。工作环境包括工作场所、工作环境的危险性、职业病、工作的时间、工作的均衡性（一年中是否有集中的时间特别繁忙或特别闲暇）、工作环境的舒适度等。本章 2.1.2 中相关链接 2-1 关于某企业销售部经理的工作描述的例子应该能说明问题。下面是一个企业人力资源部招聘专员的工作描述的例子。

相关链接 2-8

招聘专员的工作描述

职务名称：招聘专员

所属部门：人力资源部

直接上级职务：人力资源部经理

职务代码：XL-HR-018

工资等级：9～13

工作目的：为企业招聘优秀人才

工作要点：制订和执行企业的招聘计划；制定、完善和监督执行企业的招聘制度；安排应聘人员的面试工作

工作要求：认真负责、有计划性、热情周到

工作责任：

（1）根据企业发展情况提出人员招聘计划。

（2）执行企业招聘计划。

（3）制定、完善和监督执行企业的招聘制度。

（4）制定企业招聘工作流程。

（5）安排应聘人员的面试工作。

（6）应聘人员的资料管理。

（7）应聘人员的资料、证件鉴别。

(8) 负责企业人才数据库的建立与维护。

(9) 完成直接上级交办的各项工作任务。

衡量标准：

(1) 上交的报表和报告的时效性和建设性。

(2) 工作档案的完整性。

(3) 应聘人员资料的完整性。

工作难点：提供详尽的工作报告

工作禁忌：工作粗心，不能有效地向应聘者介绍本企业的情况

2. 工作规范的编写

工作规范，又称任职说明，是一个人为了完成某种特定的工作所必须具备的知识、技能、能力以及其他特征（knowledge，skill，ability，others，KSAOs）的一份目录清单。知识是指为了成功地完成某项工作任务而必须掌握的事实性或程序性信息；技能是指一个人在完成某项特定的工作任务方面所具备的熟练水平；能力是指一个人所拥有的比较通用的且具有持久性的才能；其他特征主要是指一些性格特征，例如一个人达到目标的动力或持久性等。这些特征都是不能被直接观察到的与人有关的特点，只有当一个人实际承担起工作的任务、职责和责任的时候，才有可能对这些特点进行观察。

需要注意的是，这里所说的知识、技能、能力以及其他特征是对该项工作的任职者的最低要求（门槛），而不是最理想的任职者的形象。

工作规范的内容主要包括：

(1) 一般要求：包括年龄、性别、学历、工作经验等。

(2) 生理要求：包括健康状况、力量与体力、运动的灵活性、感觉器官的灵敏度等。

(3) 心理要求：包括观察能力、集中能力、记忆能力、理解能力、学习能力、解决问题能力、创造性、数学计算能力、语言表达能力、决策能力、交际能力、性格、气质、兴趣、爱好、态度、事业心、合作性、领导能力等。

下面是某企业人力资源部招聘专员工作规范的例子。

相关链接 2-9

某企业人力资源部招聘专员的工作规范

职位名称：招聘专员

所属部门:人力资源部

直接上级职务:人力资源部经理

职务代码:XL－HR－018

工资等级:9～13

(一)生理要求

年龄:23～35 岁　　　　　　　性别:不限

身高:女性:1.55～1.70 米　　男性:1.60～1.85 米

体重:与身高成比例,在合理的范围内就可

听力:正常　　　　　　　　　视力:矫正视力正常

健康状况:无残疾、无传染病

外貌:无畸形,出众更佳

声音:普通话发音标准,语音和语速正常

(二)知识和技能要求

(1)学历要求:本科,大专以上需从事专业三年以上。

(2)工作经验:三年以上大型企业工作经验。

(3)专业背景要求:曾从事人力资源招聘工作两年以上。

(4)英文水平:达到大学英语国家四级(CET－4)水平。

(5)计算机:熟练使用 Windows 和 MS office 系列。

(三)特殊才能要求

(1)语言表达能力:能够准确、清晰、生动地向应聘者介绍企业情况,并准确、巧妙地解答应聘者提出的各种问题。

(2)文字表达能力:能够准确、快速地将希望表达的内容用文字表达出来,对文字描述很敏感。

(3)工作认真细心,能认真保管好各类招聘材料。

(4)有较强的公关能力,能准确地把握同行业的招聘情况。

(四)其他要求

(1)能够随时准备出差。

(2)假期一般不可超过一个月。

工作描述和工作规范可以采用文字描述的形式,也可采用表格的形式,有时两者合并为一份"工作说明书"。下面是某企业人力资源部经理的工作说明书。

相关链接 2-10

某企业人力资源部经理工作说明书

职位名称	人力资源部经理		直接上级	公司总(副总)经理
定员	1人	所辖人员	12人	工资水平
分析日期	2003年1月	分析人		批准人

<table>
<tr><td colspan="2" align="center">工作描述</td></tr>
<tr>
<td>工
作
概
要</td>
<td>制定、执行与人力资源管理活动相关的各方面政策,为填补职位空缺而进行雇员招聘、面谈、甄选等活动;计划和实施新雇员的上岗引导工作,培养其对公司目标的积极态度;指导工资市场调查,确定竞争性市场工资率;制定人力资源管理经费预算;与工会及政治工作部的主管人员共同解决纠纷,在雇员离职前与其进行面谈,确定离职的真正原因;在与人力资源有关的听证会和调查中担任公司代表;监督、指导本部门工作人员</td>
</tr>
<tr>
<td rowspan="9">工
作
职
责</td>
<td>提交公司人力资源管理规划及人事改革方案,贯彻、落实各项计划</td>
</tr>
<tr><td>雇员的招聘、录用、劳动合同签订,定岗、定编、定员计划制订</td></tr>
<tr><td>处理职工调配、考核、晋升、奖惩和教育培训工作,对中层干部调整提出方案</td></tr>
<tr><td>处理劳动工资、职工福利、职称审定的工作</td></tr>
<tr><td>处理雇员离职、人才交流、下岗分流、再就业等人事变动事宜</td></tr>
<tr><td>负责人事档案、安全保卫、出国政审及人事批件事宜</td></tr>
<tr><td>负责雇员健康检查、献血、保险事宜</td></tr>
<tr><td>分析公司业务情况,预测公司发展前景,制订部门发展计划,参与制定公司发展战略</td></tr>
<tr><td>协调公司内外部人际关系,向公司高层提出处理人事危机的解决方案</td></tr>
<tr><td colspan="3" align="center">资格要求</td></tr>
<tr>
<td>因素</td>
<td>细分因素</td>
<td>限定资料</td>
</tr>
<tr>
<td rowspan="2">知　识</td>
<td>教育</td>
<td>最低学历要求为大学本科,工作中能较频繁地综合使用其他学科的一般知识</td>
</tr>
<tr>
<td>经验</td>
<td>至少从事公司职能部门管理工作两年与业务工作满三年;在接手工作前还应接受管理学原理、组织行为学、人力资源管理、财务管理等相关知识培训</td>
</tr>
</table>

	技能	在工作中要求高度的判断力和计划性,要求积极地适应不断变化的环境;经常需要处理一些工作中出现的问题;由于工作多样化,灵活处理问题时需要综合使用多种知识和技能;具有良好的人际关系协调和人事组织的能力
责 任	分析	具有较强分析公司战略发展与业务需要的能力,并能预测未来的人力资源供求状况
	协调	工作时需要与上级或其他部门的负责人保持密切联系,频繁沟通。在公司内部与各部门负责人有密切的工作联系,在工作中需要保持随时联系与沟通,协调不利对整个公司将有重大影响
	指导	监督、指导 6~13 名一般工作人员或 3~4 名基层管理干部
	组织人事	在工作中,完成对员工选拔、考核、工作分配、激励、晋升等法定的权利和责任,为中层干部调整制订方案

资料来源:郑晓明,吴志明.工作分析实务手册[M].北京:机械工业出版社,2002.

2.4.3　工作分析发展的新趋势

工作分析的发展已逾百年,在刚刚过去的世纪的发展过程中,随着工作分析自身的日益完善与逐渐普及,产生了巨大的经济、社会效益。目前的新世纪是以知识经济为特征的,市场环境已经产生与以前不同的巨变,工作分析也表现出新的特点:

1. 工作分析趋于经常化、战略化和预见性

企业内外环境的不断变化、技术进步、全球化经营等宏微观因素都要求企业组织更加灵活,能够及时应变反响,企业组织结构更为扁平,传统的严格层级锥形结构为网络形、可延展性强的"无边界组织"(又可称作"学习型组织"、"虚拟组织")所取代。战略人力资源管理的新理论正是在此新形势下的人力资源管理方面的实践与理论发展的当然结果。以企业的战略为指导,工作分析不只是要着眼于解决企业工作空缺的人员配备以及通过工作分析挖掘现有工作的生产率潜力的短期问题,更要着眼于满足企业长期发展的人力资源需要。工作分析的对象是工作,"工作"一词的内涵已经大有不同,工作的内容更加丰富,工作要求则相应提高。工作分析的经常化、战略化和预见性就是企业适应上述变化的当然要求。

2. 工作分析结果更具弹性

新形势带来了工作分析的经常化、战略化,团队式的组织作为知识经济时代的组织结构的基本单位,要求组成团队的个体之间深度合作,大家共同对团队绩效负责,个体可能承担的工作不再是局限于某一种非常具体的工作职能,而是要具备完成团队共同工作任务所需的各种知识与技能。因此,传统的工作分析说明书变得更具"弹性",一般只是对工作所需的能力、技术、知识、经验等作出笼统的规定,重

在确认任职者的能力与技术等方面的要求，所反映的信息和传统的工作说明书中的"工作概要"有些类似，而不再详细规定任职者的责任范围。这种更具弹性的工作说明书能更有利于组织在工作方向发生变化时保持其灵活的适应性。

2.5　工作设计

工作设计是根据实际工作需要，并兼顾个人的需要，科学、系统化地进行工作的合理配置，以满足企业正常运营的需要的过程。

知识经济与传统工业经济的不同在于知识已经成为一种生产要素，知识对于经济发展的贡献率在不断增长，这种新经济要求从新的视角来看待员工——尤其是知识员工的需要，传统的工作设计更多地考虑了组织管理的方便性，更多是在"以事为中心"的思想的指导下对员工的工作职责与要求予以严格限定，同时也就限制了员工的职业发展，忽略了员工的高层次需要，挫伤了员工的积极性和创造性，降低了员工对工作的满意度，工作本身的激励力不足，员工的绩效水平只是维持、停滞于一定的水平上，不会有大的突破。工作再设计就是改变这种现状的有效方式。目前，实现工作丰富化的方法是"以员工为中心"的工作再设计，其特点是将组织的战略、目标、使命与员工对工作的满意度相结合。工作设计中要充分采纳员工的意见，但是必须要求员工说明这些改变对现有组织的整体目标有哪些好处，又如何得到有效实现，从而在提高员工满意度的同时有效实现组织的发展目标。

2.5.1　工作设计的基本要求及模式

企业组织中的工作设计大多发生在建立新组织之时，此外，由组织变革导致的原有设计不符合组织的新目标、任务和作业的要求等情形也要求进行新的工作设计和相应修改。例如，企业规模、经营范围、组织形式或生产工艺等的变化使得原有工作设计已经不适应生产经营的现实状况；现任员工在一定时期内还难以达到工作细则的要求，只能根据企业的实际情况因地制宜；因员工的精神需要和按组织效率原则拟订的工作细则发生冲突而影响了士气等情形的出现都显示了工作设计的必要性。

1. 工作设计的基本要求

从整个企业的生产经营过程来看，工作设计应符合下列四项基本原则（见图2-2）：

（1）因事设岗原则。一般来说，企业设置的任何工作岗位类型与数量都取决于该企业具体的工作职能划分和总的工作任务量，此即因事设岗。随着企业规模的逐渐扩大、职能范围的加大、生产任务的增加，当企业现有的职能岗位不能满足新

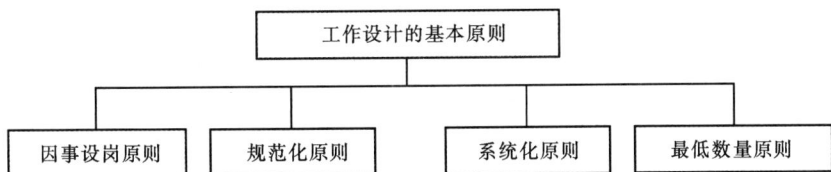

图 2-2 工作设计的基本原则
——资料来源:冉斌. 工作分析与组织设计[M]. 深圳:海天出版社,2002.

的职能需求时,工作总量增加到大于现有工作职位能够承担的工作量时,企业就需要为新出现的职能和业务增加新的职位。

企业在设计每个工作职位时,应尽可能使工作量达到饱和,使有效的劳动时间得到充分利用。如果职位的工作量处于低负荷状态,必然会增加企业的运作成本,造成企业资源的浪费。但是,理想的因事设岗原则本身就涵盖了弹性冗余的理念。

(2)规范化原则。工作职位名称的表述应遵循规范化的原则。一个好的职位名称除了是一个代码,能给人一种理念上的认识外,同时还能增加人们对该职位的感性认识。企业经营性质和企业规模的多种多样带来了职位名称的千差万别,有一条却是相对稳定的:职位名称必须与该职位的任务、职责等相匹配,否则就会给具体工作造成很多不便。

(3)系统化原则。任意一个完善的组织机构都是一个相对独立的系统。职位是组织系统的基本单元,虽然每个职位都有其独特功能,但组织中任一职位都不是孤立存在的,各职位间都存在着不可分割的联系,其相互配合度、支持度和协作关系极大地影响着组织系统的功能。每个职位都应在企业中发挥积极的作用,它和上下左右的其他职位间的关系应该非常协调。

(4)最低数量原则。遵循最低数量原则要求以最少的职位数量来承担企业中尽可能多的工作,如此可最大限度地节约人力成本,降低企业负担,还可减少工作过程中信息传递的层次和缩短职位之间信息传递的时间。此外,遵循最低数量原则还可提升组织的凝聚力并有助于管理效度的提高。

2. 工作设计的内容

工作设计的主要内容包括工作内容、工作职责和工作关系三个方面:

(1)工作内容。工作内容是工作设计的重点,一般包括工作广度、工作深度、工作的自主性、工作的完整性以及工作的反馈五个方面。

(2)工作职责。工作职责主要包括工作的责任、权利、方法以及工作中的相互沟通和协作等方面。

(3)工作关系。工作关系表现为协作关系、监督关系等各个方面。

通过以上三个方面的有效的工作设计，就可为组织的人力资源管理提供依据，保证工作岗位与人力资源的优化匹配，从而得以事得其人、人尽其才、人事相宜，为员工创造更加能够发挥自身能力、提高工作效率、提供有效管理的环境保障。

3. 工作设计的模式

工作设计的模式有很多，下面介绍几种常见的模式：

(1)工作轮换。工作轮换(job rotation)是指员工在不同的时间阶段在不同的岗位上进行工作。此模式不要求改变工作设计本身，工作不变人要变，员工定期地从一个工作职位转换到另一个职位。这样，员工就有更强的适应力，更宽阔的视野，可从全新的角度来看待问题，对组织的全局有更好的把握。在日本企业中广泛实行的工作轮换对培养管理人员发挥了很大的作用。

(2)工作扩大化。工作扩大化(job enlargement)是指横向和(或)纵向扩大工作的范围。横向扩大化的做法是将属于分工很细的作业单位合并，由一个人负责一道工序，改为几个人共同负责几道工序；或者在单调的流水线工作中增加一些变动因素，比如从事一部分维修保养、清洗润滑之类的辅助工作；还可以采用包干负责制，由一个人或一个小组负责一件完整的工作；可以降低流水线转动的速度，延长加工周期，用多项操作代替单项操作；等等。纵向扩大化可将经营管理人员的部分职能转由生产者承担，工作范围沿着组织形式的方向垂直扩大。具体做法如让生产工人参与计划制订，自行决定生产目标、作业程序、操作方法，检验衡量工作数量和质量，并进行经济核算；又如，生产工人不仅承担生产任务，还参与产品试验、设计工艺等技术工作。工作扩大化使员工的工作范围、责任增加，改变了他们对工作感到单调乏味的状况，从而有利于满足员工的身心需要，也有利于提高员工的工作效率。

(3)工作丰富化。工作丰富化(job enrichment)是通过增加工作责任、工作自主权以及自我控制以满足员工的心理需要，达到激励的目的。例如，美国一家公司的会计业务原来被分割成发票、审核和查询三个业务，分别由不同的部门人员完成，后改成每个会计对一笔买卖的全过程负责；又如，某家具企业的办公桌加工部门的员工原来只负责某一部件的安装工作，后改为每位员工对于桌子的所有部件都负有安装责任，员工有机会看到自己的劳动成果，干劲大涨。工作丰富化使得员工感到自己有一定的自主权和更多的责任感，又有了工作的多样性和结果反馈，因而满意度和生产率都上升了。

(4)以员工为中心的工作再设计。以员工为中心的工作再设计(job redesigning)是一个将组织的战略、使命与员工对工作的满意度相结合的工作设计理念。它鼓励员工参与对其工作的再设计，有效的以员工为中心的工作再设计可以形成对员工的有效激励，大大提高其工作的主动性和创造性，因而使得企业的效益显著增加。在工作设计中,员工可以提出对工作进行某种改变的建议,以便自己的工作更让人满意,但员工还必须说明这些改变如何更有利于实现组织整体目标。运用这一方法可以使每位员工的贡献都得到认可,同时也强调了组织使命的有效完成,有助于实现员工与组织的和谐共赢。

2.5.2　工作设计的方法

进行有效的工作设计要求通过工作分析达到对于工作的当前状态的全面了解,以及通过工作流程分析达到对该职位在整个组织工作流程中的位置或地位的深刻理解。只有以详尽科学的工作分析作为工作设计的前提,再加上科学的工作设计方法的有效运用,才能够设计出适合企业组织发展的工作。正确的工作设计与再设计对企业在长期内的影响是积极的,不合理的工作设计给企业带来的损失则是无法估量的。为了提高工作设计的成功率,有必要掌握一些工作设计的方法。下面介绍几种在工作设计中经常会用到的一些基本方法:

1. 科学管理和机械方法

泰勒的科学管理原理是系统设计工作职位的最早方法之一。这种方法的思想是通过时间—动作的研究,即工程师研究和分析手、臂和身体其他部位的动作,研究工具、员工和原材料之间的物理机械关系,研究生产线和工作环节之间的最佳程序,强调通过寻找员工的身体活动、工具和任务的最佳组合,找出完成工作的“一种最好的方法”(one best way),以使生产率达到最大化。它的基本方法是工作简单化和标准化,把每项工作简化到其最简单的任务,然后让员工在严密的监督下完成它。这样设计出来的工作的优点是工作安全、简单和可靠,这种设计方法使得员工工作中的精神需要最小化。

现今的知识经济发展阶段并未消灭适合这种工作设计方法的适用场景,它在对教育水平、个人判断和决策活动要求比较少的加工制造行业的工作中的应用还是非常广泛的,但机械地应用这些原理的结果就是对于严密的监督和僵硬的标准的过分强调。由于这种工作设计方法在实践中重点关心的是工作任务,而很少考虑工人的社会需要和个人需要,产生了很大的副作用,如工作单调乏味、令人生厌,管理者和工人之间产生隔阂与直接冲突,离职率和缺勤率上升,发生怠工这样的消极对抗行为,工作质量下降。这些源于科学管理方法强调专业化而导致工作简单化的消极后果,可以通过工作扩大化的方式予以改观,其优点是减少任务之间的等待时间,提高组织的灵活性,减少对支援人员的需要,避免工作过于单调给工人造成的情绪压抑。

2. 人际关系法

人际关系思想在工作设计中的运用产生此方法,要点是在按照传统方法设计出来的枯燥的工作内容中增加管理的成分,增加工作对员工的吸引力。这种方法强调工作对承担该工作的员工的心理影响,是从员工的角度出发来考虑工作设计。人际关系运动作为对科学管理运动的非人性倾向的一个否定,发轫于 20 世纪 20 年代的霍桑实验,随着时间的推移,人们发现员工需要从工作中得到的不仅仅是经济利益的外在报酬("经济人"),而且他们还需要体验表现为工作的成就感和满足感的内在报酬("社会人"、"自我实现人"、"复杂人")。内在报酬只能来自工作本身,因此工作的挑战性越强,越令人愉快,内在报酬也就越高。根据人际关系哲学提出的工作设计方法包括工作扩大化、工作轮换和工作丰富化等内容。品质圈和其他的工人参与企业管理的做法就是人际关系思想在当代的应用。

3. 工作特征模型法

工作设计的方法有多种,但其中心思想是工作丰富化,而工作丰富化的核心是激励的工作特征模型(job characteristics model)。合理的职位设计能使员工产生内在性激励,提高团队的工作效率,汉克尔曼(Hackerman)与奥德姆(Oldham)提出的工作特征模型说明了任务特性与员工激励、员工绩效和员工满意度之间的关系。这个模型用五个核心任务特性来描述任何工作,即:①技能的多样性(skill variety):也就是完成一项工作涉及的范围,包括各种技能和能力。②任务同一性(task identity):即在多大程度上工作需要作为一个整体来完成——从工作的开始到完成并取得明显的成果。③任务的重要性(task significance):即自己的工作在多大程度上影响其他人的工作或生活——不论是在组织内还是在工作环境外。④主动性(autonomy):即工作在多大程度上允许自由、独立,以及在具体工作中个人制订计划和执行计划时的自主范围。⑤反馈性(feedback):即员工能及时明确地知道他所从事的工作的绩效及其效率。根据这一模型,一个工作岗位可以让员工产生三种心理状态:感受到工作的意义、感受到工作的责任和了解到工作的结果。这些心理状态又可以影响到个人和工作的结果,即内在工作动力、绩效水平、工作满足感、缺勤率和离职率等,从而给员工以内在的激励,使员工以自我奖励为基础的自我激励产生积极循环。工作特征模型强调的是员工与工作岗位之间的心理上的相互作用,并强调最好的工作设计应该给员工以内在的激励(见图 2-3)。

4. 工作设计的社会技术方法

工作设计的社会技术方法是作为把工作设计严格地视为尽可能地对工作实现专业化的另外一种选择而首次提出的。运用社会技术方法时期(从 20 世纪 80 年代开始至今)主要是在系统理论指导下,运用工作特征模型,借助信息技术的支持对工作进行再设计。社会技术方法通过全面完善工作特征和建立组织气氛来激发员工的工作积极性,它是对人际关系法所采用方法的进一步扩展。社会技术方法的实质是设计工作时应该考虑工作的技术体系和相伴随的社会体系两个方面。根

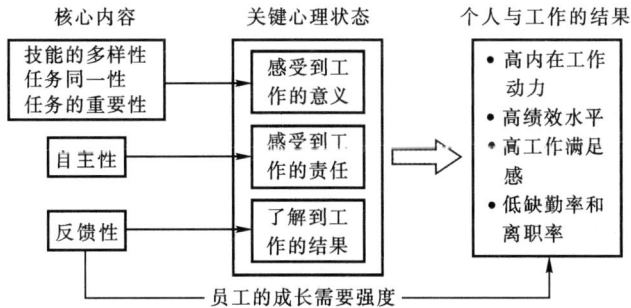

图 2-3　工作激励的工作特征模型

据这个概念,雇主应该通过对整个工作场所的物理环境和社会环境进行整体或系统的观察来进行设计工作。因为很少有工作涉及同样的技术要求和社会环境,因此社会技术方法是因情景而定的。社会技术方法要求工作设计者仔细地考虑员工在这个社会技术体系中的职责、所要完成任务的本质和工作小组的自主权。在理想情况下,社会技术方法把组织的技术需要与决策中所涉及的员工的社会需要结合起来。下面是利用社会技术方法进行工作设计的一些指导原则:

- 一项工作需要在条件上对个人作出合理的要求,而不是纯粹忍耐,也要提供某些变化(不必新奇)。
- 员工要能学会这项工作并继续学习。
- 员工需要有可称之为"自主决策"的某种最低限度的领域。
- 员工需要某种在工作场所中的最小限度的社会支持和认可。
- 员工需要能够把工作内容与成果与自己的社会生活联系起来。
- 员工需要相信这项工作能带来某种理想的未来。

　　工作设计的社会技术方法已被应用于许多国家,通常被冠以"自治工作小组"或"个人民主"这样的名称,以自我管理工作小组或团体为基础的现代工作设计通常是以社会技术方法为基础的。在知识经济时代,组织最重视的资源是员工的热情和忠诚。通过工作设计的社会技术方法把员工安排在相应的工作岗位上,让人与工作相匹配,满足员工各自独特的需求以及技术、能力与个性要求,强化员工对工作意义的体验,增强对工作结果负责的精神,进而增加工作激励和工作满意度,有效提高个人成就和工作绩效,达到激励员工的目的,从而使员工的终生兴趣得以实现,提高了员工的工作和生活质量,增加了留住人才的机会。

5.优秀业绩工作体系

　　优秀业绩工作体系,又称 HP 职位设计方法(high performance,HP),是将科学管理哲学与人际关系方法结合起来的一种综合标准工作设计方法。这一模型的特点是：同时强调工作社会学和最优技术安排的重要性，认为二者是相互联系、相互影响的，必须将它们有效地予以结合。

在优秀业绩工作体系中，操作者不再从事某种特定任务的工作，每位员工都具有多方面的技能，由这些员工组成团队（team，工作小组），团队的目标与整个组织的目标保持一致。作为由两个或者多个员工组成的一个工作群体，团队中的各员工以独立的身份相互配合以实现特定的工作目标。团队可以是暂时的，也可以是长期的；可以是半自治的，也可以是自我管理的；可以由具有相同技能的员工组成，也可以由具有不同技能的员工组成；可以包括管理者，也可以没有管理者。工作任务被分配给团队，团队有权在既定的技术约束和预算约束下，自行决定工作任务的分配方式，决定团队成员的工作内容、工作时间，大家只需要对最终产品负责。优秀业绩工作体系非常重视员工的自我管理和团队的运用，但是，团队中通常需要有一个领导来处理纪律问题和对付工作中的困难（trouble-shouter）。团队领导者的责任是建立团队，确保团队成员拥有完成工作所需要的资格，而不是去设计具有内在激励作用的工作岗位，因此更像是一个教练和激励者。这种工作职位设计方法特别适合于扁平化和网络化的组织结构。

6. 其他方法——辅助工作职位设计法

辅助性的工作职位设计方法指的是缩短工作周和弹性工作制。它们并未完全改变完成工作的方法，从完全意义上说并非工作设计的内容，但是它们改变了对员工个人工作时间的严格规定，并在实际上产生了促进生产率的作用。所以，可以把它们作为辅助的工作职位设计方法。

（1）缩短工作周。缩短工作周是指员工可以在 5 天内工作 40 个小时，或是每周工作 4 个 10 小时工作日，后者在缩短工作周方面的效果更明显，是更为典型的方式。其优点是：员工每周开始工作的次数减少，使得缺勤率和迟到率都下降，有助于经济上的节约；员工花在往返工作场所的路上的时间减少，工作的交易成本下降，工作的满足感提高。其缺点是：单个工作日的延长使员工感到疲劳，并可能导致危险。员工在工作日的晚间活动还会受到影响。在实行不同的缩短工作周安排的企业之间（5 天×8 小时与 4 天×10 小时）会发生联络时的时间障碍问题。

（2）弹性工作制。弹性工作制的典型做法是要求员工在一个核心期间（如上午 10 点到下午 4 点）必须工作，但是上下班时间由员工自己决定，只要工作时间总量符合要求即可。其优点是：员工可以自己掌握工作时间，为实现个人要求和组织要求的一致性创造了条件；可降低离职率和缺勤率，提高工作绩效。其缺点是：每天的工作时间延长，增加了企业的公用事业费。同时，要求企业有更加复杂的管理监督系统来确保员工工作时间总量符合规定。弹性工作制虽然对企业的生产率没有明显的影响,但却能使员工得到利益。目前,在美国实行弹性工作制的企业越来越多,特别是工作比较独立的专业人员,弹性工作制的益处在理论上和现实中都得到了证明。

　　在以上工作设计的各种方法中,工作丰富化、工作特征再设计和社会技术系统方法是企业再造时进行工作再设计的主要方法。各组织所使用的工作职位设计方法可能存在差异,在同一组织中,对不同层次的员工和不同工作职位类别也可使用不同的工作职位设计方法。根据组织的实际情况,可以单独使用一种工作职位设计方法,也可同时综合使用多种职位设计方法。

本章思考题

　　1.为什么要进行工作分析?

　　2.假设你是一个企业的人力资源部经理,你将如何组织对销售部经理岗位的工作分析?

　　3.常用的工作分析的方法有哪些? 试对这些方法的优缺点进行比较。

　　4.工作分析的成果有哪些? 其发展趋势是怎样的?

　　5.工作设计的基本要求是什么? 工作设计的方法有哪些?

案 例 分 析

A 公司的工作分析

　　A 公司是我国中部省份的一家房地产开发公司。近年来,随着当地经济的迅速增长,房产需求强劲,公司有了飞速的发展,规模持续扩大,逐步发展为一家中型房地产开发公司。随着公司的发展和壮大,员工人数大量增加,众多的组织和人力资源管理问题逐渐凸显出来。

　　公司现有的组织机构,是基于创业时的公司规划,随着业务扩张的需要逐渐扩充而形成的,在运行的过程中,组织与业务上的矛盾已经逐渐凸显出来。部门之间、职位之间的职责与权限缺乏明确的界定,扯皮推诿的现象不断发生;有的部门抱怨事情太多,人手不够,任务不能按时、按质、按量完成;有的部门又觉得人员冗杂,人浮于事,效率低下。

　　公司的人员招聘方面,用人部门给出的招聘标准往往含糊,招聘主管往往无法准确地加以理解,使得招来的人大多差强人意。同时目前的许多岗位不能做到人事匹配,员工的能力不能得以充分发挥,严重挫伤了士气,并影响了工作的效果。公司员工的晋升以前由总经理直接作出。现在公司规模大了,总经理已经几乎没有时间来与基层员工和部门主管打交道,基层员工和部门主管的晋升只能根据部门经理的意见来作出。而在晋升中,上级和下属之间的私人感情成为了决定性的因素,有才干的人往往却并不能获得提升。因此,许多优秀的员工由于看不到自己未来的前途,而另寻高就。在激励机制方面,公司缺乏科学的绩效考核和薪酬制度,考核中的主观性和随意性非常严重,员工的报酬不能体现其价值与能力,人力资源部经常可以听到大家对薪酬的抱怨和不满,这也是人才流失的重要原因。

面对这样严峻的形势,人力资源部开始着手进行人力资源管理的变革,变革首先从进行职位分析、确定职位价值开始。职位分析、职位评价究竟如何开展,如何抓住职位分析、职位评价过程中的关键点,为公司本次组织变革提供有效的信息支持和基础保证,是摆在 A 公司面前的重要课题。

首先,他们开始寻找进行职位分析的工具与技术。在阅读了国内目前流行的基本职位分析书籍之后,他们从其中选取了一份职位分析问卷作为收集职位信息的工具。然后,人力资源部将问卷发放到了各个部门经理手中,同时他们还在公司的内部网上也发了一份关于开展问卷调查的通知,要求各部门配合人力资源部的问卷调查。

据反映,问卷在下发到各部门之后,却一直搁置在各部门经理手中,而没有发下去。很多部门是直到人力资源部开始催收时才把问卷发放到每个人手中。同时,由于大家都很忙,很多人在拿到问卷之后,都没有时间仔细思考,草草填写完事。还有很多人在外地出差,或者任务缠身,自己无法填写,而由同事代笔。此外,据一些较为重视这次调查的员工反映,大家都不了解这次问卷调查的意图,也不理解问卷中那些陌生的管理术语,何为职责、何为工作目的,许多人对此并不理解。很多人想就疑难问题向人力资源部进行询问,可是也不知道具体该找谁。因此,在回答问卷时只能凭借自己个人的理解来进行填写,无法把握填写的规范和标准。

一个星期之后,人力资源部收回了问卷。但他们发现,问卷填写的效果不太理想,有一部分问卷填写不全,一部分问卷答非所问,还有一部分问卷根本没有收上来。辛苦调查的结果却没有发挥它应有的价值。

与此同时,人力资源部也着手选取一些职位进行访谈。但在试着谈了几个职位之后,发现访谈的效果也不好。因为,在人力资源部,能够对部门经理访谈的人只有人力资源部经理一人,主管和一般员工都无法与其他部门经理进行沟通。同时,由于经理们都很忙,能够把双方凑在一块,实在不容易。因此,两个星期时间过去之后,只访谈了两个部门经理。

人力资源部的几位主管负责对经理级以下的人员进行访谈,但在访谈中,出现的情况却出乎意料。大部分时间都是被访谈的人在发牢骚,指责公司的管理问题,抱怨自己的待遇不公等。而在谈到与职位分析相关的内容时,被访谈人往往又言辞闪烁,顾左右而言他,似乎对人力资源部这次访谈不太信任。访谈结束之后,访谈人都反映对该职位的认识还是停留在模糊的阶段。这样持续了两个星期,访谈了大概1/3的职位。王经理认为时间不能拖延下去了,因此决定开始进入项目的下一个阶段——撰写职位说明书。

可这时,各职位的信息收集却还不完全。怎么办呢?人力资源部在无奈之中,不得不另觅他途。于是,他们通过各种途径从其他公司中收集了许多职位说明书,试图以此作为参照,结合问卷和访谈收集到一些信息来撰写职位说明书。

在撰写阶段,人力资源部还成立了几个小组、每个小组专门负责起草某一部门的职位说明,并且还要求各组在两个星期内完成任务。在起草职位说明书的过程中,人力资源部的员工都颇感为难,一方面不了解别的部门的工作,问卷和访谈提供的信息又不准确;另一方面,大家又缺乏写职位说明书的经验,因此,写起来都感觉很费劲。规定的时间快到了,很多人为了交稿,不得不急急忙忙,东拼西凑了一些材料,再结合自己的判断,最后成稿。

最后,职位说明书终于出台了。然后,人力资源部将成稿的职位说明书下发到了各部门,同时,还下发了一份文件,要求各部门按照新的职位说明书来界定工作范围,并按照其中规定的任职条件来进行人员的招聘、选拔和任用。但这却引起了其他部门的强烈反对,很多直线部门的管理人员甚至公开指责人力资源部,说人力资源部的职位说明书是一堆垃圾文件,完全不符合实际情况。

于是,人力资源部专门与相关部门召开了一次会议来推动职位说明书的应用。人力资源部经理本来想通过这次会议来说服各部门支持这次项目。但结果却恰恰相反,在会上,人力资源部遭到了各部门的一致批评。同时,人力资源部由于对其他部门不了解,对于其他部门所提的很多问题,也无法进行解释和反驳,因此,会议的最终结论是,让人力资源部重新编写职位说明书。后来,经过多次重写与修改,职位说明书始终无法令人满意。最后,职位分析项目不了了之。

人力资源部的员工在经历了这次失败的项目后,对职位分析彻底丧失了信心。他们开始认为,职位分析只不过是"雾里看花,水中望月"的东西,说起来挺好,实际上却没有什么大用,而且认为职位分析只能针对西方国家那些管理先进的大公司,拿到中国的企业来,根本就行不通。原来雄心勃勃的人力资源部经理也变得灰心丧气,但他却一直对这次失败耿耿于怀,对项目失败的原因也是百思不得其解。

那么,职位分析真的是他们认为的"雾里看花,水中望月"吗?该公司的职位分析项目为什么会失败呢?

——资料来源:某企业工作分析案例[EB/OL].中国人力资源网. http://blog. hr. com. cn/ html/36/13536 - 46267. html.

案例讨论

1. 该公司为什么决定从职位分析入手来实施变革,这样的决定正确吗?为什么?

2. 在职位分析项目的整个组织与实施过程中,该公司存在着哪些问题?

3. 该公司所采用的职位分析工具和方法主要存在着哪些问题?

第 *3* 章

人力资源规划

人力资源规划是企业经营规划的重要组成部分,也是企业人力资源各项管理活动的重要依据。人力资源规划是否有效会影响到人力资源管理的有效性,进而影响企业的经营目标的实现。因此,做好人力资源规划工作是人力资源管理的首要职责。

重点问题

⇨ 企业人力资源规划的内容及步骤
⇨ 企业人力资源供需的影响因素
⇨ 企业人力资源供需的分析方法
⇨ 企业人力资源供需达到平衡的方法及其优缺点
⇨ 企业人力资源规划的编写

阅读资料

致盛公司的 2010 年人力资源规划

致盛计算机信息技术公司(以下简称致盛公司)于 2005 年 5 月成立,在最近五年一直发展势头良好,公司的业务不断增加,员工数量也随之而不断增加。随着公司的成长,管理规范化程度也在不断加强,公司老总李俊逸深刻认识到抓好管理会带来更大效益,大会小会上都和公司员工沟通他的这一想法。根据公司未来五年的发展需要,制订了2010 年年度经营管理规划,其中的人力资源规划的内容摘录如下:

　　(1)2010年人力资源工作的目标：在管理咨询公司的配合指导下，建立起完善的人力资源体系。

　　(2)2010年人力资源工作的步骤：第一步，组织结构和部门职能的划分，第二步，岗位设置与定岗定编，第三步，工作分析和岗位说明书的制定，第四步，岗位的定级和薪资体系的调整，第五步，绩效考核体系的设计，第六步，形成公司企业文化，建立起企业文化体系。

　　(3)根据公司年度经营管理目标实现的需要，采用部门自下而上申报和公司经理依发展战略未来需要自上而下规划相结合的方法，最终确定公司2010年人员需求量，并据之制订2010年公司的招聘计划如下：①到本地211重点院校某电子科技大学进行现场招聘，并通过学校就业指导中心发布需求信息，于3月21日前完成研发部程序员、系统架构师的招聘；②到本地设有工商管理专业的五大大专院校进行现场招聘，并通过学校就业指导中心发布需求信息，于4月10日前完成人力资源部、营销部业务员的招聘；③3月21日前，在市人才中介媒体发布人才需求信息两个月，于5月31日前完成营销部经理、培训部经理人员的应聘，保证专业技术人才能在7月1日到岗。

3.1　人力资源规划概述

3.1.1　人力资源规划的涵义

　　人力资源规划，也称人力资源计划，是指在组织发展战略和经营规划的指导下，预测和分析员工的供需平衡，以满足组织在不同发展阶段对员工的需求，为组织的发展提供符合质量和数量要求的人力资源保证。简单来说，人力资源规划是对组织在某个时期内的员工供给与需求进行预测，并根据预测的结果采取相应的措施来平衡人力资源的供需。

　　要想准确理解人力资源规划的涵义就应该把握以下几个要点：

　　(1)人力资源规划要以组织发展战略和经营规划为基础。因为人力资源管理只是组织经营管理系统的一部分，是为组织的经营发展提供人力资源支持的，如果没有组织战略规划，也就没有人力资源规划。

　　(2)人力资源规划包括两部分内容：一是对组织在特定时期内的员工供给和需求进行预测；二是根据预测的结果采取相应的措施进行供需平衡。前者是基础，不进行预测，人力资源的平衡就不能实行；后者是目的，不平衡供需，预测会没有意义。

　　(3)人力资源供给与需求的预测应从数量和质量两个方面进行，组织对人力资源的需求,数量只是一个方面,更重要的是质量方面。

3.1.2 人力资源规划的内容

人力资源规划的内容就是人力资源规划的结果,主要包括两个方面:

1.人力资源总体规划

人力资源的总体规划是对计划期内人力资源规划结果的总体描述,包括预测的需求和供给的数量、预测的依据是什么、供给与需求的比较结果如何、组织平衡需求与供给的指导思想和政策是什么等。其中最重要的是供求比较的结果,即净需求。人力资源规划的目的就是要得出这一结果,同时,它也是制定人力资源政策和措施的重要依据。

2.人力资源业务规划

人力资源业务规划是总体规划的分解和具体化,包括人力资源补充计划、人力资源配置计划、人力资源接替与提升计划、人力资源培训与开发计划、薪酬激励计划、员工关系计划与退休解聘计划等内容。这些业务计划的每一项都设定了相应的目标、任务和实施步骤。人力资源业务规划是有效实现总体规划的重要保证。人力资源业务规划的具体内容,见表 3-1。

表 3-1 人力资源业务规划的内容

规 划	目 标	政 策	预 算
补充计划	岗位、数量、层次对人员素质结构的改善	人员资格标准、来源范围、起点待遇	招聘选拔费用
配备计划	部门编制、人力资源结构优化、职位匹配、岗位轮换	任职条件、岗位轮换范围与时间	人员总体规模状况决定薪酬预算
接替与提升计划	后备人员数量保持、人员结构优化	选拔标准、提升比例、未提升人员的安排	职位变动引起的薪酬变动
培训与开发计划	培训的数量与类型、提供内部供给、提高工作效率	培训计划安排、培训时间和效果的保证	培训开发总投入
薪酬激励计划	劳动供给增加、士气提高、绩效改善	薪酬政策、激励政策、激励方式	增加薪酬的数额

规　划	目　标	政　策	预　算
员工关系计划	提高工作效率、员工关系改善、离职率降低	民主管理、加强沟通	法律诉讼费用
退休解聘计划	劳动力成本降低、生产率提高	退休政策及解聘程序	安置费用

3.1.3　人力资源规划的作用

随着科学技术的突飞猛进,产业结构不断的调整,组织之间竞争的日趋激烈,人力资源的转移也随之加速。因此,在现代管理中,人力资源规划对于组织的良性发展具有非常重要的作用。

1. 有助于组织战略目标的制定和实现

人力资源规划的作用之一,就是配合组织的战略管理,达到组织的战略目标。而组织的战略目标是对未来的一种规划,这种规划同样也需要将组织现在拥有的人力资源状况作为一个重要的变量加以考虑。比如,如果预测的人力资源供给无法满足组织的目标,就需要对战略目标作出相应的调整。因此,这两者之间是一种双向互动的关系。实践表明,一套切实可行的人力资源规划,完全有助于管理层全面深入地了解组织内部人力资源的配置状况。因此,作好人力资源规划反过来会有助于组织战略目标的制定和实现。

2. 有助于组织在发展过程中保持人力资源的稳定

组织的正常运转需要相应的人力资源作为保证,但是任何组织都是在不断变化的内外部环境条件下进行生产经营活动的,为了生存和发展,组织必须随时根据环境的变化及时作出相应调整,比如变动生产计划、变革组织机构等,这些调整往往会引起人力资源数量和结构的变动;另外,组织内部的人力资源也处于不断变化之中,比如岗位的调动、职务的升降、辞职、辞退、退休等,这也会引起人力资源数量与结构的变更。由于人力资源的特殊性,这些变化会造成组织中人力资源的一定时滞,因此,为了保证组织发展过程中人力资源状况的稳定,就必须事先掌握这些变化并制定出相应措施,此时,人力资源规划的作用就显而易见了。

3. 有助于组织降低人力资源成本

人力资源对于组织来讲具有重要的意义,但是它在为组织创造价值的同时也带来了一定的成本费用,而理性的组织是以利润最大化为目标的,追求以最小的投入实现最大的产出,所以组织不会使自己拥有的人力资源超出需求范围。通过人力资源规划,预测员工数量变化和结构变化,可以把人力资源控制在合理的范围内,既不会浪费人力资源,也不会增加人工成本的支出,从而能有效地降低人力资源成本。

4. 有助于调动员工的积极性和创造性

合理的人力资源规划不仅能够满足员工的物质利益需要,而且还能够满足员工的精神需求。人力资源规划展示了组织未来的发展机会,充分考虑了员工个人的职业生涯发展,使员工能够明确自己的目标以及组织的目标。当组织提供的目标与员工自己所需求的目标一致时,员工就会努力追求,在工作中表现出积极性和创造性;否则,在其前途与利益未知的情况下,就会挫伤其积极性和创造性,从而影响工作效率,甚至造成一些有能力的员工选择离开。更严重的是若形成人才流失的恶性循环,将使组织的人力资源供求关系日趋失衡。

3.2　人力资源规划的步骤

一般来说,人力资源规划的过程包括四个步骤:准备阶段、预测阶段、实施阶段与评估阶段,如图 3-1 所示。

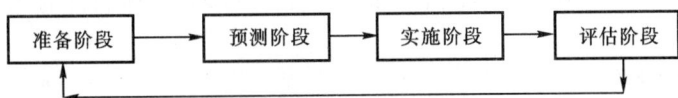

图 3-1　人力资源规划步骤

1. 准备阶段

信息资料是制订人力资源规划的依据,要想制订出一个有效的人力资源规划,就必须获得丰富的相关信息。影响人力资源规划的信息主要有:

(1)外部环境信息。外部环境信息主要包括两类,一类是宏观经营环境的信息,如经济、政治、文化、教育以及法律环境等,由于人力资源规划与组织的生产经营活动密切相关,所以这些影响组织生产经营的因素都会对人力资源的供给与需求产生作用;二是直接影响人力资源供给与需求的信息,比如外部劳动力市场的政策、结构、供求状况,劳动力择业的期望与倾向,政府的职业培训政策、教育政策以及竞争对手的人力资源管理政策等。

(2)内部环境信息。这类信息也包括两个方面:一是组织环境信息,比如组织发展战略、经营计划、生产技术以及产品结构等;二是管理环境信息,比如组织的结构、管理风格、组织文化、管理结构(管理层次与跨度)以及人力资源管理政策等。这些因素都决定着组织人力资源的供给与需求。

(3)现有人力资源信息。即对组织内部现有人力资源的数量、质量、结构和潜力等进行调查,包括员工的自然情况、录用资料、教育资料、工作经历、工作能力、工作业绩记录和态度记录等方面的信息。组织人力资源的状况直接关系到人力资源的需求和供应状况,对于人力资源规划的制订有着直接的影响,只有及时准确地掌握组织现有人力资源的状况,人力资源规划才能有效。

2. 预测阶段

预测阶段的主要任务是在充分掌握信息的前提下,选择使用有效的预测方法,对组织在未来某一时期的人力资源供给与需求作出预测。人力资源的供需达到平衡,是人力资源规划的最终目的,进行需求与供给的预测就是为了实现这一目的。在整个人力资源规划过程中,这是最为关键的一部分,也是难度最大的一个阶段,它直接决定着人力资源的规划是否能够成功。人力资源管理人员只有准确地预测出人力资源的需求与供给,才能采取有效的平衡措施。

3. 实施阶段

在需求与供给的基础上,人力资源管理人员根据两者的平衡结果,制订人力资源的总体规划和业务规划,并制定出实施平衡需要的措施,使组织对人力资源的需求得到满足。需要说明的是,人力资源管理人员在制定相关措施时,应当使人力资源的总体规划和业务规划与组织的其他规划相互协调,这样制订的人力资源规划才能得以有效实施。

4. 评估阶段

对人力资源规划实施效果进行评估是整个规划过程的最后一个阶段,由于预测不可能做到完全正确,因此人力资源规划也需要进行修订。在实施过程中,要随时根据变化调整需求与供给的预测结果,同时调整平衡供需的措施;也要对预测的结果以及制定的措施进行评估,对预测的准确性和措施的有效性作出评价,吸取经验教训,为以后的规划提供借鉴和帮助。

3.3　人力资源的预测

如前所述,在人力资源规划过程的四个步骤中,预测阶段的主要任务是在充分掌握信息的前提下,选择使用有效的预测方法,对组织在未来某特定时期的人力资源供给与需求作出预测。作为在整个人力资源规划过程中最为关键、也是难度最大的一个阶段,它直接决定着人力资源的规划是否能够成功。准确地预测出人力资源的需求与供给是人力资源管理人员采取有效的平衡措施的前提。

3.3.1　人力资源需求预测

企业人员的进出是经常发生的情况,基于前述的各种影响企业人力资源需求的因素的单独或综合作用,人力资源需求的变动是在所难免的:近年来,随着知识型员工的价值被企业的发展所证实,企业的进一步发展也更加依赖于这些核心员工,而转轨后的市场机制的作用日益强大,使人力资源的市场配置方式也逐渐走向成熟,宏观经济稳定快速发展和微观经济主体(企业)的健康发展带来的更多的教育培训机会促进了员工自我意识的觉醒和对于更高需要的追求,员工总是在调整自己的知识、技能组合,总是希望找到一片"更绿的草场"(greener pasture, refers to better opportunity),使得所获回报与自己的能力动态地相匹配,竞争性的经营环境使得特定时期的这些特定类型的员工就成了大家抢着要的"金凤凰",只有已经栽好了枝繁叶茂的"梧桐树"的吸引力强的企业才能在人力资源市场上领先。所有这些都最终体现为人力资源的流动,为了使得这些流动不至于给企业带来不利的影响,为了能让企业更有效地应对未来的人力资源变动,就要进行人力资源需求预测。

1. 人力资源需求预测的概念

人力资源需求预测是指以企业的战略目标、发展规划和工作任务为出发点,综合考虑各种因素的影响,对企业未来某一时期所需人力资源的数量、质量等进行预测的活动。

一般地,影响企业人力资源需求的因素大致可分为三类:企业外部环境、企业内部因素和人力资源自身状况,如表 3-2 所示。

表 3-2 影响企业人力资源需求的因素

企业外部环境	企业内部因素	人力资源自身状况
经济、市场需求	战略、预算	退休
社会、政治、法律	企业发展速度、规模	辞职
技术进步	生产和销售预测	合同终止、解聘
竞争者	新建部门或企业扩张	死亡
劳动力市场供求	工作设计	休假
	工作时间	
	培训计划	

2. 人力资源需求预测的步骤

①根据工作分析的结果来确定工作职位编制和人员配置;

②进行人力资源盘点,统计出人员的数量(缺编、超编)和质量是否符合工作规范的要求;

③将上述统计结论与部门管理者进行讨论,修正统计结论;

④确定统计结论为现实人力资源需求;

⑤统计预测期内退休的人员信息；

⑥根据历史数据对未来可能发生的离职情况进行预测；

⑦将步骤⑤和步骤⑥的统计和预测结果进行比较汇总，确定未来可能流失的人力资源；

⑧根据企业发展规划（如引进新产品）确定各部门的工作量；

⑨根据工作量的增长情况确定各部门还需要增加的工作及人员数量，并进行汇总统计；

⑩确定该统计结论为未来增加的人力资源需要；

⑪将现实人力资源需求、未来流失的人力资源和未来增加的人力资源需要进行汇总，可预测得到企业整体人力资源需求。

3. 人力资源需求预测定性技术

（1）现状规划法。现状规划法是一种最简单的人力资源预测方法，它是假设企业保持原有的生产规模和生产技术，企业的人力资源也应处于相对稳定状态，即企业目前各种人员的配备比例和人员的总数将完全能适应预测规划期内人力资源的需求。在此预测方法中，人力资源规划人员所要做的工作就是预算出在规划期内有哪些人员或岗位上的人将得到晋升、降职、退休或调出本组织的情况，再准备调节人员去弥补。这种方法适用于短期人力资源规划预测。

（2）经验预测法。经验预测法，又称分合性预测法，就是企业根据以往的经验对人力资源进行预测的方法。企业经常用这种方法来预测本组织对将来某段时间内对人力资源的需求。

这是一种比较常用的预测方法，由于企业中最了解各部门人力资源需求的就是每位部门主管，经验预测法就是根据管理人员的经验，结合公司发展的要求，对公司员工需求加以预测的一种先分后合的预测方法。即首先由直线部门的经理根据各部门的生产任务、技术设备等变化情况对本部门未来某一时期的人员需求情况进行预测，在此基础上，再由企业专门的人力资源计划人员汇总，进行综合平衡，从中预测出整个企业未来某一时期对各种人员的需求总量，并交由公司经理审批。这种方法较能发挥下属各级管理人员在人力资源规划中的作用，但是人事部门或专职人力资源规划人员必须要给予他们一定的指导。这种方法较适用于中、短期的预测规划，简单易行，在实际工作中使用较为广泛。

因为此方法是根据以往的经验来进行预测，预测的效果受经验（各层管理人员的阅历、知识的限制）的影响较大。因此，保持企业历史的档案，并采用多人集合的经验，可以减少误差。这种方法适用于技术较稳定的企业的中、短期人力资源预测规划，很难对长期作出准确预测。

（3）德尔菲法。德尔菲（Delphi）法是一种简单、常用的主观判断预测方法，它起源于 19 世纪 40 年代的兰德公司的实践。此方法是由有经验的专家或管理人员对某些问题分析或管理决策进行直觉判断与预测,其精度取决于预测者的经验和判断能力,也称"专家征询法"或"集体预测法",所选专家包括企业外部和内部对所研究问题具有发言权的所有人员。

用德尔菲法进行人力资源需求预测的实施过程是:

①作为人力资源需求预测工作的组织者的企业中的人力资源部门向专家们说明某项人力资源预测工作对企业的重要性,取得专家们对这种预测方法的理解和支持。

②以问卷调查的形式了解专家对未来人力资源需求的分析评估。

③归纳专家意见后再反馈给专家,通过 3～5 次的反复,专家意见趋于一致。

德尔菲法的有效实施要求征询过程是多轮匿名方式的,并且以专家能够得到充分的信息和要求预测的问题的简单性为前提,且不可苛求专家的预测结果过分精确,应该允许专家作出粗略的估计并提供预测数字的肯定程度。德尔菲法在实际的人力资源需求预测中已经得到广泛的使用,而且预测的准确性程度也比较高。

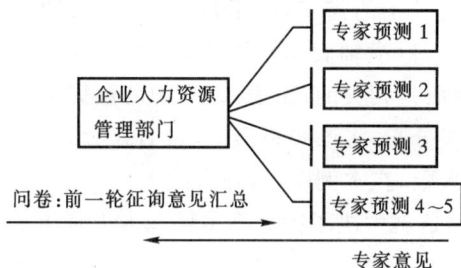

图 3-2　德尔菲法在人力资源需求预测中的运用示意图

4. 人力资源需求预测定量技术

(1)趋势外推法。作为一种定量分析的方法,组织的未来人力资源需求可以通过确定组织中与劳动力数量、结构关系最大的某特定因素随雇佣人数的变化趋势而推出,如医院规模(床位数是基本指标)与医院的注册护士人数、学校规模(学生人数为基本指标)与学校的任职教师人数之间都存在这样的关系。通过以下六步骤可有效运用此定量方法:①确定适当的与雇佣人数有关的组织因素;②用这一组织因素与劳动力数量的历史记录作出二者的关系图;③借助关系图计算每年每人的平均产量(劳动生产率);④确定劳动生产率的趋势;⑤对劳动生产率的趋势进行必要的调整;⑥对预测年度的情况进行推测。例如,某医院预计将接收 250 人/天的住院病人,如每 3 位护士可以护理 10 位病人,该医院所需的护士将是 75 人。趋势外推法实际上是回归分析法的一种。

(2)回归分析方法。回归分析是运用数学中的回归原理对人力资源需求进行预测,即利用历史数据找出某一个或几个组织因素与人力资源需求量的函数关系,并用数学模型表示出来,借此模型反映的影响因素(自变量)的变化可推测组织的未来人力资源需求(因变量)的变化。此方法包括了一元线性回归分析方法和多元回归分析方法:当假设人力资源需求量随一种因素(如产量)的变化而变化,且两者间是线性关系时,则可采用最简单的一元线性回归分析方法来预测人力资源的需求,如果影响人力资源需求的因素有多种(如产量、顾客人数、时间等),则要采用多元回归分析方法。由于此过程比较复杂,用计算机进行回归分析是通常的实践做法。

(3)散点分析法。散点分析法是通过作图的方式大致判断人员需求量与某一影响因素之间是否有关系。这是一种较为直观的人员需求预测方法。以医院为例:如用散点分析法来判断医院规模(床位数)与注册护士人数间是否相关,可以床位数为横坐标,以注册护士人数为纵坐标,将所有已知数据在坐标图上标出。如图上的点明显构成一条直线,则可判断两者间呈线性相关。例如,假定一家有500床位的医院计划在未来5年内扩大规模,增加至1200床位,护理部主任和人力资源部长就需要预测对注册护士的需求,基于自己已经得到的不同规模的医院(床位数)的数据,就可以作图,以横轴表示医院规模(床位数),以竖轴表示注册护士人数,由于所选定的两函数是相关的,由表3-3中的数据转化生成的散布于图3-3中的点就沿着一条直线分布,将该线画出来,很直观地,就可依之预测特定的医院规模所需的注册护士人数,在本例中,可在直线上找出当床位数为1200人时,注册护士人数大致是1210,这就解决了护理部主任和人力资源部长的问题。

表3-3　已知的医院规模(床位数)与注册护士人数

医院规模(床位数)	注册护士人数
200	240
300	260
400	470
500	500
600	620
700	660
800	820
900	860

(4)计算机模拟法。很多企业已经在实践中利用计算机来开发自己的人员需求预测系统。在这种情形下,人力资源专家和直线管理人员将所需要的信息综合起来,建立起一套人员需求的计算机化预测系统(computerized forecast system)。

在建立人员需求的计算机预测系统时需要一些典型数据：当生产率是一种衡量的标准时，生产单位产品所需要的劳动工时、当前产品系列的三种销售额计划——最低销售额、最高销售额、可能销售额就是所需的典型数据。以这些数据为基础，就不仅可以预测"满足生产需要的平均人员需求水平"的数字，而且可以分别预测对直接生产人员（例如流水线上的生产工人）、间接生产人员（如文秘人员）以及特殊人员（如行政管理人员）

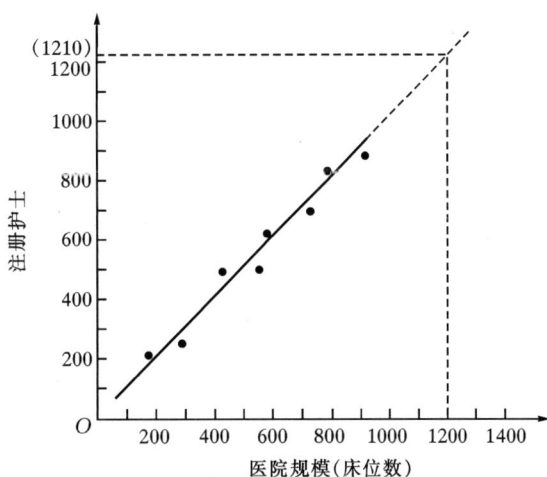

图 3-3　某医院注册护士需求的散点分析

的需求数字。运用这一系统，可以很快地将生产率水平计划与销售水平计划转化为对人员需求的预测，同时，也可以预测各种生产率水平及销售水平对人员需求的影响。

　　需注意的是，运用任何数学的方法进行人力资源需求预测都有一个前提假设，即假定人力资源需求与某些影响因素之间的函数关系是稳定不变的，而在实际工作中，往往较难发现稳定的数学模型。因此，必须要注意的是，在采用定量分析方法进行人力资源需求预测时，一定要与定性方法相结合。例如，如果进行人力资源需求预测的学校在某年度采用了远程网上教学方式，或是招收了一个"实验班"，则以师生比率为基础来预测教师的需求量就不准确了。在很多情况下，对人力资源需求的预测是依靠经验进行估计的，即使运用非常严谨的数学模型也需要借助经验的判断对结果进行修正。

3.3.2　人力资源供给预测

1. 人力资源供给预测的概念

　　人力资源供给预测是指为了满足企业在未来一段时间内的人力资源需求，而对将来某个时期内企业从其内部和外部可以获得的人力资源的数量和质量进行预测。它包括外部人力资源供给预测和内部人力资源供给预测。

　　外部人力资源供给预测的主要目的是对劳动力市场的供求情况、可能为企业提供各种人力资源的渠道以及与企业竞争相同人力资源的竞争对手进行分析，从而得出企业可能从外部获得的各种人力资源的情况，并对获得这些人力资源所需的代价和可能出现的困难和危机作出提前预计。

内部人力资源供给预测主要是对企业内部员工的情况进行分析，包括员工的人数、年龄、技术水平、发展潜能、流动趋势等，从而预测未来一段时间内企业内部可以有多少员工稳定地保留在企业之中，有多少员工具有发展和晋升的可能性。

2. 人力资源供给预测的步骤

在此过程中，要综合地考察企业的人力资源存量的现状、结构比例与企业发展需求特点，注意宏观把握与微观情况客观结合，一般地，人力资源供给预测中应遵循的步骤是：

①对企业现有的人力资源进行盘点，了解企业员工状况；

②分析企业的职位调整政策和员工调整的历史数据，统计员工调整的比例；

③向各部门的人事决策者了解可能出现的人事调整情况；

④将步骤②和步骤③的情况汇总，得出企业内部人力资源供给预测；

⑤分析影响外部人力资源供给的地域性因素；

⑥分析影响外部人力资源供给的全国性因素；

⑦根据步骤⑤和步骤⑥的分析，得出企业外部人力资源供给预测；

⑧将企业内部人力资源供给预测和企业外部人力资源供给预测汇总（步骤④和步骤⑦），得出企业人力资源供给预测。

3. 企业内部供给预测技术

在企业内部人力资源供给预测中可以运用的几种主要方法有：

(1)员工档案法。从员工进入企业开始，人力资源部门就应为其建立内容全面、及时更新的档案以便企业随时判断哪些现有的员工能够被提升或调配到空缺职位上来。在员工的个人档案中应记录以下几个方面的信息：①员工的个人资料：姓名、性别、年龄和其他个人信息。②员工的过去经历：员工在来企业之前的教育经历、工作经历、培训经历等。③员工在企业中的经历：员工在企业中职位、薪酬的变化，历次工作绩效评估的结果，员工所接受的各种培训的内容和培训的效果。④员工的能力：对员工的各项关键能力和专业技术能力测试和判断的结果，专业会员资格、已经取得的成就、获得的奖励等。⑤员工的素质测评结果：包括对员工能力的各项测评，也包括对其个性特征、工作风格的测评结果。⑥员工的职业生涯规划：员工的职业发展目标和计划与职业兴趣。有些企业将员工档案进行分类管理，分为管理人员档案和非管理人员档案，为企业晋升管理人员和调用非管理人员做好人员储备工作。这两类人员是可以互换的，即非管理人员经过经验积累、技能培训后，可能成为管理人员的候选人，而管理人员如果能力不足或不适应新岗位的要求，也可能成为非管理者。下面是一个员工档案的例子。

相关链接 3-1

某企业管理人员档案的一页(技能清单)

姓名		部门		到职时间	工作职称	工作地点	填表日期
出生年月		婚姻状况					
教育背景		类别	学位种类	毕业学校	主修科目	毕业时间	
		高中					
		学士					
		硕士					
		博士					
训练背景		训练主题		训练机构		训练时间	
技能与评价		技能种类		证书			
		关于现有技能					
		是否足够胜任本职工作?		是		否	
		关于技能发展:需要何种培训?					
		改善目前的技能和绩效		提高晋升需要的经验和能力			
可晋升或流动至何岗位		你认为自己现在可以接受哪种工作指派?		如果可能,你愿意承担哪种工作?			
		你是否愿意担任其他类型的工作?		你是否愿意调到其他部门去工作?			
		是	否	是		否	
		你是否愿意接受工作轮调以丰富工作经验?					
		是		否			

（2）管理人员替代法。这是对组织管理人员内部供给进行预测的最简单的方法，也称为管理人员接续计划。企业内部的很多管理人员都是从内部员工中提拔的，因此，企业需要确定在各个关键的管理职位上有哪些可能的接班人，这些接班人的胜任状况和发展潜力如何。为清楚起见，可以将上述接续计划在组织结构图上表示出来，即为常用的管理量表图——企业常用的人员接替图和人员接替表。图 3-4 是一个简单的示意图。

```
          ┌─────────────────────┐
          │     空调事业部          │
          │ 部经理     王强 50/0   │
          │ 副总经理   史翔 48/2   │
          └─────────────────────┘
     ┌───────────┼───────────┐
┌──────────┐ ┌──────────┐ ┌──────────┐
│  生产部    │ │  人事部    │ │  财务部    │
│经理 万灵38/1│ │经理 李健35/2│ │经理 张安35/0│
│副经理兰培29/T│ │副经理胡兰30/3│ │副经理古乐33/2│
└──────────┘ └──────────┘ └──────────┘
```

说明：35/2 表示该人员的年龄为 35 岁，提升潜力为"2 年内可提升"。其他数字或符号表示意思：0—可以马上提升；1—1 年内可提升；2—2 年内提升；3—3 年内提升；T—仍需培训。

图 3-4　管理人员接续计划示意图

制订这一计划的过程是：①确定计划范围，即确定需要制订接续计划的管理职位；②确定每个管理职位上的接替人选，所有可能的接替人选都应该考虑到；③评价接替人选，主要是判断其目前的工作情况是否达到提升要求，可以根据评价的结果将接替人选分成不同的等级，例如分成可以马上接任、尚需进一步培训、问题较多三个级别；④确定职业发展需要以及将个人的职业目标与组织目标相结合，这就是说，要根据评价的结果对接替人选进行必要的培训，使之能更快地胜任将来可能从事的工作，但这种安排应尽可能与接续人选的个人目标吻合并取得其同意。

（3）马尔可夫预测法。这是一种定量预测方法，其基本思想是：找出过去人事变动的规律，以此来推测未来的人事变动趋势。以"企业中员工流动的方向与概率基本保持不变"的基本假设为基础，通过收集具体数据，找出企业内部过去人员流动的规律，由此推测未来的人员变动趋势。马尔可夫分析法实际上是建立一种转换概率矩阵，使用统计技术预测未来的人力资源变化。马尔可夫分析在理论上很复杂，但其应用方法却比较简单。作为概述，我们在此将只介绍具体方法。例如，现以某高校的人员流动为例，用马尔可夫法预测一段时间后学校的人员供给情况：

　　第一步,在对过去人员变动数据收集分析的基础上计算出人员流动的概率,列出人员流动概率矩阵,如表 3 - 4(a)所示,表中的每一个元素表示一个时期到另一个时期(如从某一年到下一年)在两种工作之间调动的雇员数量的历年平均百分比(以小数表示)。一般以 5~10 年为周期来估计年平均百分比。所收集的数据的时间周期越长,这一百分比的准确性就越高。例如,表 3 - 4(a)表明,在任何一年里,平均 80% 的教授仍留在学校内,而有 20% 退出。在任何一年里,会有 65% 的助教仍留在原工作岗位而 15% 被提升为讲师,另有 20% 离职。用这些历年数据来代表每一种工作中人员变动的概率,就可以推测出未来的人员变动(供给量)情况。将计划初期每一种工作的人员数量与每一种工作的人员变动概率相乘,然后纵向相加,即得到组织内部未来劳动力的净供给量,见表 3 - 4(b)。

表 3 - 4　某高校人力资源供给情况的马尔可夫分析

(a)

人员调动的概率(%)					
	E	M	S	Y	离职
教　授(E)	0.80				0.20
副教授(M)	0.10	0.70			0.20
讲　师(S)		0.05	0.80	0.05	0.10
助　教(Y)			0.15	0.65	0.20

(b)

	初期人员数量(人)	E(人)	M(人)	S(人)	Y(人)	离职(人)
教　授(E)	40	32				8
副教授(M)	80	8	56			16
讲　师(S)	120		6	96	6	12
助　教(Y)	160			24	104	32
预计的人员供给量		40	62	120	110	68

　　第二步,将期初人员数乘以人员流动概率,得出人员流动矩阵表,如表 3 - 4 (b)所示。将期末人员数纵向相加,就可得出组织内部未来人员供给的净值。我

们再看表 3 - 4(b),如果下一年与上一年相同,可以预计下一年将有同样数量的教授人员(40 人)、副教授(80 人)、讲师(120 人)和助教(160 人)人员的流动情况。将这些人员变动的数据与正常的人员扩大、缩减或维持不变的计划相结合就可以用来决策怎样使预计的劳动力供给与需求相匹配。

马尔可夫预测法不仅可以处理员工类别简单的组织中的人力资源供给预测问题,也可以解决员工类别复杂的大型组织中的内部人力资源供给预测问题,但其精确性与可行性还需要进一步研究。

4. 企业外部供给预测

企业外部人力资源供给预测主要是预测未来几年中外部劳动力市场的供给情况(数量与质量两方面)。作为企业制订人力资源的众多具体计划时必须考虑的问题,需要对宏观环境和企业经营的微观环境进行调查而获得。当一个企业缺乏内部提升的劳动力供给,或正在招聘初级水平的岗位时,就必须关注外部的劳动力供给。许多因素影响劳动力供给,包括人口变化、国家和地区经济、劳动力的教育、特殊技能的需求、人口流动性和政府政策等。国家和地区的失业率通常被视为劳动力供给气压计。

一般地,从影响外部人力资源供给的因素所涉及的地域范围可将其分为三大类:行业性因素、地区性因素和全国性因素。

(1)行业性因素:企业所处行业的景气程度,行业发展前景,行业内竞争对手的数量、实力及其在吸引人才方面采取的措施,本企业在行业中所处的地位及对人才的吸引力等。

(2)地区性因素:公司所在地和附近地区的人口密度、就业水平、就业观念、科技文化教育水平,公司所在地对人们的吸引力、临时工的供给状况、住房、交通、生活条件等。

(3)全国性因素:今后几年国家的经济发展情况,技术发展和变化的态势,全国劳动人口的增长趋势,处于变动中的劳动力结构和模式,全国对各类人员的需求程度,各类学校的毕业生规模与结构,教育制度变革如学制缩减或延长、教学内容改革等对人力供给的影响,国家就业法规、政策的影响,影响人们进入和退出劳动力队伍的其他因素等。

此外,随着经济全球化趋势的日益显著,全球经济发展态势和人力资源供求情况将越来越多地影响各企业的人力资源供给。

应注意的是,企业整体外部供给情况是众多因素动态合力作用的结果,在某一方面有利的因素并不必然就是对于企业而言的利好因素。举例来说,招商引资工作的成功与否是检验一个地区和城市经济发展水平和城市环境好坏的方向标、晴雨表,一向为地方政府所重视。美国美光、康明斯集团、香港瑞安集团等一批世界

500 强企业于 2005 年相继投巨资于西安市场,当年的西安合同外资额超过 12 亿美元,实际利用外资 5.5 亿美元,增幅在全国 15 个副省级城市中名列第一,总量居西部城市之首。年度的投资额得以创新高应该是在改革开放的全国经济转型增长过程中长期积累的势能的迸发,更是近年国家实行"西部大开发"战略的积极结果,对于西安这样一个高校、科研院所密集的城市而言也绝对是缓解就业需求不足的好消息,但是对于已经在西安经营多年的合资企业而言则很难说是好事还是坏事,企业经营环境整体变好使企业享受到行政服务提升、产业拓展可能性增强、市场成熟度增加等好处,但是对于和新进跨国企业处于同行业的企业而言,在人力资源的供给方面带来的则是竞争的加强与吸引、保留人才成本的增加。

在进行企业外部人力资源供给预测时可采用的预测方法主要包括:

①查阅现有资料:国家和地区的统计部门、人事和劳动部门定期发布的一些统计数据,国家和地区相关部门机构公告的政策法律变化的信息。互联网的普遍应用使得查阅相关的信息资料更加便捷。

②直接调查相关信息:企业可就自身关注的人力资源状况进行调查,如开展对高校提供的毕业生源的调查就是一种比较有效的方法。实践中,有的企业会与提供生源的关键院校保持长期的合作关系,密切跟踪目标生源的情况,及时了解可能为企业所用的目标人才的状况。

③对在职人员和应聘人员进行分析,分析的内容包括:企业近期雇佣的人员来自哪些行业和企业、这些人员受聘或求聘于企业的原因、各空缺职位的应聘者数量和质量,对企业在职人员和应聘人员进行分析也会得出未来的企业人力资源供给状况的估计。

3.3.3　人力资源供需平衡

1. 人力资源供需平衡的概念

人力资源供需平衡就是企业通过增减人员、人员结构调整等措施使企业的人力资源需求与人力资源供给达到基本相等的过程。平衡是目标状态,也是职能手段。在人力资源需求和供给之间存在的供求数量的供求平衡、供不应求、供过于求的三种可能关系中,供求平衡是理想状态,其他两种则是现实状态,其表现如图 3 - 5 所示。除了单纯的人力资源数量方面的考虑外,结构失衡与否也是企业应该考虑的,就是在供求平衡的状态下,表面的企业人力资源稳定状态也不能否认企业局部仍存在退休、离职、晋升、降职、补充空缺、不胜任岗位的职位调整等平衡活动的需要。

2. 人力资源不平衡的调整

下面介绍企业常用的解决人力资源不平衡的不同状态的调整方法:

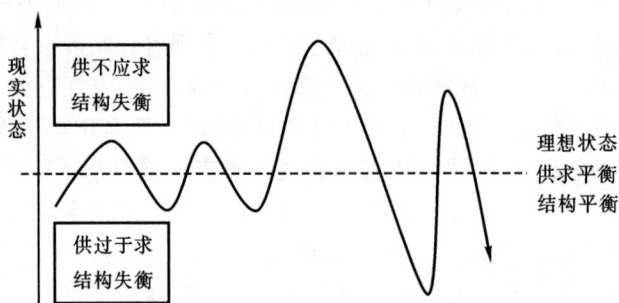

图 3-5　人力资源供求平衡的理想状态和现实状态示意图

（1）供不应求的调整。企业在人力资源供不应求的情况下，可通过以下途径进行调整：

① 外部招聘。作为最常用的调整方法，外部招聘可使企业较快地得到熟练员工以满足一线生产需要，但从外部招聘的管理人员需要一段时间熟悉企业内部情况，见效较慢。

② 内部招聘。企业的职位空缺先考虑内部员工，成本较低，提供了员工发展空间，技能变化不大的职位调整不会带来生产率的损失，提升到比较复杂的职位的员工必须有培训机会。

③ 聘用临时工。临时工不会引起和在职员工一样的福利开支成本问题，用工形式灵活，适于产品季节性较强等特点的企业。

④ 延长工作时间。加班的灵活性使企业在工作量临时增加时可以从容应对，但是加班不应该是变相的违法延长工作时间，也不应该以降低员工的工作质量为代价来推行。

⑤ 内部晋升。员工对于工作的适应性强，同时，提高了员工职业规划的"含金量"，提高了士气。

⑥ 技能培训。对于员工进行必要的技能培训应该是企业常抓不懈的事情，可使企业近期与远期的各层次的工作都能有符合一定质量要求的人力资源供给。

⑦ 调宽工作范围。当企业难以在市场上招聘到自己紧缺的特定类型人才时，可以通过修改工作说明书，调宽员工工作范围或责任范围，增加员工的工作量，以解决人才短缺问题。

（2）供过于求的调整。企业在人力资源供过于求的情况下，可通过以下途径进行调整：

① 提前退休。在合法的前提下，提前退休通过放宽退休资格条件（年龄等）促

使更多的员工提前退出工作场所,在退休条件吸引力较强时可取得明显的减员效果,但对于企业的后续经营则增加了成本。

② 减少人员补充。作为改变人力资源供过于求的最常用的方式,不会给企业带来像裁员那样的人事冲击,但减少人员补充方法的操作空间相对受限多,减员效果不甚明显。

③ 增加无薪假期。有助于解决短期人力资源过剩的问题。

④ 裁员。裁员是效果最明显的直接的有效平衡方法,先裁减主观上已有"离心"意愿、绩效低下的员工,向"背包袱走路者"提供优厚的离职金等,均能够减少裁员对于在职员工的负面冲击,也能减少企业形象受损的机会。

(3)结构失衡的调整方法。通常是综合运用前述两种供求不平衡的方法就可达到调整结构失衡的目的,具体的调整方法组合应视具体的结构失衡的特点与程度而定。

3.4　人力资源规划的实施与控制

3.4.1　人力资源规划的编制

每个企业编制的人力资源规划各不相同。一般来说,一份完整的企业人力资源规划包括人力资源总体规划和具体的业务计划。

1. 人力资源总体规划

人力资源总体规划着重于人力资源方面的总的、概括性的策略和有关的重要方针、原则和政策,一般包括以下几个方面的内容:

(1)阐述在战略计划期内企业对各种人力资源的需求和各种人力资源配置的总的框架。

(2)阐明与人力资源有关的重要方针、政策和原则。如涉及人才的招聘、晋升、降职、培训和发展、奖惩和工资福利等方面的重大方针和政策。

(3)确定人力资源投资预算总额。

(4)确定企业人力资源净需求。人力资源净需求是企业人力资源需求预测与内部供给预测的差值,同时还应考虑到新进人员的损耗。通常有两类人力资源净需求,一类是按部门编制的净需求,表明组织未来人力资源规划的大致情况(见表3-5);第二类是按人力资源类别(如按在企业中所处的管理层次)编制的净需求(见表3-6)。

表 3 - 5　某部门人力资源净需求表　　　　单位:人

项　　目	2001 年	2002 年	2003 年	2004 年	2005 年
需求 1.年初人力资源需求量	120	140	140	120	120
2.预测年内需求的增加	20		−20		
3.年末总需求	140	140	120	120	120
内部供给 4.年初拥有人数	120	140	140	120	120
5.招聘人数	5	5			
6.人员损耗	20	27	28	19	17
其中:退休	3	6	4	1	3
调出或升迁	15	17	18	15	14
辞职	2	4	6	3	
辞退或其他					
7.年底拥有人数	105	118	112	101	103
净需求 8.不足或有余	−35	−22	−8	−19	−17
9.新进人员损耗总计	3	6	2	4	3
10.当年人力资源净需求	38	28	10	23	20

表 3 - 6　按类别的人力资源净需求表　　　　单位:人

主要工作类别(按职务分类)	现有人员	计划人员	余缺	预期人员的流失							本期人力资源净需求
				调职	升迁	辞职	退休	辞退	其他	合计	
1.高层主管											
2.部门经理											
3.部门管理人员											
……											
合　计											

资料来源:余凯成,等. 人力资源管理[M]. 大连:大连理工大学出版社,2001.

2. 人力资源具体业务计划

人力资源具体业务计划包括人员招聘计划、人员培训计划、人员使用计划、人员评估与激励计划、人员保留计划、关键任务风险分析等内容。

(1)人员招聘计划。确定需要招聘的人员的数量与类型;确定采取内部招聘或外部招聘。如采取外部招聘,确定招聘方式、外聘人员来源,所面临的困难与解决方法;如果是内部提升或调动,确定方向与层次。确定新聘人员需到岗时间及其薪酬水平。

（2）人员培训计划。确定需要培训的人员、内容；确定培训采取内部培训还是外包方式；确定培训的教材、师资与开展方式。

（3）人员使用计划。人力资源规划不仅要满足未来人力的需要，更应该对现有人力作充分的使用。人力使用涵盖的范围很广，而其关键在于"人"与"事"的圆满匹配，使事得其人，人尽其才。人员使用计划包括下面几项内容：职位功能及职位重组；工作指派及调整；升职及选调；工作丰富化；人力检查及调节。

（4）人员评估与激励计划。明确员工的主导需求、可采用的物质激励方式及精神激励方式与相关费用的控制。

（5）人员保留计划。明确能够成为企业保留的重点的员工；明确保留员工的方式。

（6）关键任务风险分析。明确企业人力资源管理中的主要风险，明确一旦事故发生将会造成的损失的规模；明确进行风险预警和风险驾驭的可采用方式。

在编制人力资源规划时，一般应包括：计划涉及的时间段、总目标、企业目前的人力资源供需状况、企业未来应达到的人力资源状况、具体行动计划、规划的制定者、制定时间等。其中，具体行动计划应说明计划的执行时间、负责人、检查人、检查日期和预算额等内容。下面是一份企业人力资源规划范本。

相关链接 3-2

企业人力资源规划范本

A公司人力资源规划

1. 规划的时间段

2. 规划要达到的目标

3. 目前情景分析

4. 未来情景预测

5. 具体内容，执行时间，负责人，检查人，检查日期，预算

　　（1）

　　（2）

　　（3）

　　……

6. 规划制定者

7. 规划制定时间

——资料来源：胡君辰，等. 人力资源开发与管理［M］. 上海：复旦大学出版社，1999.

　　一般地,企业编制人力资源具体计划会经过下面几个过程:

　　①编写人员配置计划。目的在于描述企业未来的人员数量和素质构成。

　　②配置人员需求。根据人员预测需求对于人员数量、招聘成本、技能要求、工作类别及完成企业目标所需要的管理人员的数量和层次的分列表设计人员供给计划。

　　③制订培训计划。明确培训政策、需求、内容、形式和培训考核等内容。

　　④编写人力资源费用的预算。控制人力成本、提高投入产出比例是人力资源规划的主要任务之一,这主要包括对于招聘费用、培训、调配、奖励等员工直接待遇费用及其他人力资源开发利用方面的费用支出的预算管理。

　　⑤编写人力资源政策调整计划。明确计划期内人力资源政策的方向、范围、步骤及方式等,确保人力资源管理开发工作与企业发展需要的动态适配。在计划中应明确计划期内的人力资源政策的调整原因、步骤和范围等,具体可包括招聘政策、绩效考评政策、薪酬福利政策、职业生涯规划政策、员工管理政策等。

　　在制订人力资源规划时,特别需要强调的一个问题是要注意与企业整体计划的对应关系,如图 3-6 所示。

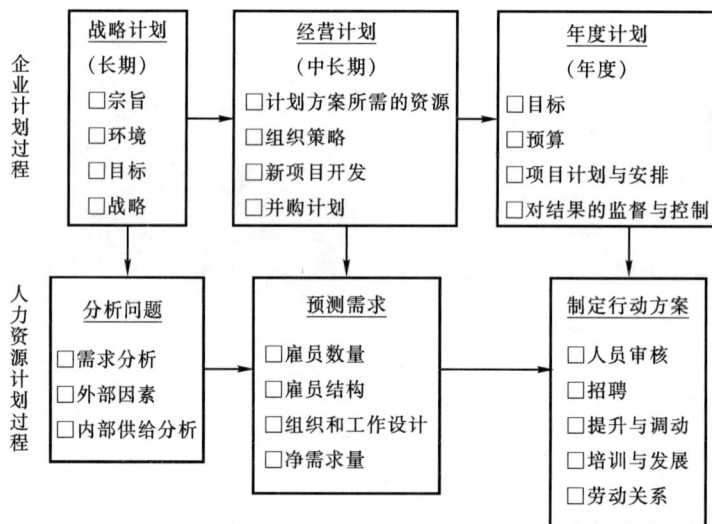

图 3-6　三个层次的企业计划对人力资源计划的影响

3.4.2　人力资源规划的实施

　　在人力资源规划的实施阶段,在需求与供给的基础上,人力资源管理人员根据两者的平衡结果,制订人力资源的总体规划和业务规划,并制定出实施平衡需要的措施,使组织对人力资源的需求得到满足。如前所述,人力资源的供需达到平衡是人力资源规划的最终目的,进行需求与供给的预测就是为了实现这一目的,需再次强调的是,人力资源管理人员在制定相关措施时,应当使人力资源的总体规划和业务规划与组织的其他规划相互协调,这样制订的人力资源规划才能得以有效实施。

　　人力资源规划的实施效果如何也应予以考虑,就是对人力资源规划进行评估,这也是整个规划过程的最后一个阶段,由于预测不可能做到完全正确,因此人力资源规划也需要进行修订。人力资源规划的评估要求:①在实施过程中,要随时根据变化调整需求与供给的预测结果,同时调整平衡供需的措施;②对预测的结果以及制定的措施进行评估,对预测的准确性和措施的有效性作出评价,吸取经验教训,为以后的规划提供借鉴和帮助。在对人力资源规划进行评估时一定要遵循客观、公正、准确的原则,广泛征求组织内部各业务部门管理人员的意见,只有被人力资源规划的实施者和直接受益者所接受,才能称之为好的规划。

相关链接 3-3

人力资源规划的实施与反馈

目标　今后两年将公司管理干部的平均年龄降低到 35 岁以内。

政策　重视对年轻人才的培养和使用,选聘和提拔年轻人进入管理层。

方案　加强对现任管理干部的高级管理培训;选择优秀一线员工接受管理培训及其他培训;在招聘工作中向有管理经验的年轻人倾斜;对现任管理干部制订计划,通过退休、聘为顾问等途径有计划地使大部分年龄高于 50 岁的干部退出现任管理岗位。

方案评价(两年以后进行)

评价的主要问题:

1. 我们最初的目标(两年,35 岁)定得太高吗?

2. 公司是否真正重视管理干部的年轻化,是否真正愿意为年轻人提供展示才能的舞台?

3. 多大比例的现任管理干部参加了高级管理培训? 参加这种培训的干部的平均年龄是多少?

4. 有多少优秀一线员工接受了管理培训?

5. 新招聘了多少有管理经验的年轻后备人才?

6. 有多少 50 岁以上的管理干部已经退出了原任管理岗位? 他们是否已经得到了妥善安置?

3.4.3　人力资源规划的控制

人力资源规划的制订与执行和企业其他计划一样是个动态过程,这一过程离不开控制环节,即将计划的现实执行情况与原计划进行比较,不断地调整计划的执行过程,使之达到预想的目标,或是根据企业环境和战略的变化调整计划本身。

企业人力资源规划制订、实施和控制的前提是存在一个完善的人力资源信息系统,企业人力资源规划控制的重点主要在于对企业人力资源供应情况、人员使用情况以及人力资源成本的控制几个方面。

1. 人力资源信息系统

人力资源信息系统是收集、汇总和分析与人力资源管理有关信息的工作体系。图 3-7 是一个人力资源信息系统的例子。

人力资源规划子系统是从组织目标出发,对与职务和职员有关的工作信息进行收集、保存、分析和报告的整体工作过程。它主要包括企业人事档案和未来的人力资源需求预测两大类信息。人事档案中记录企业现时所拥有员工的知识、技术、能力、经验和职业抱负,反映现存的人力资源状况,企业未来所需员工的数量及他们所应具备的技术和经验也是制订切实可行的人力资源规划所必需的信息。

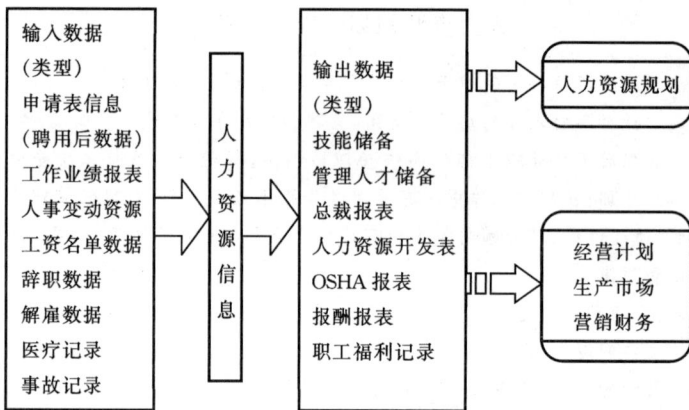

图 3-7　一个人力资源信息系统(HRMIS)

说明:OSHA 为职业安全与健康

——资料来源:(美)R·韦恩·蒙迪,等. 人力资源管理[M]. 6 版. 北京:经济科学出版社,1998.

从理论上讲,信息系统所涵盖的信息愈详细愈好,但这势必增加企业的管理成本,而且也不利于突出重点,反而会给管理人员提取有效信息带来困难。所以,企业人力资源信息系统的建立应该符合企业的特点和需要。一般说来,应该重点考虑如下因素：① 企业发展战略及现有规模；② 管理人员对人力资源有关数据要求掌握的详细程度；③ 企业内信息复制及传递的方式与可能性；④ 人力资源管理部门对本系统的运用程度及期望程度；⑤ 社会上其他相关组织中人力资源信息系统的建立及运用情况。

不同复杂程度的人力资源信息系统所需达到的要求见表 3-7。

在建立人力资源信息系统的过程中，尤其需要注意以下几点：

第一，要对人力资源管理流程有一个清楚完整的把握。

第二，要考虑使用过程中系统的可修改性和企业发展时系统的可扩展性。

第三，应帮助管理者和员工了解人力资源信息系统的内容和使用方法，使该信息系统真正成为实际工作的工具。

表 3-7　人力资源信息系统分析

不　复　杂	有　限　复　杂
有限的人事及雇员方面数据（教育、工作经验、个人履历）	半自动化的数据存储及使用、扩展的数据（对当时及潜在工作表现的评价）、基础管理报告、整个组织和其他有限的几个方面
比　较　复　杂	很　复　杂
半自动或全自动化设备能对主要人力资源管理问题作计算和规划 　扩展的信息文件（个人兴趣、工作偏好、行为和自我评价）	自动化设备能对所需的人力资源管理问题进行计算与规划 　扩展的信息文件、成本收益评估、为人员研究和开发提供数据库支持

资料来源：Terry L. Leap，Michad D. Crino. Personal/Human Resouree Management[M]. 1989.
秦志华. 人力资源管理[M]. 北京：中国人民大学出版社，2000.

2. 人力资源供给控制

企业人力资源供给控制的主要任务是监控企业内部现有人员的供给情况，尤其是中高层管理人员和主要技术人员的供给、储备情况，从人员供给方面确保企业的正常运转。

人员供给控制可分为人员存量控制和人员流量控制。前者主要考察企业人员的数目、结构等是否满足企业发展的需要，由于企业内员工的年龄分布情况对于员工的工资、升迁、士气及退休福利等的影响极大，对于员工年龄结构的控制尤其重要。后者主要是对企业人员的流入和流出的流动情况进行监控。由于人员流入主要取决于企业外部的人力资源供给，这在很大程度上受社会经济发展状况、人口结构、劳动力市场供求等企业无法控制的因素的综合影响，所以企业人员流量控制的重点在于企业人员流出情况的控制。人员流出可分为两大类：一类是员工的正常流出，如病休、退休、被解聘等；另一类是员工主动离职。由于一些中高层管理者和掌握核心技术的专业人员的非正常流出会给企业造成极大的损失，严重的还会导致企业无法正常运转。所以后一类人员流出是控制的重点。

企业人力资源流失或损耗的具体情况可用以下几种常用指标进行分析：

（1）人力损耗指数：在同一年内离职的人数／在某一年内的平均职工人数×100％。

员工离职率的大小表明企业保留人力的能力的强弱。在估计未来人力供应时，必须考虑离职率的数字。一般地，宏观经济的繁荣凸显劳动力短缺问题，失业率低、工作机会增加使离职率亦相应增加。

（2）人力稳定指数：现时服务满一年或以上的人数／一年前雇佣的总人数×100％。

这个指数只计算了能任职一段时间的人数比例，并未考虑人力的流动。

（3）服务期间分析：这个方法用于分析员工职位、服务期间与离职情况等项目之间的相互关系，结果可作为预测离职的参考。分析方法主要是观察并详细记录职工的离任情况，搜集有关资料作横向或纵向的分析。

（4）留任率：一定期间后仍在职人员／原在职人员×100％。

这项指标可为估计未来企业内部人力供给提供参考。若企业员工流动率大，即表示企业人事不安、凝聚力低、劳动关系差，并导致产量降低，增加招聘、甄选及训练的费用。若流动率过小，则不足以产生新陈代谢的作用，于企业的发展也不利。

管理人员不仅要及时掌握企业人力资源损耗的情况，更重要的是必须对造成损耗的原因加以分析，并采取针对性的措施减少非正常的人员损耗。导致职工损耗的因素可分为员工受到企业外部的吸引力所引起的"拉力"和企业内部所引起的"推力"。"拉力"包括可望转到其他企业以求获得较高收入和较好的发展机会；社会经济繁荣，就业机会多，员工到外边可找到较好的工作，以及员工心理问题——如员工已届退休年龄、已婚妇女怀孕或因结婚而不外出工作等——都可导致劳动力损耗。"推力"包括企业欠缺周详的人力资源规划造成人力政策不稳而裁减员工等；职工自身的问题，如某些青年职工对工作认识不够深入，或不能适应新的工作环境，加上年轻、未婚、没有家庭负担等，常喜欢变换工作；工作压力大，如由于缺勤多、流失多造成人手不足，因此造成现职员工压力更大，迫使他们辞职；人际关系的冲突也容易造成员工的不满而流失；工作性质的改变，或工作标准的改变，也可使某些员工因失去兴趣或无法适应而辞职。

在发生企业人力资源的不正常流动或损耗时,管理人员必须确定到底是哪些原因导致了这一结果并能积极应对,如是企业管理方面的原因,管理者应积极改进管理方式,建立合理的员工激励制度,通过管理人员接续计划等方式作好人员储备以应付各种突发的人员流失,提高企业的抗危机能力。

3. 人力资源使用控制

人力资源使用控制主要是考察企业现有的人力资源是否得到充分利用,主要可从员工缺勤情况、员工职业发展和企业裁员情况等几个方面进行分析。

(1)缺勤分析。缺勤比值是考察企业人力资源使用情况的一个重要指标:

缺勤比值=因各类缺勤原因而损失的工作日数/(损失工作日数+工作日数)×100%

缺勤通常包括假期、病假、事假、怠工、迟到、早退、工作意外、离职等。此外,士气低落、生产率低、工作表现差、服务水准差等都可以反映为缺勤的情况。这些缺勤指标及其他有关数据,可以估计未来的缺勤程度,从而可对未来的人力供给进行较为切合实际的分析。假如缺勤情况严重,就应对缺勤因素加以分析并改善,以对现有人力资源加以充分利用。

(2)员工的职业发展。指导员工作好个人职业生涯规划、为员工提供充分发挥潜能的机会是留住人才的有效方法之一,也是人力资源使用的重要一环。帮助员工了解可以获得哪些职位或晋升的机会会使员工对前途充满合理的期望。

(3)裁员。如前所述,理想的人力资源规划应当没有员工过剩的情况发生,但人员供求平衡是动态的过程,不平衡是经常现象。当企业内部需求减少或供过于求时,便出现人力过剩现象。此时,裁员是无法避免的措施。裁员发生的频率也是衡量企业人力资源使用情况的一个指标。实际上,裁员对企业来说是一种浪费,因为损耗已培养过的人才,无论对企业现有职工还是对被解雇的员工都是很大的打击。即使需要裁员,也可以通过其他方法如退休、辞职等替代方案来平衡人力供求。

4. 人力资源成本的控制

各项人力资源管理措施的执行都需花费一定的成本,因而成本控制是人力资源规划控制的一个重要环节,具体管理措施的制定和实施要受企业财政实力的限制。例如,随着企业的不断发展,员工的工龄和职务提升,企业总体工资成本上升,这就要求管理人员要通过各种方式将工资成本控制在企业可承受的范围内。再如,在许多企业中较为流行的自助餐式的员工福利也是控制人力资源成本的方法,可减少员工非急需的福利支出,节约开支,对员工的激励也更强。

本章思考题

1. 什么是人力资源规划？人力资源规划的重点是什么？

2. 人力资源规划的主要内容有哪些？步骤有哪些？

3. 影响企业人力资源需求和供给的因素分别有哪些？

4. 在人力资源供需预测中可运用的分析技术有哪些？

5. 企业人力资源供需达到平衡的方法及其优缺点有哪些？

6. 企业人力资源规划控制的重点是什么？包括了哪些方面？

案例分析

苏澳玻璃公司的人力资源规划

近年来苏澳公司常为人员空缺所困惑,特别是经理层次人员的空缺常使得公司陷入被动的局面。苏澳公司最近进行了公司人力资源规划。公司首先由四名人事部的管理人员负责收集和分析目前公司对生产部、市场与销售部、财务部、人事部四个职能部门的管理人员和专业人员的需求情况以及劳动力市场的供给情况,并估计在预测年度,各职能部门内部可能出现的关键职位空缺数量。上述结果用来作为公司人力资源规划的基础,同则也作为直线管理人员制订行动方案的基础。

但是,因为这一过程会涉及不同的部门,需要各部门的通力合作,在这四个职能部门里制订和实施行动方案的过程(如决定技术培训方案、实行工作轮换等)是比较复杂的。例如,生产部经理为制定将本部门 A 员工的工作轮换到市场与销售部的方案,则需要市场与销售部提供合适的职位,人事部作好相应的人事服务(如财务结算、资金调拨等)。职能部门制订和实施行动方案过程的复杂性给人事部门进行人力资源规划也增添了难度,这是因为,有些因素(如职能部门间的合作的可能性与程度)是不可预测的,它们将直接影响到预测结果的准确性。

苏澳公司的四名人事管理人员克服种种困难,对经理层的管理人员的职位空缺作出了较准确的预测,制订了详细的人力资源规划,使得该层次上人员空缺减少了 50%,跨地区的人员调动也大大减少。另外,从内部选拔工作任职者人选的时间也减少了 50%,并且保证了人选的质量,合格人员的漏选率大大降低,使人员配备过程得到了改进。人力资源规划还使得公司的招聘、培训、员工职业生涯计划与发展等各项业务得到改进,节约了人力成本。

苏澳公司取得上述进步,不仅仅是得益于人力资源规划的制订,还得益于公司对人力资源规划的实施与评价。在每个季度,高层管理人员会同人事咨询专家共同对上述四名人事管理人员的工作进行检查评价。这一过程按照标准方式进行,即这四名人事管理人员均要在以下14 个方面作出书面报告:各职能部门现有人员;人员状况;主要职位空缺及候选人;其他职位空缺及候选人;多余人员的数量;自然减员;人员调入;人员调出;内部变动率;招聘人数;劳动力其他来源;工作中的问题与难点;组织问题及其他方面(如预算情况、职业生涯考察、方针政策的贯彻执行等)。同时他们必须指出上述 14 个方面与预测(规划)的差距,并讨论可能的纠正措施。通过检查,一般能够对下季度在各职能部门应采取的措施达成一致意见。

在检查结束后,这四名人事管理人员则对他们分管的职能部门进行检查。在此过程中,直线经理重新检查重点工作,并根据需要与人事管理人员共同制订行动方案。当直线经理与人事管理人员发生意见分歧时,往往可通过协商解决。行动方案上报上级主管审批。

——资料来源:苏澳玻璃公司的人力资源规划[EB/OL]. 搜搜问问网,http://wenwen. soso. com/z/q132684444. htm.

案例讨论

1. 你对苏澳公司的人力资源规划有何评价?
2. 在人力资源规划中,直线部门和职能部门分别承担何种职责?

第4章

人员招聘

千里马常有而伯乐不常有。招聘在企业人力资源形成中的作用好比"伯乐",企业只有学会做好"伯乐",才会有众多"千里马"聚敛到企业中来,才能形成优秀的员工队伍,在竞争的市场条件下占据优势。

重点问题

⇨ 招聘的概念及其意义
⇨ 招聘的原则
⇨ 招聘的流程
⇨ 内部招募与外部招募的方法
⇨ 甄选的程序与原则
⇨ 笔试、面试、心理测试、评价中心的特点
⇨ 人员录用的程序、原则与方法
⇨ 招聘评估的内容

阅读资料

"微博求职"悄然兴起

近年来,大学毕业生人数不断攀升,就业压力依然较大。于是一种新兴的"曲线求职"方式——"微博求职"应运而生,不少毕业生利用微博,找起了工作。一些航空公司、电子商务网站、外资企业等也通过微博发布了相关的招聘信息。不少用人单位表示,"微博招聘"和"微博求

职"确实给求职者和招聘单位双双带来便利,为招聘单位大大节省了成本。

毕业生:"微博"成为求职新路线

2011 届毕业生们已为求职"奋斗"了近半年,目前仍是"喜忧参半",尤其是一些在学历上没有优势的毕业生,目前就业压力更大。上海某"二本"高校大四学生小张告诉记者,尽管自己平时在学校里表现突出,但是当和复旦、交大等名校的毕业生一起应聘时,还是"竞争力不足",在应聘资源比较匮乏的情况下,小张开始了"微博求职"之路。

"我在微博上'关注'了一些自己感兴趣的公司的主页,它们一有招聘信息更新,我就马上能看到。"小张认为,通过微博了解求职信息更加方便快捷,而且有比较大的针对性,可以轻松地锁定符合自己专业的、自己又比较感兴趣的职位。

现在应届毕业生通过微博关注招聘信息已经不少见,一些离毕业尚早的学生也开始"摩拳擦掌",为自己的实习和就业提前作打算。

"现在工作很难找,我身边已经开始找工作、找实习的同学非常多。"复旦大学研究生一年级学生唐家麒说,自己一直通过网络搜寻着有关就业的信息,自从微博出现后,曾将一些大公司的微博添加成为自己的好友,"除了微博,还有很多类似微博的社交网站,有些公司会在这些网站上注册主页,通过更改'状态'的方式更新招聘信息,我只要闲下来用电脑甚至手机不断地刷新,就能获得第一手的就业信息。"

除了在微博上关注一些用人单位的招聘信息,不少毕业生还会经常在微博上更新自己的"求职动态","求介绍""求工作"等字眼在毕业生的微博上成了"高频词汇"。

"同学、朋友中有人已经找到了工作,但是手中还有一些招聘信息或者是就业、实习的资源,当他们看到了我的'求助'信息,很可能就会将手上多余的信息提供给我。"小张表示,曾经有不少同学向他提供了实习信息和招聘信息,"不论最后有没有被录用,多一个方向总能提升一点成功概率吧。"

用人单位:"微博"招聘节省成本

毕业生们在微博上求职乐此不疲,用人单位也顺应潮流,针对这些"85 后""90 后"毕业生的"网络情结"开始了"微博招聘"。

不少用人单位表示,"微博招聘"和"微博求职"确实给求职者和招聘单位双双带来便利,为招聘单位大大节省了成本。使用微博发布的企业主要以信息技术型的为主,部分大公司发布的岗位主要是网络信息技术岗位,一些航空公司、电子商务网站、外资企业等都通过微博发布了相关的招聘信息,每个网站的"粉丝"都达到了数千人。

除了以企业的名义进行"微博招聘"之外,不少"老板"还以个人的名义在微博上发布"招聘信息"。2010年11月,在某微博网站上出现了"游戏行业招聘墙",上面发布了各种游戏行业的招聘信息,还有不少求职者通过该平台发布求职信息,目前该平台的信息发布量已经超过了1000条。

一位从事人力资源工作多年的资深人士表示,每到招聘的时候,各大公司的人事部门都会为校园招聘之类的宣传招聘工作费很多脑筋,网络出现后便迅速成为学生和公司的沟通平台,网络及时、有效地搭建了职位供求双方的接触桥梁。

平安保险公司财产险上海分公司人力资源部总经理王凤认为,大公司进行微博招聘的主要原因是网络媒介目前在学生群体乃至社会中的认知度都很高,"'微博'对公司的宣传度提升显然要比招聘宣讲会和海报宣传更明显,网络招聘又是一个非常绿色环保、节省资源的招聘方式,加之这几年的毕业生都是'85后',甚至有一些'90后',他们对网络的热情非常高涨,通过微博宣传更能吸引他们的注意。"

"微博求职"便捷之余需防范虚假信息

"微博求职"缘何在毕业生中如此受欢迎? 主要原因有三:寻找起来比较便捷;信息量大;更新速度快。然而,相关法律专家提醒,毕业生在享受"微博求职"带来的方便之余,需要防范一些不法分子利用微博的"不可验证性"进行诈骗。

上海大四学生小吕告诉记者,自己也曾在微博上关注过不少企业的招聘信息,但是却很少用到这些信息。究其原因,小吕认为有的信息不可信,"虽然现在的微博网站对名人或者大企业都有验证系统,但是我们并不知道验证的过程是怎样的,无法确定其真实性。"小吕表示,自己曾经尝试过按照某个招聘微博上的信息打电话过去询问,"没说几句我就确定对方是个骗子,完全就是浪费时间。"

"通过微博找工作的确有它的积极性,我们的学生现在已经不再是传统的毕业分配了,所以必须得学会把自己推销出去。"上海金融学院政法学院院长薄海豹认为,互联网作为"第四媒体",是毕业生们接触社会的良好媒介,但是由于学生的思想比较单纯,涉世未深,往往不能辨别网上信息的真假,"微博目前是个'零门槛'的媒介,微博招聘目前没有规范、成熟的法律体系去约束它,我们无法保证信息的真实性,想要核对信息也比较困难,学生更是很难知道在微博上注册的公司是不是骗子公司。"

薄海豹建议,对待微博上的招聘信息要十分谨慎,最好是能够通过传统的招聘渠道进行核实,学生们还可以向年长者了解一些具体情况,或者向专业的律师进行咨询。

——资料来源:"微博求职"悄然兴起[EB/OL].中国报业网,http://www.baoye.net.

4.1　招聘概述

4.1.1　招聘及其意义

人员招聘是指企业为了发展的需要,根据人力资源规划和工作分析的数量与质量要求,从组织内外部挑选符合组织职位所需才能的人员的过程。招聘任务的提出有如下几种情况:新组建一个企业;业务扩大,人手不够;因有人员调任、离职、退休、死伤而出现职位空缺;人员结构不合理,在裁减多余人员的同时需要补充短缺人才。

招聘的最终目的是要实现员工个人与职位的匹配,也就是人与事的匹配。这种匹配包含两层意思:一是职位的要求与员工个人素质相匹配;二是工作报酬与员工个人的需要相匹配。实现这双层的匹配,才能既保证员工胜任某一职位,同时也使职位对员工保持较长久的吸引力。

招聘的意义体现在:

(1)招聘关系到企业的生存与发展。在激烈竞争的社会里,没有素质较高的员工队伍和科学的人事安排,企业将面临被淘汰的后果。招聘是一个企业人力资源获取的关键,它确保企业当前和未来发展对人员的需求。

(2)招聘是确保员工队伍良好素质的基础。企业只有将合格的人安排到合适的职位上,并在工作中注重员工队伍的培训和发展,才能确保员工队伍的素质。这种人与事的匹配是否成功首先取决于企业员工招聘的质量。

(3)招聘可提高企业效益。频繁的人员流动将给企业带来巨大的成本支出,包括人员获取成本、开发成本、离职成本等。招聘工作做得好,将减少企业因人员变换而造成的巨大损失,间接地提高了企业效益。

(4)招聘是企业人力资源管理中许多其他职能的基础。人力资源管理的内容包括选人、育人、用人、留人。招聘工作做得好,选人得当,则为后续的育人、用人、留人的工作奠定了基础。

4.1.2　招聘的原则

1. 竞争原则

竞争原则指通过考试竞争和考核鉴别确定人员的优劣和人选的取舍。为了达到竞争的目的,一要动员,吸引较多的人应聘;二要严格考核程序和手段,科学地录取人选,防止"拉关系"、"走后门"、徇私舞弊等现象的发生,通过激烈而公平的竞争,选择合适人才。

2. 平等原则

平等原则指对所有应聘者一视同仁,不得人为地制造各种不平等的限制或条件(如性别歧视)和各种不平等的优先优惠政策,努力为有志之士提供平等竞争的机会。

3. 能级原则

人的能量有大小,本领有高低,工作有难易,要求有区别。招聘所选择的人选,不一定是最优秀的,而是最适合的,做到量才录用,人尽其才,确保职得其人,人事两相宜。

4. 全面原则

这要求对应聘者从品德、知识、能力、智力、心理、过去工作经验和业绩等方面进行全面考核和考察。因为一个人能否胜任某项工作或者发展前途如何,是由其多方面因素决定的,特别是非智力因素对其将来的作为起着决定性作用。

4.1.3　招聘的流程

人员招聘包括招募、选拔、录用、评估等一系列活动。招募是企业为了吸引更多更好的候选人来应聘而进行的若干活动,它主要包括:招聘计划的制订与审批、招聘信息的发布、应聘者申请等。选拔则是企业从"人—事"两个方面出发,挑选出最合适的人来担当某一职位,它包括:资格审查、初选、面试、测试、体检、人员甄选等环节。而录用主要涉及员工的初始安置、试用、正式录用。评估则是对招聘活动的效益与录用人员质量进行评价,其结果会影响下一轮的招聘工作。招聘程序如图 4-1 所示。

1. 招聘的两个前提

招聘是建立在两项工作的基础上来完成的:一是人力资源规划,从人力资源规划中得到的人力资源净需求预测决定了预计要招聘的职位与部门、数量、时限、类型等因素;二是工作分析,其成果就是职位说明书,它们为录用提供了主要的参考依据,同时也为应聘者提供了关于该工作的详细信息。

2. 招聘计划的制订与审批

招聘计划是人力资源部根据人力资源规划的人力净需求、工作说明的具体要

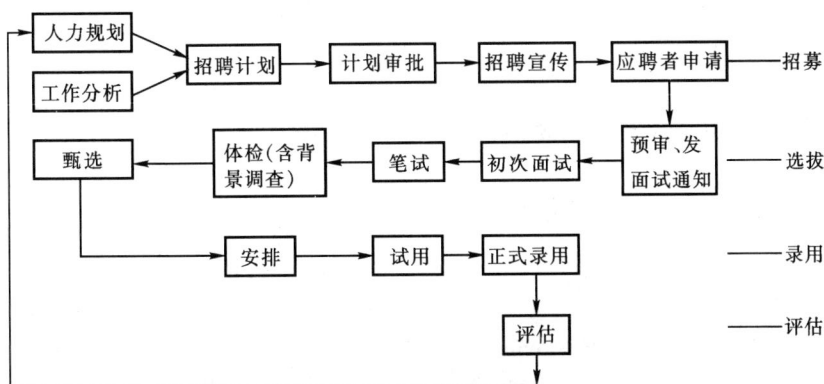

图 4 - 1　人员招聘流程图

求,对招聘的职位、人员数量、时间限制等因素作出详细的计划。制订招聘计划的目的在于使招聘更趋合理化、科学化。

招聘计划的内容一般包括:

- 人员需求清单,包括招聘的职务名称、人数、任职资格要求等内容;
- 招聘信息发布的时间和渠道;
- 招聘机构人选,包括人选的姓名、职务、各自的职责;
- 应聘者的考核方案,包括考核的场所、时间、题目设计者姓名等;
- 招聘的截止日期;
- 新员工的上岗时间;
- 招聘费用预算,包括资料费、广告费、人才交流会费用等;
- 招聘工作时间表;
- 招聘广告样稿。

详细具体的招聘计划制订出来之后,还必须经企业高层审核批准通过才能得以实施。

3. 招聘信息的发布

招聘信息发布的时间、方式、渠道与范围是根据招聘计划来确定的。由于需招聘的职位、数量、任职者要求的不同,招募对象的来源与范围的不同,以及新员工到位时间和招聘预算的限制,所以招聘信息发布时间、方式、渠道与范围也是不同的。

信息发布过程中要遵循下列原则:

(1)面广原则。发布招聘信息的面越广,接受到该信息的人群就越多,应聘的人也就可能越多,这样可以招聘到合适人选的概率也越大。不过发布信息的面越广费用也可能越大。

（2）及时原则。在条件许可的情况下，招聘信息应尽早地向有关人群发布，这样不仅有利于缩短招聘进程，而且有利于让更多的人获取信息，使应聘人数增加。

（3）层次原则。要招聘的人员都处在社会的某一层次，要根据招聘职位的特点，向特定层次的人员发布招聘信息。如招聘科技人员的企业可以在科技报刊上刊登招聘广告。

（4）最佳形式原则。发布招聘信息要选择最佳的信息发布形式，其主要形式有报纸、杂志、电视、电台、布告、新闻发布会和随意传播等。

4. 接受应聘申请

应聘者在获取招聘信息后，可向招聘单位提出应聘申请，并填写应聘申请表。应聘申请表的内容很广泛，从姓名、性别、年龄、家庭地址、婚姻状况、文化程度、工作经历、经济收入、家庭情况、业余爱好到胜任工作的能力等。招聘者可以从中了解到不少信息。

应聘者申请应聘，一般需要提供如下资料给招聘单位：

• 应聘申请表，且需说明应聘的职位；

• 个人简历，着重说明学历、工作经验、技能、成果、个人品格等信息；

• 各种学历、技能、成果（包括获得的奖励）证明（复印件）；

• 身份证（复印件）。

5. 初步筛选应聘材料

招聘信息发布后，人力资源部对收到的应聘资料，进行整理、分类，定期交给各主管经理。主管经理根据资料对应聘人员进行初步筛选，确定面试人选，填写《面试通知》。主管经理将应聘人员资料及《面试通知》送交人力资源部，人力资源部通知面试人员。发出"初试通知单"，通知前来公司或指定地点接受考试、面试、复试。

不合格应聘材料，应及时归档，归档一年后可销毁，但有要求退件者，应予以退件，给社会大众一个好的公众形象。

6. 测试筛选

在人力资源管理部门审阅了求职申请表以及推荐材料、各种证明文件等有关信息，作出初步的筛选之后，就可以让应聘者接受测试。企业员工招聘测试的种类主要有：

• 知识考核。知识考核主要指通过纸笔测试的形式对被测试者的知识广度、深度和知识结构进一步了解的方法。

• 面试。面试是面对面地由两个或更多人组成的面试委员会进行提问的考核方式。

• 心理测验或智力测试。可以是智力、能力倾向、个性或兴趣测验。

• 情景模拟测试。如进行公文模拟处理、角色扮演或参加无领导小组讨论等测试。

7. 人员录用与安置

企业通过对应聘者进行测试筛选,作出初步录用决定后,接下来要对这些入选者进行背景调查、健康检查,合格者与企业签订试用协议。经过试用后,作出正式录用决定。

8. 招聘评估

企业通过对招聘成本、录用人员的数量和质量、甄选测试方法的效果等进行评估,发现招聘过程中规律性的东西,有利于企业不断改进招聘方式,使招聘工作更加有效。

对招聘工作评估完成后,还要撰写招聘小结。招聘小结的内容主要包括:招聘计划、招聘进程、招聘结果、招聘经费、招聘评定。

4.1.4　招聘者职责

招聘并非只是人力资源部门的工作,用人部门与人力资源部门需共同完成此任务。用人部门在招聘中起决定作用,它直接参与整个招聘过程,并在其中拥有计划、初选和面试、录用、人员安置与绩效评估等决策权,完全处于主动的地位。人力资源部门只在招聘过程中起组织和服务的功能。表4-1区分了用人部门与人力资源部门在招聘中的工作职责分工。

表4-1　用人部门与人力资源部门在招聘中的工作职责分工

用人部门	人力资源部门
· 招聘计划的制订与审批	· 招聘信息的发布
· 应聘岗位的工作说明书及录用标准的提出	· 应聘者申请登记,资格审查
· 应聘者初选,确定参加面试的人员名单	· 通知参加面试的人员
· 负责面试、考试工作	· 面试、考试工作的组织
· 个人资料的核实、人员体检	· 试用合同的签订
· 录用人员工作安排及试用期间待遇的确定	· 试用人员报到及生活方面安排
· 正式录用决策	· 正式合同的签订
· 员工培训决策	· 员工培训服务
· 录用员工的绩效评估与招聘评估	· 录用员工的绩效评估与招聘评估
· 人力资源规划修订	· 人力资源规划修订

4.1.5　招聘策略

招聘策略指的是在招聘前决定的本次招聘所应遵循的原则、方针和所应采用的方法。它主要解决这样一些问题：

1. 申请人的资格标准问题

由于企业需要招聘的是符合任职资格要求的人员，而招聘过程又必须考虑成本问题，所以必须确定合适的申请人的报名资格。招聘从接受求职申请开始，要经过初步筛选、测试筛选、谈判录用几个过程，每一个阶段都会淘汰一些人选。这就需要根据历史经验数据确定需要多少人递交求职申请。例如，根据以往经验，每录用一名工人需要从五名求职者中进行选拔，如果我们需要录用 10 名工人，就必须设法收到 50 份求职申请，这就要求我们合理设置报名资格。

对招聘不同岗位的人员，需要采用不同的报名资格策略。如果招聘的岗位对企业非常关键，人员的质量是最重要的因素，就可以把求职资格定得比较高，坚持宁缺毋滥的原则，以降低招聘成本；如果对求职者的素质要求不是很高，或者相应的劳动力市场供不应求，就可以适当调低报名资格，以保证获得足够的求职申请。

2. 招募渠道的选择

根据拟招聘岗位的特点选择招募的渠道，包括两方面的内容，一是自主招聘还是委托社会中介机构代理招聘；二是确定自主招聘候选人的来源。关于招募渠道，4.2 节将作专门探讨。

3. 招聘信息传递问题

求职者一般希望尽量多地了解关于企业的信息，所以在开始招聘过程之前，招聘方就要清楚需要将哪些信息提供给求职者、这些信息如何传递。近年来，一些企业在招聘过程中采用现实工作预览的方式全面提供招聘信息，取得了不错的效果。其主要做法是，使用招聘信息手册、录像带、光盘、广告、面谈、直接去企业参观等方式，将有关信息传递给求职者，立体化地展示其未来的工作情况。

4. 甄选测试方法的选择

根据企业所招聘人员及岗位的特点来确定恰当的测试筛选方法，如心理测试、笔试、面试等。4.3 节将对此作专门介绍。

4.2　招募的渠道与方法

4.2.1　招募的渠道

当企业出现职位空缺需要招聘员工时，既可以从公司内部挑选合适的员工来填补空缺，也可以从社会上招聘新员工。内部招募和外部招募是企业获取人才的两种渠道，它们各有优缺点。一般来说，招募时应当首先考虑内部获取，即从本组织内部的员工中晋升或调职。

1. 内部招募

企业现有的雇员常常是企业最大的招募来源。　些调查显示：成功企业中70%以上的管理职位都来自于内部提拔。

（1）内部招募有很多突出的优点：

①能够对企业员工产生激励作用，也能够增加员工对组织的忠诚和归属感，从而有助于员工队伍的稳定。

②所获得人员的素质比较可靠。因为组织对晋升者以前的素质和表现有比较深入的了解，因此在任用时能减少用人方面的失误。

③晋升者能在较短时间内熟悉工作。由于晋升或调职者对组织目标和组织结构有所了解，对内部人事情况与工作环境熟悉，因此在新工作的接受过程中节省时间，而且不需要一般性的职前培训。

④内部招募能够节约费用。由于内部晋升或调职不必支付广告和甄选费用，因此成本较低。

（2）内部招募亦有其不足之处，主要表现在：

①内部招募所获得的人才往往一脉相承、"近亲繁殖"，因而在观念、思维方式和眼界上比较狭窄，缺乏创新与活力，以致因循守旧。

②在甄选过程中容易引起员工之间的竞争，可能产生一定的内耗。

③较难做到内部公平，在一定程度上可能造成内部矛盾。例如，有些职位的候选人会被领导"内定"，有些优秀的员工会同时被几个部门争夺。

④选择范围较小，往往不能满足企业的需要。

2. 外部招募

外部招募是从组织外部招聘德才兼备的能人加盟进来，通常对一个组织而言，仅有内部招募是不够的，必须借助于组织外的劳动力市场，采用外部招募的渠道来获得所需人员。

（1）外部招募具有以下优点：

①新员工会带来不同的价值观和新观点、新思路、新方法，有利于组织吸收外部先进的管理经验和高新技术，内外结合不断开拓创新。

②外聘人才可以在无形中给组织原有员工施加压力，形成危机意识，激发斗志和潜能，从而产生"鲶鱼效应"，通过标杆学习而共同进步，或者说是"引进一匹狼，激活一群羊，带出一群狼"。

③外部挑选的余地很大，能招聘到许多优秀人才，尤其是一些稀缺的复合型人才，这样还可以节省大量内部培养和培训的费用，并促进社会化合理的人才流动，加速全国性的人才市场和职业经理人市场的形成。

④对外招募管理人员,在某种程度上可以缓解内部候选人竞争的矛盾。

⑤外部招募也是一种很有效的信息交流方式,企业可以借此树立积极进取、锐意改革的良好形象。

(2)外部招募的不足体现如下:

①由于信息不对称,往往造成筛选难度大,成本高,甚至出现"逆向选择",即应聘者的条件不一定能代表其实际水平和能力,因此不称职者会占有一定比例。

②对外聘员工需要花费较长时间来进行培训和定位,因其对组织的各方面情况需要有一个熟悉的过程,不能迅速进入角色开展工作。

③如果组织中有胜任的人未被选用或提拔,外部招募的做法可能会挫伤有上进心、有事业心的内部员工的积极性和自信心,或者引发内部人才之间的冲突。

④外聘人员有可能出现"水土不服"的现象,无法融入企业文化潮流中,可能使企业沦为外聘员工的"中转站"。

表4-2对比了内部招募与外部招募的优缺点。

表4-2　内部招募与外部招募的优缺点比较

	优　点	缺　点
内部招募	· 可提高晋升者的士气 · 节省费用、节约时间 · 调动员工的积极性 · 对候选人的能力有清晰的认识	· 导致"近亲繁殖" · 产生"内耗" · 未被提升的人可能士气低落 · 需要有效的培训和评估系统
外部招募	· 有更大的选择空间 · 为企业输入"新鲜血液" · 激励老员工保持竞争力 · 比培训内部员工成本低 · 借机树立企业形象	· 外聘人员需要较长时间熟悉工作 · 外聘人员可能无法适应企业文化 · 损害内部员工的积极性 · 对外聘人员的了解不够

4.2.2　内部招募的方法

1. 布告法

布告法是在确定了空缺职位的性质、职责及其所要求的条件等情况后,将这些信息以布告的形式,公布在组织中一切可利用的墙报、布告栏、内部报刊上,尽可能使全体员工都能获得信息,号召有才能、有志气的员工毛遂自荐,脱颖而出。

布告法有助于让员工感觉到组织在招募人员方面的透明度与公平性,并认识到在本组织中,只要自己有能力,通过个人的努力,是有发展机遇的。这有利于提高员工士气,培养他们的积极进取精神。

2. 档案法

每个企业都会建立详细的人力资源档案,记录每位员工的教育培训经历、专业技能、职业目标等各种信息。当企业内部出现职位空缺时,人力资源部门可以调用档案中的信息,搜寻空缺职位的合适人选。

用这种方法,企业可以迅速找到候选人。但要注意,档案中存储的只是员工客观或实际的信息,缺少一些较为主观的信息,如人际技能、团队精神、品德等,而这些信息对于许多工作来说却是至关重要的。所以,企业在选拔人员时不能单凭档案,必须结合其他的人员甄选方法进行选拔。

3. 推荐法

推荐法可用于内部招募,也可用于外部招募。作为内部招募的推荐法是指由本组织员工根据组织的需要推荐其熟悉的合适人选,供用人部门和人力资源部门进行选择和考核。由于推荐者对用人部门和被推荐人选均比较了解,使得被推荐人选更容易获得组织与职位的信息,便于其决策,也使得组织更容易了解被推荐人选,因而这种方法较为有效,成功的概率也较大。

员工推荐对招募专业人才比较有效,其优点是招聘成本低、应聘人员可靠性高。据了解,美国微软公司有40%的员工都是通过员工推荐方式获得的。为了鼓励员工积极推荐,许多企业都设立了一些奖金项目,用来奖励那些为公司推荐优秀人才的员工。

4. 职业生涯开发系统

职业生涯开发系统是从内部填补工作空缺的可选方法。企业不是鼓励所有合格的员工来竞争一项工作,而是将高潜能的员工置于职业生涯路径上,接受培养以适应特定目标的工作。这种人员开发方法可以降低企业中高绩效者外流的可能性,并有助于确保在某个职位出现空缺时总有候选者能及时填补它。

4.2.3　外部招募方法

1. 广告招募

广告是传递职位空缺、吸引求职者的一种打破时间与空间局限的、范围非常广泛的招聘信息发布法。有人力资源需求的单位,在报纸、杂志、电台、电视或专业刊物上刊登广告,或用张贴街头告示的办法,就可以使大量求职者了解其职位空缺的信息,从而得到大量的人力资源外部供给信息反馈。

为了使招聘广告产生良好的效果,应注意以下三点:

（1）媒体的选择。媒体的选择取决于空缺职位工作的类型。一般而言，征求较低层次人员的广告，刊登在地方性报纸上即可；征求某类专业人员的广告，以商业性或专业性的报刊为宜；特殊重要职位任职者的征聘广告，可以刊登在发行量大的全国性报刊上。此外，还可以通过广播电视媒体发布广告，广招贤才。表4-3比较了几种主要广告媒介的优缺点。

表4-3　几种主要广告媒介的比较

媒体类型	优点	缺点	适用范围
报纸	标题短小精炼。广告大小可灵活选择。发行集中于某一特定的地域。各种栏目分类编排，便于积极的求职者查找	容易被未来可能的求职者所忽视。集中的招募广告容易导致招募竞争的出现。发行对象无特定性，企业不得不为大量无用的读者付费。广告的印刷质量一般也比较差	当你想把招募限定于某一地区时。当可能的求职者大量集中于某一地区时。当有大量的求职者在翻看报纸，并且希望被雇佣时
杂志	专业杂志会到达特定的职业群体手中。广告大小富有灵活性。广告的印刷质量较高。有较高的编辑声誉。时限较长，求职者可能会将杂志保存起来再次翻看	发行的地域太广，故在希望将招募限定在某一特定区域时通常不能使用。广告的预约期较长	当所招募的工作承担者较为专业时。当时间和地区限制不是最重要的时候。当与正在进行的其他招募计划有关联时
广播电视	不容易被观众忽略。能够比报纸和杂志更好地让那些不是很积极的求职者了解到招募信息。可以将求职者来源限定在某一特定区域。极富灵活性。比印刷广告能更有效地渲染雇佣气氛。较少因广告集中而引起招募竞争	只能传递简短的、不是很复杂的信息。缺乏持久性；求职者不能回头再了解（需求不断地重复播出才能给人留下印象）。商业设计和制作（尤其是电视）不仅耗时而且成本很高；缺乏特定的兴趣选择；为无用的广告接受者付费	当处于竞争的情况下，没有足够的求职者看你的印刷广告时。当职位空缺有许多种，而在某一特定地区又有足够求职者的时候。当需要迅速扩大影响的时候。当在两周或更短的时间内足以对某一地区展开"闪电式轰炸"的时候。当用于引起求职者对印刷广告注意的时候

续表 4 - 3

媒体类型	优点	缺点	适用范围
现场购买（招募现场的宣传资料）	在求职者可能采取某种立即行动的时候,引起他们对企业雇佣的兴趣。极富灵活性	作用有限。要使此种措施见效,首先必须保证求职者能到招募现场来	在一些特殊场合,如为劳动者提供就业服务的就业交流会、公开招聘会、定期举行的就业服务会上布置的海报、标语、旗帜、视听设备等。或者当求职者访问组织的某一工作地时,向他们散发招募宣传材料

资料来源:加里·德斯勒. 人力资源管理[M]. 刘昕,译. 北京:中国人民大学出版社,1997.

(2)合理的内容。招聘广告的内容,一般为广告标题、单位简况、招聘职位与数量、招聘条件和联系方式等。制作招聘广告,应当符合真实、合法与简洁的基本原则。

(3)明显的效果。要使招聘广告达到较高的水平,应当遵循以下原则:其一,形式上引人注目。如用不同大小的字体和图形来吸引读者,适当的空白也会产生良好的对比效果。其二,内容使人感兴趣。如把所招聘的工作内容、工作的某些特点等描述清楚,以引起人们的关注。其三,广告要使读者产生欲望。招聘广告要针对应聘者的需求,把本单位所提供的条件列举出来,如工资待遇、发展前途、特殊学习机会等。其四,广告应能促进阅读者付诸行动。如在广告的末尾附上"请在一周内与我们电话联系"、"请到××处领取详细资料"等内容。

2. 就业服务机构

企业委托就业服务机构招募员工具有介绍速度较快、费用较低的优势。这种方法一般只适用于招募初中级人才或急需的员工。

3. 校园招募

大学是人才荟萃的地方,许多用人单位招募专业技术人员和管理人员,基本上都从学校直接招聘。通过校园招募,用人单位往往能够达到进行公共关系宣传和扩大自身影响的良好效果,能发挥"百里挑一"地精选外聘人员的作用,还能对未来员工进行企业文化的渗透,从多方面产生人力资源管理的功效。

4. 猎头公司

猎头公司作为高级人才招聘公司的俗称,是指专门替用人单位搜寻和推荐高层管理人才和专业人才的公司。这种招募方法针对性强,成功率较高,往往比企业自己招聘的质量好,且招聘过程较隐秘、不事声张,聘用的人能马上上岗,有时能因此而战胜竞争对手。但是,这种方法招聘过程较长,各方需反复接洽谈判;招聘费用昂贵,一般须按年薪的一定比例支付猎头费用,且策划难度较高;有时会影响内部员工的工作积极性。

5.人才招聘会

企业参加定期或不定期举办的人才交流会、人才市场,可以在招聘会现场与求职者直接接触,可信程度较高,现场就可确定初选意向,费用较低。但招聘会上往往应聘者众多,洽谈环境差,挑选面受限制。这种方法只适用于招聘初中级人才或急需的人员。

6.网络招聘

网络招聘是近年来随着计算机通讯技术的发展和劳动力市场发展的需要而产生的招聘、求职方式。由于这种方法信息传播范围广、速度快、成本低、供需双方选择余地大,且不受时间、地域的限制,因而被广泛采用。据美国一家咨询公司所公布的一项追踪研究报告,《财富》全球 500 强中使用网络招聘的已占 88%。分地区来说,目前北美地区 93% 的大公司都使用网络招聘,欧洲有 83%,亚太地区有 88%。

实行网络招聘的方式主要是两种:

(1)通过专业性的职业招聘网站。近年来我国出现了不少专业的人才招聘服务网站,例如 www.zhaopin.com,www.51job.com,www.chinahr.com,等等。这些招聘服务网站同时为企业和个人服务,能够提供大量的招聘信息,并且也提供网上的招聘管理和个人求职管理服务。人才招聘网站上的简历库能提供大量的求职者信息,因此企业可以不发布招聘广告而直接搜索网络上的简历库。现在有越来越多的公司愿意通过现成的人才数据库来检索自己感兴趣的人员,这是一种非常有效率的方法。

企业在选择专业招聘网站时要注意下列问题:

- 招聘网站的覆盖面。有些专业的招聘网站规模很大,在这样的网站上刊登招聘信息,会有很大的传播面,适合招聘中高级管理人员和技术人员。如果企业只是招聘普通员工,在当地的招聘网站上刊登信息较为合适,这样不仅针对性强,而且反馈速度较快。
- 招聘网站的点击率。网站点击率高,说明"人气旺",企业找到理想人才的可能性越大。
- 招聘网站的数据库。数据库是储存企业和应聘者信息的仓库,数据库越大,企业可供选择的对象就越多,成功率也就越高。

(2)设立公司网站。为了更有效地吸引求职者登录公司的网站,公司应该:

- 不断更新网站内容。

- 在网站上设立招聘专区。
- 在网站上提供专业的内容。

7. 应聘者自荐

这种毛遂自荐式的招聘方法效率高、成本低。而且,由于求职者对公司与职位一般都作过特别的了解,所以一旦应聘成功,较易适应新环境。这种招募方法可能出现的问题是:从求职者提出申请到企业出现职位空缺会存在一定的时间差,此时许多求职者可能已经找到了工作。另外,由于求职者对工作的渴望,有可能会提供虚假个人信息。

8. 他人推荐

通过推荐途径获取外部合格人才,可以节约企业招聘的广告费用和职业介绍所费用,用人单位还能获得较高水平的工作应征者;此外,在技术竞争和员工流动剧烈的情况下,用人单位采取亲友介绍就业的方法,能够使新老雇员稳定和尽责地工作。

9. 特色招募

通过电话热线、接待日等特色招募形式能吸引到很多人来应聘。通过电话,招募对象可非常迅速、方便地了解到组织及职位的信息;在接待日,通过对公司的访问、与部门领导及人力资源部门管理人员的交谈,可深层次地彼此了解,有利于组织与个人作出决策。

4.2.4　招募方法的比较

上述各种招募方法各有优势和局限,企业在具体实施时,应依据具体情况选择合适的途径和方法。

20 世纪 80 年代末,美国曾发表了一个包括 245 个样本组织的调查结果,显示了组织对不同招募方法的选择,如表 4-4 所示。

表 4-4　招募方法的比较

招募方法 / 招聘人员	内部提升	员工推荐	应聘者自荐	报纸招募	就业服务机构	校园招募	私人就业服务	猎头公司
行政办公	94%	87%	86%	84%	66%			
生产作业	86%	83%	87%	77%	68%			
专业技术	89%	78%	64%	94%		81%		
佣金销售	75%	76%	52%	84%			44%	
经理(主管)	95%	64%		85%			60%	63%

注:表中数字是调查样本组织中采取该种招募方法的百分比

4.3　人员甄选与测试

4.3.1　甄选的程序

通过不同的招募方式吸引有意向的求职者前来参与,这只是整个招聘工作的第一步。以下的任务就是对应聘者进行筛选,从中挑选出适合企业需要的人才。

甄选是用人单位根据用人条件和用人标准,运用适当的方法手段,对应聘者进行的审查、比较和选择的过程。它是整个招聘工作的关键的一环,只有做好了甄选工作,才能提高企业中人与事的匹配程度,有利于员工在企业中的发展,也有利于企业提高生产力,节约成本。人员甄选可以分为初选和精选两个阶段,其程序如图4-2所示。

应当指出,上述程序不是绝对的。由于各组织的规模不同,招聘岗位的要求不同,所采用的甄选程序也会不同。

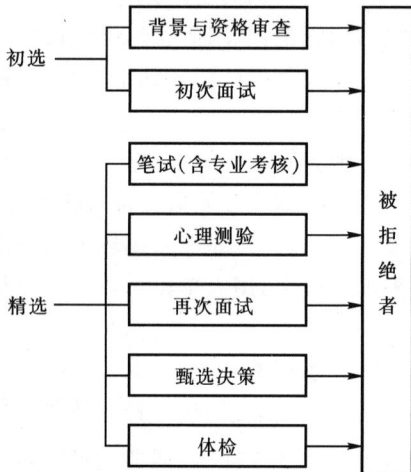

图 4-2　甄选的一般过程

4.3.2　甄选的原则

1. 因事择人的原则

这是指以事业的需要、岗位的空缺为出发点,根据岗位对人员的资格要求来选用人员。坚持因事择人的原则,从实际的"事"(工作岗位)的需要出发去选用合适的人员,才能实现事得其人、人适其事,使人与事科学地结合起来。如果因人设事,为了安排人而增设不必要的岗位,就会造成岗位虚设、机构臃肿、人浮于事、工作绩效下降、用人成本增加的后果。

2. 人岗匹配的原则

每个岗位都有特定的工作内容、岗位规范和对从业者的素质要求,每个求职者也都有自己的从业条件和个人意愿。组织在招聘工作中要尽量达到以上两者之间的匹配,这对以后的人力资源个性化管理是至关重要的。

3. 用人所长的原则

坚持用人所长的原则,在人员选用中要注意克服"求全责备"的思想,树立"多看人的长处、优点"的观念。世上本无完人,在人力资源选拔中当然就不该"求全",否则只会适得其反。"宁用无瑕之石,也不用有瑕之玉"的做法,是选人、用人之大忌。

4. 德才兼备的原则

"德才兼备"历来是用人的标准。德与才既是两个不同的概念,又是一个不可分割的统一体。"才"的核心是能力问题,"德"的核心是能否努力服务的问题。这就是说,"德"决定着"才"的发挥方向和目的,"才"则是"德"的运用,使"德"得到体现并具有了实际意义。在甄选工作中,应该避免重"德"轻"才"和重"才"轻"德"两种错误倾向,坚持德才兼备的选用标准。

4.3.3　甄选模式

由于每个企业的具体情况不同,录用人员的职位层次、种类有差异,因此选拔时主要有三种程序模式:即综合式、淘汰式和混合式。

1. 综合式

综合式即在选拔录用程序中,每个应聘者必须接受所有的选拔测试,在作录用决策时,是根据他们各项得分的总和或加权处理后所得分数作为录用的参考依据。这种模式允许应聘者在某种测评中的高分弥补另一测评中的低分,被录用的应聘者可能在各种能力上均有较高水平,或者其中某一种或两种能力非常强,在弥补低分以后还能处于领先地位。

在只要求对录用者的每一项资格水平作整体评定,并且各项能力均没有最低要求时,通常可以使用这一模式。另外还可以根据每种能力的重要性程度和工作的相关程度等,对应聘者在各项能力上的得分进行加权,用加权分数来求总分。或者将应聘者的各项得分转换为以总体得分的标准差为单位的标准分数 z,然后将各种能力的 z 分数相加得到总和来进行比较,这样处理更科学。

2. 淘汰式

淘汰式和综合式不一样,应聘者不用参加每一项测试,而是经过一轮测试淘汰一批不合格的人,合格者参加下一项测试,然后再淘汰一批。只有坚持到最后,在所有的测试中全部合格的人才能被录用。在这种模式中,每一种资格水平都是作为独立的指标,不可以相互弥补,其中只要有一项不合要求即被淘汰。

当工作所需的各项工作能力、资格指标均要求达到和高于某一水平时,采用淘汰模式进行选拔是比较有效的。由于每一次测试就要减少一部分应聘者,这样可以省掉一些费用。采用此种方式应把花费较少的测试方法放在前面,如审查应聘人员登记表、进行笔试等。将选拔效度好但比较昂贵的方法放在后面,只用于小部分佼佼者的选拔,这是十分经济有效的办法。

3. 混合式

混合式是将以上两种模式结合起来进行选拔。对有最低要求的资格的评定通常采用淘汰式方法,如有关学历文凭、等级证书、技能水平等;通过这些筛选后的应聘者则需参加其他的各种测试,效仿全能式的测评程序,综合评定其各项能力,水平、能力总体合格者可以被录用。

4.3.4　人员甄选的方法

人员甄选常采用笔试、面试、心理测试和评价中心等方法对应聘者的知识、能力、个性和动力因素进行评价,判断其是否胜任工作岗位。

1. 笔试

笔试是指在控制的条件下,应聘者按着试卷要求,用记录的方式回答的一种考试形式。笔试主要有以下几种方法:其一,客观式笔试方法,即以客观型试题为主要试题形式和标准化方法控制考试过程的考试;其二,论述式笔试方法,是以论述型试题为主要试题形式的一种方法;其三,论文式笔试方法,以论文型试题为主要试题形式的考试。

笔试是使用最频繁的甄选方法之一,它的优点是出题量大、内容广、评分客观公正;可以大规模进行,效率高、费时少。其局限性在于不能全面考察应试者的工作态度、品德修养和组织能力、口头表达能力和操作技能等。因此还需采用其他测试方法进行补充。一般来说,笔试往往作为应聘者的初试,成绩合格者才能继续参加面试或下一轮测试。

宝洁公司在招聘甄选时的笔试主要包括三部分:解难能力测试、英文测试、专业技能测试。① 解难能力测试。这是宝洁对人才素质考察的最基本的一关。试题分为五个部分,共 50 小题,限时 65 分钟,全为选择题,每题五个选项。整套题主要考核申请者以下素质:自信心(对每个做过的题目有绝对的信心,几乎没有时间检查改正);效率(题多时间少);思维灵活(题目种类繁多,需立即转换思维);承压能力(解题强度较大,65 分钟内不可有丝毫松懈);迅速进入状态(考前无读题时间);成功率(凡事可能只有一次机会)。② 英文测试。主要用于考核母语非英语人员的英文能力。考试时间为两个小时。45 分钟的 100 道听力题,75 分钟的阅读题,以及用一个小时回答三道题,都是要用英文描述以往某个经历或者个人思想的变化。③ 专业技能测试。主要是考核申请公司一些有专业限制的部门的人员,如研究开发部、信息技术部和财务部等。宝洁公司的研发部门招聘的程序之一是要求应聘者就某些专题进行学术报告,并请公司资深科研人员加以评审,用以考察其专业功底。对于申请公司其他部门的人员,则无须进行该项测试,如市场部、人力资源部等。

2. 面试

面试是为了更深入了解应聘者的情况、判断应聘者是否符合工作要求而进行的招聘方与应聘者之间的面对面的接触和交流,以了解应聘者实际能力和潜在能力的方法。

面试的过程一般包含五个阶段:

第一阶段,预备阶段。这个阶段通常会讨论一些与工作无关的问题,主要目的是面试考官为应聘者创造和谐、宽松、友善的气氛,帮助应聘者消除紧张戒备心理,以便在后面的面试过程中更加开放地沟通。

第二阶段,导入阶段。在这一阶段,考官首先问一些求职者有所准备的比较熟悉的题目,以缓解其依然有点紧张的情绪。这些问题一般包括让求职者介绍自己的经历或过去的工作等。

第三阶段,核心阶段。这是整个面试中最重要的阶段,在这一阶段,考官将着重收集关于应聘者胜任工作能力的信息。应聘者被要求讲述一些关于胜任能力的事例,考官将基于这些事实作出基本的判断,对应聘者的各项关键胜任能力作出评价,并主要依据这一阶段的信息在面试结束后对应聘者作出录用决定。

第四阶段,确认阶段。经过核心阶段的测试后,考官对应聘者的工作胜任能力有一个整体的判断。

第五阶段,结束阶段。这是考官检查自己是否遗漏了关键问题并加以追问的最后机会。而且,应聘者也可以借机表现自己。

面试的类型包括:

- 根据面试所达效果划分,有初步面试和诊断面试。
- 从参与面试过程的人员划分,分为个别面试、小组面试、集体面试与流水式面试。
- 按面试组织形式是否标准化、程序化,分为结构化面试与非结构化面试。
- 按测评目的划分,有压力面试与评估性面试。
- 按面试内容的侧重点划分,有行为描述面试与能力面试。

面试具有如下优点:①互动性。因为面试时,考官与应试者始终进行双向沟通,了解各自想掌握的信息。②多渠道地获取信息。面试可以通过看、听、问等各方面的渠道来获取有关应试者的信息。③全面性。面试能够对求职者的口头表达能力、为人处世能力、操作能力、独立处理问题的能力以及举止仪表、气质风度、兴趣爱好、道德品质等作出全面考察。④直观性。招聘者可以通过面对面地交谈对求职者的个性、爱好、特长、动机、愿望等作出综合判断。

面试的缺点是:①主观性,受到考官的经验、爱好和价值观的制约。②时间较长,这样才能了解到足够的信息。③面试通常需要聘请专家,而且耗费时间,因此费用较高。④面试数据往往是定性的,结果难以量化。

为了避免面试失效,应注意以下问题:

- 紧紧围绕面试的目的,合理控制时间。
- 制造和谐的气氛,多问开放性问题,让求职者多说。
- 测试中不要暴露自己的观点,不要让求职者了解你的倾向并迎合你,掩盖他的真实想法。
- 所提问题要直截了当、语言简练,有疑问马上提问,并及时作好记录。
- 对应聘者要充分重视。
- 避免过于自信,不能先入为主,过早下判断。
- 注意非语言行为。
- 注意第一印象。
- 要防止与我相似的心理因素(如老乡、同学、校友或观点个性的相似性)。

宝洁公司招聘时的面试分两轮。第一轮为初试,一位面试经理对一个求职者面试。通过第一轮面试的人员,宝洁公司将出资请应聘人员来广州宝洁中国公司总部参加第二轮面试,也是最后一轮面试。第二轮面试大约需要 60 分钟,面试官至少是三人,为确保招聘到的人才真正是用人单位(部门)所需要和经过亲自审核的,复试都是由各部门高层经理来亲自面试。如果面试官是外方经理,宝洁还会提供翻译。宝洁的面试过程主要可以分为以下四大部分:相互介绍并创造轻松交流气氛;交流信息;面试结尾;面试评价。

3. 心理测试

心理测试是通过观察人的少数具有代表性的行为,依据一定的原则或通过数量分析,对贯穿于人的行为活动中的能力、个性、动机等心理特征进行分析推论的过程。在人员甄选中较常用的心理测试有智力测试、个性测试、职业性向测试等。

(1)智力测试。智力测试是对智力水平的科学测试,它主要测验一个人的思维能力、学习能力和适应环境的能力等。在智力测试中,采用"智商"这一概念表示智力水平的高低。一般智力测试中成绩较好的人,在今后的工作中具有较强的能力关注新信息,善于找出主要问题,其业绩通常也不错。

智力测试有团体施测的,用于大量人员选择时快速地粗选;还有个人测试,则是用于专门的精选。奥蒂斯(Otis)自我管理测试、旺德利克(Wonderlic)人员测试、韦斯曼(Wesman)人员分类测试、韦克斯勒(Wechsler)成人智力量表都是国内外企业常用的智力测试方法,尤其是后者应用最广。

(2)个性测试。个性是一个人具有的独特的、稳定的对现实的态度和行为方式。个性测试主要有自陈式量表法和投射法两种。

第一,自陈式量表法。它是测量个性最常用的方法,是由被测试者自己填写测量问卷,依据其答案得分判断被试者的性格特点。用这种办法进行性格测试时,常遇到的一个问题是,应试者有可能在作答时按照社会评价标准中认为好的特征作出回答,而不是按照自己的真实情况回答,这被称为"社会称许性"。设计者在设计量表时,要尽量采用一些方法,将社会称许对测试有效性的影响降到最低。

卡特尔 16 种个性因素测验(16PF)是较为常用的一种性格测试量表。该量表是由美国伊利诺斯州立大学的卡特尔教授编制的,适用于 16 岁以上的青年和成年人。该量表共有 187 道题目,分为 16 个分量表,分别测试卡特尔提出的 16 种主要性格特质,如表 4-5 所示。

表 4-5 卡特尔 16PF 中个性的主要特征

性格特质	低程度特征	高程度特征
乐群性	缄默孤独	乐群外向
聪慧性	迟钝、学识浅薄	聪慧、富有才识
稳定性	情绪激动	情绪稳定
恃强性	谦逊服从	好强固执
兴奋性	严肃审慎	轻松兴奋
有恒性	权宜敷衍	有恒负责
敢为性	畏怯退缩	冒险敢为
敏感性	理智、着重实际	敏感、感情用事
怀疑性	信赖随和	怀疑、刚愎
幻想性	现实、合乎成规	幻想、狂妄不羁
世故性	坦白直率、天真	精明能干、世故
忧虑性	安详沉着、有自信心	忧虑抑郁、烦恼多端
实验性	保守、服从传统	自由、批评、激进
独立性	依赖、附和	自立、当机立断
控制性	矛盾冲突、不明大体	知己知彼、自律谨严
紧张性	心平气和	紧张困扰

第二,投射法。投射法是向应聘者提供一些未经组织的刺激要素,让应聘者在不受限制的情境下,自由表现出其反应,通过分析反应的结果,推断其某些个性特征。具体可采用以下几种方式:

• 联想法。测试者通过语言或动作给予应聘者一定的刺激,要求应聘者根据刺激说出自己联想的内容,根据其回答探测其个性。

- 构造法。测试者出示给应聘者一些文字、图案,要求应聘者根据他所看到的内容等,编造出一个包括过去、现在和未来发展的故事,根据其故事的新颖性、合理性和逻辑性探测其个性。
- 完成法。测试者要求应聘者对一些不完整的句子、故事进行自由补充,使之变得完整,根据其补充的内容探测其个性。
- 表达法。测试者要求应聘者用某种方法(例如绘画、文字、语言)自由地表露其个性特点,测试者从其表现中探测真实个性。

(3)职业性向测试。职业性向是指人们对具有不同特点的各类职业的偏好和从事这一职业的愿望。职业性向测试就是提示应试者对工作特点的偏好,即应试者喜欢从事什么样的职业,应试者的这一态度在很大程度上影响其在职位上的绩效和离职率。

目前在招聘选拔中所使用的职业性向测试主要是霍兰德的职业性向测试。霍兰德认为,员工对工作的满意度和离职的倾向性,取决于个体的个性与职业环境的匹配程度。他划分了六种基本个性类型,分别进行描述,并列举了它们的个性特点以及与之匹配的职业范例,见表4-6,也有人称之为决定个人选择何种职业的六种基本"职业性向"。

表4-6　霍兰德的个性类型与职业范例

职业性向	个性特点	职业范例
实际性向——偏好需要技能、力量、协调性的体力活动	害羞、真诚、持久、稳定、顺从、实际	机械师、钻井操作工、装配线工人、农场主
调研性向——偏好需要思考、组织和理解的活动	分析、创造、好奇、独立	生物学家、经济学家、数学家、新闻记者
社会性向——偏好能够帮助和提高别人的活动	社会、友好、合作、理解	社会工作者、教师、议员、临床心理学家
常规性向——偏好规范、有序、清楚明确的活动	顺从、高效、实际、缺乏想象力、缺乏灵活性	会计、业务经理、银行出纳员、档案管理员
企业性向——偏好那些能够影响到他人和获得权力的活动	自信、进取、精力充沛、盛气凌人	法官、房地产经纪人、公共关系专家、小企业主
艺术性向——偏好需要创造性且无规律可循的活动	富于想象力、无序、杂乱、理想、情绪化、不实际	画家、音乐家、作家、室内装饰家

4. 评价中心

它是一种综合性的人员测评方法,包括了前面所介绍的个性测试、能力测验、面试等方法,但评价中心最主要的组成部分也是它最突出的特点,在于它使用了情景性的测验方法对被测评者的特定行为进行观察和评价。这种方法通常是将被测试者置于一个模拟的工作情景中,采用多种评价技术,由多个评价者观察被评价者在这种模拟工作情景中的行为表现,用来识别被评价者未来的工作潜能。因此,这种方法也被称为情景模拟法。

评价中心是一种动态的测评方法,综合使用了多种测评技术,由多个评价者进行评价,因此它提供了从不同的角度,对被评价者的目标行为进行观察和评价的机会,能够得到大量的信息,从而能对被评价者进行较为可靠和有效的观察与评价。评价中心更多地测量了被评价者实际解决问题的能力,而不是他们的观念和知识。评价中心也存在一定的局限,主要表现在:任务的设计和实施中的控制较为困难;评价的主观性程度较高,制定统一的标准化的评价标准难度较大;对评价者的要求较高;花费成本较多。

评价中心所采用的情景性测验包括多种形式,主要有公文处理练习(文件筐测验)、角色扮演、无领导小组讨论、根据所给的材料撰写报告、演讲辩论、模拟面谈、案例分析、团队游戏等。

(1)公文处理。公文处理是评价中心的一种主要的测试形式。公文一般由文件、电话记录、备忘录、调查报告、上级指示、请求报告等组成。在被测试者受试前,先向他介绍有关企业的背景材料,然后告诉被试者,假设他现在就是这家企业的负责人,由他全权处理各种文件,要使被测试者意识到他既不是在演戏,也不是代理职务,而是一位真正的手握实权的负责人。公文可多可少,一般不少于 5 份,不多于 30 份。根据公文的数目和难度,规定完成时间。在处理过程中,评价人员观察被测试者是否能区分轻重缓急,是否会恰当地授权给下属。最后评判人员还要对被试者进行采访,请被试者说明为什么这样处理。

(2)角色扮演。角色扮演是要求应试者扮演一个特定的管理角色来处理日常的管理事务,以此观察应试者的心理素质和潜在能力。例如,要求应试者扮演一名高级管理人员,由他来向主试者扮演的下级作指示;或者要求应试者扮演一名车间主任,请他在车间时直接指导生产。在测评中要强调了解应试者的心理素质,而不要根据他临时作出的意见作出评价,因为临时工作的随机因素很多,不足以反映一个人的真才实学。有时可以由主试者主动给应试者施加一些压力,如工作时不合作或故意破坏,以了解该应试者的各种心理活动以及承受压力的能力。

(3)无领导小组讨论。所谓无领导小组讨论,就是指一组应试者开会讨论某个问题,讨论前并不指定谁主持会议,在讨论中观察每一位应试者的发言,以便了解应试者的心理素质和潜在能力的一种测评方法。

　　在一般情况下,每个小组会有一名应试者以组长的身份出来负责这些问题,出来主持会议,这个人的领导能力相对较强。根据每一个应试者在讨论中的表现,可以从以下几个方面进行评价:领导欲望、口头表达能力、主动性、抵抗压力的能力、说服力、自信程度、经历、人际交往能力,等等。也可以要求应试者讨论完以后,写一份讨论记录,从中分析应试者的归纳能力、决策能力、分析能力、综合能力、民主意识等。

　　上述所介绍的几种人员选拔测试方法各有特点,在实际操作中,可以有选择地综合运用。

4.4　人员录用与招聘评估

4.4.1　人员录用的程序

　　企业通过人员甄选,作出初步录用决定后,接下来要对这些人选者进行背景调查、健康检查,合格者与企业签订试用协议。同时,企业应及时通知未被录用的应聘者。

　　1. 背景调查

　　背景调查的主要目的是了解应聘者与工作有关的一些背景信息,对应聘者作一个更为全面的了解,也可以对他的诚实性进行考察。

　　背景调查主要包括:学历学位调查、工作经历调查以及不良记录调查等。这些信息可以向应聘者过去的雇主、过去的同事甚至客户了解。

　　进行背景调查时,注意把重点放在与应聘者未来工作有关的信息上;尽量从各种不同的信息渠道验证信息,避免偏见;同时要注意避免侵犯应聘者的个人隐私。

　　2. 健康检查

　　健康检查后,如发现被录用者有严重疾病的,取消录用资格。

　　3. 签订试用协议

　　企业与被录用者签订试用协议,以法律形式明确双方的权利义务。

　　4. 被录用者报到

　　被录用者携带录用通知书和其他材料到企业人事部注册报到。试用合格后,与企业正式签订用工合同。未被录用的应聘者的回复也不可忽视,因为未被录用的应聘者以后还有可能成为企业的一员,或成为企业的顾客与竞争者。不过,企业在回复未被录用的应聘者时要非常小心。首先可以对他们参加公司的招聘表示感谢,同时还可以对应聘者的某些优点表示欣赏,然后再告知公司暂时没有合适的职位给应聘者。

4.4.2　人员录用的原则及方法

1. 人员录用的原则

(1)补偿性原则。这是指求职者在招聘测评中成绩高的项目可以补偿成绩低的项目。一般来说,在评价时会对不同项目设置不同的权重,权重越高的项目,其录用价值也越高。但特殊情况下,不能光看总成绩的高低来确定录取结果,而应根据对不同职位的要求,侧重对某一项目的测评,从而确定录取结果。如果成绩高的项目恰是侧重的项目,这样我们就认为成绩低的项目就不重要了,可以录用。补偿原则可以用于选择具有特殊才能的人才,而不至于因总成绩不高而被淘汰。

(2)多元最低限制原则。这是指求职者在测评的每个方面都必须达到某个最低的标准,如达不到就被淘汰。这一原则适合综合素质的测评项目,特别适合广度测试。

(3)混合原则。组织在录用过程中,经常会遇到这样的问题,即在某个方面对员工有最低的要求,但是在其他几方面对员工没有最低的要求,这时就可以运用混合原则。具体的步骤是首先对求职者运用多元限制原则淘汰一部分,然后运用补偿性原则对求职者进行综合评价。

2. 录用的主要方法

(1)逐渐筛选淘汰模式。在这种模式中,将每一步骤都视为一关,通过这一关的人方能进入下一关,在整个甄选过程中,求职者人数逐渐减少,选择目标逐渐集中。在人员甄选工作量较大的情况下通常可采取这种模式(如图 4-3 所示)。

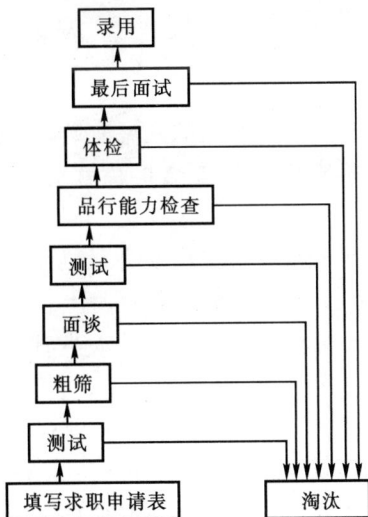

图 4-3　逐渐筛选淘汰模式图

（2）信息累积综合评价选拔模式（图 4 - 4）。这种模式甄选过程中的每一个步骤都是为了了解求职者情况、积累有关信息，在对每个求职者在每个步骤的表现或成绩进行综合评价和比较之后，再作出取舍决定。采用这种模式可以避免在甄选过程中淘汰不应淘汰的人，但甄选工作量比采取逐步淘汰方式要大。

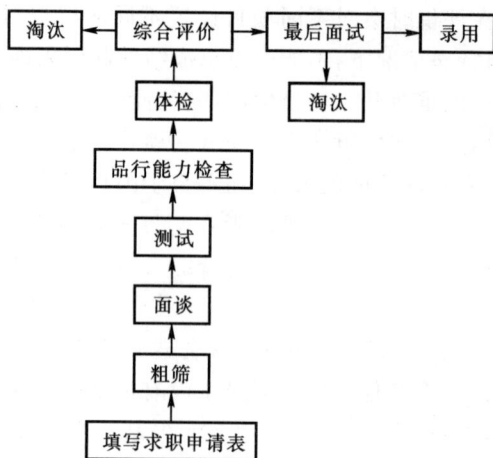

图 4 - 4　信息累积综合评价选拔模式图

4.4.3　人员录用须注意的问题

①正式录用后，要及时通知已录用应聘者，同时，对于未录用的应聘者，要由人力资源部经理亲笔签名委婉地拒绝。

②录用后的合同签订、试用期的培训等工作必不可少，它是关系企业形象的重要工作。

③除非这个职缺的工作即将有很大的发展前景，否则要小心，不要录用一个能力超强的人，对工作感觉不充实的员工会很快就对工作感到厌烦，并会很快地离职。

④有些应聘者只想暂时先找一份工作安身，然后再慢慢找一个更稳定的永久工作，对这些人你要特别留心，你很可能在他们身上投入了 3 个月的人员训练，而他们却在工作快要进入状态之前离去。在甄选人员时，你一定要就这一点对应聘者诚恳地表达你的质疑。

⑤对那些频频更换老板的求职者，你要特别小心，他们现在也许会在你面前责怪他们以前老板的不是，但同样的，他们也有可能在 15 个月之后在别人的面前数落你。一个不诚恳的应聘者并不是你所想要用的人。

⑥在决定录取某一个人员时，要考虑这个人是否能跟小组的其他成员相处，邀

请他到你的部门去呆半天,便可知分晓。

⑦记住这一点:一个人的一生如果一直都很顺利,充满成就和许多成功的记录的话,那这种人往往也会继续成功;对那些自称运气不好的应聘者,你要特别小心,不论他们解释得如何言之有理,你也不要轻易地相信。

⑧永远不要企图能在"百坏中选一好"。如果你明知某人不很适合,但仍加以录用,那等于是告诉你自己,不久之后你又得把这整个招聘程序重新来过一遍。

⑨假如面试后合适的应聘者有好几个,你要利用考试的方法,找出最佳人选。千万不要急着作决定,尤其不要因为有某一个应聘者急着想要知道结果,你便受到影响,当你已经选定人选后,要再想一想。假如你的上级经理不满意你招考人员的方式,认为你的甄选成本过高或是费时过长,你可以提醒他,不要忘了用错人时所必须付出的代价有多高。

4.4.4　招聘评估

对招聘工作进行考核是十分必要的。通过对各种考核指标的核算和分析,发现招聘过程中规律性的东西,有利于企业不断改进招聘方式,使招聘工作更加有效。招聘评估包括以下内容:一类是招聘结果的成效评估,如成本与效益评估、录用员工数量与质量的评估;另一类是招聘方法的成效评估,如信度与效度评估。

1. 成本效益评估

成本效益评估主要对招聘成本、成本效用、招聘收益成本比等进行评价。评估方法如下:

(1)招聘成本评估。招聘成本评估是指对招聘中的费用进行调查、核实,并对照预算进行评价的过程。招聘成本分为招聘总成本与招聘单位成本。

招聘总成本是人力资源的获取成本,它由两部分组成。一部分是直接成本,包括招募费用、选拔费用、录用员工的家庭安置费用和工作安置费用、其他费用(如招聘人员的差旅费、应聘人员招待费等);另一部分是间接成本,包括内部提升费用和工作流动费用。

招聘成本通常以招聘单价来评估:

$$招聘单价=招聘总成本/录用人数$$

这意味着,如果招聘成本低,录用人员质量高,录用人数多,则招聘效率高;反之,招聘效率就低。

(2)成本效用评估。它是对招聘成本所产生的效果进行分析,主要包括:招聘总成本效用分析、招募成本效用分析、人员选拔成本效用分析、人员录用成本效用分析等。它们的计算公式是:

$$总成本效用=录用人数/招聘总成本$$

$$招募成本效用＝应聘人数/招募期间的费用$$
$$选拔成本效用＝被选中人数/选拔期间的费用$$
$$人员录用效用＝正式录用的人数/录用期间的费用$$

（3）招聘收益成本比。它既是一项经济评价指标，又是对招聘工作的有效性进行考核的一项指标。招聘收益成本比越高，说明招聘工作越有效。

$$招聘收益成本比＝所有新员工为组织创造的总价值/招聘总成本$$

2. 录用人员数量评估

录用人员数量评估主要从录用比、招聘完成比和应聘比三方面进行。

$$录用比＝（录用人数/应聘人数）\times 100\%$$
$$招聘完成比＝（录用人数/计划招聘人数）\times 100\%$$
$$应聘比＝（应聘人数/计划招聘人数）\times 100\%$$

如果录用比越小，则说明录用者的素质越高；反之，则可能录用者的素质较低。如果招聘完成比等于或大于 100%，则说明在数量上全面或超额完成招聘计划。如果应聘比越大，说明发布招聘信息效果越好，同时说明录用人员的素质可能较高。

3. 录用人员质量评估

录用人员的质量评估实际上是在人员录用后，通过对录用者实际工作的考核，进一步评估其能力、潜力和素质的过程。

4. 甄选方法的效果评估

甄选方法的效果是指测试是否尽可能地选择了符合要求的人，并尽可能地排除了不符合要求的人。甄选方法的效果可以从以下几个指标进行评估。

（1）标准化。标准化是指与实施测试有关的过程和条件的一致性。为了能根据同样的测试来比较若干求职者的表现，所有人都必须在尽可能相似的条件下接受测试。

（2）客观性。当给测试者评分的每个人所得结论相同时，测试就具客观性。多项选择和判断对错的测试是客观的。这种测试的评分是高度机械化的过程，即利用机器评分。

（3）规范化。一个规范化的测试，受测试者的分数应服从正态分布。这为将一个求职者的表现与其他求职者相比较提供了一种参考框架。

（4）可靠性。这是指甄选中所采用的测试方法的可信程度。可靠性是用信度来衡量的。通常信度可分为：再测信度、副本信度和分半信度。

①再测信度。这种信度是体验时间间隔对测试分数的影响。它是指用同一种测试方法对同一组应聘者在两个不同时间进行测试，两次测试结果之间的相关系数。时间间隔一般在两个月以上，这样比较准确。此法不适用于受熟练程度影响

较大的测试,因为被测试者在第一次测试中可能记住某些测试题目的答案,从而提高了第二次测试的成绩。

②副本信度。副本信度又叫等值信度,是指一种心理测试的结果与另外副本的心理测试结果进行相关性分析,两次测试结果之间的相关系数。这种评价方法的缺点在于副本有的时候比较难找到。

③分半信度。将同一测试的题目分成对等的两半或若干部分,对同一组应聘者进行测试,各部分测验所得的分数间的相关系数,称为分半信度。

信度的取值范围在 $0 \sim \pm 1$ 之间。心理测试的信度最高值是 1,但这是一种理想的状态,在实际中是达不到的。一般的智力测验的信度达到 0.9 以上,就可以认为该测验相当可信了。

(5)有效性。招聘的有效性用效度来衡量。效度是测量的结果与想要测量的内容之间的相关系数。效度的取值范围在 $0 \sim \pm 1$ 之间,效度的最高值是 1。效度可分为三种:预测效度、内容效度、同测效度。

①预测效度。它说明测试用来预测被试者将来行为的有效性。在人员选拔过程中,预测效度是考核选拔方法是否有效的一个常用的指标。我们可以把应聘者在选拔中得到的分数与他们被录用后的绩效分数相比较,两者的相关性越大,则说明所选的测试方法、选拔方法越有效,以后可以根据此法来评估、预测应聘者的潜力。若相关性很小或不相关,则说明此法在预测人员潜力上效果不大。

②内容效度。即某测试的各个部分对于测量某种特性或作出某种估计有多大效用。考虑内容效度时,主要考虑所用的方法是否与想测试的特性有关,如招聘打字员,测试其打字速度和准确性、手眼协调性的手指灵活度的操作测试的内容效度是较高的。内容效度的高低一般是凭招聘人员或测试人员的经验来判断。内容效度多应用于知识测试与实际操作测试,而不适用于对能力和潜力的测试。

③同测效度。它是对企业现有员工实施某种测试,然后将测试结果与员工的实际工作绩效考核得分进行比较,若两者的相关系数很大,则说明此测试效度很高。这种测试效度的特点是省时,可以尽快检验某测试方法的效度,但若将其应用到人员选拔测试时,难免会受到其他因素的干扰而无法准确地预测应聘者未来的工作潜力。例如,这种效度是根据现有员工的测试得出的,而现有员工所具备的经验、对组织的了解等则是应聘者所缺乏的,因此,应聘者有可能因缺乏经验而在测试中得不到高分,从而错误地被认为没有潜力或能力。其实,他们若经过一定的培训或锻炼,也是有可能成为称职的员工的。

4.4.5　招聘小结

企业招聘工作结束后,应进行招聘小结,总结经验和不足,为以后的工作打好基础。招聘小结主要应包括以下几方面内容:招聘计划、招聘进程、招聘结果、招聘经费、招聘评定等。

撰写招聘小结要遵循以下原则:

①真实地反映招聘的全过程。

②由招聘主要负责人撰写。

③明确指出成功之处和失败或不足之处。

本章思考题

1.招聘的原则是什么?其流程有哪几步?

2.内部招募与外部招募各有何利弊?

3.外部招募的具体方法有哪些?每种方法适用于何种情境?

4.面试作为人员甄选方法有何利弊?该注意哪些问题?

5.如何对企业的招聘工作进行评估?

案 例 分 析

强盛公司的一次招聘

强盛公司是一家跨国公司在中国的子公司,以研制、生产、销售药品为主,随着生产业务的扩大,为了对生产部门的人力资源进行更有效的管理,公司决定在生产部设立一个新职位,主要负责生产部与人力资源部之间的协调工作。生产部许经理提出在外部招聘合适的人员。人力资源部决定马上发布招聘信息,在发布招聘广告的渠道上有两种选择:一是在本行业的专业杂志上,费用为3000元;二是在本地区发行量最大的报纸上,费用是9000元。人力资源部把两个方案向公司主管领导作了汇报,反馈的意见是选择第二种方案,因为,公司在中国处于发展初期,知名度不高,应抓住发布招聘广告的机会扩大公司的影响。

在接下来的7天里,人力资源部共收到了800多份简历,他们先从中挑出70份候选简历,然后再次筛选,最后确定了5名应聘者。人力资源部宋经理把候选人名单交给了生产部,许经理从中挑选了两人:朱强和李平,并决定和人力资源部经理一起对他们进行面试,根据面试结果决定最终人选。在面试过程中,发现两人基本条件相当,两位经理对两位候选人都比较满意,尽管李平以前曾在两个单位工作过,但没有最近工作过的单位的主管的评价材料。面试结束后,告知两人在一周后等待通知。在此期间,朱强在静候通知;而李平打过两次电话给人力资源部经理,第一次表示感谢,第二次表示渴望这份工作。

面试后,生产部经理和人力资源部经理商量何人可录用。生产部许经理说:"两位候选人看来都不错,你认为哪一位更合适呢?"人力资源部宋经理说:"两位候选人都合格,只是李平的第二位主管给的材料太少,但是,这也不能说明他有什么不好的背景,你的意见呢?"许经理回答说:"很好,宋经理,显然你我对李平都有很好的印象,他尽管有点圆滑,但我相信是可以管理好的。""既然他与你共事,当然由你作出决定,明天就通知他来工作。"宋经理说。

李平进入公司工作6个月了,公司发现,他的工作没有预期的那么好,指定的工作经常不能按时完成,有时甚至表现出不胜任工作的行为,这引起了管理层的不满。而李平也觉得委屈,因为他发现公司的环境、薪酬福利、工作性质和招聘时描述的有出入。

案例讨论

1. 你对强盛公司此次招聘如何评价? 为什么?
2. 用人单位如何确保招聘到合适的员工?

第 *5* 章

员工培训与开发

员工的培训与开发是人力资源管理中的一个重要内容。从员工个人来讲,培训与开发可以帮助员工充分发挥其潜能,更大程度地实现其自身价值,增强对企业的归属感和荣誉感。从企业方面来看,有效的培训与开发可以提升企业的整体绩效,从而增强企业的综合竞争力。这一过程可以体现组织与个人发展的"双赢"。

重点问题

➩ 培训与开发的概念
➩ 培训与开发的意义
➩ 培训与开发的主要内容
➩ 培训与开发应当遵循的原则
➩ 培训与开发的具体步骤
➩ 培训与开发的方式与方法

阅读资料

创维学院:企业领导人才的锻造工厂

集团型企业的发展需要众多要素的组合,其中一个关键支持点就是商业领导者,中国电子百强优秀企业之一的大型高科技上市公司创维集团深谙这一点。创维集团创办了创维学院,期望能通过培训和发展不断强化创维商业领导人的 DNA,通过他们的成长推动各项业务的发展。因此,创维学院的宗旨是:创建一个创维经理人学习、思考、沉淀的环境,达到经理人领导力、核心业务能力水平提升的目标,使创维学院成为推动创维集团持续创新和发展的加速器。在服务集团的二次创业,实现垂直产业整合的目标下,创维学院就好比一个精英人才的锻造工厂,为集团公司产出最具竞争力的"企业家群体和管理者团队"。创维集团在内部制订并实施了"重点人才发展计划"。这一计划通过创维领导者的言传身教,同时引入集团外部的经典课程,在集团公司各产业经营团队分享成功的方法、经验和心得,帮助集团选定的重点人才迅速提高其领导才能和经营才能,以这两个方面支撑其经营业绩,贡献于集团二次创业的目标,并在此过程中提升自己。重点人才发展计划的关键点在于集团最高层参与、有效的方式和良好的内容安排。针对重点人才,创维学院开发了四种培养方式:

第一种方式是研讨交流。学院利用本身的资源优势,在集团内部成立了"创维经理人俱乐部"。这个俱乐部的成员由每期参加学院培训的团队领导者、公司高管和职业经理人组成。俱乐部每年都会定期开展一些主题活动,通过经理人俱乐部活动这一形式载体,学员们将主要针对业务流程中的关键技能进行主题研讨,通过研讨交流更深入地学习和掌握关键技能知识,并在此过程中提升自己的业务开展能力和团队经营能力。

第二种方式是标杆学习。它的核心是就一个主题,通过经理人俱乐部举办的活动,学员们走出去向最佳企业进行学习。通过标杆学习,这些关键人才开拓了新视野,发现了新目标,重新思考并改进自身的领导方式和经营管理。

第三种方式是学院授课。按一定标准选取一部分关键人才,给予研究课题、研究经费,参与者可以组成研究小组或者自行完成课题研究,然后回到创维学院进行授课。一般而言,一个人对知识有了全面深入的了解和掌握,他才有可能教会别人。通过这一授课计划不仅推动参与者提高了自身的水平,同时也帮助了他人。

第四种方式是高管面授。学院会邀请集团总裁、副总裁、财务总监、人力资源总监等高层领导亲自授课,重点讲授领导力及商业运营能力两方面的内容。

——资料来源:毕波.创维学院:企业领导人才的锻造工厂[J].人力资源管理,2007(5).

5.1　员工培训与开发概述

5.1.1　培训与开发的概念

1. 培训（training）

培训集中于员工现在的工作，主要是指企业等组织有计划地帮助员工掌握与工作相关的技能的过程，并能够在日常工作活动中加以运用，从而提高工作绩效。员工培训强调的是帮助员工更好地完成现在承担的工作。

2. 开发（development）

开发集中于员工对未来工作的准备，主要是指帮助员工掌握未来工作所需要的知识和能力，促进个人职业发展，为胜任企业的其他职位作准备，提高员工向未来岗位流动或更高职位升迁的能力。员工开发强调的是鉴于未来的工作而对员工提出更高的要求。

3. 培训与开发的比较

在理论与实践当中，如何更好地区分培训与开发的内涵，可以参考表 5-1。

表 5-1　培训与开发的比较

项目	范围	重心	期限	参与方式	工作经验	产出效益
培训	全体	目前工作	较短	强制	使用度低	短期见效
开发	部分	未来需要	较长	自愿	使用度高	长期见效

对于企业而言，培训与开发都是注重员工个人与组织当前和未来发展需要相匹配的重要的人力资源工作，因此员工的培训与开发同等重要。在人力资源管理实践中，人们在使用这两个术语时，往往不作严格的界定与区分，而且随着培训工作越来越具有战略性，员工培训与员工开发之间的界限也日益模糊。

5.1.2　培训与开发的意义

企业进行人力资源培训与开发，不论是对员工个人还是对企业都有着非常重要的意义。

1. 满足员工自身发展的需要

根据马斯洛的需要层次理论，人的需要由低到高可分为生理、安全、社交、尊重和自我实现的需要。尊重和自我实现需要属于高层次的精神需要，是员工自身发展的自然要求，它们在人们的需要结构中占据非常重要的位置，对人行为的激励作用最大,而这些需要的满足必须通过培训与开发来实现。

2. 提高员工满意度

员工一方面通过企业对自身培训与开发的投资而感受到企业对自己的关心与重视,另一方面,技能的提高一般会带来自身业绩的提升,这两方面都能够提高员工的满意度。

3. 满足企业发展对高素质人才的需要

现代企业之间的竞争归根到底是人才的竞争,企业的发展需要大量高素质的人才。这些宝贵的人才资源不是随便"捡"来的,而是企业自己培养与开发的。

4. 提高企业绩效

培训与开发可以提高员工的工作技能,增强员工责任心,改善员工的满意感而激发其工作热情,最终提高工作效率,从而创造较好的绩效,并带来整个企业绩效的提升。

5. 有助于企业文化建设

对员工进行的价值观培训和道德准则的培训,能够强化员工对企业的认同,形成共同的价值观念,提高员工的忠诚度,增强企业的凝聚力、向心力和拉动力。

6. 促进企业向学习型组织转变

人力资源培训与开发能够为员工创造合适的学习环境,促进整个企业的学习欲望和信息共享,是创建学习型组织的前提条件和必要手段。

7. 形成企业的竞争优势

有能力比竞争对手学习快是未来唯一持久的优势。人力资源培训与开发能够改变员工的知识、技能、态度、忠诚感、学习力与创造性等,从广义上说,这些都是人力资本的构成要素,而人力资本与企业资本共同成为企业核心能力的来源。因此,培训与开发能够帮助企业打造核心竞争力,最终形成企业的竞争优势。

5.1.3 培训与开发的内容

企业招聘录用员工时,虽然采用了笔试、面试、测试等方式和方法,但大部分新员工并不是一开始就具备完成指定工作所应有的知识和技能,也缺乏如何面对新的岗位所应有的工作态度。另外,企业是在一个不断变化的环境当中生存和发展的,员工的知识、技能和工作态度必须与这种变化相适应。由此可见,无论是对新员工还是在职的工作人员,进行培训与教育是必不可少的环节。

一个企业完整的培训与开发内容应该包括知识、技能和态度三个方面。

1. 知识培训

知识培训又称知识学习或认知能力的学习,是指以业务知识为主要内容的培训,要求员工学习各种有用知识并运用所学知识,促进和改善所从事的工作。知识学习包括行为规范和行事规则、记忆和推理、符号图案的辨认、生产与管理知识的回忆和应用,以及知识驱动的工作场所、学习性组织等项目内容。通过培训,应该使员工具备完成本职工作所必需的知识,包括基本知识和专业知识。还应该让员工了解组织的发展战略、经营方针、经营状况、规章制度等基本情况,增强员工的参与意识,使其发挥更大作用。

2. 技能培训

技能培训是指以工作技术和工作能力为主要内容的培训,要求员工做好本职工作,是对其处理和解决实际问题技巧与能力的培训与开发。技能培训的目标是要解决“会”的问题,特别是以适应变化的工作职位的能力为基础的技能培训越来越得到企业认同。当然,这里的技能不仅包括能够按照规定的程序和标准完成工作,也包括对胜任职位的一种综合能力的要求。通过技能培训,应该使员工掌握完成本职工作所必备的技能,包括一般技能和特殊技能,并培养开发员工这方面的潜力。

3. 态度培训

态度培训又称态度学习或情感性学习,它主要涉及对员工的价值观、职业道德、认知、情感、行为规范、人际关系、工作满意度、工作参与、组织承诺、不同主体的利益关系处理,以及个人行为活动方式选择等内容和项目的培训与开发。员工通过态度培训,应该树立起与企业之间的信任感,清楚企业希望他们应该具备什么样的态度进行工作,这不仅是一种指导,同时也是一种约束。

5.1.4 培训与开发的原则

为了保证培训与开发的方向不偏离组织预定的目标,企业必须制定基本原则,并以此为指导。具体包括以下几个方面:

1. 战略原则

企业必须将员工的培训与开发放在战略的高度来认识。员工培训有的能立竿见影,很快会反映到员工工作绩效上;有的可能在若干年后才能收到明显的效果,尤其是对管理人员的培训。因此,许多企业将培训看成是只见投入不见产出的“赔本”买卖,往往只重视当前利益,安排“闲人”去参加培训,而真正需要培训的人员却因为工作任务繁重而抽不出身。结果就出现了所学知识不会用或根本不用的“培训专业户”,使培训真正变成了只见投入不见产出的“赔本”买卖。因此,企业必须树立战略观念,根据企业发展目标及战略制订培训规划,使培训与开发与企业的长远发展紧密结合。

2. 理论联系实际,学以致用原则

员工培训应当有明确的针对性,从实际工作的需要出发,与职位特点紧密结合,与培训对象的年龄、知识结构、能力结构、思想状况紧密结合,目的在于通过培训让员工掌握必要的技能以完成规定的工作,最终为提高企业的经济效益服务。只有这样培训才能收到实效,才能提高工作效率。

3.知识技能培训与企业文化培训兼顾的原则

培训与开发的内容,除了文化知识、专业知识、专业技能的培训内容外,还应包括理想、信念、价值观、道德观等方面的培训内容。而后者又要与企业目标、企业文化、企业制度、企业优良传统等结合起来,使员工在各方面都能够符合企业的要求。

4.全员培训与重点提高相结合的原则

全员培训就是有计划、有步骤地对在职的所有员工进行培训,这是提高全体员工素质的必经之路。为了提高培训投入的回报率,培训必须有重点,即对企业兴衰有着重大影响的管理和技术骨干,特别是中高层管理人员;再者就是有培养前途的梯队人员,更应该有计划地进行培训与开发。

5.培训效果的反馈与强化原则

培训效果的反馈与强化是不可缺少的重要环节。培训效果的反馈指的是在培训后对员工进行检验,其作用在于巩固员工学习的技能、及时纠正错误和偏差,反馈的信息越及时、准确,培训的效果就越好。强化则是指由于反馈而对接受培训人员进行的奖励或惩罚。其目的一方面是为了奖励接受培训并取得绩效的人员;另一方面是为了加强其他员工的培训意识,使培训效果得到进一步强化。

5.2　培训与开发的步骤

员工培训与开发对企业至关重要。然而,培训与开发所花费的资金、时间、精力等综合成本又都不低,这又令许多高层管理者犹豫不决。我们并不提倡企业不计成本盲目地进行培训与开发,但只要对培训工作加以精心设计与组织实施,就能有效地、经济地做好这一工作,尽可能以较低的培训成本达到企业既定的培训开发目标。为了确保培训与开发的投入能最大程度地影响个人与企业的绩效,在实践中应遵循高效、完整的培训与开发步骤。

一般来说,培训与开发要按照下面的程序来进行:首先是培训与开发的需求分析;其次是培训与开发方案的设计;再次是培训与开发方案的实施管理;最后是培训与开发的成果转化与效果评估,最后一个步骤的结果信息应反馈至新一轮的培训与开发工作中去,促使其在更高的层次开展各步骤的工作。整个过程如图 5 - 1 所示。

企业培训与开发活动正如图 5 - 1 示意的那样,是一个反复循环、螺旋上升的过程。

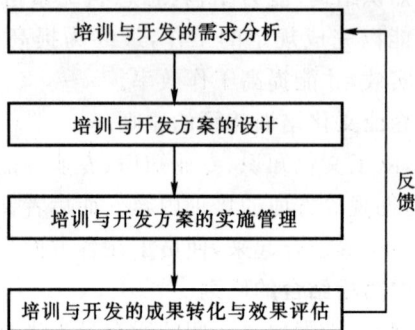

```
┌─────────────────────────────┐
│      培训与开发的需求分析      │←──┐
└─────────────────────────────┘   │
              ↓                    │
┌─────────────────────────────┐   │
│      培训与开发方案的设计      │   │
└─────────────────────────────┘   │  反
              ↓                    │  馈
┌─────────────────────────────┐   │
│     培训与开发方案的实施管理    │   │
└─────────────────────────────┘   │
              ↓                    │
┌─────────────────────────────┐   │
│   培训与开发的成果转化与效果评估 │───┘
└─────────────────────────────┘
```

图 5-1　培训与开发实施步骤模型

5.2.1　培训与开发的需求分析

所谓培训与开发的需求分析指的是在规划与设计每一项培训活动之前,由培训部门、主管人员、工作人员等采取各种方法与技术,对企业及其成员的各种目标、知识、技能等方面进行系统的鉴别与分析,以确定是否需要培训及培训内容的一种活动或过程。它既是确定培训目标、设计培训方案的前提,也是进行培训评估的基础,因而成为培训活动的首要环节。

企业中存在对员工进行培训的需求,主要是由于企业当前已经出现了问题或者以后可能会出现问题,出现的这些问题就是引起培训需求的"出发点",主要来自于两个方面:企业方面与个人方面。这两个方面是同等重要的,因为即便是员工个人不存在培训需求,可是从企业整体的角度出发,必须对员工进行培训,比如说企业文化培训。但是,企业出现问题只是培训需求的可能性,并不等于只要出现问题就必须进行培训,如果通过培训,可以有效地解决企业出现的问题时,才是培训需求的现实性,比如员工的生产效率低下是由于薪水过低而引起的,此时如果对员工进行培训是没有任何意义的,应当通过提高员工薪酬水平来解决。所以,培训需求不仅要有可能性,也要有现实性。企业方面出现的问题要进行普遍性的培训,个人方面出现的问题要进行特殊性的培训,当然,如果个人方面的问题具有共性的话,那就变成了企业方面的问题了。

对于培训与开发的需求分析,最有代表性的观点是麦吉(McGehee)和塞耶(Thayet)在 1961 年提出的培训需求分析的三个方面,即通过组织分析、人员分析与任务分析来确定培训的需求,这仍然是今天普遍使用的观点。

1. 组织分析

组织分析是指从企业方面开始,包括的内容有两方面:一方面是对企业将来的发展方向进行分析,确定企业今后的培训重心和方向;另一方面是对企业的整体绩效进行评价,找出存在的问题并分析其产生的原因,以确定企业当前的培训重心。

企业培训的重心与方向,是根据企业的经营发展战略来确定,企业的发展战略不同,经营的重心就会不同,因此培训的重心和方向也就不同。另外,企业的竞争战略、经营策略等都会影响到将来的培训重心与方向。表 5-2 列出了在不同的发展战略下,企业经营的重心以及培训的重心。

表 5-2 不同发展战略下企业培训与开发的重心与方向

战略		经营重心	达成途径	关键点	培训重心
集中战略		· 增加市场份额 · 降低运作成本 · 建立和维护市场地位	· 改善产品质量 · 提高生产率 · 技术流程创新 · 产品客户化	· 技能先进性 · 现有员工队伍的开发	· 团队建设培训 · 跨职能培训 · 专业化培训 · 人际关系培训 · 在职培训
成长战略	内部成长战略	· 市场开发 · 产品开发 · 创新 · 合资	· 现有产品营销 · 增加分销渠道 · 全球市场扩展 · 修正现有产品 · 创造新产品 · 合资扩张	· 创造新的工作和任务 · 创新	· 支持或促进高质量产品价值沟通 · 文化培训 · 帮助建立鼓励创造性思考和分析的组织文化 · 工作中的技术能力 · 反馈与沟通方面的管理者培训 · 冲突谈判技能
	外部成长战略	· 横向一体化 · 纵向一体化 · 集中多元化	· 兼并在产品链条上与组织处于相同阶段的企业 · 兼并能够为组织供应原料或购买产品的企业 · 兼并其他企业	· 一体化 · 人员富余 · 重组	· 确定被兼并企业员工的能力 · 培训系统的一体化 · 合并后组织中的办事方法与程序 · 团队培训
收回投资战略		· 精简规模 · 转向 · 剥离 · 清算	· 降低成本 · 减少资产规模 · 获取收入 · 重新确定目标 · 出售所有资产	· 效率	· 激励、目标设定、时间管理、压力管理、跨职能培训 · 领导能力培训 · 人际沟通培训 · 重新求职的帮助 · 工作搜寻技巧培训

资料来源:(美)雷蒙德·A·诺伊,等. 雇员培训与开发[M]. 北京:中国人民大学出版社,2001:267.

组织分析的第二个方面是通过对企业整体绩效的评价来确定当前的培训需求,首先要制定企业绩效考核的指标和标准;其次把企业当前的绩效和设定的目标与以往的绩效进行对比,当绩效水平下降或者低于标准时就形成了培训需求的"出发点",并对此进行分析,确认现实的培训需求。比如通过对企业绩效的评价,发现产品的合格率较低,就要找出原因并进行分析,如果是员工操作不当,就需要重点对员工进行操作规范的培训。

企业绩效考核是整体性评价,发现的问题具有一定的代表性,而培训开发的最终目的就是要提高企业的整体绩效,因此这种分析是非常必要的。

2. 任务分析

任务分析也叫操作分析或工作活动分析,是指对员工从事的工作进行描述,研究员工是如何行使自己所承担的任务与职责的,并分析他们完成这些任务所需要的知识、技能、态度和行为。当员工自身工作现状与任务分析的结果有明显差距时,就需要进行培训。这里的任务主要是指某位员工在某种具体工作中的一些活动,因此任务分析也称操作分析。

一般来说,只有从组织分析中得出企业有必要在某种培训上投入时间和资源的结论后才会具体进行任务分析。这是因为任务分析需要投入大量时间来收集和归纳数据,是一个既耗时又细致的工作。任务分析通常按照以下程序进行:

①选择需要分析的工作岗位;

②通过观察、访问、与知情者讨论等方式,罗列出该工作岗位需要履行的各项任务的基本清单;

③查证和确认任务基本清单的可靠性与有效性;

④通过访问与调查问卷明确胜任一项任务所需要的知识、技术或能力。

某项任务是否要进行培训要看这项任务是否重要,根据有关专家对任务执行频率、重要程度与执行难度的评定来确定,那些重要性不高、难度不大,同时又很少执行的任务,可以不列入培训项目中。由专家确定完成每项任务所需要的知识、技能或能力及其他执行要求(如工作条件、业绩标准、必要的工具和设备等),并将其按共通性分成不同的组别,然后合并成模块,这些任务模块成为确定课程体系和课程目标的依据。

3. 人员分析

人员分析是指将员工当前的实际工作绩效与员工工作绩效标准或员工工作绩效预期进行比较,确定哪些员工需要进行培训,同样重要的是哪些员工不需要进行培训。人员分析主要包括绩效评估、员工知识或技能测试及员工个人填写的培训需求调查表。绩效评估可以反映哪些人没有达到期望值,但不能反映没有达到期望值的原因。员工知识或技能的测试可以客观地反映没有达到期望值的原因,但是测试与实际工作是两回事。因此,要确定真实的培训需求,只有综合上述各种手段来进行人员分析。人员分析非常重要,全面的人员分析可以避免组织派遣那些不需要培训的员工去参加培训,从而节约了成本。另外,人员分析可以帮助培训部门了解受训者的基本情况,从而进行有针对性的课程设计。

通过培训与开发的需求分析,应得出的结论是:是否需要培训?谁需要培训?培训的内容是什么?是否有足够的资源?对这些问题的回答,决定企业培训与开发方案的设计。

5.2.2　培训与开发方案的设计

企业培训与开发方案的设计是基于对培训需求了解的基础上展开的工作。方案的设计需要做好以下几方面工作。

1.选定培训对象

在明确培训需求之后,企业首先要确定哪些员工需要进行培训。培训的目的是让需要培训的员工经过培训之后符合岗位与技能的要求。需要注意的是,企业的培训资源是有限的,因此如何合理地分配培训资源是人力资源部面临的重要问题。并不是所有的员工经过培训后就一定有收获,这还与员工的主观意愿和学习能力有很大的关系。特别是在培训经费紧张的情况下,培训工作就更要保证满足确实需要培训的员工的要求。企业需要培训的对象一般包括:新录用的员工、可以改进当前工作的员工、企业要求他们掌握其他技能的员工、有潜力的员工。影响员工培训效果的因素主要有:员工的态度、学习能力与技能差距。

2.设定培训课程

课程培训内容要结合企业现实的生产经营管理需要或长远发展的需要。课程内容一般包括五个方面:知识培训,主要解决"知"的问题;技能培训,主要解决"会"的问题;思维培训,主要解决"创"的问题;观念培训,主要解决"适"的问题;心理培训,主要解决"悟"的问题。根据培训的内容与培训需求分析的结果,又可将培训课程分为新员工培训课程、固定培训课程与动态培训课程三类。

新员工培训课程设置比较简单,属于普及性培训,包括的内容有企业文化、政策、制度和企业发展历史等。

固定培训课程是基础性培训,是从事各类工作需要掌握的知识和技能,在岗位调动、职位晋升、绩效考核中反映出知识和技能有差距的员工需要进行固定课程的培训。首先,人力资源部会同各级部门,从岗位分析入手,对所有岗位进行分类,例如,分为管理类、技术类等,并在分类基础上对每一类进行层次级别定义和划分。由此,按照企业的组织结构与岗位胜任模式来建立固定课程体系就有了分析的基础和依据。其次,以各岗位为基础,分析员工开展工作所需的职业化行为模块和行为标准,分析支持这些职业化行为模块和行为标准所需的专业知识和技能,确定出各岗位的培训课程,从而开发出相应的培训教材。不同级别的必备知识可以相同,但在深度和广度上应该有所区别。

动态培训课程是根据行业发展动态,结合企业发展战略作出培训分析。这类培训主要是保证员工能力的提升,为企业的发展提供人才支持,是根据新技术、新理念等确定培训课程。

课程设置要坚持"缺少什么培训什么、需要什么培训什么"的原则,使员工能够掌握需要的知识与技能;适应多样化的员工背景,选择不同难度的课程内容进行课程水平的多样组合。一般来说,课程内容的选择是课程设计的核心问题。课程教材的开发应注意相关性、有效性和价值性。

3. 采取不同的培训形式

企业培训对象的多样性决定了培训形式也是多样的。培训形式包括在职培训、岗前培训和脱产培训等,一切要从企业的需要出发。如果培训内容多、要求高、时间长,可以采取脱产培训比较适宜;如果培训的内容比较简单,只是一些补充性培训,则可以采取在职培训的形式。

4. 选择恰当的培训时机

员工培训的方案设计必须做到何时需要何时培训,这道理虽然简单,但事实上,要做到这一点并不容易。许多企业是在时间充足或培训费用较低的时候提供培训,比如,他们将培训计划列入生产淡季,却不知由于没有及时得到培训造成大量的次品、废品或其他事故,成本更高。

5.2.3　培训与开发方案的实施与管理

培训与开发方案的实施与管理是整个培训过程中的关键环节。企业在实施员工培训时,主要涉及以下几个方面:

1. 选择确定培训师

培训师是影响培训效果的决定性因素。培训师的来源可以分为两类:一类来自于企业外部,如高校相关专业教师、培训咨询机构的专业培训师或某一行业领域的专家等;另一类来自于企业内部,一般是资深业务能手或各级管理人员。

企业在选择培训师时,要根据培训的内容、要达到的目标、资源的限制等因素来确定培训师的人选,选择的培训师不仅要有广博的理论知识,更要有丰富的实践经验;既要有扎实的培训技能,也要有吸引员工的人格魅力。总之,企业要想方设法寻找到合适的培训师,以便能保质保量地达到预期的培训目标。

2. 确定培训教材

培训教材一般由培训师根据培训需要来确定。教材来源主要有四种：外购公开发行的教材、企业内部编写的教材、培训公司开发的教材以及培训师编写的教材。企业选择的教材一定要有针对性和实用性，应该是对培训内容的概括与总结，包括培训目标、重点、习题及参考书等。

3. 确定培训地点

培训地点的选择也是影响培训效果的因素之一，许多企业往往忽略了这一点。实际上，培训场所的采光、室内温度、桌椅的舒适度等，都会影响到员工的学习情绪以及培训师的心情，最终会影响培训的效果。培训地点一般可以选在专用教室、外租的教室、企业内部的会议室、外租的宾馆会议室等，企业应根据培训的具体内容来选择适合的培训地点。

4. 准备培训设备

员工培训需要借助各种培训仪器和设备，比如投影仪、放像机、屏幕、摄像机、电脑、电脑辅助软硬件、黑板、白板、笔等，应根据需要事先作好准备，让培训师预先了解并熟悉一些特殊设备的使用方法，对培训会起到意想不到的效果。

5. 确定培训时间

培训时间的确定，一般不应与员工工作时间发生冲突，企业应根据员工培训的特点，确定合理的培训时间，包括何时开始、何时结束、每个培训周期的长短等。

6. 确定培训方法

企业在培训活动中使用的培训方法很多，比如讲授法、视听法、案例研究法、工作指导法、研讨法、角色扮演法、游戏法、团队培训法等。具体的培训方法应根据组织的实际需要，来确定合适的培训方法。

为了增强培训效果，企业在培训的实施管理中还应注意以下几点：

一是联系。培训内容应与员工的工作任务相联系，最好与员工熟悉的概念、词汇及例子结合起来，这时，员工最感兴趣，最容易接受新知识、新技能，效果也最好。

二是互动。主要是指应组建一些互动群体，如学习小组、实践小组等，使员工能够一起讨论，相互学习，一起实践，互相促进。

三是实践。实践是有效学习的关键。企业实施培训活动时，必须为受训者提供充足的实际演练机会。

四是吸引。吸引受训者的注意力，保持其对培训内容的专注是培训成功的必要条件。企业在实施培训活动时，应当促使受训者认识到培训的重要性，激发其对培训的兴趣。

五是反馈。培训反馈指的是将受训者学习状况的具体信息传递给本人，使其知道自己的行为是否正确。有效的反馈一般集中于员工的具体行为和及时性反馈,并附以表扬和指导措施。因此,员工正确行为的反馈是一种激励性反馈;而员工错误行为的反馈可以帮助员工改正不良行为,也称为纠正性反馈。反馈造就完善,企业实施培训活动必须重视反馈环节。

5.2.4　培训与开发成果转化与效果评估

培训开发活动的最后一个步骤就是要对培训与开发进行成果转化与效果评估,这不仅可以验证此次培训是否达到了预期目标,还可以帮助企业决定是否应该继续此项培训,更重要的是它还有助于企业对以后的培训进行改进和优化。

1.培训与开发成果转化

培训与开发的目的就是要改善员工的工作业绩并最终提高企业的整体绩效,因此员工在培训中所学的知识必须应用到实际的工作中去,这样培训才具有实际意义,否则培训的投资对企业来说就是一种浪费。

关于培训成果的转化,有三种主要的理论,简要介绍如表5-3所示。

表5-3　培训成果转化的三种理论

理论	强调重点	适用条件
同因素理论	培训环境与工作环境完全相同	工作环境的特点可预测并且稳定,例如设备使用培训
推广理论	一般原则运用于多种不同的工作环境	工作环境的特点不可预测并且变化剧烈,例如谈判技能的培训
认知转化理论	有意义的材料可增强培训内容的存储和回忆	各种类型的培训内容和环境

资料来源:(美)雷蒙德·A·诺伊,等.雇员培训与开发[M].北京:中国人民大学出版社,2001:92.

一般来说,培训成果的有效转化,至少需要具备以下几个基本条件:

(1)良好的转化氛围。这是培训成果转化的环境因素,良好的外部氛围将有助于员工培训成果的转化。表5-4列举了一些有利于培训成果转化的环境特征。

(2)建立信息技术支持系统。信息技术支持系统是一种能够按照需要提供技能培训、专家建议等信息的计算机应用软件系统,受训者在工作中运用所学知识、技能遇到问题时,可以随时通过此系统取得所需电子信息,如操作程序等,从而支持知识运用与学习成果的保存和积累。

(3)自我管理。受训者应按照人力资源管理部门或培训师的要求作好在工作中运用新技能的自主管理准备,包含三方面内容:一是让受训者制定在工作中运用新技能的目标,分析无法实现该目标的原因,明确在工作中运用新技能的积极与消极两种后果;二是让受训者清楚在工作中运用新技能遇到困难的必然性以及放弃应用的后果;三是提醒受训者如果在工作中运用新技能无法得到上级和同事支持时应建立自我奖罚系统,并主动要求上级和同事提供反馈。

表 5 - 4　有助于培训成果转化的良好氛围

特征	举例
上级与同事鼓励受训者积极运用在培训中所学的新技能及行为,并为他们确定目标	受训者与他们的上级以及其他管理者一起讨论如何将他们在培训中所学到的技能运用到实际工作中去
任务提示:受训者从事的工作特征推动或提醒受训者运用在培训中学到的新技能和行为	对受训者的工作进行重新设计,使他们能够将培训中所学到的技能和行为运用到工作中去
反馈结果:上级支持受训者把培训中所学的新技能与行为运用到工作中去	上级提醒受训者运用他们在培训中所学到的知识与技能
惩罚限制:不能让受训者因为运用了在培训中所学的新技能和行为而受到公开打击	刚刚接受完培训的受训者在运用培训内容失败时,对他们不要责备
外在强化结果:受训者因为运用了在培训中所学新技能和行为而得到加薪等外在奖励	刚刚接受完培训的受训者如果能够成功地将培训内容加以运用,会得到加薪奖励
内在强化结果:受训者因为运用在培训中所学的新技能和行为而得到如上级和同事的赞赏等内在奖励	刚刚接受完培训的受训者在工作中按照培训要求去做会受到上级和其他管理者的表扬

资料来源:(美)雷蒙德·A·诺伊,等.雇员培训与开发[M]. 北京:中国人民大学出版社,2001:285.

2. 培训与开发效果评估

　　培训效果评估即对培训进行评价,是指依据培训目标,对培训对象和培训本身作一个价值判断。培训效果评估是对培训项目的改进,或者是为企业以后的培训工作积累经验。它主要包括两方面内容:一是培训效果评估的标准;二是培训评估的设计。

　　(1)培训效果评估的标准。培训效果评估的标准是指要从哪些方面对培训进行评估,即培训评估的内容。目前,国内外使用最广泛的培训评估标准仍然是美国学者柯克帕特里克(Kirkpatrick)在 1959 年提出的培训效果评估模型。该模型将

培训评估的标准分为四个递进的层次,即反应层、学习层、行为层和结果层,如表
5-5所示。

表 5-5　柯克帕特里克四层评估标准

层次	名称	问题	评估方法
第一层次	反应层	喜欢此次培训吗? 对培训者和培训方式满意吗? 课程有用吗? 有何建议?	问卷、面谈
第二层次	学习层	受训者在接受培训之后知识和技能的掌握是否提高以及有多大程度的提高?	笔试、绩效考核
第三层次	行为层	受训者在接受培训之后是否改进了以前的行为? 是否运用了培训的内容?	由培训者、上级、同事、下级以及客户进行评价
第四层次	结果层	组织和员工的绩效是否得到了改善与提高?	员工流动率、生产率、利润率等指标考核

反应层是培训评估的第一个层次,主要是了解受训者对培训方式、培训项目、培训人员是否满意。这种评估在一次或一天的培训结束之后进行最为有效。

学习层的评估是可以量化的。一般来讲,了解受训者知识掌握程度的最佳方法就是笔试,对于一些技术性的工作,可以通过绩效考核知晓受训者提高的程度。

行为层的评估一般是在培训结束之后进行的。这种评估需要各部门的配合,不断获取受训者行为变化的相关信息。如果受训者的行为没有发生变化,说明对该受训者的培训是不成功的。

结果层的评估主要是指企业和员工的绩效是否由于培训而得到改善,是否有助于达到企业既定的目标,因而培训评估最有意义的就是结果。培训结果评估可以通过企业的一些指标进行分析。

另外,培训评估的标准还可以从两个方面来考虑:一方面是培训的效果,即培训是否实现了企业预期的目标,这可以将培训的效果与培训的目标进行比较,从而得出结论。培训的效果评估是培训评估最基本的要求,主要是针对受训者而言的。另一方面是培训的效率,即培训是否以最有效的方式实现了企业预期的目标,包括评估费用成本、时间成本,在同样的培训效果下,费用最低、时间最短的培训是最有效的。通过对培训效率的评估,可以对培训方法进行优化。效率评估更多的是针对培训本身而言的。

(2)培训评估的设计。培训评估的设计是指应当如何进行培训的评估。培训评估的方案设计水平将决定对培训评估结果的放心程度。虽然任何培训评估都无

法保证绝对准确的评估结果,但是企业可以通过设计尽可能严谨的评估方案来提高准确性,减少评估结果的争议。

根据培训的测试时点不同,常用的评估方案设计类型主要有以下几种:

一是培训后评估。培训后评估是指在培训结束后对受训者的培训效果进行测试,它能表明受训者在接受培训后的知识和技能水平。但是这种测试得到的评估结果只是绝对值,更多地反映了培训目标的完成情况,很难看到培训的改进效果。比如,对生产效率的培训,目标是每天产出产成品 5 台,培训后进行测试得出的结果与目标是一致的,说明培训达到了预期的目标,然而这一结果却无法说明培训对生产效率提高的程度。这类评估方案主要用于对反应层的评估。

二是培训前后的对比测试。这类评估需要进行两次测试,在培训前后分别对受训者进行一次测试,然后把两次测试的结果进行对比,从而对培训的效果作出评估。这类测试可以得出培训结果的相对值,还可以明确培训的改进效果。但是受训者在行为或结果方面的变化可能受到其他因素的影响,从而影响到对培训效果的准确评估。根据上面的例子,假设培训前员工的生产效率为每天产出产成品 3 台,培训后为每天 5 台,可以看出培训对生产效率的改进程度,但这种改进并不一定都是培训的结果,还可能是技术改进等原因形成的。这种评估方案主要用于对学习层的评估。

三是与对照组进行培训前后的对比测试。为了消除其他因素对培训效果评估的影响,除了对受训员工进行对比测试外,还应选择一组没有经过培训的员工进行对比测试,这种测试更前进了一步。把受训组与对照组测试的结果进行对比,可以反映出培训的实际效果。根据上面的举例,受训者的生产效率从培训前的每天生产 3 台提高到培训后的每天生产 5 台,而对照组的员工,在培训前的生产效率也是每天生产 3 台,现在的生产效率为每天生产 4 台,通过对比可以得出培训对生产效率的提高程度是每天多生产 1 台。为了保证测试效果的真实性,受训组员工和对照组员工,除了在培训方面有所不同之外,其余的任何条件都要一致。这种评估方案主要用于行为层与结果层的评估。

5.3　培训与开发的方式方法

5.3.1　培训与开发的方式

员工的培训与开发主要有两种方式,即代理性培训方式与亲验性培训方式。

代理性培训方式是指在代理性培训过程中,培训者不是靠自身实践阅历和亲身体验来直接获得知识、经验或结论,而是经过别人整理加工后再传授给他们的间接经验、知识和结论。例如,以讲座形式举办的培训活动,授课人的课堂讲授和以教材为主的知识传递等就是以代理性培训为主体的培训形式。代理性培训的优点是它在传授知识、借鉴他人经验方面效率较高。因为,在知识经济时代,人们不可能事事亲历,依靠直接的实践、体验、积累来获得所有的知识。代理性培训的缺点是对培训的内容感受不深,缺乏亲身体验,培训过程中信息单向交流,培训对象比较被动等。

亲验性培训是指通过培训者的亲身体验,"活学活用"来掌握知识和技能的培训方式。与代理性培训不同,在亲验性培训过程中,培训者获得的经验、知识和结论不是通过别人整理加工后再传递,而是经过自己的亲身经历、实际体验、直接经验来掌握的,往往能够内化为个人能力。培训与开发中的案例讨论、现场实习、模拟性练习、职务轮换、角色扮演、管理竞赛、心理测试等方法,即是以亲验性为主体的培训方式。亲验性培训有助于人们掌握隐性知识和"如何做"的知识,有利于人们处理问题、解决问题、完成工作等实际能力的培养,可以弥补代理性培训的不足。人们在生活、工作、社会活动中,相当多的知识和技能如果仅仅依靠代理性培训是无法掌握的,必须依赖亲验性培训才能掌握和运用。比如,人们学习开车、学会游泳的经历,即反映了这种培训原理。然而,由于个人的客观条件、实践机会、实践成本以及时间、精力等多方面的限制,亲验性培训方式在培训时,存在着培训成本高、培训效率较低、知识接触面较窄、简单重复前人工作等不足。

在培训与开发工作中,应当从实际出发,实事求是地把这两种培训方式与所培训的知识、技能、态度等内容,以及培训目标、培训资源、培训对象等有机结合起来,恰当选择和匹配代理性培训与亲验性培训方式,使这两种方式相辅相成,发挥最大的效应。

5.3.2 培训与开发的方法

员工培训与开发的方法多种多样,企业必须充分考虑到各种方法的优势与不足,根据企业的实际情况作出正确的选择,目的是为了获得最佳的培训效果并降低培训成本。下面我们来介绍几种最常用的培训方法。

1. 讲授法

讲授法又叫讲解法,它包括课堂讲授、举办讲座等形式,是培训中应用最为普遍的一种方法。讲授法一般是指培训者通过逻辑的、体系化的言语表达,系统地向受训者进行知识内容的讲解传授,有时还辅以文字、图形、问答等形式的培训方法。这种培训方法最适合以简单的形式获取知识为目标的情况。

实际上,讲授法是一种最典型的代理性培训方法,也是成本最低、最节省时间又能按一定组织形式可以有效传递大量信息的培训方法之一,有利于大面积培训人才,传授的知识比较系统、全面,对环境要求不高,受训者可以利用教室环境相互之间进行沟通,可以向教师请教,可以在较短时间内使受训者系统地吸收有关知识,而且还可以作为其他培训方法的辅助手段,因此在实践中受到了广泛的欢迎。但是讲授法是一种被动的学习方法,强调的是单向信息的灌输,使培训者很难了解受训者的学习理解程度,存在着受训者缺少参与、反馈、对材料澄清,以及与工作实际环境密切联系的机会,难以赢得并保持受训者的专心等,这些都阻碍了学习和培训成果的转化。因此,培训中采用讲授法时,材料必须是富有内涵并与工作具有相关性,为受训者提供更多的参与机会,结合问答、讨论等形式,调动受训者的积极性,最终增强培训效果。

2. 视听法

视听法是指将培训的有关内容制成幻灯片、影片、录像、录音、电脑等视听材料进行培训的方法。这种方法可以预先录制以展示行为、技术或问题的说明等内容,还可以用来录制和重放受训者在培训中的表现,被广泛用于提高受训者的沟通技能、面谈技能、服务技能等方面。视听法采用的录像形式是行为模拟的主要手段,培训者可以根据需要人为地控制播放,受训者能够得到系统的、不受个人兴趣影响的信息内容,还可以形象地说明一些难以用言语或文字表达或描述的特殊情况,从而使受训者加深印象。另外,视听法采用现场摄像设备,培训者和受训者可以共同观察现场情况,并对学习目标进展给予迅速的反馈。在现代培训中,视听法可以单独或与其他方法结合起来使用,提高培训效果明显,因此,受到大家的日益重视。视听法的缺点是其课程软件开发成本较高,而且课程需要经常更新。

随着视听技术的不断发展,录像已成为培训中使用最多的媒体。与电影相比较,它可以随时进行停止、启动和重播。因此,可以非常方便地在放映的同时进行讲解和评论。福特汽车公司在其经销商培训研讨会上,用电视来模拟如何处理各种客户投诉问题。海尔利用自身的录像宣传资料作为新员工踏入企业进行学习的首堂课,目的是介绍海尔的创业和发展过程,同时也是在向员工宣传企业文化。目前,在国内市场上,专门用于企业培训的录像片已经越来越多。

3. 工作指导法

工作指导法是在管理人员或指定人员的指引下按照工作的逻辑顺序分步骤教授培训者的培训方法,是被企业广泛采用的一种方法。其特点是通过资历较深的指导人的引导,新员工能够迅速掌握工作岗位的技能和方法。工作指导法的优点是新员工可以减少盲目摸索,少走弯路,能够很快地成长起来;另外,他们可以直接获取丰富的经验,所以能够尽快融入团队,特别是对于刚从高校毕业的大学生来说,这种培训方法可以消除他们进入工作时的紧张状态,使双方能够建立良好的人际关系,同时,工作指导法还有利于企业优良工作作风的传递。但如果企业没有完善的规范制度,则工作指导法并不能发挥其效用。比如,为了防止新员工对自己构成威胁,指导者可能会有意保留经验、技术,从而使指导没有实际意义;另外,新员工的培训效果受指导者本身水平高低的影响,最为关键的是,不利于新员工的工作创新。目前,仍然有许多企业采用这种帮带式培训,比如,联想集团在新员工上岗前,都要指定一对一的指导人,新员工通过指导人的帮助,能够很快融入企业。

4. 研讨法

研讨法是指由指导教师有效地组织受训者以团体的方式对工作中的课题或问题进行讨论,并得出共同的结论,由此让受训者在讨论过程中互相交流、启发,以提高受训者知识和能力的一种培训方法。其目的是为了解决某些复杂的问题,或通过讨论的形式使受训者就某个主题进行交流,达到观念看法的一致性。研讨法作为组织培训员工的一种方法,以其显著的培训效果,在实际应用中占有非常重要的地位,它与授课法并称职业培训两大培训法。"集思广益"是讨论法的基础,只有收集众人之智慧,并相互激发,才可达到 $1+1>2$ 的创造性效果。通过大家的自由思考,能出现各种各样的想法,然后把这些想法协调起来解决某一问题。研讨法培训的效果,取决于培训者的组织技巧与经验、受训者的自身水平以及讨论问题选择的好坏,因此,对培训者的要求一般较高。

5. 远程培训法

远程培训又称远程学习,是指利用电视、电话、电子文件、互联网等电子信息和传媒技术,对那些距离远、分布散的员工所进行的多点位、大区域的一种培训方法。它的优点是可以克服空间上的距离、为分布区域广、难以集中的员工提供高水平的专家培训,可以节省大笔的差旅费和时间,另外,利用网络开展远程化培训更方便、效率更高,能满足各种行业的需要。因此,受到越来越多的企业的青睐。比如,IBM 就是成功地开展远程培训的典型代表,IBM 培训部将各分部员工所需培训内容进行编辑,制作成电子教材后在内部局域网上发布,学员可以随时随地上网进行自我培训或集体培训,既节约了费用,又有效地降低了培训成本,并且培训效果显著。远程培训法的缺点是培训者与受训者之间缺乏有效互动。

6. 案例研究法

案例研究法又称案例分析法,要求受训者研究分析那些现实工作情形和真实经营管理事件的案例。首先由培训者按照培训目的向受训者展示真实性背景,提供大量背景材料,并作出相关解释后,由受训者依据背景材料来分析问题,提出解决问题的各种方案,让受训者真正体验认知和分析问题的过程,培养受训者分析和解决实际问题的能力。在对案例的分析、辩论中,受训者集思广益,共享集体的经验与意见,有助于他们将受训的收益在未来实际业务工作中思考与应用,建立一个有系统的思考模式。同时,受训者还可以学到有关管理方面的新知识。案例一般没有正确或错误答案,因此,这种方法的目的不在于教会受训者"什么是正确的答案"，而在于教会他们如何发现潜在的问题并提出切实可行的和最好的行动方案。这时的培训者充当的是向导或辅导员的角色。

案例研究法是一种双向性信息交流的培训方法，将知识传授与能力提升结合在一起，是目前培训界应用最多的培训方法之一。案例研究法特别适合于开发受训者在分析、综合、推理、评判等深层次的智力技能，提高受训者对复杂因素和不确定结果等风险的承受和应对能力。

在案例研究法的实践当中需要注意的是：所选择的案例要有真实性，不能随意捏造，尽可能从受训者所在的企业中选取，这样有利于受训者工作能力的提高；案例中应包含一些管理问题，否则没有学习与研究价值；案例研究始终要有个主题，即"你将怎么做？"

7. 角色扮演法

角色扮演法是指在一个特定的情境中让受训者扮演分派给他们的角色，在扮演结束后组织大家展开讨论，以各自对某一扮演角色的看法发表自己的意见，通过这样一个过程来深化受训者对于角色的体会，进而达到培训目的的一种方法。这样受训者能够了解到自己的行为对他人产生的影响。一般情况下，反馈的问题包括四个方面：扮演者的行为中，哪些地方做得对？哪些地方做得不对？他的行为对其他人造成什么感受？怎样更有效地处理该情况？通过扮演他人所处的角色，受训者可以提高交际的能力，帮助他们学习怎样从不同角度思考问题，体验各类人物的心理感受，训练其自我控制能力和随机应变能力，从而使受训者尽快熟悉工作环境和业务流程，掌握必要的技能，迅速适应实际工作的要求。

角色扮演法在很多企业中被广泛采用，并被证明是一种非常有效的培训方法，它为受训者体验各种行为并借此为这些行为进行评价提供了一种有效的工具。这种方法能增进人们之间的理解与合作精神。另外，还可以使受训者在遇到困难时对过去的行为进行反思，同时，获得信息反馈的机会，从而促进新策略的产生。角色扮演法可用于开发涉及任何人际互动领域的技能。该方法可以让受训者有机会实践所学到的技能。因此它比案例法更前进了一步，案例法只要求受训者就如何处理某一情形作出决策。这两种方法经常结合起来加以运用，即在分析了某个案例或建议了某个方案之后，还要请受训者以角色扮演的形式实施解决方法。这种方法的缺点是活动花费时间长，对有过角色扮演失败体验的人，往往不愿再参加这种活动。

8. 游戏法

游戏法是指由两个或两个以上的受训者在遵守一定规则的前提下，相互竞争以达到培训目标的训练方法。游戏法可分为普通游戏与商业游戏两种类型。

普通游戏是指经过精心设计，包括许多与员工工作有密切关系的培训活动。

受训者一般都比较喜欢普通游戏这种培训方法,因为它本身的趣味性不仅可以调节培训气氛,还可以使受训者以娱乐形式,活泼多样地进行互动学习,在放松身心的同时,可以体验和理解其他培训方法难以理解和掌握的培训内容与技巧,是一种比较好的培训方法。普通游戏的缺点是它的设计与使用要求比较高。

商业游戏包括管理游戏,主要用于开发受训者的经营决策能力和管理技能。商业游戏不仅可以按市场设计,也可以按企业设计,还可以按职能部门设计。受训者被分成若干小组,每个小组 2～7 人,受训者根据设计的场景和给定的条件就管理实践中的各方面问题如产品的定价、生产计划、筹集资金、原材料的订购、市场营销、财务管理、劳工关系等进行信息收集并对其进行分析,然后作出决策,每个小组决策的结果与其他小组的决策结果相互进行比较,由此确定最终哪个小组获胜。各小组按照商业竞争规则,运用计算机记录各种决策及变化信息,最后计算出结果,时间跨度可以是半年、一年或几年,实际操作时间则在半小时到两个小时之间。这种方法常常用于管理技能开发,能够将团队成员迅速培训成一个凝聚力很强的群体,对于受训者来说,游戏比课堂讲授更有吸引力,也更有意义。

9. 网上培训法

网上培训是指通过内联网、外联网或因特网进行传递,通过浏览器展示培训内容,无需面授,就能达到培训目的的一种培训方法。它以其无可比拟的优越性受到越来越多的企业的欢迎。培训课程由培训者存储在培训网站上,在世界各地的受训者利用网络浏览器进入该网站接受培训。根据培训进程的不同,网上培训可以分为同步培训与非同步培训两种类型。同步培训是培训者与受训者同时上网,培训者在网上及时指导受训者学习,而非同步培训是指受训者根据自己的学习进程来安排培训。

网上培训与传统培训相比较,具有很大的优越性。在网上进行培训,受训内容的传递不受培训时间和地点的限制;培训管理效率较高;由于网络上的内容易修改,而且修改的内容无须重新准备教材或其他教学工具,费用低,因此,及时、低成本地更新培训内容是网上培训的一大优势;网上培训还可充分利用网络上的声音、图片和影音文件等资源,增强课堂教学的趣味性,从而提高学员的学习效率;另外,网上培训的安排也比较灵活,受训者可以充分利用空闲时间进行自我指导学习,而不需中断工作。网上培训的缺点有:网上培训要求组织建立良好的网络培训系统,这需要大量的培训资金;另外,某些培训内容并不适用于网上培训,如关于人际交流的技能培训。

实行网上培训应注意:确保网络的通畅;确信每位受训者都掌握了网络操作的基本方法;培训内容形式的设计尽量与站点形式保持一致;培训最好大量利用多媒体技术实现培训信息的传输。

10. 团队培训法

团队培训是指通过协调团队成员个人的活动和绩效来促进团队绩效的提高，从而有效实现团队的共同目标的一种培训方法。团队培训旨在协调为达成共同目标而努力工作的不同个人之间的绩效。在个体之间必须分享信息、分享知识以及个体的行为将会影响群体的整体绩效的情况下，这种培训是非常有效的。团队培训重点强调团队绩效，而团队绩效取决于团队的知识、态度和行为。这三种因素不仅是个体层面的要求，更是系统层面的决定因素。行为要素要求团队必须采取适当的行为进行沟通、协调、提高凝聚力并采取适当的行动达成目标。态度要素要求团队的成员彼此之间要信任、要相互理解，并对团队充满信心。知识要素要求团队有不断学习的能力，同时具备应变能力与创新能力。

团队培训一般包括交叉培训、协作培训与领导技能培训三个方面。交叉培训是指让团队成员熟悉并实践其他队员所掌握的工作技能，以便在有人离开团队时，其他人能够接替并承担起相应的工作。协作培训是指促使团队成员共享信息、分担决策责任、协调工作，从而实现团队绩效最大化。团队领导技能培训的主要对象是团队领导者，培训内容包括：如何协调团队成员的活动、如何解决内部冲突、如何培养各种团队技能、如何实现团队绩效最大化等。

5.4　不同类型员工的培训与开发

5.4.1　管理人员的培训与开发

管理人员是企业中的主导力量，在企业的一切活动中处于中心地位，管理人员水平的高低直接决定着一个企业的成败。因此，管理人员培训与开发的重要性，无论如何强调都不过分。应当说，对管理人员的培训与开发是一项关系企业命运与前途的战略性工作。企业所面临的内部环境和外部环境都处于不断变化当中，这种变化要求管理人员必须具备新的知识和技能。因此，不论是从企业发展的需要出发，还是从个人价值的实现，管理人员的开发工作绝不能忽视。

管理人员培训与开发的目的是让其了解企业的发展目标与战略、经营方针、企业文化等信息；不断补充新的管理知识、掌握先进的管理经验和方法；树立正确的态度与观念，便于更好地领导、管理下级；提高管理人员在决策、用人、沟通、创新等方面的能力。

管理人员培训与开发的内容主要有：领导技能、人际关系技能、聆听技能、解决问题技能、决策与计划技能、授权技能、信息沟通、员工激励、团队建设、时间管理、目标管理、战略管理、企业发展、企业再造等。

管理人员培训与开发的方法主要有研讨法、案例研究法、角色扮演法、游戏法等。

5.4.2　科技人员的培训与开发

科技人员一般都掌握了必要的知识与技能,而且具备一定的工作经验与学习能力。由于知识更新的速度加快,技术水平也在不断地发展,因此,对科技人员的培训与开发是一种日益受到企业普遍重视的培训工作。其培训与开发的目的主要有:符合知识经济时代的要求不断更新专业知识,开发出适合市场需求的新产品,从而使企业战略目标能够顺利地实现;提高科技人员的实际研发能力,努力完成各项科研任务。

科技人员培训的内容除了专业知识以外,还应增加提高科技人员综合素质的内容,比如:创造性思维训练、财务培训、营销培训、时间管理、沟通、职业道德、团队建设、员工指导、消费心理学等。

科技人员培训的方法主要有研讨法、讲授法、案例研究法、视听法等。

5.4.3　营销人员的培训与开发

营销人员是企业重要的财富,现代企业都非常重视营销工作,因此,对营销人员的培训与开发也是十分必要的。营销人员的培训重在激励。对营销人员培训与开发的目的主要有:增强他们的凝聚力、向心力,激发营销人员的内在潜能,使营销人员能更好地展现自己,"释放"自己,给企业带来销量的最大化以及盈利的最大化。

营销人员培训与开发的内容包括培训营销人员的基本礼仪、介绍新产品、演讲技能、思辨能力、顾客心理、提高销售经理的规划能力和市场调查能力等。

营销人员的培训可以采用案例研究法、角色扮演法、游戏法等。

本章思考题

1. 如何理解培训与开发的涵义?
2. 培训与开发的意义是什么? 应当遵循哪些原则?
3. 培训与开发的内容包括哪几个方面?
4. 培训与开发的步骤有哪些?
5. 如何进行培训需求分析?
6. 培训成果转化的条件有哪些?
7. 培训与开发的方法有哪些? 其主要内容是什么?

案例分析

培训外包失败原因何在

赵经理是天成公司培训负责人，公司目前培训的状况让他甚是烦恼。

天成公司是一家大型制造型企业。公司领导对培训十分重视，专门成立了培训部。目前工作人员 5 名，以前都没有从事过 HR 方面的工作，在经验上有一定的欠缺。

2007 年度人力资源部针对公司各层级、各部门规划了近 50 堂内训课，以生产类课程和管理类课程为主。通过前期考察，把这些课程打包给了两家公司来做。但是从目前培训实施的情况看，效果十分不理想。主要问题有：①培训师理论多，实践少，主要采取讲授方式，无法吸引学员注意力；②内训课程没有根据公司的需要组织相应教材，也没有相应的案例；③学员感觉培训内容对工作的帮助不大。

赵经理认为，由于公司课程量太大，咨询公司没有太多精力来精心设计课程，只是流于表面的流程：课前访谈—大纲—培训实施——二级评估……没有对企业的实际情况进行深层次的分析，所以导致培训效果不是很理想。

赵经理很困惑，由于年度的培训计划及师资都已经提前安排好，合同也已经签订了，现在针对这种情况，除了要求咨询公司进行改进以外，不知道还能采取哪些措施进行预防和改善。

赵经理提出了如下的问题：

（1）在设计明年培训项目的时候应该注意什么？生产类的一些课程如 5S、安全生产管理、生产计划与物料控制、TQM、TPM、管理技能提升等方面的课题都已经有设计了，其他针对中、高层的领导力、人力资源管理、财务管理等课程也都有安排了，还能再安排一些什么课程？怎样安排才会适当？

（2）由于培训项目较多，每次培训前都会有相关咨询公司人员来公司进行访谈，相关单位的直线经理开始的时候还很配合，但是次数多了，他们自己工作也很忙，就不太乐意了。是否可以多个课程一起进行访谈和设计呢？

另外，培训评估大家都知道很重要，天成公司也很想促进学员知识的转化和运用,培训的跟踪是需要直线经理配合执行的,但是公司现处于大规模扩张阶段,所有人员的重心都放在建厂、生产上,每位经理都很忙,根本没有时间也不理会培训部要求反馈的资料。针对基层人员培训,现在仅仅做到了一级评估,然后咨询公司会电话回访学员情况。

　　对于评估,经理会说连正事都忙不过来,哪有时间配合搞这些训后系列评估? 培训评估是不是也要视企业不同的发展阶段来做呢? 怎样才能做好训后系列评估呢?

　　　　　　　——资料来源:张自力.培训外包失败原因何在[J].人力资源管理,2007(7).

案例讨论

1.培训外包成功的基本要素有哪些?

2.请说明如何能够让培训更加吸引学员注意力从而提升培训效果。

3.请说明培训评估的阶段及其各阶段的主要任务。

第 *6* 章

职业生涯设计和管理

经济的全球化伴随着人才全球化时代的到来,人才是企业最宝贵的资源。在激烈的市场竞争格局和全球化的经营战略的挑战下,企业不得不重视对员工的职业生涯设计与管理。员工职业生涯设计与管理是企业战略性人力资源管理的重要内容。许多先进企业的经验表明:帮助员工设计未来职业生涯规划,开发多种员工职业发展通道,使员工走上通往未来的"光辉大道",无疑是企业实现人才战略目标的重要手段。

重点问题

⇨ 职业生涯与职业生涯管理
⇨ 职业生涯发展阶段
⇨ 个人职业生涯与组织职业生涯设计
⇨ 职业选择与个性
⇨ 职业锚
⇨ 职业生涯管理中的角色
⇨ 职业生涯通道

阅读资料

以职位为中心普天的职业发展体系

普天信息技术研究院(以下简称普天研究院CP)是中国普天投资组建的中央研究院,是从事通信领域新产品研究与开发的高新技术企业。从 2002 年起,CP 公司开始了关于员工职业发展的思考和探索,并通过对"职位族理论"、"员工职位价值理论"、"员工职业生涯规划理论"、"员工激励理论"的深入研究,结合非生产型研发企业的特点,坚持以提高人才管理效益为中心,以强化人才管理职能为重点,加强人才建设的统筹规划,把引进培养与大胆使用结合起来,发挥"核心人才"作用,同时注重人才开发整体效能,把解决当前突出矛盾与注重人才队伍长远发展结合起来,不断优化人才队伍结构,推进各类人才在各自的职业通道全面协调可持续发展,逐步确定了以职位为中心的人力资源管理与开发体系,搭建了集管理人员、研发人员、专业技术(非研发)人员职业发展通道为一体的全员职业发展通道,共可分为建立全员职位体系、搭建研发人员职业发展通道、完善管理人员职业发展通道、搭建专业技术(非研发)人员职业发展通道四个步骤进行。

一、建立全员职位体系

职位管理是以单个职位为管理对象,通过职位分析来明确不同职位在企业中的角色和职责以及相应的任职资格,然后通过职位评估等分析工具来确定职位在企业中的相对价值大小,在企业内部形成职位价值序列。为了将全员职业发展工作做实,并为构建全员职业发展通道建立科学的理论和实践基础,CP 公司于 2002 年就基于职位管理理论以及职位族平台,设计了 CP 公司全员职位体系,并根据企业战略定位及中长期规划目标,确定了以系列、族、类三个层次组成的完整的 CP 公司全员职位体系,由此将组织内部的所有职位划分为 3 大系列、7 大职位族、14 大职位类。

二、搭建研发人员职业发展通道

CP 公司研发人员职业发展通道是以 CP 公司全员职位体系研发系列为基础的。由于各职位族和职位类具有相似性,所以专业系列下设的研发族中各个类别的晋升通道一致,共设置了"专业初级"、"专业中级"、"专业高级"、"专业资深级"、"专家级"、"高级专家级"六级研发人员职业发展通道。并以此发展通道为基础,提出了研发人员选聘标准、制定了研发人员职业发展评价体系和评聘方式与流程、实行了研发人员职业发展动态管理模式。

三、完善管理人员职业发展通道

CP 公司管理人员职业发展通道是以 CP 公司全员职位体系管理

系列为基础,包括资源管理族人员和产品管理族人员的职业发展通道,并以此为基础分别制定了相应的晋升机制和管理措施,促进了管理人员培养体系和管理人员储备计划的建立和实施。

1.资源管理族人员的职业发展通道建设

CP 公司为资源管理族设置了三级的晋升通道,分别为基层管理者(部门三级经理、部门总经理助理)、中级/专项中级管理层(部门总经理、部门副总经理、院长助理)、院级/专项高级管理层(院长、常务副院长、副院长)。

2.产品管理族人员的职业发展通道建设

CP 公司为产品管理族设置了二级晋升通道,分别为专项中级管理层(产品\项目经理、专项总监)、专项高级管理层(产品\项目总经理、产品\项目总监、技术总监)。

四、搭建专业技术(非研发)人员职业发展通道

为了满足 CP 公司专业技术(非研发)人员职业发展的需要,CP 公司在全员职位体系专业技术(非研发)系列职位之上构建了专业技术(非研发)人员职业发展通道。该通道的建立和管理系列人员以及研发系列人员职业发展通道建立的思路有很大的区别。当管理系列人员以及研发系列人员在所对应的职位通道上有所提升时,是通过职位的变动来体现的。而专业技术(非研发)人员所从事的职位有特定的专业领域,其职位内容以及职位价值有固定性,这就给建立职业发展通道造成了很大的困难。在经过对该系列职位的特点进行详细的分析以及研究后,在职位价值应用理论的指导上,突破性地提出了职位"层级"晋升办法:在同一职位中设置五个层级,分别为一级(助理级)、二级(专员级)、三级(主办专员级)、四级(主管级)、五级(高级主管级),将各层级与现代薪酬理论中的 P 值设计有效结合。

——资料来源:浦培,程萍.以职位为中心普天的职业发展体系[J].人力资源管理,2007(7).

每个员工由于所处职位、职类和自身能力等客观因素方面的不同,以及职业生涯发展目标等主观方面的差异,单一的职业发展路径已不能满足员工职业发展差异化的需要,企业应实施科学的职业生涯管理,设计多元化的职业发展路径供员工选择,完善员工发展与晋升培训和评价体系,以更好地促进员工晋升和发展。

6.1　职业生涯及职业生涯管理

6.1.1　职业生涯

1. 职业与职业生涯的基本概念

职业是对人们的生活方式、经济状况、文化水平、行为模式、思想情操的综合反映;体现一个人的权利、义务、权力、职责,是一个人社会地位的一般表征。

职业生涯是指一个人一生工作经历中所包括的一系列活动和行为,包含两种涵义:第一种是一个人在一生中所从事的各种工作职业的总称;第二种是一个人一生中的价值观,为人处世态度与动机变化的过程。职业生涯具有内职业生涯和外职业生涯之分。内职业生涯是指从事一种职业时的知识、观念、经验、能力、心理素质、内心感受等因素的组合及其变化过程。外职业生涯是指从事一种职业时的工作时间、工作地点、工作内容、工作职务、工资待遇等因素的组合及其变化过程。一个人的内职业生涯与外职业生涯是紧密联系的。内职业生涯是外职业生涯的基础。内职业生涯为外职业生涯提供了发展土壤。一个人内职业生涯得不到发展,也就谈不上外职业生涯的发展。内职业生涯、外职业生涯也是有区别的,内职业生涯的因素可自己决定,外职业生涯的因素则由市场决定。

2. 影响职业生涯的因素

一个人从事什么职业、职业的转化以及事业的成功与否受到教育背景、家庭和社会环境、个人需求与心理动机等许多因素的影响,具体体现在以下几个方面:

(1)教育背景。教育是人力资本投资的最主要的方式。教育是赋予个人才能、塑造个人人格,从而促进个人发展的活动。获得不同教育程度的员工,在个人职业选择或被选择时,具有不同能量。一般来说,接受过较高水平教育的人,在就业以后会有较大的发展;在职业失意时,再次进行职业选择的能力和竞争力也较强。因此,教育程度是事业成功中不可缺少的因素。

个人教育程度的不同导致职业生涯的不同。不同的教育程度将导致个体具有不同的人力资本存量,从而在进行职业选择时会有所不同。未受过任何教育的个人一般只能从事以体力劳动为主的职业,而不能选择从事知识水平要求较高的职业。受教育程度的不同还影响着一个人以后的发展与晋升,受教育程度高,人力资本存量越大,则较容易获得发展与晋升的机会。

人们所接受教育的专业不同也将决定人们从事不同的职业。随着社会分工越来越细,为了培养社会所需的专业性人才,学校教育的专业也进行了很强的细分,学生所学知识往往具有很强的专业性,在进行职业选择时会受所学专业决定性的影响。即便是以后在进行职业转换时,也往往与所学专业有一定联系。

（2）家庭环境。家庭环境也是影响职业生涯的重要因素。家庭氛围的浓厚程度将会对人的性格、责任感有很大的影响。浓厚的家庭氛围往往会使人形成开朗的性格、热爱亲人、责任感也较强;家庭的殷实程度对个人的受教育程度以及性格也有重要影响。家境殷实能为个人接受充分的教育提供强有力的经济保障,家境较贫寒的个人往往具有很强的适应力和逆境中生存的坚强意志力。家庭生活的长期潜移默化会使人形成一定的价值观和行为模式。这种价值观、行为模式必然从根本上影响一个人的职业理想与人生目标,影响着其职业选择的方向、选择中的冒险与妥协程度、对职业岗位的态度和工作中的行为等。

（3）个人因素。人的行为模式理论认为,需求产生动机,动机导致人的行为。个人需求偏好的不同使个人产生不同的行为。每个人由于成长环境、教育程度以及经历等的不同,个人需求会有极大的不同,从而对于职业生涯会有不同的选择和设计。个人因素对职业生涯的影响还包括进取心、自信心、自我认知和调节、情绪稳定性等方面。进取心是个人具有目标指向性和适度活力的内部能源;责任心强的人常能够审时度势选择适度的目标,并能持久地去追求;自信心为个体在逆境中开拓、创新提供了信心和勇气,自信常常使自己的好梦成真。自我认知和调节是指了解自己的优势和劣势与组织环境的关系,善于调节自己的生涯规划、学习时间等。稳定的情绪对技术性工作有预测力,冷静、稳定的情绪状态为工作提供了适度的激活水平;焦虑和抑郁会使人无端紧张、烦恼或无力;恐惧和急躁易使人忙中出乱。

（4）社会环境。经济发展、社会文化、政治制度、价值观念等方面均对职业生涯的发展产生影响。经济发展水平高的地区,企业集中,优秀企业相对较多,个人职业选择的机会就比较多,因而就有利于个人职业发展;社会文化环境包括教育条件和水平、社会文化水平等,在良好的社会文化环境中,个人能受到良好的教育和熏陶,从而为职业发展打下更好的基础;政治不仅影响到国家的经济体制,而且影响着企业的组织体制,从而影响到个人的职业发展;一个人生活在社会环境中,必定会受到社会价值观念的影响,一个人思想的发展和成熟过程,其实是认可、接受社会主体价值观念的过程,社会价值观念正是通过影响个人价值观而影响个人职业生涯发展的。

6.1.2　职业生涯发展

1.职业生涯发展的概念

职业生涯发展简称职业发展,是指个体经过努力,遵循一定的道路或途径,不断制定和实施新的职业目标,逐步实现其职业生涯目标过程。职业生涯发展是员工在自己职业理想的追求中,所发展经历的一系列不同阶段所构成的整体过程,员工在每个阶段都有不同的开发任务、开发关系和开发活动内容。职业生涯发展具有多种形式,主要有职务变动发展和非职务变动发展两种基本类型。从个人主观角度来看,职业生涯发展表现为一个人从幼年、青年至中年、老年,对职业的态度、价值观、需要与激励的变化过程。

2. 易变性职业生涯发展

员工职业生涯发展具有新旧理念之分。传统的职业生涯发展主要是指一个人在某种职业中的一系列职位的晋升变化;新的职业生涯发展,即"易变性职业生涯发展"(protean career)主要指个人兴趣、能力、价值观和工作环境的变化。两者的区别见表 6-1。

表 6-1　传统性职业生涯发展与易变性职业生涯发展对比表

纬度	传统性职业生涯发展	易变性职业生涯发展
目标	加薪、晋升、获得组织承认	注重自身心理成就感
职业路径方式	垂直路径	水平路径、网状路径
职业管理责任	组织承担	雇员承担
工作环境	一般固定不变	经常变化
心理契约	组织要求员工保持高绩效,员工期望工作安全感	灵活的受聘能力
职业生涯方式	直线型、专家型	短暂型、螺旋型
专业知识	知道做什么,怎么做	学习怎么做
职业发展	依赖正式培训	依赖人际互助和在职体验

资料来源:江卫东. 人力资源管理理论与方法[M]. 经济管理出版社,2002.

由表 6-1 中所见,传统的职业生涯发展意味着若员工能够留在企业,并保持较高的工作绩效,企业就应该长期雇佣他,并为他提供晋升的机会。个人提高薪资和在企业的地位也直接与其企业内的垂直晋升相关联。员工的职业生涯发展由企业负责。易变性职业生涯发展的出现是由于环境变化速度的加快,企业为了应对激烈的竞争,增加组织的环境反应灵敏度,而趋向于减少管理层次,实行"扁平化"、"网络化"的组织形式,企业已不是按照职能来组织员工,更多的是按照项目或顾客需求来组织。许多组织已无法提供工作保障,却要求员工拥有多方面的技能和适应性。现代社会,劳资双方的心理契约已发生很大的改变。组织开始强调员工要具有灵活的受聘能力而不是高绩效的保持,现代员工也不再期望工作安全感,将更注重自身心理感受与心理成就(psychological success),他们希望工作富有灵活性,并渴望从工作中获得乐趣。员工的职业生涯发展由自己负责。

传统职业生涯发展和易变性职业生涯发展的另一个重要的区别在于动态的学习方面。传统的职业生涯发展中,员工的工作环境一般是固定不变的,员工沿着一条固定的职业发展道路直线晋升。员工在工作晋升过程中只需具备提供产品和服务的知识和技能,即"知道做什么,怎么做"。而在易变性职业生涯发展中,需要的知识是"知道为什么、知道为谁"。"知道为什么"指员工必须了解组织的业务与文化,从而形成和运用有关的知识和技能以促进组织的发展;"知道为谁"是指员工为达到组织目标而建立的与销售商、供应商、顾客和行业专家等的各种关系网。在易变性职业生涯发展中,雇员更依赖于人际互助以及在职体验,而不仅仅是正式的培训。

3. 职业生涯发展阶段

每个人的职业生涯都要经过几个阶段。每个人都需要了解自己的职业周期。只有了解不同的职业生涯阶段的特点与区别,了解各职业阶段将会如何影响到人们的知识水平、职业偏好程度、职务期望,以及需要和激励,才能更好地管理和促进员工个人的职业生涯发展。一个人可能经历的主要职业生涯阶段大体可总结如下:

(1)成长阶段(growth stage)(0~14 岁)。在这一阶段,个人通过对家庭成员、朋友以及老师的认同以及与他们之间的相互作用,逐渐建立起自我的概念。在这一阶段最开始,儿童将尝试各种不同的行为方式,并形成人们对于不同的行为作出反应的印象,这些将帮助他们建立起一个独特的自我概念或个性。到这一阶段结束时,青少年对自己的兴趣和能力已经形成了基本的看法,将会开始对各种可选择的职业进行带有现实性的思考了。

(2)探索阶段(exploration stage)(15~24 岁)。这一阶段又叫职业准备阶段。在这一时期中,个人将认真地探索各种可能的职业选择。这一时间他们主要任务是:发展职业想象力,培育职业情趣和能力,接受必要的职业教育和培训,形成自己的职业发展观念并开始选择和评估职业。这一阶段开始时期,他们往往作出一些尝试性的宽泛的职业选择,到这一阶段中期时,根据个人对所选职业以及对自我的进一步了解,个人将对自己的最初选择进行重新界定,到这一阶段结束的时候,个人将会确定一个比较适合自己的职业,并作好开始工作的准备。

(3)确立阶段(establishment stage)(25~44 岁)。确立阶段是大多数人工作生命周期中的核心部分。这一阶段个人是以同事身份立足组织之中,个人的基本任务是在组织中塑造自我、学习和遵守组织纪律和规范、接受组织文化、胜任现职工作、提高工作能力,力求在选定的具体领域取得成功。他们必须面对真正的挑战,学会承担责任,尝试应对多方面的问题,自己寻求解决的办法。

这一阶段本身又由三个子阶段构成:尝试子阶段、稳定子阶段以及职业中期危机阶段。

① 尝试子阶段(trail substage)(25～30 岁)。这一阶段,个人确定当前所选择的职业是否适合自己,如果不适合,他们就会进行一些变化,继续挑选更适合自己的职业。

② 稳定子阶段(stabilization substage)(30～40 岁),人们往往已经定下了较为坚定的职业目标,并制订较为明确的职业计划来确定自己晋升的潜力、工作调换的必要性以及为实现这些目标需要开展哪些教育活动等等。

③ 中期危机阶段(midcareer crisis substage)。在 30 多岁和 40 多岁之间的某个时段上,人们可能会进入职业中期危机阶段。这一阶段上,人们往往会根据自己最初的理想和目标对自己的职业进步情况作一次重要的重新评价,并有可能发现,自己并未朝着自己所梦想的目标靠近,或者在自己已经达到了所预期的目标后,发现这个目标并不是自己所想要的。通常在这一阶段,人们将面临痛苦的抉择,判定自己到底需要什么,追求的是什么,为实现目标,自己到底需要牺牲什么,这种牺牲对自己又意味着什么。这一阶段人们的主要任务是:学习新知识,更新技能,做出新成绩,力争有所成就;需对早期职业生涯重新评估,以强化或转变自己的职业理想,重新选择职业和生活方式。

(4)维持阶段(maintenance stage)(45～65 岁)。这一阶段是个人职业生涯发展的中后期、后期阶段。在职业后期阶段,人们已不再是一个"初学者",也有可能取得一定的成绩,获得了事业的成功,在自己的工作领域创立了一席之地,因而他们的大多数精力主要放在保有这一位置上。

(5)下降阶段(decline stage)。当临近退休的时候,人们就逐渐进入职业生涯发展中的下降阶段。这一阶段上,人们不得不接受权力和责任减少的现实,逐渐学会接受这一角色,学会成为年轻人的良师益友,直至退休。这时,一般个人的职业生涯发展就已经结束了,剩下的,就是考虑如何打发原来用在工作上的时间。但不得不排除那些虽退休后再返聘,以及那些退休后再择业,又重新就业的个体。

6.1.3 职业生涯管理

1. 职业生涯管理的内涵

职业生涯管理就是企业帮助员工确定个体在本企业的职业发展目标,并提供员工在工作中增长职业素质机会的人力资源管理方法,它使企业发展目标与员工个人发展目标相联系并协调一致,建立企业与员工间的双赢关系,进而结成紧密的利益共同体。

职业生涯管理主要由员工和组织两方面构成。职业生涯管理的内容主要包括以下几个方面:首先帮助员工分析个人素质和外在的环境,以便确定选择什么职业、什么单位,然后设计在单位中担任什么职务,进一步完善原有的设想和原则,去实现他们设计的职业培训和开发的行动计划,并对计划的每一步骤的时间、顺序和方向作出合理的安排。

职业生涯管理无论对员工,还是企业都很重要。对员工来讲,有效的职业生涯管理可以使员工认识到自身的兴趣、价值、优势和不足,从而确保员工能够根据组织提供的有关工作机会与信息,确定自己的职业发展目标,实施相应的行动计划。有效的职业生涯管理有利于增加员工对工作、组织的满意度,激发员工的最大工作热情,促进员工的成长和发展,实现员工自我价值的不断提升与超越。

2. 职业生涯管理的重要意义

对于企业来讲,有效的职业生涯管理对于促进企业的发展具有重要意义,具体体现在:

① 职业生涯管理是企业资源合理配置的首要问题。人力资源是一种可以不断开发并不断增值的增量资源,通过人力资源的开发能不断更新人的知识、技能,提高人的创造力,从而使无生命的"物"的资源充分尽其所用。加强职业生涯管理,能使人尽其才、才尽其用,进而促使其他物质资源得到充分利用。

② 有效的职业生涯管理可以使员工个人需要与组织需要统一起来,真正形成员工与企业共同发展的局面。组织通过有效的职业生涯管理不但能够帮助员工完善和实现个人目标,而且能引导员工个人目标和组织目标相匹配。组织真正地站在员工的角度,谋求员工的福利与发展,从而赢得人心,使得员工真正能从根本上谋求组织的发展,从而从根本上获取人力资源竞争优势。

③ 职业生涯管理是企业长盛不衰的重要保证。任何成功的企业,其成功的秘诀均在于拥有优秀的企业家和高质量的员工。人的才能和潜力具有自我累积、自我增值性,人力资源不会枯竭,企业的生存成长就有了取之不尽、用之不竭的源泉。通过职业生涯管理努力提供员工施展才能的舞台,充分体现员工的自我价值,是留住人才、凝聚人才的根本保证,也是企业长盛不衰的重要保证。

6.2　职业生涯设计

职业生涯设计又叫职业生涯规划,是指企业与员工共同制定、基于个人和企业组织方面需要的个人发展目标与发展道路的活动。职业生涯规划的内容主要包括：职业选择、职业生涯目标(可分为人生目标、长期目标、短期目标)的确立、职业生涯路径的设计，还包括与人生目标及长期目标相配套的职业生涯发展战略，与短期目标相配套的职业生涯发展策略。

职业生涯设计的主体是企业组织和员工个人。员工的职业选择和职业生涯目标，既是个人的需要，也是企业的需要。加强对员工职业生涯规划的管理，不仅与企业目标一致，而且是实现企业目标的有效手段。企业结合自身发展的要求，帮助员工设计制订出符合个人发展需要又符合企业发展需要的个人职业发展计划，同时通过诸如培训、岗位晋升等办法帮助员工实施这一计划，最终达到员工个人发展及自我实现与企业长远发展的互动双赢效果(如图6-1所示)。

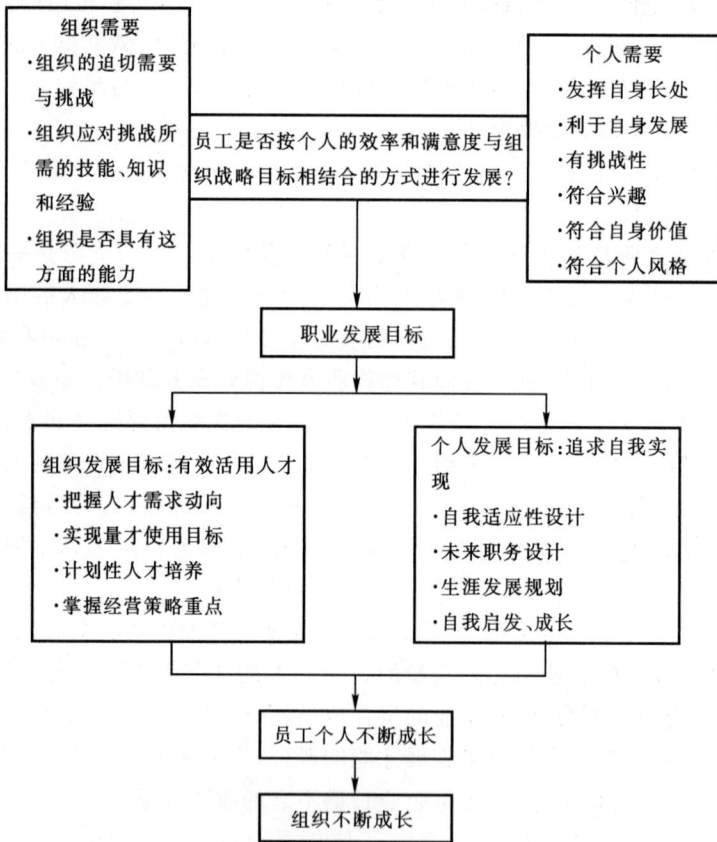

图 6-1　职业发展体系:员工与组织双赢发展关系

6.2.1　个人职业生涯设计

　　个人职业生涯设计是员工个人设计自己职业生涯、策划如何度过工作、职业生命周期的过程。通过职业生涯设计，一个人评价自身的能力和兴趣，考虑可选择的职业机会，确立职业目标，筹划实际的职业活动。个人职业生涯设计是个人职业生涯发展的战略指南，它有助于个人弄清自己的人生目标，平衡个人爱好与工作、家庭、亲友之间的需求，有助于个人更好地选择职业，恰当地调整工作需求、环境变化与个人需求的关系，更加有计划有目的地发展个人职业生涯。个人进行职业生涯设计应遵循以下步骤（如图 6-2 所示）：

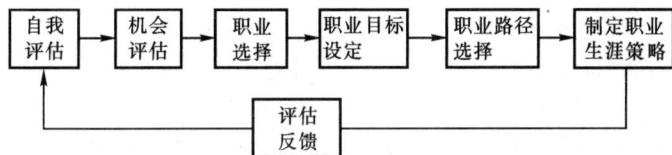

图 6-2　个人职业生涯设计步骤

1. 自我评估

　　自我评估又叫自我剖析。通过准确、客观地分析自己的性格、兴趣、特长、需求、学识、技能、智商、情商、行动、经历、社会关系等个人的基本素质、职能和资源特点，使本人对自己有一个客观、全面深入的了解和认识。只有充分认识了自己，才能对自己的职业作出正确的选择。符合实际的自我评价，可以提高员工的特殊能力及目标与工作的匹配水平，并有助于避免员工在其整个职业生命周期的错误。自我评估的工具包括优/缺点平衡表和好恶调查表。

　　（1）优/缺点平衡表。优/缺点平衡表最早由本杰明·富兰克林开创，旨在帮助人们认识其优缺点的自我评价程度。通过认识自己的优点，员工能更好地利用它，使其发挥出最大的功用，通过认识自己的缺点，员工能在工作生活中避免不良的品质和技能的缺陷，并想尽办法加以改正。

　　编制优/缺点平衡表的技巧很简单，要求个人把自己觉察到的优点和缺点分别列在一张纸的左边和右边，如表 6-2 所示。有效编制和使用平衡表的关键在于诚实和真诚的反省。表的编制过程是一个多次反复的行动过程。一个人只有花费较长一段时间对自己进行深刻的反省之后，才能真正对自己的优缺点有一个清楚的认识。

表 6-2　优/缺点平衡表

优　点	缺　点
善于与人共事	与少数人非常亲密
乐于接受任务并按自己的方式去完成	不喜欢受到持续的不断的监视
受人称赞的好管理者	不容易跟上级交朋友
勤劳的工人	极度紧张
公正无私	经常说一些不计后果的话
惊人的精力	在无事可做时,不能保持看似忙碌的状态
在目前的环境中很好地发挥作用	不能坚持一直坐在办公桌旁
思想开放	个性保守,个人情感会影响工作的选择
与重要客户打交道时感到很舒畅	真正的朋友很少
喜欢玩弄政治手腕(可能是缺点)	不是遵奉者,但看起来是
一旦明确了工作,就干完它	兴趣层次忽高忽低
善于组织别人的时间,从为我工作的人身上	许多人认为我情绪不稳定
得到的最多	离婚
有一个开朗的性格	不擅长制订短期计划,长期计划则好些
关心那些关心我的人(可能是缺点)	缺少耐心
有大量的感情投入	不喜欢琐事
通过他人干好工作	在只有自己参与的环境中,工作做不好

(2)好恶调查表。好恶调查表能帮助个人认识他们加在自己身上的约束。某些人不喜欢炎热的地方,那么他们在进行职业选择时,就应考虑到这个方面的约束,某些人不太喜欢应酬,与人交流,这也将限制他的岗位选择。认识到这种自我强加的约束条件,可以减少将来的职业问题。另一种限制是个人乐于、喜欢做的事情。个人的某些喜好和厌恶会影响其今后的工作业绩。在好恶调查表中,应包括所有可能影响到个人工作业绩的因素。表 6-3 就是一个好恶调查表的例子。

表 6-3　好恶调查表

喜　好	厌　恶
喜欢旅行	不想为大公司工作
喜欢住在东部	不愿在大城市工作
喜欢自己做老板	不喜欢整天待在办公桌旁工作
喜欢住在中等城市	不喜欢一直穿套装
爱看足球和篮球	不喜欢整天加班,没有业余时间
爱在闲暇时看书听音乐	不喜欢受制度、规章的限制

像这样的自我评价,能帮助一个人认识自己的基本动机。那些了解自己的人,
更容易作出适合自己的正确决策。不喜欢受规章制度约束的人,应该选择自主性
更大的工作,或是自己做老板;喜欢住在东部的人,应更倾向于选择工作地点在东
部的职业和公司。只有对自己的需要和好恶有了充分了解,而不是以偶然的机会、
计划和他人的希望作为职业选择的基础,个人的职业生涯发展道路才能够顺畅
无阻。

2. 职业生涯机会评估

职业生涯机会的评估,主要是评估各种环境因素对自己职业生涯发展的影响,
现实中的职业生涯发展机会在哪里,威胁在哪里,即对个人职业生涯环境作一个
SWOT 分析,见图 6-3。

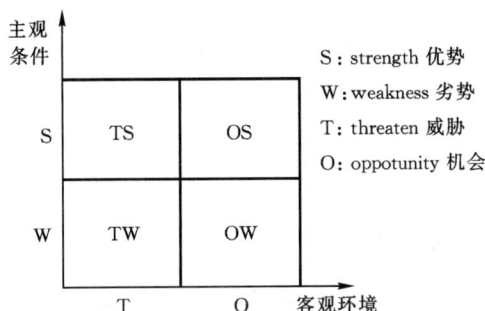

图 6-3　员工职业生涯 SWOT 分析法

每一个人都处在一定的环境之中,离开了这个环境,便无法生存与成长。所
以,在制订个人的职业生涯规划时,要分析环境条件的特点、环境的发展变化情况、
自己与环境的关系、自己在这个环境中的地位、环境对自己提出的要求以及环境对
自己有利的条件和不利的条件,等等。只有对这些环境因素充分了解,才能做到在
复杂的环境中趋利避害,使个人的职业生涯具有实际意义。

3. 职业的选择

一个人一生所作的重要决定可能就是职业选择。职业选择正确与否,直接关
系到人生事业的成功与失败。据统计,在选错职业的人当中,有 80% 的人在事业
上是失败者。

(1)职业选择与个性。职业咨询专家约翰·霍兰德(John Holland)认为,人格
(包括价值观、动机和需要等)是决定个人选择何种职业的一个重要因素。他还提
出了职业选择理论,并且暗示职业的选择是一种个性的表现,尽管机遇也起到一定
的作用,但职业的选择并不是一个随机现象,而且他相信一个人在多大程度上获得

什么取决于这个人的性格与工作环境的适应程度。霍兰德基于自己对职业性向测试(vocational preference test ,VPT)的研究,一共发现了决定个人职业选择的六种基本的"人格性向":现实型、研究型、艺术型、社交型、事业型、传统型。

霍兰德开发了职业偏好调查表,包括 160 个职业项目。让被调查者选择自己偏好和最不愿选择的职业,并以这些数据为基础,建构了人格剖面图。事实上,大多数人并非只有一种性向。霍兰德运用一个六角形来说明六种性格类型之间的联系和差距,见图 6-4。在六角形中,排得越紧密的两种性格类型越相近,或者相似,而不邻近的性格类型是不相似的。按照霍兰德的分析可以得出:如果一个人具有相似的两种性格的话,那么他或她则很容易选定一种职业,如果一个人具有不相似甚至相反的性格的话,选择职业可能会遇到困难。

这一理论给我们的启示就是,只有当人格与职业相匹配时,才会产生最高的满意度和最低的流动率。艺术型的个人就应当从事那些有表现力、具有艺术创造性的职业,而不应从事传统型性格所偏爱的常规性、具有固定性的职业。一个现实型的人从事现实型的工作比从事研究型工作更为得心应手。

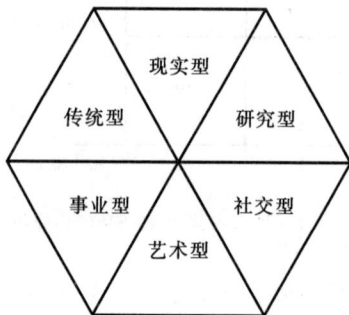

图 6-4　职业的性向六角形

(2)技能的确定。测定一个人有什么样的技能在决定一个人的职业选择中非常重要。仅仅是喜欢或适合做一项工作是不够的,成功地完成任何一项工作,还需要一定的能力。比如说:一个人的性格是社交型的,他最终是否会选择去做社交型性格喜欢的职业,如学校顾问、公使等,最终取决于是否具备从事这些职业的技能。美国政府印刷办公室出版的《职业种类字典》(DOT),提供了 2 万多份工作需要的技能方面的信息。

一般常采用多重能力倾向测验来进行职业定向的能力测试。多重能力测验指编制一套测验同时测量几种能力,强调对能力的不同方面的测量,测量结果将产生一组反映不同能力倾向的分数,从而描绘出个人特有的优点和缺点的能力轮廓。

由美国就业服务局编的普通能力倾向成套测验就是常用于职业定向测验的多重能力测验的一种。普通能力测验测量人的九个因素:①一般学习能力;②言语能力倾向;③数字能力倾向;④空间能力倾向;⑤形状直觉能力倾向;⑥文书直觉能力倾向;⑦运动协调能力倾向;⑧手指灵巧能力倾向;⑨手的敏捷能力倾向。

另一种测量兴趣和技能的方法是坎贝尔兴趣和研究调查(CISS)。这个调查旨在帮助员工回顾他们的职业之路,协助企业有效地开发员工的潜能。因此,对于新择业的个人可能不大适用。这个调查将 200 种兴趣和 120 种技能分为六个等级,将得分转化为七个方向:①影响;②组织;③帮助;④创造;⑤分析;⑥生产;⑦冒险。进而对这七个方面进行了 29 个方面的细分,例如领导力、协作和科学。人的一种兴趣就用一个实心的菱形代表(◆);一种技能就是一个空心的菱形(◇)。兴趣的得分代表一个人对某种活动的喜欢和偏好;技能的得分揭示了一个人对完成某项活动的自信程度。

一个人在技术和兴趣方面的得分高,推荐其慎重考虑这个方向或活动;在兴趣方面得分高但在技术上得分低者,需要鼓励此人发展该技能;在兴趣方面得分低但技能得分高暗示着有实际探测的需要;最后,兴趣和技能得分都很低的,则应考虑放弃或避免这一方向或活动。

(3)职业锚的确定。美国著名的职业生涯管理研究者、麻省理工学院斯隆管理学院的 E. H. 施恩(Edgar Schein)教授在其 1978 年出版的《职业的动力论》一书中首次提出了职业锚理论。所谓职业锚(career anchor)是指当一个人不得不作出选择的时候,他或她无论如何都不会放弃的职业中的那种至关重要的东西或价值观。职业生涯设计的过程就像是画圆,画一个圆必须具备两个条件,一个是圆心,另一个就是半径。只有圆心恒定,才能画出规则的圆,而这个恒定的圆心就是员工的职业锚。施恩根据自己对斯隆学院 44 位毕业生的纵向研究指出,一个人的职业锚是一个不断探索的过程,是在不断发生着变化的,因此,要想对职业锚提前进行预测是很困难的。施恩根据自己的研究总结出了五种类型的职业锚:

① 技术或功能型职业锚。具有较强的技术或功能型职业锚的人往往不愿意选择那些带有一般管理性质的职业。相反,他们总是倾向于选择那些能够保证自己在既定的技术或功能领域中不断发展的职业。这类人在作出职业生涯选择和决策时,主要的注意力是自己正在做的工作的实际技术内容或职能内容,如工程技术、财务。这类人的自我意象与他们所处特定领域的能力感有密切关系。他们对管理本身并不感兴趣,虽然在其技术或职能能力区内会接受管理职责。他们通常认为,自己的生涯成长只在此区域内才意味着持续的进步。

② 管理型职业锚。有些人表现出想成为管理人员的强烈动机,这一类人把管理本身作为最终目标。具体的技术工作或职能工作仅仅被看做通向更高的全面管

理层次的必经阶段。为了最终目标的实现，他们会在许多职能区域里锤炼自己，并展现自己的能力，但却不会停留于某一个职能区域。他们之所以这样坚定、执著地追求自己的最终梦想是因为他们认为，他们具有实现自己目标的三种能力：分析能力，即在信息不完全以及不确定的情况下发现问题、分析问题和解决问题的能力；人际沟通能力，即在各种层次上影响、监督、领导、操纵以及控制他人的能力；情感能力，即在情感和人际危机面前只会受到激励而不会受其困扰和削弱的能力，以及在较高的责任压力下不会变得无所作为的能力。一个人要升到管理的更高层次，接受更高水平的责任，必须在善于分析问题的同时，控制员工和自己的感情。

③ 创造型职业锚。具有较强创造型职业锚的人具有这样的主观价值观：他们都想建立或创设完全属于自己的某种东西。对某些人来说，创造出一种以姓氏命名的产品、创建一家自己的公司、设计一个自己的服装品牌、开发一套新的工艺流程才是主要的。这种人沉浸在新的冒险中，力求新的创新与突破。

④ 自主型和独立型职业锚。这一类人厌倦了组织生活的种种限制，非理性色彩，以及私生活所受到的侵犯，而希望自己能够决定自己的命运。他们强烈希望摆脱在大企业中在提升、工作调动、薪金等方面受他人摆布的现状，喜欢独立的和自主的职业，由自己主宰自己的命运。如高等院校教师、自由撰稿人等。

⑤ 安全型职业锚。选择安全型职业锚的人倾向于严格按照组织的要求行事，遵守组织规章制度，力图寻求稳定的职业生涯、稳定的地位、稳定的职位、稳定的收入，以及可靠的未来生活。这种可靠的未来生活通常是由良好的退休计划和较高的退休金来保证的。拥有安全型职业锚的人如果具有很强的技术才能，他们将可以晋升到该技术领域的最高层。个人的安全需求各有差异，则个人的职业倾向也就随之而不同。

（4）职业选择决策。个人在对自己的职业性向、职业技能以及职业锚进行测定后，需要根据自己特定的职业性向、技能、职业锚选择适合自己的职业。为了作出正确的职业选择，个人还应明白以下几点：

①自己的职业选择自己负责。个人必须对自己的职业选择负责，职业中的许多重要的决策必须由自己来作出，人们必须自己决定将从事何种职业、从事该职业必须具备哪些技能和知识、为具备这些技能和知识需要接受何种教育和培训、程度如何，而不能交给别人去决定。

②个人必须能够清楚诊断出自己的职业性向、职业技能和职业锚归属于哪一类，并据此了解自己的能力和价值观，以及与这种能力和价值观相匹配的职业。

③在适合自己的职业中，选择发展潜力最大的职业。个人必须通过各种手段和方式收集有关职业方面的信息后，在了解充分的信息的基础上，再作出判断和选择。

4. 职业目标设定

个人在选定了要从事的职业之后,需要为自己设定今后的职业目标。职业生涯目标的设定,是职业生涯设计的核心。一个人事业的成败,很大程度上取决于有无正确适当的目标。只有树立了目标,才能明确奋斗方向。个人的职业生涯目标的设定如图 6-5 所示。

①明确个人一生中最终追求的终极目标。终极目标是我们人生的方向、未来远景和宏伟蓝图,它在个人的职业生涯中起到领航的作用。

②确定个人一生的总体目标。总体目标是个人一生要走的轨迹和途径。我们可以以 10 年为人生职业生涯的时间界限来制定不同阶段的阶梯目标。

③确定短期目标(1~3 年)、中期目标(4~6 年)和长期目标(7~10 年)。

④确定年度目标,可细化到季、月、周甚至是日目标。

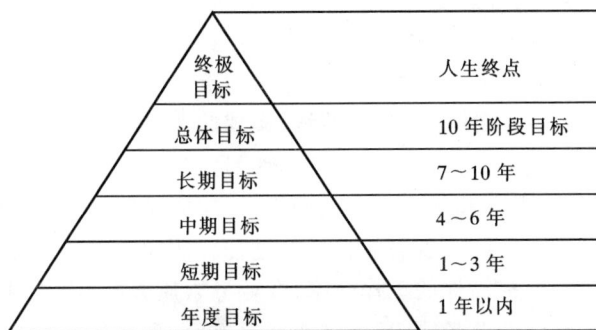

终极目标	人生终点
总体目标	10 年阶段目标
长期目标	7~10 年
中期目标	4~6 年
短期目标	1~3 年
年度目标	1 年以内

图 6-5　人生的目标金字塔

个人设定自己的职业生涯目标应遵循以下原则:

(1)远粗近细原则。终极目标、总体目标、长中短近期等目标由于距现时的时间较远,不确定性较强,不适于制定得太细,可采用一句话定位,年度目标距离现时的时间较近,不确定性和风险性较小,应制定得详细些。

(2)可行性和挑战性原则。个人制定的目标无论是总体的、长期的或是近期目标,都应该具有可行性和挑战性。可行性是在个人的能力限度内可以达到的目标,制定的目标只有具有可实现的希望和可能性,才能激励个人去努力实现。目标定得过高,没有实现的可能性,将严重挫败个人奋进的积极性。挑战性是指个人在设定目标时不应太低,需要个人付出一定的努力,进行创造性的工作才能实现。

(3)可衡量性原则。个人在确定目标时最好采用可量化的指标和数据进行分解,以便今后精确地衡量目标的实现程度,同时规定具体的完成时间,形成完成目标的压力和紧迫感,并进行自我的目标管理。

5. 职业路径选择

在选定职业、确立职业生涯目标后,个人应该决定从什么方向,沿着什么道路前行,去发展自己的职业生涯,实现职业生涯目标,即进行职业路径的选择。由于发展路线不同,对职业发展的要求也不相同。因此,在职业生涯设计中,需作出抉择,以便使自己的学习、工作以及各种行动措施沿着个人的职业生涯路线或预测的方向前进。例如:一个技术人员,它既可能走专业技术发展路线、行政管理发展路线,还可以选择先走技术路线,再走管理路线的上升路径。个人选择职业生涯路线时,首先要回顾前三步的结果和信息,对影响职业选择的个人因素、组织因素和环境因素等进行系统分析,然后还需考虑以下三个问题:

①我想往哪一条路线发展?

②我能往哪一条路线发展?

③我可以往哪一条路线发展?

通过对以上三个问题的回答,最后综合选定自己的职业生涯路线。

6. 制定职业生涯策略

职业生涯策略是指实践职业生涯路线、实现职业目标所采取各种方法、措施和行动步骤等。明确、具体、可行的职业生涯策略是实现职业目标的重要保证。制定职业生涯策略就是要考虑和确定个人该如何做,如何做得更好,如何以恰当的方式方法去有效发展职业生涯,实现职业目标的过程。例如:为达成目标,在工作方面,你计划采取什么措施,提高你的工作效率;在业务素质方面,你计划学习哪些知识,掌握哪些技能,提高你的业务能力;在潜能开发方面,采取什么措施开发你的潜能;等等。制定的职业生涯策略需要特别具体,以便于定时检查。

7. 评估与反馈

环境总是不断变化的,个人所制定的职业生涯设计也不可能一成不变。在职业生涯的发展过程中,个人应该不断检验自己的职业定位、目标、策略等是否符合实际,自觉总结经验和教训,评估和修正不恰当的自我认知、职业目标、职业路线与策略等,及时纠正行动偏差,保证职业生涯规划及其指导下的职业活动都能够卓有成效。在发现自我定位、职业选择、职业路线选择等出现偏差后,个人应该从头开始,重新按照个人职业生涯设计步骤,进行新一轮的职业性向、个人技能、职业锚的测定,职业与职业路径的选择,职业目标和职业生涯策略的制定,直至最终职业生涯目标的实现。

6.2.2　组织职业生涯设计

组织职业生涯设计是一个组织根据自身的发展目标和任务需求,结合本组织员工的发展需求,制定出本组织的职业需求战略、职业变动规划与职业通道,并采取必要的措施加以实施,以实现企业目标与员工职业目标的共同发展的过程。组织职业生涯规划的日的是帮助员工真正了解自己,在客观衡量内外环境的机会与限制的基础上,指导员工设计出合理可行的职业发展目标,并在促进员工达到个人目标的同时实现组织的目标。组织的职业生涯设计必须要与员工的职业生涯设计相互配合,才有可能实现双赢。图 6-6 对个人与组织职业生涯设计的匹配进行了比较系统的阐述。

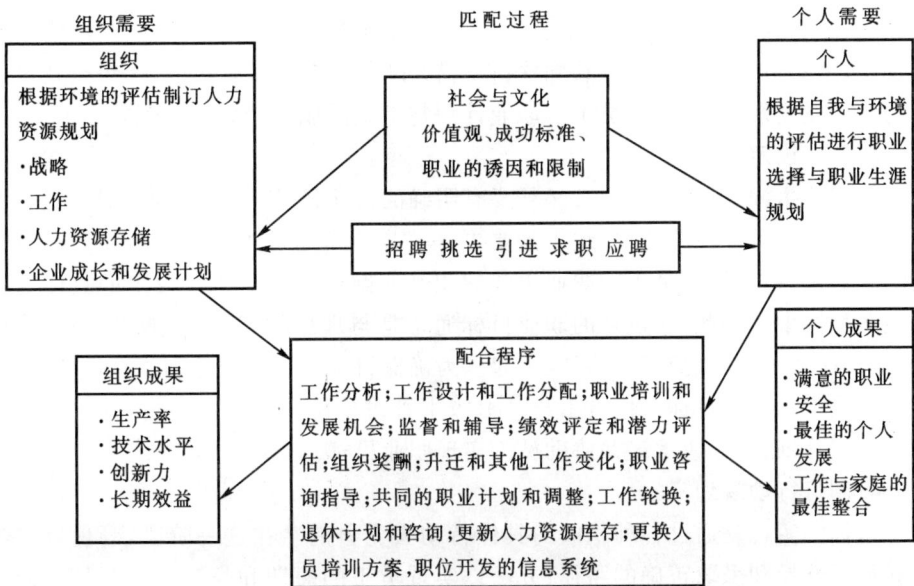

图 6-6　组织职业生涯设计与员工职业生涯设计匹配模型

组织职业生涯设计与员工的职业生涯设计是相匹配的两个系统,因此组织的职业生涯设计的基本环节与个人的职业生涯设计相似,一般应经过以下步骤,如图 6-7 所示。

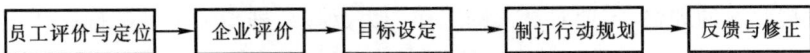

图 6-7　组织职业生涯设计流程图

1. 对员工进行分析评价与定位

这一阶段的主要任务是帮助员工确定自己的兴趣、价值观、资质及行为。其主要包括开展员工自我评价、组织对员工的评价和环境分析三项工作。企业管理人员应为员工的评价提供绩效信息和指导,判断员工的优势、劣势、兴趣和价值观,与员工共同对目前的技能兴趣与其期望获得的工作或职位要求进行比较,确定开发需求。

2. 企业评价

这一阶段是管理者与员工的互动过程。在这一过程中,员工的上级管理者将企业对于他们的技能和知识所作出的评价以及他们是否与企业的规划(如潜在的晋升机会和横向流动)相符合等信息作为工作绩效的一部分反映给员工,并就员工的绩效结果与员工一起共同分析员工的潜能,确定员工开发需求重点,哪些需求具有现实性,对员工的绩效改善共同探讨举措,讨论员工的职业兴趣、优势以及可能参与的职业开发活动,力求员工的职业计划与组织的职业计划相匹配。

3. 目标设定

在职业生涯发展阶段,员工必须要有明确的奋斗目标,职业目标的设定是个人职业发展的关键。在此阶段,组织需要更进一步地帮助员工将组织需要与员工需要结合起来,使组织与员工的职业生涯的相互匹配体现在员工所设定的具体的职业生涯目标中。因此,所设定的职业目标通常是与理想的职位、技能水平、工作设定、知识能力水平的提高等联系在一起。为确保目标的可实现性和富有挑战性,员工的职业生涯发展目标需由员工与其上级主管讨论协商后共同确定,并制订员工职业开发计划,企业应承诺并协助员工实现职业目标。

4. 制订行动规划

目标的实现是通过各种积极的具体行动去竞争的。在这一阶段,管理者应当指导员工选择和采取正确的路径、方法以实现员工的短期和长期目标。员工的上级主管应指导和帮助员工制定采取行动、实现目标的步骤和时间表。组织应确定并提供员工实现其职业生涯目标所需的资源,为员工提供包括培训课程、研讨会、信息交流、职位晋升等各种职业开发机会。员工的职业生涯目标实现计划应由员工与组织根据员工以及组织具体情况协商制订,并由组织协助、监督实施。

5. 职业生涯发展的评估与反馈

此阶段主要包括两项评估内容:一是指实施职业发展策略与行动计划后个人职业发展状况的评估,定期对员工的工作能力、绩效、进步和不足进行评估,及时校正误差,取长补短,促使员工的职业生涯有效发展。二是指对实施中的职业发展规划的评估,及时修正规划的目标、策略、行动、方法等不切实际的部分,修正对员工的认识和判断,协调职业目标和现实的工作目标、生活目标和组织目标的关系,进一步完善职业生涯规划。具体评估可以通过调查规划系统的使用者的反应,了解实行结果的信息以及与确定的目标相比较等方式进行。企业可组建职业生涯年度评审委员会,设计职业生涯评审表(表6-4和表6-5),对企业一年的职业生涯设计以及职业生涯计划的实行情况进行审查，根据审查结果对员工的职业生涯设计进行修正。

表 6 - 4　职业生涯年度评审会谈表

职业生涯年度评审会谈（由雇员填写）　　　　年　　　　月　　　　日
姓名 _____
职务（岗位）_____
本年度主要成就
本年度最大的进步
成就及进步的原因分析
对未来工作内容及培训的要求
个人职业生涯的中长期计划

表 6 - 5　职业生涯年度评审会谈表

职业生涯年度评审会谈（由上级填写）　　　　　年　　　　月　　　　日
姓名_____
职务（岗位）_____
对工作绩效的评价
对工作能力的评价
需要改进的方面及改进方式
对未来发展的建议
对目前担任职务的建议
对目前职务以外的发展建议
对职业生涯中长期目标的建议

6.2.3　职业生涯设计原则

职业生涯设计要求员工根据自身的兴趣、特点，将自己定位在一个最能发挥长处的位置，可以最大限度地实现自我价值，职业生涯过程实质上是追求最佳职业生涯的过程。企业和员工要进行有效的职业生涯设计，必须遵循以下十项原则：

第一，清晰性原则。设定的职业生涯目标和为实现此目标所制定的措施应十分清晰、明确，实现目标的步骤也应直截了当。

第二，挑战性原则。所设定的目标和措施不应过低，应具有适当的挑战性，才会具有吸引力。

第三，变动性原则。目标应具有弹性，随环境变化而改变，是一个动态变化的过程。

第四,一致性原则。所设定的无论是终极或长期目标,还是中期或短期目标,都应具有一致性。个人所设定的职业生涯目标应与组织发展目标相一致。

第五,激励性原则。所设定的目标应与自己的性格、兴趣和特长相符合,并应是自己所期盼的,对自己具有强烈吸引力和激励性的。

第六,合作性原则。一个人的能力是有限的,当今社会,个人不可能离开别人仅靠个人能力实现自己的目标。因此,个人在设定自己的目标时,应考虑多方面的影响因素,并尽可能与他人的目标相协调,以便进行合作,共同奋进,促进目标的早日实现。

第七,全程原则。职业生涯设计关系一个人职业生涯发展的全过程,具有很强的路径依赖性,后一阶段的职业生涯目标和计划的选择是建立在前一阶段的目标和计划的设定与实施结果基础之上的。拟定职业生涯计划时应具有统筹性,考虑到职业生涯的全过程,而不能只考虑某一个阶段的情况。

第八,具体原则。虽然职业生涯目标设定和计划制订应具有全程性,考虑到整个职业生涯全过程,但具体针对某一个阶段,其生涯规划的目标、路径、策略则应该具体、明确、可行。

第九,实际原则。实现职业生涯目标的途径很多,在作规划时必须要考虑自己的特质、社会环境、组织环境以及其他相关因素,选择切实可行的途径。

第十,可评量原则。规划的设计应有明确的时间限制或标准,以便衡量、检查,使自己随时掌握执行状况,并为规划的修正提供参考依据。

6.3　职业生涯管理的内容

企业通过对员工进行职业生涯管理,达到自身人力资源需求与员工职业生涯需求之间的平衡,创造一个高效率的工作环境和引人、育人、留人的企业氛围。全球500强中的大部分企业无不在员工职业生涯管理方面独树一帜,美国微软公司人力资源部制定有"职业阶梯"文件,其中详细列出了不同职务须具备的能力和经验;日本公司倡导"事业在于人"的经营理念,形成了独特的"丰田式"职业生涯管理模式。

6.3.1　职业生涯管理中的角色

职业生涯管理应看做是竭力满足管理者(包括员工直接上司、人力资源部管理者)、员工、组织三者需要的一个动态过程。员工个人、直接上司、人力资源部管理者及组织应当共同担当职业生涯规划的责任。员工个人、直接上司、人力资源部管理者和组织相互配合,共同制订员工的职业生涯计划,促进员工职业生涯计划的实施。在职业生涯管理的过程中,他们各自扮演不同的角色,发挥不同的作用,见表6－6。

表 6－6　职业生涯管理中的不同角色

个　　人	对自己的职业生涯负责 评定自己的兴趣、技能和价值观 寻求职业信息和资源 确立目标和职业生涯规划 利用发展的机会 与上级管理者探讨自己的职业生涯规划 对具有现实性的职业生涯规划坚持到底
直接上司	在职辅导 咨询与沟通 获取职业路径信息 提供定期的业绩反馈
人力资源部门管理者	提供职业信息与建议 提供专业服务(咨询、测试、研讨) 安排发展机会和提供支持 参与职业生涯开发讨论 支持员工发展计划
组　　织	组织沟通,制定政策和程序 提供培训和开发机会 提供职业生涯信息和职业生涯方案 提供不同的职业生涯选择 培育能支持职业生涯管理的组织文化

　　概括地说,企业在职业生涯管理中所扮演的是支持者、监督者、战略制定者、统筹规划者的角色,企业在职业生涯管理中应改善条件,并创造一种有利于员工个人职业计划开发的环境,并为员工职业生涯的发展提供资源;人力资源管理部门是政策制定者、共性活动的组织者、最后的咨询者、协调者,必须鼓励员工对自己的职业生涯负责,在进行个人工作反馈时提供帮助,并提供员工感兴趣的有关组织工作、职业发展机会等信息;员工的直接上司是政策的执行者、部门活动的组织者、直接咨询者,在职业生涯管理的导入期,员工的直接上司将协助人力资源部门进行导入安排,在职业生涯管理的正常运行阶段,直接上司则成为本部门员工职业生涯管理

的主体;员工是自己的职业生涯管理的主体,也是企业职业生涯管理的客体,将对自己的职业生涯管理负责,这就需要每个人都清楚地了解自己所掌握的知识、技能、能力、兴趣、价值观等。

6.3.2　职业生涯管理的具体内容

1. 构建员工任职资格系统

任职资格是指从事某一职种任职角色的人所必须具备的知识、经验、技能、素质与行为之和。企业的任职资格要求由两部分组成:行为能力与素质要求。行为能力包括适应战略要求的知识、技能和经验等;素质要求是指适合从事某一职类、职种、职位、职层任职要求的人的动机、个性、兴趣与偏好、价值观、人生观等。从事不同职类、职种、职层的工作的人所需的素质要求与行为能力是不同的,同一职类不同职种、职层的员工在任职资格要求上也有一定的偏重。

企业构筑明确的任职资格系统,一方面可以按照任职资格系统要求选人、用人、育人和留人,让具备要求的人进入合适的岗位,这样既可以避免不具备能力的人占据岗位——"能力缺乏"以及能力过高的人处于低能力要求的岗位所造成的"能力剩余"状况的出现,实现"人—岗"合理匹配,提高企业的人力资源利用率;另一方面,任职资格系统明确地显示了企业每个职类、职种、职层的岗位所要求具备的行为能力和素质要求,企业员工可以根据自身的性格、兴趣、技能等特点,结合企业各个岗位的任职资格要求来设定自身的职业生涯目标,并且员工还可以参照任职资格系统,来确定自身为实现职业生涯目标所要采取的途径和努力方向。

2. 构筑员工职业生涯通道

职业生涯通道又可称为职业生涯路径,是指组织为内部员工设计的自我认知、成长和晋升的管理方案。职业生涯通道通过帮助员工胜任工作,确立组织内晋升的不同条件和程序对员工职业发展施加影响,使员工的职业目标和计划有利于满足组织的需要。良好的职业通道设计为员工指明了可能的发展方向及发展机会,一方面有利于组织吸收并留住最优秀的员工,另一方面能激发员工的工作兴趣,挖掘员工的工作潜能。因此,职业生涯通道的有效设计是组织职业生涯管理的重要内容,是企业人力资源管理的重要环节。

(1)传统职业生涯通道。传统职业生涯通道(traditional career path)是一种基于过去组织内员工的实际发展道路而制定出的一种发展模式。这种模式将员工的发展限制于一级职业部门内或一个单位内,每位员工必须由下至上,一级接一级地从下一级职位到上一级职位进行变动,并在此过程中获得必要的技术诀窍、解决问题的能力及责任心。传统职业生涯通道的最大优点是它具有直观性、垂直性,它一直向前延伸,清晰地展示出员工向前发展的特定工作序列。传统职业生涯通道包括 系列等级,这些等级是线性的,较高等级意味着较大的权力和较高的报酬。这种组织职业生涯发展路线有一个很大的缺陷,它是基于公司过去对员工的需求而设计的。但实际上随着技术的进步、外部环境的变迁、公司战略的改变、企业的发展,原有职业需求已不再适应企业的发展要求。企业需要一种灵活的、可以不断改进的模式来设计组织内的职业发展路径。

(2)横向职业生涯通道。组织也越来越多地采用横向调动来使工作具有多样性,目的是使员工焕发新的活力、迎接新的挑战。虽然没有加薪或晋升,但员工可以提升自己的价值,获得成就感。按照这种思想所制定的组织职业生涯路径就是横向技术路径。如表 6-7 所示,某公司财务部成员共分三个小组:资金管理组、核算组、管理会计组。在资金管理组和核算组中的会计岗位之间可在适当的时候进行岗位轮换,帮助员工摆脱过分熟悉后带来的单调感,培养具有综合素质的会计人才的同时满足个人发展需求。管理会计组中由于成本会计和内部控制与财务分析等工作所需的工作技能高,不适合进行岗位轮换。

表 6-7　某公司财务部门横向职业发展通道

总监	财务总监						
经理	财务经理						
主管	资金管理组		核算组			管理会计组	
员工	现金 出纳 ▲	银行 出纳 ▲	存货 会计 ◆	销售与应收 账款会计 ◆	信用会计 控制岗位 ◆	成本 会计 ✦	内控与财 务分析 ✦

备注:名称后附▲和◆标记的区域:同标记表示同级之间可进行岗位转换;

　　　名称后附✦标记的区域:不建议岗位转换。

资料来源:朱凌玲. 对某企业员工职业生涯规划的设计[J]. 华东经济管理. 2004(2):119-122.

(3)行为职业生涯通道。行为职业生涯通道(behavior career path)是一种建立在对各个工作岗位上的行为需求分析基础上的职业发展路径设计。它要求组织首先进行工作分析来确定各个岗位上的职业行为需要,然后将具有相同职业行为需要的工作岗位化为一族(这里的族,是指员工素质及技能要求基本一致的工作岗位的集合),以族为单位进行职业生涯设计。这种设计所产生的职业路径是呈网状分布的,具体如图 6-8 所示:

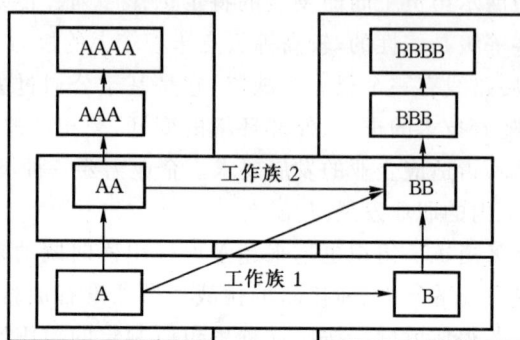

图 6-8　行为职业生涯通道

——资料来源:戴良铁,刘颖. 职业生涯管理的内容[J]. 中国劳动. 2001(11):29-30.

从图中可看出,分属于不同职业部门的岗位 A 与 B 对员工基本技能的要求以及员工进行的基本活动是相似的,因此可将这两个岗位化为同一工作族,AA 与 BB 也对员工的技能要求基本相同,可化为同一工作族,但他们对员工技能的要求比 A 和 B 要更高一些。按照传统的职业发展通道,处于 A 岗位的员工将会沿着有A—AA—AAA—AAAA 的方向发展,处于 B 将会沿着 B—BB—BBB—BBBB 的方向发展。按照行为职业通道设计思路,A 岗位和 B 岗位所要求的基本技能大致相同,处于 A 岗位的员工在职业发展路径上可以有三种选择:①水平移动转换到B 岗位上,再沿着 B 部门的职业发展路线前进;②本部门纵向移动,晋升到 AA 岗位,并沿着传统的职业发展路线继续发展;③跨部门提升到 BB 岗位,再沿着 B 部门的职业发展路线前进。对于 B 部门的员工也具有同样的路径选择。这样,员工的职业发展路径就成了一个网状结构。这种灵活的职业发展路径能给员工和组织带来巨大的便利,既可以为员工提供更多的职业发展机会,便于员工找到真正适合自己的工作,又可以增加组织的应变性,使组织在发生战略转移或环境变化时,能够顺利实现人员转岗安排,保持整个组织的稳定性。

(4)双重/多重职业生涯通道。双重/多重职业生涯通道(dual/multiple career path),是西方发达国家企业组织中激励和挽留专业技术人员的一种很普遍的做法。双重/多重职业生涯通道可以设计多条平等的晋升阶梯:一条是管理通道,另外几条是技术通道,两种阶梯层级结构为平行关系,对每一个中、高级技术等级都有其对应的管理等级,在双重/多重阶梯的职业生涯路径模式下,能够晋升到企业中、高层职位的员工大为增加,避免管理通道的拥塞状况,也使各类型岗位上的员工都有更多的发展机会。

华为公司在借鉴英国模式的基础上,设计了著名的"五级双通道"模式(图

6-9),先梳理出管理和专业两个基本通道,再按照职位划分的原则,将专业通道进行细分,衍生出技术、营销、服务与支持、采购、生产、财务、人力资源等子通道。这些专业通道的纵向再划分出五个职业能力等级阶梯,如技术通道就由助理工程帅、工程师、高级工程师、技术专家、资深技术专家五大台阶构成,而管理通道是从三级开始,分为监督者(三级)、管理者(四级)和领导者(五级)。员工只有具备了某个专业级别二级资格之后,才能成为三级管理者,这就意味着除少数"空降兵"外,管理

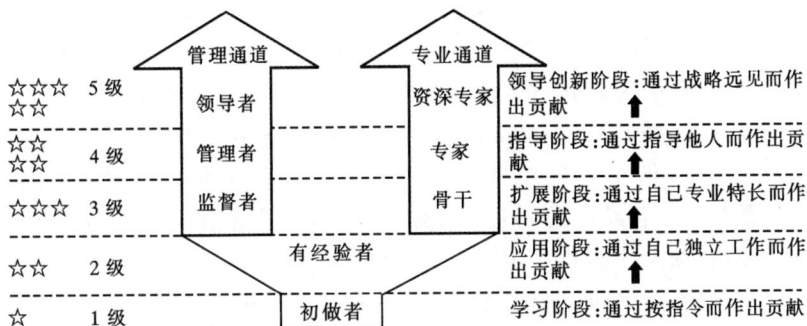

图 6-9 五级双通道

者一般都是从优秀的专业骨干中选拔产生。在这个多通道模型中,每个员工至少拥有两条职业发展通道。以技术人员为例(图 6-10),在获得二级技术资格之后,根据自身特长和意愿,既可以选择管理通道,也可以选择技术通道发展。通过这样

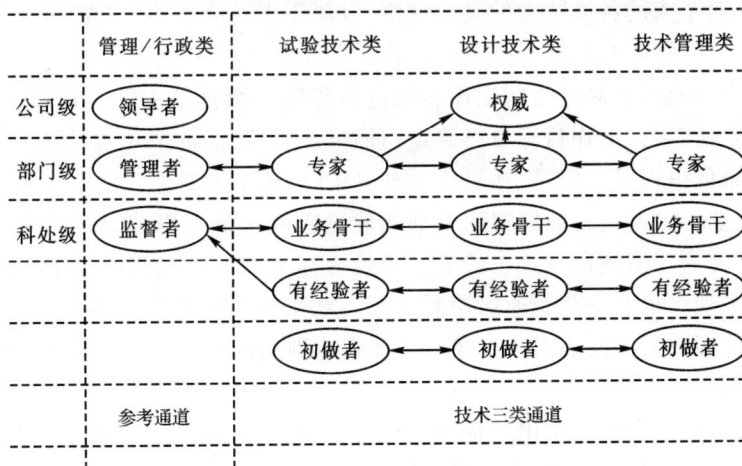

图 6-10 技术类的三个子通道

——资料来源:吴建国. 职业发展中的职业化[J]. 人力资源开发与管理. 2005(6):62-64.

的职业生涯通道设计,公司得以充分保留一批具有丰富经验的技术人才。

3. 员工的晋升与调动管理

员工在实现职业生涯目标的旅途中,必然会遇到职位的晋升或工作的调动,这也是企业人力资源管理实现人与岗位匹配,促进员工职业生涯目标实现的手段或措施。

(1)企业的晋升决策。与晋升有关的决策一共有三种,作出这些决策将有利于提高企业员工的工作动力、工作绩效以及献身精神。

① 以能力为主的晋升决策。企业在作出员工是否晋升的决定时,所遇到的最重要的决策是以资历为依据还是以能力为依据,或者是以两者某种程度的结合为依据。以资历为依据晋升一般是以员工在组织中工作年限的长短和资格深浅为依据,其好处在于,标准明确,简单易行,有助于使员工产生对组织的归属感和安全感,但这种晋升标准容易造成员工不求有功、但求无过的消极心理,会阻碍人才的合理流动和对特殊人才的开发,因此,从激励的角度来看,以能力为依据晋升是最好的。但企业也不能将能力作为晋升的唯一标准。单纯地追求能力将导致企业员工的凝聚力下降,员工缺乏安全感和归属感,则企业会失去员工的忠诚度,企业将会因为员工流失率过高而显得极不稳定。因此,在作出晋升决策时,应兼顾能力与资历两个因素,以能力为主,在能力相同时,应优先考虑具有较高资历的员工。

此外,在作出晋升决策时,还应考虑不同的职位所特有的资格条件与个人能力、特性的匹配关系。最高效的晋升,即是根据员工的才能、特质,将其放在相应的需要这种特质的工作岗位、职位上,形成人与职位理想的最佳匹配。企业的晋升决策,应考虑对个人的各类能力的具体评价,以便作出最恰当的晋升决策。

② 科学衡量员工的能力。当晋升是以能力为依据时,企业必须决定如何对能力加以界定和衡量。对过去的工作绩效进行界定和衡量是一件容易的事:工作本身的界定是清楚的,工作目标也已确定,只要运用一些评价工具来对员工的工作业绩加以记录就可以了。但是,在进行晋升决策时,还要求对员工的未来工作潜力作出评价,企业必须制定有效的程序来预测候选人的未来工作绩效。一种最常见的做法是,企业为了简便而以过去的工作绩效为标准来推断或假定员工在新的岗位上的工作表现。也有一些企业运用测试的方法来评价提升员工的可行性,判断这些员工在管理方面的发展潜力。还有一些企业则运用评价中心技术来评价候选人的管理潜力。

③ 保证晋升过程正规化。企业应该建立保证确立一个正规化的晋升过程。许多企业仍然依靠非正式渠道来提升员工。在这些企业中,是否存在空缺职位以及空缺职位的要求等信息往往是保密的。晋升决策往往是企业的主要管理人员从他们所认识的员工或是从某些给他们留下过印象的员工中挑选出来的。这种做

法有很多弊端,其中最大的问题是:当企业不让员工了解企业中的职位空缺、晋升的标准以及晋升的决策依据时,工作绩效和晋升的正相关关系无法建立起来。晋升作为一种激励手段其效用将大大降低。

因此,企业应尽量使企业的晋升过程正规化,制定并发布正规的晋升政策和晋升程序。企业应向每一个员工提供正式的晋升政策解释,详细说明员工获得晋升的资格要求。企业可利用人力资源管理信息系统来汇编合格员工的详细信息,建立企业人才信息库以便进行晋升决策。企业还可以利用人员配置图来帮助进行决策。计算机化的信息系统对于实行正规化的企业员工晋升十分有用。这种做法既可以确保企业在出现空缺职位时,所有合格的员工都能被考虑到,还可以给员工留下这样的印象:即晋升变成了一种与工作绩效紧密相连的奖励。

(2)企业的调动管理。调动通常意味着在不改变薪资与薪资等级的情况下,从一种工作换到另一种工作。发生工作调动的原因有多种。员工个人有可能会从以下几方面的愿望出发要求调动工作:丰富个人的工作内容、从事自己更有兴趣的工作、从事能够为个人提供更大便利条件(如更有利的工作时间、工作地点等)的工作或者追求能够提供更大发展潜力的工作等。从企业的角度来看,也有可能因以下原因调动员工工作岗位:将员工从一个不需要人手的工作调往需要人手的工作;或在企业内为某一位员工找到一个更为适合的工作。此外,许多企业还热衷于通过减少管理层级,提高生产率。在组织扁平化的企业中,由于晋升机会缺乏,调动为员工实现工作多样化和自我成长提供了机会。

美国学者卡兹在对科研组织的寿命进行研究的过程中发现,在一起工作的科研人员,在 1.5~5 年这个期间里,信息沟通水平最高,获得的成果也最多,而相处超过 5 年,科研人员之间已经成为老相识,相互间失去了新鲜感,可供交流的信息减少,创造力也会随之而减弱。员工需要通过调动工作以重新获取工作的新鲜活力以及创造力。

由此可见,员工的工作调动,不仅是增进员工工作兴趣、重新获取创造力的需要,也是组织充分利用员工,增强员工创造力,提高员工生产效率的需要。因而,企业应根据自身的实际情况,结合员工的要求,进行科学、合理的调动管理。

(3)基于能力的企业员工正规化晋升与调动。企业的晋升决策关系到企业的长远发展问题。企业应构建基于能力的企业员工正规化晋升与调动模型,以规避非正规划化方式所带来的弊端,并能确保所晋升的员工的胜任力,增强企业的整体执行力。企业的晋升与调动决策应以企业所构建的任职资格系统为基础。完备的任职资格系统,明晰了企业的每个职位所需的能力要求和素质要求,并根据所需的能力要求和素质要求以及各个职位对企业发展贡献度的大小将企业各项职位分为不同的职类、职种、职层和职级。在作出晋升决策前,企业应首先测试和衡量候选人所具有的性格、知识、素质、技能等,看其是否符合所应征职位的任职资格。

4.员工职业生涯成功评价

　　企业在构建好企业的任职资格系统,为员工的职业发展指明方向后,继而开发出企业员工职业发展的不同路径,为员工职业生涯发展铺设道路,使得企业员工可以选择适合自己的职业发展通道,向自己的职业目标前进。为敦促员工的职业发展,企业应构建一套职业生涯成功评价体系,以便及时掌握员工的职业生涯发展情况,并进行及时的反馈与修正。职业生涯成功是员工个人职业生涯目标的实现,它的涵义因人而异,具有很强的针对性。表 6-8 是一个职业生涯成功评价体系表,根据这一体系,每个人都可以对自己的职业生涯成功明确界定一个独特的标准,包括成功意味着什么、成功时发生的事和一定要拥有的东西、成果的范围、被承认的地位和被承认的方式等。企业通过构建职业生涯成功评价体系,对员工的职业生涯目标的实现程度、职业生涯成功进行正确、科学的评价,寻找并总结员工职业生涯获得成功的影响因素,并加以总结,以便在全企业内开展学习活动,使员工的职业生涯成功得到企业上下的认同。另外,企业还应从中找寻出阻碍员工职业生涯目标实现的因素,并针对这些因素为员工提供相应的帮助和支持。

表 6-8　职业生涯成功评价体系

评价方式	评价者	评价内容	评价标准
自我评价	本人	1. 自己的才能是否充分施展? 2. 对自己在企业发展、社会进步中所作的贡献是否满意? 3. 对自己在职称、职务、工资待遇等方面的变化是否满意? 4. 对处理职业生涯发展与其他人活动的关系的结果是否满意?	根据个人的价值观念及个人的知识、能力水平
家庭评价	父母等家庭成员	1. 是否能够理解和肯定? 2. 是否能够给予支持和帮助?	根据家庭文化
企业评价	上级 平级 下级	1. 是否有下级、平级同事的赞赏? 2. 是否有上级的肯定和表彰? 3. 是否有职称、职务的晋升或相同的职务权利范围内的扩大? 4. 是否有工资待遇的提高?	根据企业文化及其总体经营结果
社会评价	社会舆论 社会组织	1.是否有社会舆论的支持和好评? 2.是否有社会组织的承认和奖励?	根据社会文明程度、社会历史进程

资料来源:姜真. 职业生涯管理是企业的一盘棋[J]. 人力资源开发与管理. 2004(11):47-51.

本章思考题

1. 怎样理解职业生涯及职业生涯管理？

2. 职业生涯发展有哪几个阶段？

3. 个人如何选择职业？

4. 怎样实现个人职业生涯与组织职业生涯设计的匹配？

5. 职业生涯管理有哪些内容？

6. 比较几种职业生涯通道。

7. 对比职业生涯管理中不同角色。

8. 如何对自己的职业生涯作出全方位的评价？

案 例 分 析

HP 公司员工的职业生涯管理

　　美国惠普是世界知名的高科技大型企业，它的被称为"惠普之道"的独特而有效的管理模式最为人所称道。该公司聚集了大量素质优秀而训练良好的技术人才，是惠普最宝贵的财富，是其发展与竞争力的主要根源。惠普能吸引来、保留住和激励起这些高级人才，不仅靠丰厚的物质待遇，更重要的是靠向这些员工提供良好的提高、成长和发展机会，其中帮每位员工制订令他们满足的、有针对性的职业发展计划，是其中的一个重要因素。

　　该公司的科罗拉罗泉城分部开发出一种职业发展自我管理的课程，要三个月才能学完。这门课程主要包含两个环节：先是让参加者用各种信度业经考验的测试工具及其他手段进行个人特点的自我评估；然后将评估中的发现结合其工作环境，编制出每人自己的一份发展途径图来。

　　把自我评估当做职业发展规划的第一步，当然不是什么新方法。自我帮助的书籍已在书店简直泛滥成灾多年了。不过这些书本身却缺乏一种成功的要素，那就是在一种群体（小组或班组）环境中所具有的感情支持，在这种处境里大家可以共享激动和劲头，并使之长久维持不衰。

　　这家公司从哈佛 MBA 班第二学年的职业发展课里搞到六种工具,用在这门课程的学习里,来取得每人个人特点资料。这些工具是:

　　(1)一份书面的自我访谈记录。给每位参加者发一份提纲,其中有11 道问及他们自己情况的问题,要他们提供有关自己生活(有关的人、地、事件)、他们经历过的转折以及未来的设想,并让他们在小组中互相讨论。这篇自传摘要体裁的文件将成为随后的自我分析所依据的主要材料。

　　(2)一套"斯特朗—坎贝尔个人兴趣调查问卷"。这份包含有 325项的问卷填答后,就能据此确定他们对职业、专业领域、交往的人物类型等的喜恶倾向,为每人跟各种不同职业中成功人物的兴趣进行比较提供依据。

　　(3)一份"奥尔波特—弗农—林赛价值观问卷"。此问卷中列有多种相互矛盾的价值观,每人需对之作出 45 种选择,从而测定这些参加者对多种不同的关于理论、经济、美学、社会、政治及宗教价值观接受和同意的相对强度。

　　(4)一篇 24 小时活动日记,参加者要把一个工作日及一个非工作日全天的活动如实而无遗漏地记下来,用来对照其他来源所获同类信息是否一致或相反。

　　(5)对另两位"重要人物"(指跟他们的关系对自己有较重要意义的人)的访谈记录。每位参加者要对自己的配偶、朋友、亲戚、同事或其他重要人物中的两个人,就自己的情况提出一些问题,看看这些旁观者对自己的看法。这两次访谈过程需要录音。

　　(6)生活方式描述。每位参加者都要用文字、照片、图或他们选择任何其他手段,把自己的生活方式描绘一番。

　　这项活动的关键之处就在于所用的方法是归纳式的而非演绎式的。一开始就让每位参加者搞出有关自己的新资料来,而不是先从某些一般规律去推导出每人的具体情况。这个过程是从具体到一般,而不是从一般到具体。参加者观察和分析了自己搞出的资料,才从中认识到一些一般性规律。他们先得把六种活动所获资料,一种一种地分批研究,分别得出初步结论,再把六种活动所得资料合为一体,进行综合分析研究。

　　每人都作好了自我评估后,部门经理们逐一采访参加过此活动的下级,听取他们汇报自己选定的职业发展目标,并记录下来,还要写出目前在他们部门供职的这些人的情况与职位。这些信息便可供高层领导用来制订总体人力资源规划,确定所要求的技能,并拟定一个时间进度表。当公司未来需要的预测结果与每位学习参加者所制定的职业发展目标对照后相符时,部门经理就可据此帮助他的部下绘制出自己在本公司内发展升迁的路径图,标明每一升迁前应接受的培训或应增加的经历。每位员工的职业发展目标还得和绩效目标与要求结合起来,供将来绩效考评时用。部门经理要监测他的部下在职业发展方面的进展,作为考绩活动的一部分,并需要负责对他们提供尽可能的帮助与支持。

案例讨论

1.惠普公司员工的职业生涯设计与管理有什么特点? 预计这套方法在保留和激励惠普的人才方面会不会有效? 为什么?

2.如果将这套办法运用到中国企业来,能否行得通? 为什么?

第 **7** 章

绩效考核与绩效管理

绩效考核与绩效管理是人力资源管理活动的重要内容之一,它是企业经营管理活动实施的有效控制手段。通过绩效考核与绩效管理,既可以找出差距,改进绩效,提高企业经营管理水平,又可以作为人力资源管理中薪酬设计与管理的依据,从而达到挖掘与激励员工积极性和创造性的目的。因此,绩效考核与绩效管理在任何一个组织的管理活动中具有重要的地位与作用。正如美国管理大师德鲁克所言:"如果你不能评价,你就无法管理。"

重点问题

⇨ 绩效、绩效考核、绩效管理
⇨ 绩效考核标准
⇨ 关键绩效指标
⇨ 平衡记分卡
⇨ 绩效考核的定性、定量评价方法
⇨ 绩效考核反馈面谈
⇨ 绩效考核的信度与效度

阅读资料

浅海石油企业激发团队潜能的绩效管理

中国石油辽河油田浅海石油开发公司(以下简称浅海公司)是中国

石油天然气股份有限公司所属地区分公司体制下的油气采掘生产企业。浅海公司成立初期,采取的是集勘探开发于一体的项目组体制,除机关管理人员为自有员工外,基层的管理和操作人员均为油田其他二级单位输入劳务。2003年勘探开发职能分开后,浅海公司拥有了自己的基层团队,各层次职能逐步理顺,逐步形成了一套旨在完成指标的业绩考核制度。但随着开发规模逐渐扩大,原有的业绩考核制度暴露出"关注微观指标忽视整体目标;关注个人能力,忽视团队潜能;关注具体效果,忽视管理效率"等缺陷,在一定程度上制约了各类基层团队潜能的激发,不利于实现浅海公司发展战略。

有鉴于此,浅海公司从2006年开始,吸收短板管理、九宫格管理等先进的管理方法,围绕提升各类团队的综合能力这一目标,实施绩效管理改革。

一、明确绩效管理原则,分类管理基层团队

明确绩效考核原则:坚持从实际出发,科学合理制定业绩考核指标;坚持以效益为中心,兼顾效率与公平;坚持以工作业绩和岗位职责为核心的绩效分配;坚持科技增油、节约挖潜、管理增效与薪酬挂钩;坚持公平考核、持续改进。

将基层团队划分为两类,即主体团队、辅助团队。主体团队包括海南作业区、笔架岭作业区、蔡海作业区;辅助团队包括海南联合站、综合维修队、综合车队。同时,设定生产经营难度系数,将基层团队进行分类管理。难度系数的确定并未延续管理人员的分类标准,而是广泛征集领导、机关科室和基层团队的各方面意见,加大向滩海、海域等一线团队的倾斜力度,调动基层团队工作积极性。

二、明确绩效管理流程,构建绩效管理良性循环

在继承原有绩效考核制度优势的前提下,建立绩效计划、绩效辅导、绩效考评、绩效改进与激励的绩效管理流程,如图7-1所示。

1.确定绩效目标

每年年初,浅海公司确定年度油气产量、单位操作成本、安全环保、治安综合治理、内部控制等绩效指标,利用职工代表大会平台与基层团队负责人签订业绩合同,使基层团队明确年度重点工作任务。同时,绩效管理办公室每年年初组织机关各科室对采油管理、集输管理、培训管理、党组织建设等工作确定考核标准,确保基层团队建设工作开展。

2.绩效辅导

利用辽河油田管理干部学院的专家资源,吸收基层区长、书记、班

```
┌─────────────────┐         ┌─────────────────┐
│   绩效计划       │         │   绩效辅导       │
│ ·战略目标层层分解 │────────▶│  ·执行           │
│ ·确定关键业绩指标 │         │  ·辅导           │
│ ·制订行动计划     │         │                 │
└─────────────────┘         └─────────────────┘
         ▲                            │
         │                            ▼
┌─────────────────┐         ┌─────────────────┐
│   激励与改进     │         │   绩效考评       │
│ ·绩效改进计划     │────────▶│  ·考核评估       │
│ ·团队发展计划     │         │  ·考核面谈       │
└─────────────────┘         └─────────────────┘
```

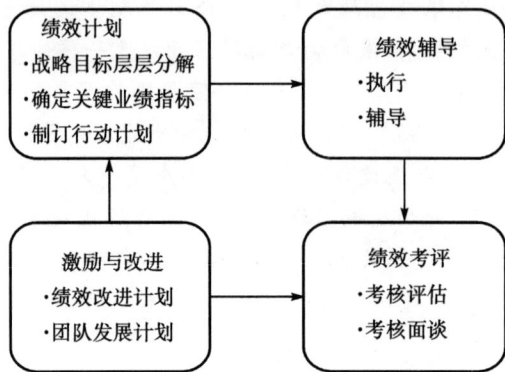

图 7-1　绩效管理良性循环

站长参与,举办两期"深化企业管理、创新绩效考核"的培训班。通过对知名石油石化企业管理理念和团队内在潜力激发方式的讲解,以及讲师、浅海公司管理者与基层员工对具体绩效问题的沟通交流,使基层团队正确理解绩效目标,对绩效管理体系的运行方式形成正确的认识,确保绩效管理高效实施。

3.绩效考评

绩效管理办公室每季度结束后,组织机关各科室对基层团队的绩效完成情况进行检查与考核,讲评需要改进的问题,并对检查结果现场打分,由基层团队负责人签字确认。打分结果汇总后,绩效管理办公室将基层团队得分情况和绩效考核发现的共性问题在浅海公司主页予以公示,接受全体员工的监督。

在绩效考核过程中,开展连续不断的监督反馈和对阶段性考核工作的评估,及时采取各种措施,确保绩效管理体系不断完善和提升,逐步形成更加完善和有效的导向激励机制和监督保障机制。浅海公司的反馈评估工作可概括为:四级反馈、三级评估、双向沟通、持续改进。

四级反馈,即浅海公司—作业区—班站—班组四级员工都连续不断地通过反馈评估意见表向上一级(允许越级)反馈考核的信息(包括情况、结果、意见、申诉、建议等)。这四级绩效考核参与机构,都必须经常收集和处理反馈信息。

三级评估,即浅海公司、作业区和班站三级,定期对下属单位的绩效考核情况进行评估。其中作业区、班站每季末结合考核开展阶段性评估,年末进行总评估;浅海公司每半年结合年中考核开展阶段性评估,年末进行总评估。

双向沟通,即在浅海公司、作业区、班站和各级各类员工之间,建立起畅通的信息渠道和双向交流沟通的有效机制,保障信息真实畅通、问题及时处理,确保绩效考核工作的公正和有效,促进浅海公司的团结、和谐和稳定。

持续改进,即根据阶段性评估结果,及时分析绩效考核过程情况,交流绩效考核的成功经验,纠正绩效考核过程中出现的偏差,不断完善绩效管理体系。

浅海公司绩效管理领导小组还随机与基层团队负责人进行绩效考核面谈,了解绩效变化的原因,听取基层团队对机关部门的意见,将发现的问题和好经验在每季度的绩效管理讲评中作以阐述,使基层团队的潜能得以肯定和激发。

4. 绩效激励与改进

结合辽河油田分公司的奖金管理制度,制定《绩效管理实施方案》配套办法,以油田分公司下拨的季度业绩奖作为具体激励奖金,各基层团队季度业绩奖金兑现额计算方法如下:

兑现系数＝浅海公司参与季度兑现总人数÷[主体团队总人数×1.2＋(联合站＋综合队)总人数×1.16＋综合车队总人数×1.12＋机关(含地质)总人数×1.1]

$$兑现分数＝600÷\sum 基层团队季度得分$$

某基层团队总奖金＝(兑现系数×兑现分数×该团队工作难度系数×该团队实得分÷100)×$\sum$(某类性质用工人数×上级核拨该类性质用工人均季度奖金数)

在进行奖金激励的同时,绩效管理领导小组还根据绩效评估结果对业务精的科室和绩效好的基层团队进行物质奖励,并通过给予集体荣誉、提供拓展课程等方式,培养团队意识。

此外,每年年终根据基层团队的绩效评估结果,制订绩效改进计划,使绩效管理形成闭环。

三、合理设计考核指标与激励方式

1. 动态寻找短板,设计考核指标

为保证基层团队潜能短板在考核期内提高,浅海公司将原有成套的考核指标拆开,有所侧重。如果某个团队存在不止一块短板,那就逐个解决,挑最短的短板重点考核。当然,寻找短板是一个不断往复的过程,浅海公司的每一个发展时期都有不同的短板。解决"短板"问题分以下八个步骤：

第一，分析现状，找出最制约组织产生良好绩效的因素；

第二，确定改进目标，明确改进后需要达到的效果；

第三，找出影响绩效的因素，明确什么是制约系统绩效的短板；

第四，尽可能多地找出解决短板的方法；

第五，预测各种解决办法可能对其余非短板因素的影响；

第六，分析变化，找出哪些变化是可控，哪些变化不在控制范围之内；

第七，选择最适合方案；

第八，实施解决方案，进入下一个绩效循环。

例如，浅海公司针对海南作业区靠近自然保护区、地方协调问题较多的特点，应用短板管理挖掘团队绩效。随着国家关于节能减排政策的提出、中央对国企节能减排工作考核力度的加大和集团公司低成本战略的提出，浅海公司发现清水用量居高不下——2005年为48.69万方，2006年为38.45万方，是企业成本高企的重要因素。究其原因是清水大户海南作业区供自然保护区用水迫于地方压力未安装水表。更深层次原因则是浅海公司对海南作业区仍沿袭粗放式管理，考核未把节能指标纳入范畴，才导致该团队普遍不重视节能减排工作；同时浅海公司科室职能划分不清也对清水管理产生负面作用。结合以上短板，浅海公司2007年开始将用水量与业绩挂钩、与基层团队负责人职责挂钩，安装了水表，采取计费方式。同时，为使职能明确又成立质量节能管理中心，专职负责节能减排工作。2007年当年的用水量就降到了22.23万方。

2.结合发展实际，不断调整绩效考核内容

绩效管理办公室每年年终组织评估基层团队绩效考评结果。征集机关科室的完善意见，整理后交由绩效管理领导小组审定，作为下一年度绩效考核依据。

例如，2009年3月，由于油田分公司风险收购业务的推进，原未上市的海南8人工岛资产及人员划归浅海公司管理，而浅海公司没有相关的管理经验。鉴于此，绩效管理办公室及时组织安全环保、生产运行、海洋工程、资产等科室考察和学习岛上现有的管理资料，并对现场设施进行摸底，要求这些科室结合国内海上油田人工岛管理资料制定有针对性的考核内容。通过对绩效考核内容的调整，海南8人工岛的绩效有了显著提高。

3.推行"九宫格"管理，开拓员工发展空间

浅海公司绩效管理小组在激发团队潜能的同时，也非常注重对团队成员的精神激励，包括挑战性工作岗位的分配、职位的晋升、给予荣誉和公开表扬等。同时，还加强了工作本身的激励，不断创造有挑战性的工作岗位并将之赋予有创造力、进取的高绩效员工，给他们创造更大的职业生涯发展空间。

在考评结果的运用中，吸取九宫格管理法，按照工作目标的完成情况和行为表现两个维度，根据员工的绩效考评成绩将其排列在九宫格中(见图 7 - 2)，从而一目了然地掌握员工绩效表现和发展潜质，为管理人员的"接班人计划"提供信息支持；对员工而言，可得到更有效的反馈，并在此基础上主动规划职业未来。

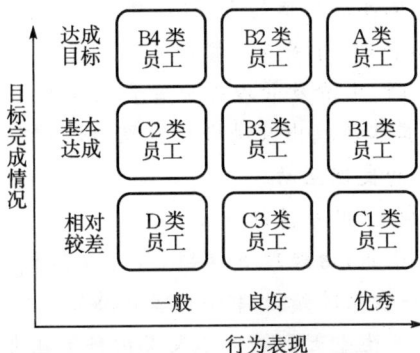

图 7 - 2 九宫格管理

考评结果的成绩范围为 70～100 分，并依据正态分布规律强制分类，目标绩效考评结果分为相对较差(70 分以下)、基本达成(71～85 分)和达成目标(86～100 分)；行为绩效考评成绩划分为较差(70 分以下)、良好(71～85 分)和优秀(86～100 分)。

连续两年进入 C 级的员工可晋升 B 级，连续三年进入 B 级的可晋升 A 级；获集团公司、股份公司、油田公司专项奖励，为浅海公司争得荣誉的给予晋级奖励，如获得辽河油田公司技能大赛前十名者可晋升一级等。

田家港是海南 2 号站的一名员工，在被分配到浅海公司海南作业区工作的当年，他被考核为 C3 类员工，需要尽快提升工作技能。凭借高度的责任感和熟练的技术，他所负责的油井设备完好率一直处于较高水平，多次受到嘉奖。在 2006 年年底的考核中被评为 B2 类员工，

成为转变型的员工，具备转变成更高层次员工的能力，具有培养价值。在2007年的半年考核后，被提升为海南2号站站长。

四、加强过程控制，重视结果改进

绩效管理领导小组与基层团队对绩效管理的运作过程达成共识，是确保团队提高效率的关键。因此，在绩效考核实施过程中，领导小组尤其重视细节的指导，采取季度评估、问卷调查、与基层管理者面谈等形式及时纠正偏差，并使基层团队认识到，绩效就在自己身边，绩效就是让自身的专业潜能得到发挥并按照规范的程序做正确的事，绩效就是使有贡献的员工得到精神和物质的肯定。

浅海公司绩效管理领导小组还非常重视绩效考评结果的改进，要求绩效管理办公室在每次考核后，都要对科室打分情况进行分析，找出基层团队得分明显偏高和偏低的考核项，并请考核科室进行解释，如属考核内容设计不尽合理，责成其抓紧与基层团队沟通，尽快改进；如属基层团队执行力不强，由绩效管理办公室责成基层团队对考核项展开分析讨论，并指导其尽快找出改进考核结果、提高执行力的措施，由此形成考评结果改进的良性互动。

五、建立申诉制度，助推持续改善

成立绩效考评小组，由经理直接领导，听取各类团队的诉求，有效控制考评尺度，进一步保障绩效考评的客观公正。绩效考评结果对部门的奖金分配将会产生重大影响。如果考核科室在考评时对基层团队的打分程度有偏差，可退回重新考评；考评结果公示期间，任何科室如果发现存在不合理或不正确的地方，对考评结果有争议，都可向绩效考评小组提出申诉请求，并说明理由。绩效考评小组收到科室申诉请求后，在规定的时间内作出响应。如果理由成立，则组织有关人员重新考评，并将考评结果与被考核团队沟通，与其达成一致；如果提出的理由不成立，也会给一个合理、满意的答复。通过绩效考评的申诉，可以及时发现岗位绩效考评体系中存在的问题，及时更正，同时避免考核的组织部门疲于应付的局面。

例如，在绩效管理体系运行六个月后，海南联合站和综合维修队就"单位生产经营工作难度系数"提出了质疑。当时三个主体团队的工作难度系数都是1.2，而海南联合站和综合维修队是1.1，他们认为难度系数设置差距较大，并提供了其他采油单位对联合站管理的参考，强调了联合站24小时连续工作的岗位性质，综合维修队也阐述了井站维修工作的具体辛苦程度。对于这次申诉，考核小组给予了高度重视，组织相关副组长和部分成员讨论,认为两个团队提出的申诉依据充分,应予考虑。后经绩效管理办公室调研和访谈,修订了《绩效管理实施方案》配套办法,将这两个团队的生产经营工作难度系数提高至 1.16。经过实践,这两个团队的工作积极性得到了提高。

　　浅海石油开发公司激发团队潜能的绩效管理使公司基层团队建设得到了本质的加强,团队凝聚力得到了提升。基层团队在关注浅海公司发展,落实绩效工作目标,改进绩效考核中出现的问题等方面都发生了显著的变化,浅海公司在 2008 年度辽河油田岗位责任制大检查中取得了小组前茅的优异成绩。

　　　　　——资料来源:浅海石油企业激发团队潜能的绩效管理[J].化工管理,2010(8).

　　浅海石油企业的绩效考核与管理依据本企业的工作性质和特点从关注团队绩效出发,采用先进的管理方法,制定了科学、严密的绩效管理体系和执行体系,保证了绩效考核工作的进行,体现了团队绩效与个人绩效激励的作用,推动了企业业绩不断提升。

7.1　绩效、绩效考核与绩效管理

7.1.1　绩效

1. 绩效的界定

　　所谓绩效(performance)是指通过个体或群体的工作行为和态度表现出来的工作效率和结果,是直接成绩和最终效益的统一体,也可称为工作业绩、成效等。绩效的构成要素包括两个方面:第一,工作效率。工作效率是指输入与输出的关系,对于给定的输入,如果能够获得更多的输出,则效率就更高,反之,效率就越低;对于同样的输出,如果能使输入减少的越多,效率也就越高,反之越低。另外,对于同样的输入和输出,则工作效率取决于时间。时间越短,效率越高。第二,工作效果。即工作活动对预定目标的达到情况。工作效率与工作效果是互相联系的,效率涉及的是工作方式,而效果涉及的是工作结果。

2. 绩效的特性

　　(1)多因性。绩效的高低,不是单方面因素的问题,而是要受到多方面因素的影响,如技能、激励个人素质方面的因素及环境与机会等,它们之间存在着函数关系。

　　(2)多维性。绩效的表现是由多方面体现的,它既包括工作结果,也包括工作效率。例如,要考核一名一线生产人员的工作绩效,不仅考核产品的数量、质量,还要考核节能、出勤情况、合作态度、遵纪守法等。因此,进行绩效考核必须从多方面进行。当然,需要注意的是不同的方面在绩效中所占的权重不同。

(3)动态性。绩效并不是固定的、一成不变的,随着主客观环境和条件的变化,绩效也随之而改变。这种动态性决定了绩效具有时限性,对绩效的考核往往是针对某一特定时期而言。

3. 组织绩效与个人绩效

企业的绩效指企业经营管理活动的效率和效果。从广义的角度包括两个方面,一是组织绩效,另一个是个人绩效。组织绩效反映企业组织最终的经营管理成果,个人绩效反映企业员工个人行为和态度及工作业绩。组织绩效和个人绩效关系密切并相互融合,企业员工的个人绩效的集合构成了组织绩效,个人绩效是组织绩效的主体。本章所涉及的绩效主要是个人绩效。

7. 1. 2 　绩效考核

相关链接 7-1

绩效考核的起源

绩效考核起源于西方国家文官(公务员)制度。最早的考核起源于英国,在英国实行文官制度初期,文官晋级主要凭资历,于是造成工作不分优劣,所有的人一起晋级加薪的局面,结果是冗员充斥,效率低下。1854—1870 年,英国文官制度改革,注重表现、看重才能的考核制度开始建立。根据这种考核制度,文官实行按年度逐人逐项进行考核的方法,根据考核结果的优劣,实施奖励与升降。考核制度的实行,充分地调动了英国文官的积极性,从而大大提高了政府行政管理的科学性,增强了政府的廉洁与效能。英国文官考核制度的成功实行为其他国家提供了经验和榜样。美国于 1887 年也正式建立了考核制度。任用、加薪和晋级,均以工作考核为依据,论功行赏。此后,其他国家纷纷借鉴与效仿,形成各种各样的文官考核制度。这种制度有一个共同的特征,即把工作实绩作为考核最重要的内容,同时对德、能、勤、绩进行全面考察,并根据工作实绩的优劣决定公务员的奖惩和晋升。

——资料来源:肖阳.绩效考核的起源[J].企业管理,2010(6).

1. 绩效考核的涵义

考核是指评价、评估。绩效考核(performance evaluation)是指应用科学的方法、程序和一定的指标体系,定期对企业员工的行为过程和行为结果进行考核和评价,是测定员工有效工作程度的一种行为。在许多企业中,往往存在着正式的和非正式的绩效考核。非正式的绩效考核是由个人(管理者或员工)思考评定的,这有助于了解员工的价值贡献,为员工的工作改进指明方向。正式的绩效考核是由组织制定一整套规范、系统的评价体系,并由组织定期进行考核。正式的绩效考核是企业人力资源管理最重要的任务之一,它能够帮助管理者寻找工作结果与企业目标之间的差距,有针对性地制定改进绩效的措施,提高企业的经营管理水平。

2. 绩效考核的分类

企业在人力资源管理的实践中可从不同的角度进行绩效考核,下面介绍几种类型。

(1)按绩效考核的性质分类,绩效考核可分为客观考核和主观考核。

①客观考核是指按照标准化、系统化的指标体系来进行考核,一般主要依据两类硬性指标进行考核:一是生产指标,如产量、销售量、废次品率、原材料消耗率、能耗率等;二是个人工作指标,如出勤率、事故率等。客观考核法随意性较小、比较客观,但由于员工工作绩效受多种因素影响,加之工作包含多方面,难以把所有方面都量化为可测量的指标,因而影响了其使用的范围。

②主观考核是由评估人在充分观察和征询意见的基础上对员工绩效所作的较为笼统的评价。其优点是简单易行,适用面广。缺点是主观性较强,易受心理偏差的影响,但如果程序严密,运用恰当,可以收到良好的效果。

(2)按绩效考核的标准分类,绩效考核可分为:员工特征导向型、行为导向型、结果导向型。

①员工特征导向型是指以考核员工的决策能力、对组织的忠诚度、人际沟通技巧和工作主动性等为主的绩效考核方法。它侧重于回答员工"人"是怎样,而不重视员工的"事"做得如何,具有简便易行的优点。但也存在缺陷:首先员工的特性与员工工作行为和结果之间缺乏确定的联系,因此效度较差。其次,由于评价者对同一员工的认识不同,就会产生评价结果相差很大的可能性。最后,它无法为员工提供有益的反馈信息。

②行为导向型是指依据员工的行为方式建立的绩效考核方法。这种方法的优点是它克服了以员工特征为基础的绩效考核方法无法为员工提供改进工作绩效反馈信息的弊端,缺点是它无法涵盖员工达成理想工作绩效的全部行为。

③结果导向型是将员工的工作结果与预先设定的最低工作成绩标准进行比较作为考核依据的方法。最低工作成绩标准通常包括两种信息:一种是员工应该做

什么,即工作内容,包括工作任务量、工作职责和工作的关键因素等;二是员工应该做到什么程度,即工作标准。工作标准应是明确的,便于管理者和员工理解。结果导向型考核方法也有缺点,一是员工的工作结果不仅取决于员工的个人努力和能力因素,也取决于经济环境、原材料质量等多种因素,因此这类方法缺乏有效性。二是这类方法有可能强化员工不择手段的倾向。三是在实行团队管理的组织中,会加剧员工之间的不良竞争,妨碍彼此之间的协作和相互帮助。四是它无法提供如何改进工作绩效的明确信息,因此它在为员工提供业绩反馈方面的作用不大。

(3)按绩效考核的主体分类,绩效考核可分为:上级考核、专业机构人员考核、专门小组考核、下级考核、自我评价、相互评估、外部评价。

①上级考核,是指直接领导对自己下属员工的考核。这种方式是大量应用的考核方式。

②专业机构人员考核是指人力资源部门对员工进行的考核。该方式能够达到考核的高水平,也比较客观。

③专门小组考核,是指由有经验的员工、管理人员和人力资源部门三方结合,组成小组来实施考核的方式。该方式兼有全面、客观和容易开展的特点。

④下级考核,即员工对自己的直接上司进行的考核。这充分体现了组织的民主性体制。

⑤自我评价,是指事先制定好一系列标准,然后由被考核者自己对照有关的标准对自己的工作作出评估。这种方法能够充分调动起被评人的积极作用。

⑥相互评估,是指被考核人员之间的相互评价。这种考核方式是考核的眼界较宽,反映的问题和情况较全面、深入。

⑦外部评价,是指由组织外部的有关人员或工作对象所作的评价,如经销商对市场营销部经理的评价,乘客对空中小姐的评价等。外部评价具有客观性和多层面性,是组织内部考核的有益补充。

(4)按绩效考核的形式分类,绩效考核可分为:口头考核与书面考核、直接考核和间接考核、个别考核与集体考核。

①口头考核和书面考核。口头考核是考核者对被考核者通过面对面的语言交流实施的考核,这种考核形式直观、真实性强、信息反馈迅速,被考核者的第一印象非常重要,当然对考核者也有较高的技术要求;书面考核是通过被考核者的笔试,对其所掌握的知识体系、结构、深度和广度进行的考核。

②直接考核和间接考核。这是以考核者与被考核者是否面对面为标准划分的。直接考核是考核者对被考核者不经过中介,亲自实施考核。间接考核是考核者对被考核者通过中介实施的考核。企业有时为了使考核顺利进行,以及为了保持考核的公正、公平,会选择中介来实施考核,如中介公司、专家小组等。

③个别考核与集体考核。个别考核是考核者对个人进行的考核,这种形式会对被考核者形成强大的压力;集体考核是考核者对群体进行的考核,可以是群体座谈形式,也可以是群体笔试形式,相对于个别考核来讲,压力会大大减小。

(5)按绩效考核的时间分类,绩效考核可分为:日常考核、定期考核、不定期考核。

①日常考核,如每天、每周进行的例行产量、营销数量考核等。

②定期考核,即每间隔一段时间进行一次考核。最常见的做法是按月记载上交的考勤和每年一次的绩效考核,以及对管理干部任期业绩的考核。

③不定期考核,如为选拔人才而进行的考核,在培训前后进行的考核就属于不定期考核。

3. 绩效考核的必要性及作用

对企业而言,绩效考核是从企业的业绩指标和员工工作成绩的质量、数量两个方面,对企业的整体运营过程和员工在工作中的优缺点进行系统的描述,它涉及观察、判断、反馈、度量、组织介入以及人们的感情因素,是一个复杂的过程。

(1)绩效考核的必要性。对一个企业而言,无论是老企业还是成长性企业,日常活动处处都贯穿着管理,企业的经营管理绩效始终是被关注的问题,对绩效的考核就是通过评估、比较以便形成客观最优的控制决策过程。从战略管理角度来讲,绩效考核旨在从日常管理活动发现问题,而非在问题出现后再着手调查评估损失究竟有多大。从企业人力资源角度来看,绩效考核激发了员工的工作热情和积极性,进而促进企业经济效益的提高。国际知名企业的实践已证明,绩效考核在现代管理中起着越来越重要的作用,进行绩效考核是非常必要的。

(2)绩效考核的作用。绩效考核作为企业经营管理和发展的重要内容,为企业的经营管理,尤其是人力资源管理的各项主要环节提供确切的基础信息。绩效考核具有以下作用:

第一,考核是工作调动和职务升降的依据。绩效考核是对员工的工作成果及工作过程进行考察,通过绩效考核可以提供员工的工作信息,如工作成就、工作态度、知识和技能的运用程度等。根据这些信息,可以进行人员的晋升、降职、轮换、调动等人力资源管理的工作。这对于个人来说可以扬长避短,充分发挥其才能,对于企业而言,有利于人力资源的优化配置,提高企业的竞争力。

第二,考核是人员任用的依据。一个企业要做到人与岗位的科学结合,必须"识事"和"知人"。岗位分析、岗位评价和岗位分类是"识事"的基本活动,考核则是"知人"的主要活动。只有"知人"才能"善任",通过绩效考核,能够对每个人的多方面情况进行评价,了解每个人的能力、专长、态度和工作,从而将其安置在适合的职位上,做到人岗匹配。

第三,考核是员工培训与开发的依据。绩效考核可以确定员工的培训需求。绩效考核是按制定的绩效标准进行的,考评结果显示的不足之处就是员工的培训需求,管理者可以据此制订培训计划。因此,绩效考核在此方面的作用是发现员工的长处与不足,对他们的长处给予发扬;了解员工在知识、技能、思想和心理品质等方面的不足,进行有针对性的培训。

第四,考核是管理决策的依据。绩效考核是一种控制手段,是制定人事决策的依据。企业通过对员工的绩效考核来获得相关信息,便可据此制定相应的人事决策与措施,通过奖罚、升降、淘汰,达到调整控制的目的。企业通过绩效考核,来揭示其运营能力、偿债能力、盈利能力和社会贡献,为企业的投资者、债权人、经营管理人员提供决策依据,给予企业成员在自我价值实现方面的指导,从而为强化企业内外管理、挖掘各种改进潜力、获得更大的管理绩效指明方向。绩效考核还可以使企业深入了解生产、供应、销售、财务等各种职能部门的情况与问题,从而为组织的有关决策提供参考依据。

第五,考核是确定薪酬奖罚的依据。绩效考核是进行薪酬管理的重要工具。现代管理要求薪酬分配遵循公平与效率两大原则,按照企业既定的付酬原则,通过科学、合理的绩效考核结果调整员工的薪酬,可以发挥出绩效考核应有的激励作用,达到提高工作绩效的目的。

第六,考核有利于企业的沟通。将绩效考核的结果向员工进行反馈,可以促进上、下级之间的沟通,使双方了解彼此的期望。通过绩效考评进行沟通可以有效地加强和保持现有的良好绩效。对于企业员工而言,他们都希望知道自己何时很好地完成了某项工作。同样,改进绩效的方法很多,但最有效的方法往往是通过上下级之间的沟通实施的。

第七,考核有利于建立共同目标。考核有利于上、下级沟通,这种沟通促进了企业成员之间信息的传递和感情的融合,使成员之间的了解和协作加深,有助于员工个人目标同企业目标达成一致,建立共同愿景,增强企业的凝聚力和竞争力。

第八,考核有利于形成高效的工作气氛。通过考核经常对员工的工作表现和业绩进行检查,并及时进行反馈,既能及时发现人员任用是否合理,又能为适度的奖罚和公平的待遇提供依据。这两个问题都是影响组织效率的重要问题,因此,正确的考核有利于形成高效率的工作气氛。

4. 绩效考核的原则

(1)公平公开原则。企业绩效考核首先应做到公平公正,它是建立考核制度和实施考核工作的前提,只有公平合理的考核,才能使考核结果符合考核人的真实情况,从而给企业人事工作的各项主要环节提供确切的科学依据,得到公平的结果。其次,企业的绩效考核应最大限度地减少考核者和被考核者双方对考评工作的神秘感,业绩标准和水平的制定是通过集体协商来进行的,考核结果要公开,即做到考评工作的制度化。

(2)客观准确原则。考核要客观准确,即用事实说话,切忌主观武断。考核结果如果能够真实准确地反映员工的情况,不仅会激发员工的工作积极性,还有利于企业人际关系的协调发展和员工的团结。这就要求在绩效考核的过程中,应当把工作标准、企业目标同考核内容联系起来,做到以下几点:

第一,考核标准明确。考核要素的划分和设置要明确,打分标准要清晰,同类同级工作人员的考核标准要统一。

第二,考核制度严格。企业要制定严密的考核规章制度和实施条例,包括考核的时间、种类、项目、方法等,并严格执行。

第三,考核方法科学。绩效考核的方法很多,应当根据考核对象和考核内容的特点进行选择,也可将多种考核的方法综合运用,但要注意有所侧重。在考核方法的选择上应当注意,无论使用什么方法,其宗旨都在于达到考核的客观性和公正性。

第四,考核态度认真。考核者的工作态度必须严肃认真,不得马马虎虎、不负责任地随意对待,更不能从个人好恶恩怨以及印象出发。

(3)区分性原则。区分性原则是指考核的结果应当能够有效地对员工的工作效率高低予以区分。如果考核体系不能有效区分绩效不同的情况,优者、劣者不能区分,将会导致懒惰者受到纵容,而挫伤员工的工作积极性。

(4)可行性和实用性原则。可行性原则主要考虑两个方面因素:一是考核工作能够组织和实施,考核成本在可接受的范围内。在实际的绩效考核中,总是有一定的经费限额,不可能离开这个限制条件去追求尽善尽美的考核方式。二是考核标准、考核程序以及考核主体能得到被考核者的认可。在绩效考核中缺乏员工的支持和理解,考评的目的是很难达到的。

(5)一致性原则。不同的考核主体按照同样的考核标准和程序对同一员工进行考核时,其考核结果应该是相同的、相近的,这反映了考核体系和考核标准的客观统一性。另外,同一个考核主体对相同(或相近)岗位上的不同员工考核,应当运用相同的评估标准。

(6)多面性原则。多面性原则就是通过多层次、多角度、全方位进行考核。它既包括定性考核,又包括定量考核;既有集中考核,又有分散考核,还有分散集中相结合的考核;既有上级考核,又有下级考核,既有同级考核,又有自我考核;既有本单位考核,又有外单位考核等。实施多面性原则,是为了使考核尽可能地全面和客观,以防止主观片面性。

(7)反馈原则。绩效考核应及时反馈,才能达到考核的目的,起到激励员工的作用。考核结果要反馈给被考核者本人,被考核者如有不同意见,可以要求复议;考核组织则应向被考核者在一定期限内作出答复。

(8)多样化原则。绩效考核在一定条件下,应尽可能选用两三种不同的考核方法结合使用。因为不同的考核方法各自有优缺点,适用的范围不同,区分性也有差异,将不同的方法结合使用,能够消除单一方法可能导致的误差,提高考核结果的准确性和区分性。

(9)动态性原则。企业在运营过程中是不断发展、壮大的,因此在企业或个人的绩效考核问题上,不能只注重档案中的材料或只进行静态的考核,而应当用发展的眼光来看待考核指标和考核得分水平,要注重现实表现、注重动态的变化,要看被考核者的态度行为、达到的业绩和个人素质的发展趋势。

7.1.3 绩效管理

1. 绩效管理的涵义

绩效管理是指为了实现组织的目标,通过制订绩效计划,定期对企业员工工作行为和工作结果进行评估与反馈,实施激励与调控,并改善员工工作绩效,进而提高企业组织绩效的管理过程。那么,绩效考核是绩效管理的一个组成部分,也是完整的绩效管理过程中的一个重要环节,成功的绩效考核不仅取决于评估本身,而且很大程度上取决于与评估相关联的整个绩效管理过程。绩效考核与绩效管理有着密切的关系,但不能简单地将绩效考核等同于绩效管理,两者还是有区别的,参见表7-1。

表7-1 绩效管理与绩效考核的区别

绩效管理	绩效考核
• 一个完整的管理过程 • 侧重于信息沟通与绩效提高 • 伴随管理活动的全过程 • 事先的沟通与承诺	• 管理过程中的局部环节和手段 • 侧重于判断和评估 • 只出现在特定的时期 • 事后的评价

因此,为改善企业的绩效而进行的管理活动都属于绩效管理的范围。绩效管理不仅作为一种管理手段或工具,更是作为一种管理思想和管理意识,贯穿在企业经营管理活动的整个过程中。企业运用绩效管理,不仅能够有效控制企业各个环节的活动,更重要的是通过持续不断地改进绩效,逐步提高企业的经营效益和市场的竞争能力。

2.绩效管理的必要性

企业进行绩效管理,不论从企业的角度,还是从管理者或者员工的角度,都可以解决我们所需解决的一些问题,并给企业的运营和人力资源的管理带来益处。

从企业角度看,首先,绩效目标的设定与绩效计划制订的过程,使企业目标被分解到各个业务单元以及个人。其次,通过对团队和个人绩效目标的监控过程以及对绩效结果的评估,可以有效了解各个环节上的工作产出,及时发现问题并予以解决。最后,绩效考核的结果可以为人员调配和培训发展提供信息。

从人力资源的角度来看,对于管理人员而言,绩效管理提供给管理者一个将目标分解给员工的机会,并且使管理者能够向员工说明自己对工作的期望和工作的衡量标准。绩效管理也使管理者能够对绩效计划的实施情况进行监控。就员工而言,绩效管理也是他们成长过程中所必需的。根据马斯洛的需要层次理论,员工在生理需要得到满足之后,更多的高级需要有待于满足。每个员工都希望了解自己的绩效和在别人心中的评价,因为首先员工出于对安全和稳定的需要,以避免不了解自己绩效而带来的焦虑;其次,员工希望自己的成绩得到他人的认可与尊重;最后,员工需要了解自己目前有待于提高的地方,使自己的能力得到提升,技能更加完善。

相关链接 7-2

绩效管理理论与方法的发展历史

纵观绩效管理理论与发展的历史,基本上经历了三个阶段:

第一阶段,"财务导向"的绩效管理。关注的重点是"利润",绩效管理的方法是财务指标法,绩效管理模式是"财务型绩效管理"。

第二阶段,"目标导向"的绩效管理。关注的重点是"目标",所采用的方法是"目标管理法",绩效管理的模式为"目标型绩效管理"。

第三阶段,"战略导向"的绩效管理。关注的重点是"社会责任和员工成长",强调企业内外部的和谐发展,绩效管理的方法是平衡计分法,绩效管理的模式是"战略型绩效管理"。

3.绩效管理系统模型

从系统的角度出发,我们可以把绩效管理看作是一个系统,即由多个相互影响的要素和各个环节构成,其系统模型见图 7-3。

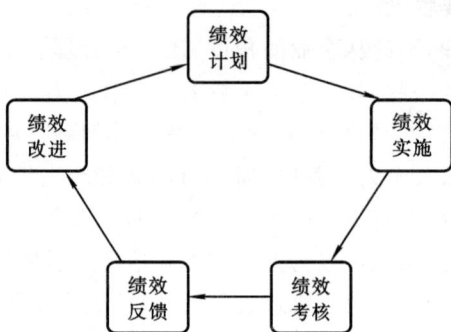

图 7-3　绩效管理系统模型图

　　从绩效管理系统模型可以看出,一个良好的绩效管理系统主要由以下五个部分组成:

　　(1)绩效计划。绩效计划的制订,就是在企业内建立起员工认同的绩效目标,也就是让各层的员工都明白自己努力的目标。这是进行绩效考核的基础,也是绩效管理的关键。绩效计划要以企业战略目标和企业管理文化为指导方针,依据工作说明书为员工的工作绩效设计明确可行的指标体系,使员工努力的行为和方式不仅符合绩效管理,而且与企业战略和企业文化相一致。

　　(2)绩效实施。绩效的实施就是管理员工的绩效,其主要功能就是确保员工能够按照绩效计划中所设定的目标,在规定的时期内顺利完成工作任务。管理员工的绩效可采用的形式有辅导、咨询和监控。辅导是要通过让员工学习来改善员工的知识、行为和技能;咨询是要帮助员工克服工作中的障碍,达到预期的绩效标准;监控是通过管理者的自我审视和回顾绩效进展,并作绩效判断,不断地调整和修正计划或行为。

　　(3)绩效考核。绩效考核是绩效管理的主体部分,在制订绩效计划的基础上再制定出一个健全合理的考核方案并有效实施绩效考评。考核方案主要包括考核内容、考核方法、考核程序、考核组织者、考核人与被考核人,以及考核结果的统计处理等。

　　(4)绩效反馈。在绩效管理系统中进行绩效反馈,不仅可以让员工了解自己的工作情况,还能够根据考核结果说明员工达到组织期望的标准程度,而不足之处经过分析,即可成为有针对性的培训需求。绩效反馈另一个重要的作用在于员工考评结果可以使上级了解该员工的优缺点和个人特点等。最后,管理者根据考核结果中获得的信息,可以对员工进行适当、明确的指导,可以使员工的个人发展与实现组织目标结合起来,达到提高绩效的目的。另外,一个企业的文化对反馈绩效的方式、重视程度都有很大影响。

（5）绩效改进。绩效考核的结果不仅可以用于管理决策，如薪酬管理、晋升管理等，还可以用于绩效改进。绩效改进是经过绩效考核、绩效反馈及环境条件的变化，制订绩效改进计划、修订绩效标准、发掘员工潜力、促进员工发展。进行绩效改进工作，促进企业绩效的不断提高，才能实现企业整体的持续发展目标。

综上所述，绩效管理系统使绩效考评的内涵更丰富，实施过程更全面、更系统，从而使绩效考评在企业管理中发挥出更强大的功能。

7.2 绩效考核指标体系的设计

绩效考核是绩效管理的重要环节，也是最主要的管理内容，如何做好绩效管理工作，设计科学、合理、有效的考核指标体系是关键，也是一项复杂的工作。

7.2.1 绩效考核的内容和指标体系设计

1.绩效考核的内容

绩效考核的内容是进行绩效考核的基础，也是设计绩效考核指标的依据，只有确定了绩效考核的内容才能对企业员工进行绩效考核。尽管不同工作岗位的工作性质、方式、任务、责任等不同，但从一般意义上来讲，绩效考核的内容包括员工工作成果、工作能力和工作态度三个方面。

（1）工作成果。考核工作成果是以员工的工作岗位为出发点的，是对员工在工作岗位上履行工作职责产生工作结果的评价，可以从工作的数量、质量、速度、成本、准确性等方面衡量员工完成工作任务的状态。

（2）工作能力。工作能力是指员工担当工作应具备的知识、技能、经验、个性特征等，这是完成工作任务、履行工作职责必备的素质，与工作业绩有着密切的关系。对工作能力的考核主要是考核能力发挥的状态，是否能达到标准和要求，对能力强弱作出判断。

（3）工作态度。工作态度是在整个工作过程环节中表现出来的心理倾向性。工作态度的好坏影响工作能力的发挥，进而影响工作任务的完成，工作态度是工作能力转化为工作结果的"转换器"。所以，绩效考核的内容必须包括对工作态度的考核。

2.绩效考核指标维度与项目的设计

（1）绩效考核中指标设计的维度。在确定了绩效考核的内容后，就必须将内容具体化，设计出反映考核内容的指标项目，使考核工作具有更强的操作性。任何一项工作都是由一系列活动环节或任务组成的，其中有某些活动环节或任务对于员工完成工作业绩是非常重要的。有效的绩效考核指标体系应是多层面和多角度的,也就是说,绩效考核的指标体系应能体现出对员工业绩评价的主要维度。而且,绩效考核指标体系设计得越具体,绩效考核体系就越有效。通过研究,人们发现对各类工作的绩效考核均包括六个主要维度,见表 7 - 2,其中个人特性不能作为绩效考核的维度,否则容易导致考核者的成见,从而遮盖了员工工作的业绩。

表 7 - 2 绩效考核中的六个主要维度

质量	完成某项活动的过程或结果的水平,是否采用了理想的方式进行工作,是否达到了该项活动的目的
数量	即生产数量,可以用货币价值、生产产品的数量或完成生产活动周期的次数来表示
及时性	对合作双方而言,一项活动是否在可能的最早时间内完成或产出结果,以便为其他人继续下一阶段的活动提供充足的时间
成本节约	对组织内部资源(如人力资源、资本、技术和原料)的有效运用,从而达到收益最大化或损失最小化的目的
监督的需要	被考核者在其工作的过程中,是否需要上级主管的帮助和指导,是否需要上级主管介入来减少负面结果的发生
人际影响	被考核者在其工作过程中,是否在同事间、下属间激发出自尊、友善、合作的气氛

相关链接 7 - 3

绩效考核的起源

在实践中,经常会采用有关产出、结果、内部流程等方面的衡量指标,其中包括沃尔斯特(1995)提出的五个重要标准:

- 对实现战略目标的贡献度;
- 对质量的衡量;
- 对数量和容量的衡量;
- 对效率和货币价值的衡量;
- 对外部和内部顾客满意度的衡量。

(2)绩效考核指标项目的设计。

① 绩效考核指标项目的划分。对丁绩效考核指标项目的划分,国内外学者与企业的管理者有不同的看法,可从不同角度进行划分。

a. 从绩效构成要素的角度来划分指标项目。绩效构成要素主要包括工作效率和工作效果两个方面,这两个方面具体化为企业员工绩效考核指标项目时,可归纳为德、能、勤、绩四个方面。

德,即对员工思想和道德品质表现的考核。古今中外,对品德的考核始终是绩效考核的首要内容。企业在创业阶段,只求其才,不求其德,只是权宜之计;守业阶段,要靠德来巩固业绩。所以员工的行为如是否尊重别人、是否与他人合作、是否实事求是、是否遵纪守法、是否保守公司的商业秘密等都应成为绩效考核的项目。

能,即员工的业务知识和能力,也就是从事本职工作所具备的基本能力和应用能力。能力是决定工作业绩的重要方面。能力具体可划分常识和专业知识、技能和技巧、工作经验和体力四个方面。

勤,即员工在工作中的态度和勤奋敬业精神的表现。员工的工作态度是工作能力向工作业绩转换的“中介”。

绩,即员工工作数量、质量、效益和贡献大小。从“绩效考核”一词的字面上,可以看出对企业和人员的考核是以实际成效为中心的,是注重人们劳动成果的。因此,“绩”是绩效考核的核心。员工的工作数量、质量、效益和贡献等“绩”的指标也是唯一可以量化的考核指标。

b. 从绩效考核的重点划分指标项目。绩效考核指标项目虽然可包括员工工作行为和员工工作结果,但在实际运用中,可根据不同时期企业管理的目标来确定考核的重点是放在行为上还是放在结果上。如对裁缝的考核重点可能放在他每小时正确缝制衣服数量上或放在他生产产品所必要的行为(如裁剪、缝纫、绞边等)上,而对部门经理的考核既可以基于这一部门的生产率(结果),也可以以这一部门的管理能力(行为)为依据。

从行为的角度去考核要比从结果去考核容易得多,这是因为员工行为受外部因素的干扰较少,而结果受到他们自身无法控制的因素影响,如经济状况、政策法规等。从结果去考核员工有许多优点,其中主要的优点是它有助于将注意力集中到生产特定产出上来,但也存在两个问题,一是许多行为很好的员工仍然无法达到较好的结果;二是产出可以通过不道德或不希望使用的手段来达到。因此,绩效考核应根据考核的目的来确定考核的重点。如果考核是用于薪酬管理则可以以结果为重点,考核是为了规范员工行为、创造好的工作氛围则可以以行为作为考核的重点。

c. 从实践的角度来划分指标项目。从实践方面来看,绩效考核中考虑较多的项目主要有:第一,与工作有关的能力、知识和技能;第二,从热情、责任感和动机等方面表现出的工作态度;第三,工作质量及其关注意识;第四,工作数量;第五,在与团队中其他成员相互交流中反映出的互动性。

绩效考核中使用频率较低的指标项目有:处理问题和工作方式的灵活性,独立处理问题的能力和开创性;在缺少外界指示的情况下,采取相应措施的能力,管理他人的技能;对岗位需要的熟悉程度、出勤和守时情况、确定和实现优先目标的能力;对安全卫生规定的认识等。

② 绩效考核指标项目的设置。进行绩效考核仅有几大方面显然是不够的,为了使绩效考核具有操作性,还必须对考核的内容作进一步的细化。

a. 指标项目的设计。在对员工职务分析的基础上,根据绩效考核和企业管理工作的需要,把要考核的要素分解为体现工作性质及相关方面具体内容的项目,设置实际用于考核的各项详细指标,进而形成考核的指标体系。

b. 各指标项目的分值。在列出考核的具体的各个指标项目后,考核管理部门就根据考核的重点,对每个指标分别给予赋分。这一过程体现了某一指标在整个考核体系中的位置与重要性。赋分的过程是相当关键的,对某一因素的分值权重不同,将会导致员工考核结果的完全不同。同时,考核分值的设置具有政策导向的作用,必然会引导员工的行为。

c. 各指标项目的打分标准。在每一个考核项目分别给予赋分以后,要对每一项目的得分给出打分依据。例如,评定时,每项应得分数以 10 分计,各分数均为相对值,2 表示差;4 表示较差;6 表示一般;8 表示较好;10 表示优秀。

d. 考核指标项目设置应注意的问题。为了能够实现企业的经营管理目标,使绩效考核具有可操作性,在绩效考核指标项目的设置中应注意以下几个问题:

第一,考核项目要具体。无论是对员工品行、态度、成绩还是能力的考核,所建立的指标项目都必须是具体的、便于操作的。

第二,考核项目要与组织目标一致。考核项目不仅指明了员工努力的方向,也应成为实现组织目标的手段,要将考核项目的确定与组织目标结合起来。实现员工行为、组织目标、组织绩效三者的统一。

第三,考核项目的定量要准确。定量要准确,包括三个方面:一是各项目要素的起止水平要合理;二是各项目要素相互间的差别要合理;三是选择的等级档差要合理。

第四,考核项目要切合实际。考核项目对于员工从事的工作绩效而言是必需的。在选择考核项目时,应注意避免以下几种情况:首先,要避免选择一些与工作绩效关系不大,纯属个人特点和行为的要素;其次,要注意避免选择一些与工作关系虽密切,但非员工本人所能控制的要素;再次,要与考核方式相结合,即一旦选择了某一考核项目,就应寻找精确地衡量这些项目的方式和方法;最后,要注意培养关注绩效考核的文化氛围,使绩效考核不仅限于薪酬制度设计,还能激励员工实现组织目标的积极性和创造性。

7.2.2　制定绩效考核标准

确定了绩效考核指标项目,还必须确定绩效考核标准。绩效考核标准在整个考核过程中是非常重要的环节,它能帮助考核者克服考核中的主观随意性。但在实践中,由于考核标准制定的复杂性和认识的模糊,而使人们常常忽略这一工作内容,从而给绩效考核工作的操作带来障碍。因此,在制定绩效考核的标准前,要有明确的绩效目标,并对目标隐含的意义有充分的了解和沟通,以免因不同的解释而误导,使绩效考核的工作效果大打折扣。因此,设定绩效考核的标准是一件很重要的工作。

1. 绩效考核标准的涵义

所谓的绩效考核标准,也称绩效评判标准,就是在绩效考核过程中,对员工的业绩进行评价的标准和尺度,也就是说明在各个指标项目上分别应达到什么样的水平,给出数量标准和程度标准。标准应具有完整性、协调性和比例性等特点。

2. 绩效考核标准的类型

(1)按绩效考核的手段可分为:定性标准、定量标准。

• 定性标准,可用评语或字符作为尺度的标准。

• 定量标准,可用分数作为尺度的标准。

(2)按绩效考核标准的属性可分为:主观标准、客观标准、绝对标准、相对标准。

• 主观标准,是以考核者的个人价值观、看法为标准。

• 客观标准,是以对客观事实描述和观察为标准。

• 绝对标准,是以一个统一的标准进行考核评价,不分对象、目的、条件、地点等。

• 相对标准,就是依据不同的对象、目的、条件、地点,采用不同的考核评价标准。

3. 制定绩效考核标准的要求

虽然每位绩效考核者对绩效标准的正确定义看法未必一致,但在选定绩效标准时,从合理的角度来看,应遵循绩效标准使员工能有很多机会超过标准并得到上级的赏识,而未达到此标准的绩效是不能令人满意的。在制定绩效考核标准时应满足以下要求:

(1)标准应具体精确。标准要具体精确,不能让人感到模棱两可,不易操作。其表现为两个方面:一是标准要尽量用数据来表示;二是属于现象和态度的部分,不能因为抽象而不具体。如有不少企业在设计考核标准时,常常用"工作热情高"、

"招募成本低"等语言来确定考核标准。这种标准显然就属于不精确具体的。如果将"工作热情高"变为"工作认真、不闲聊,在工作需要时,能主动加班,不计报酬",将"招募成本低"变为"比通过职业介绍所寻找的费用低"就会具体精确得多。要做到标准的具体精确,首先要统一、具体的定义标准,其次要以易于理解的方式对标准命名,最后标准之间不应重叠。

(2)标准应公正客观。标准应客观公正是指:标准应随客观条件的变化而改变,其次标准既不能定得过高也不能定得过低,应有助于对员工产生激励作用。再次标准应基于工作者,不能掺杂个人好恶等感情因素。最后标准要平衡衔接。

(3)标准应统一有效。标准不应经常变动,应保证考核结果的横向和纵向可比性和可信度;绩效标准还应吸收员工参与讨论,增加透明度、提高考核的效度;绩效标准应与组织目标和文化一致。

(4)标准应独立全面。标准应从绝对标准和相对标准两方面设定;重要的行为和结果应包括在同一个标准中;不重要的行为和结果在标准设定时也不能忽略。

7.2.3　绩效考核指标体系设计的方法

1. 关键绩效指标

(1)关键绩效指标的涵义。企业的关键绩效指标(key performance index,KPI)是通过对企业内部流程的输入端和输出端的关键参数进行设置、取样、计算和分析,在职务分析的基础上,将工作岗位职责的关键环节以定量化或行为化的方式来设计的考核指标。这种指标设计方法的关键是建立合理的 KPI 指标,必须要研究企业内部各种工作流程情况,找出其中的关键参数,通过对这些参数的衡量,制定绩效考核最重要的业绩指标。实施 KPI 方法的思路是基于"抓主要矛盾"的"二八原理",即在一个企业的价值创造中,20%的骨干员工创造 80%的价值,或是在每一个员工身上,80%的工作任务是由 20%的关键行为完成的。因此,应当抓住 20%的关键行为,对之进行分析和衡量,从而抓住绩效考核的重点。

关键绩效指标与企业战略目标有着密切的关系,它是对企业战略目标的分解,体现企业战略目标实现中最能增值的活跃环节,它将员工工作绩效与组织绩效连接起来,是实现考核者与被考核者的沟通,是评价被考核者工作业绩的标准体系,是企业进行绩效管理的基础。

(2)关键绩效指标的设计。从企业运行的整体角度出发来设计关键绩效指标,通常有三个根据和来源:一是企业目标。这是企业必须要完成的目标。通常我们在明确了企业的战略和业务重点后,设计出企业级 KPI,运用目标管理法,将总目标分解到各个职能部门,并落实到每一个工作岗位上,设计出部门 KPI 和个人

KPI,这样企业各层级目标紧密结合在一起,每一个部门、每一个人都有明确的关键绩效指标,明确了方向和要求。二是过程目标。为了实现企业的战略目标,必须要加强过程的控制,设计战术性的 KPI 就显得尤其重要。企业可依据职务说明书,找出最关键的可量化的工作,设计出员工个人 KPI。对于基层人员来讲,战术性 KPI 是主要的绩效考核指标。三是注意突发性的任务目标。企业在正常运营的过程中,也不可避免地遇到一些突发性的事情,而成为一定时期的关键事件或特殊任务。在关键绩效指标的设计中,不能忽视对这些事件或任务目标的描述,这些突发事件或任务目标就会成为临时性的关键绩效指标。需要说明的是,不论是企业目标,还是过程目标和突发性的任务目标,都具有动态性,环境、时间、工作、事件的变化都会影响到关键绩效指标的改变。

依据上述的根据和来源,采用适当的方法设计出关键绩效指标。一些常用的方法有绩效指标图示法(也称鱼骨图法)、访谈法、问卷法、专家法等。常用的关键指标有:

- 数量:产品的数量、工作时数、销售额等,可从业绩记录和财务数据中获取。
- 质量:优质品率、劣质品率、准确性、独特性,可从生产记录、上级评价和客户评价中获得。
- 成本:单位产品的成本、投资回报率。
- 时限:及时性、周期长短。
- 行为:胜任素质,关键事件行为。

在关键绩效指标设计中,业务"硬"指标容易量化,如产量、成本、销售额、人员数等,但有一些反映人员特性、行为、态度的"软"指标难以量化,但对绩效管理又特别重要,因此可将"软"指标尽量转化为可测量的指标,通过数量、质量、时间、成本等要素来表示。

此外,关键绩效指标设计时,要突出重点,指标项目不要过于繁琐、设置重叠,更不要过于空洞、理想化。关键绩效指标重要项目数适中,3—7 项为宜。指标要有针对性,就是能针对企业的实际情况。通过对关键绩效指标的规范整理,赋予不同的权重,形成统一的格式文件,作为绩效管理的基础。

(3)设计关键绩效指标的 SMART 法则。关键绩效指标是衡量企业战略目标实施效果的工具,也是企业通过建立一种机制,实施控制的工具。虽然企业的内外部环境是不断变化的,会引起 KPI 指标的变化,但无论如何变化,在设计 KPI 指标时必须遵守 SMART 法则,即:

- 指标应是具体的(specific)。指标必须是具体的,能够被理解的。应让员工知道具体做什么,完成什么任务。
- 指标应是"可测量的"(measurable)。指标尽量做到可测量,让员工知道衡量他们工作结果的尺度是多少。

- 指标应是"可达到的"(attainable)。指标不能脱离实际,既不能过高,也不能过低,是经过一定的努力就能实现的。
- 指标应是"现实的"(realistic)。指标不是抽象化的,也不是理想化的,让员工知道其工作结果是可以观察和验明的。
- 指标应是"有时限的"(time-bound)。指标应有具体的时间限制,要让员工知道任务目标应在什么时间实现。

2. 平衡计分卡

平衡计分卡是美国学者罗伯特·S·卡普兰和大卫·P·诺顿顾问两人共同开发的。由于人们越来越认识到财务指标对于现代企业组织的绩效管理成效微弱,在 1990 年,卡普兰和诺顿带领一个研究小组对 10 多家公司进行研究,寻找一种新的绩效评价方法。1992 年在《哈佛商业评论》上发表文章,第一次提出这个概念:"平衡计分卡——驱动绩效的评价指标体系"。此后,大量的企业组织采用了平衡计分卡法,并取得了立竿见影的效果。他们发现使用计分卡不仅使财务评价指标与未来绩效动因相配合,而且还为实现平衡计分卡各项指标实现了战略沟通,1996 年,卡普兰和诺顿出版了《平衡计分卡》一书,对此进行了总结。财富 1000 强企业中的近半数企业组织采用了平衡计分卡,随后在非营利性组织和公共组织中也得到了运用。

(1)平衡计分卡的内涵。所谓的平衡计分卡是根据企业组织的战略要求而精心设计的指标体系。平衡计分卡所设计的指标体系可以向员工、外部利益相关者传递各种结果,以及有助于企业组织实现其使命和战略目标的绩效动因。平衡计分卡以企业战略为基础,将各种衡量方法整合为一个有机整体,从四个维度,即财务指标、顾客满意度、内部流程、学习和成长来构建绩效评价系统考察企业,并将这四个方面相结合,建立有助于公司在产品、程序、顾客和市场开发等关键领域取得突破性进展的管理体系。图 7-4 描述了平衡计分卡的四个方面及其相互关系。

在财务方面,目标是解决如何满足股东的要求。该部分通过设置一系列财务指标来显示公司的战略及其执行是否有助于公司利润的增加,公司财务目标的实现。其测评指标包括资本报酬率、现金流、每股报酬率、项目盈利性、利润预测可靠性、销售储备等。

在顾客方面,目标是解决如何满足顾客的需要。从顾客的角度评价企业营运状况,其测评指标有:顾客满意度、市场份额、价格指数、顾客排名调查等。

在内部业务流程方面,目标是解决我们擅长什么才能满足顾客需要。该部分通过设置一系列内部测量指标,及时反馈影响顾客评价的程序、决策和行为是否有效。其测评指标有:投标成功率、与顾客讨论新工作的小时数、返工、安全事件指数、项目业绩指数等。

　　在创新与学习方面,目标是解决如何继续提高并创造价值。创新学习能力包括公司技术领先能力、产品成熟所需时间、开创新市场能力和对竞争对手新产品的灵敏程度。其测评指标有:可用新服务收入所占的比例、提高指数、雇员建议数、雇员人均收益等。

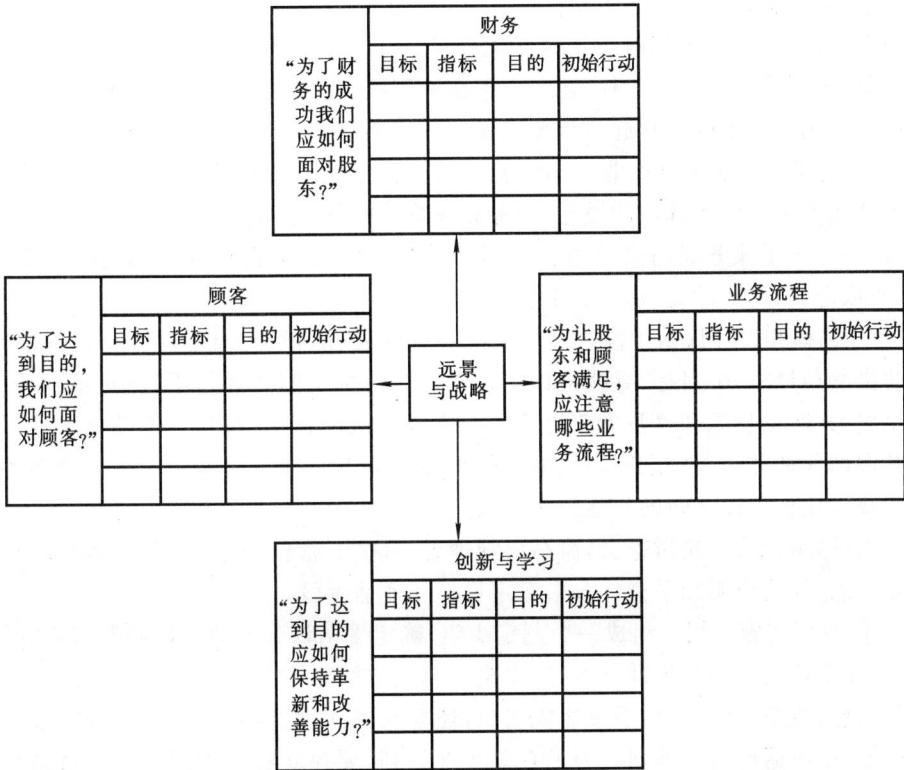

图 7 - 4　平衡计分卡

　　平衡计分卡的关键在于"平衡",它体现了:① 财务指标和非财务指标之间的平衡。通过加入未来绩效动因并平衡其与财务绩效评价指标之间的关系,平衡计分卡弥补了依赖财务绩效指标的局限,这是平衡计分卡的基本特点。② 企业内部与外部群体的平衡。平衡计分卡认识到了在实施企业战略过程中在外部群体(股东、顾客)与内部群体(员工、内部业务流程)之间平衡其矛盾的重要性。③ 前置与滞后绩效指标的平衡。滞后指标是指过去的绩效,如顾客的满意度和收入,虽然这些指标容易获得,也很直观,但缺乏预测功能。前置指标是取得滞后指标的绩效动因,是指对业务流程和行动的评价,如,及时交货是顾客满意度这种滞后指标的前置指标,这两种指标具有密切的关系,一个平衡计分卡应该包括这两种指标的组合。如果没有前置指标,滞后指标无法反映如何实现目标;如果没有滞后指标,前置指标可能反映了短期改善而不能说明这些改善是否对顾客和股东有益。

(2)平衡计分卡的设计应用步骤。"良好"的平衡计分卡,要求管理者们必须要结合本企业的实际情况,遵循设计思路,掌握设计方法进行制定。

① 确定评估工程。设计者们必须要确定出适宜于实行最高级别综合计分卡的业务部门,并了解该部门同其他下属业务部门、上级主管部门和总公司之间的关系,明确下属业务部门的目标、运营中存在的问题、业务往来关系等,这些信息对指导制定平衡计分卡的过程起着重要的作用。

② 沟通。企业上下属业务部门就战略目标必须要达成共识。设计者要准备有关企业及下属业务部门的设想、任务和战略的内部文件,以及关于平衡计分卡的背景资料,交予业务部门高级主管审阅。之后,举行各方的座谈会、讨论会、总结会,听取建议,解决冲突,达成共识。

③ 选择和设计评估手段。经过几次会议的召开,根据会议意向,修改战略目标的措辞;对每一个目标,寻找最佳实现和传达目标意图的评估手段;对每一种评估手段,开辟信息源和寻找为获得信息而需要采取的行动;对每一个重大方面,找出其内部各种评估手段之间和该方面与平衡计分卡其他方面之间的重要关系,并努力找出评估手段之间的相互影响关系。

然后,举行第二轮讨论会,由高层管理者、直接下属和大量中层经理参加,讨论企业设想、战略声明和平衡计分卡暂定目标和评估手段。

④ 制订实施计划。组成一个制定小组,确定平衡计分卡的目标和制订实施计划,并在企业内宣传平衡计分卡,建立执行制度;然后,举行第三轮会议,再一次对企业设想、战略目标、评估手段达成共识;还要讨论实现这些目标而采取的初步行动计划,最终通过实施计划。为了有效实施计划,要建立数据库的信息支持系统,完成企业各个层次的评价标准。

⑤ 定期检查与改进。企业高层管理人员与下属部门经理就平衡计分卡的应用所显示的信息定期进行讨论,寻找缺陷,进行改进,并把它纳入到新的企业战略经营计划中。

平衡计分卡作为一种新型、简洁、科学、适用的评价体系,值得我国企业重点关注。当然,建立"平衡计分卡"是一个系统工程,需要企业集团内部专家及外部专家学者的协同配合,深入研究,探索适合本组织特色的绩效评价指标体系。

7.3 绩效考核的评价方法

7.3.1 定性评价法

1. 比较法

比较法,是指要求评估者将员工的绩效与同一群体中他人的比较得出绩效相对优劣的结果的一种方法。通常企业对员工的整体绩效的直接比较,也可以通过先对每一个已经赋予权重的绩效标准进行比较,再进行加权平均得出员工在这一工作群体中的相对顺序位置或分布区域位置。比较法一般可分为排序法、配对比较法和强制分布法。

2. 排序法

排序法(ranking procedure)即被考评者按一定标准排出每人绩效的相对优劣程度,通过直接比较确定每人的相对等级或名次。排序方向可由最优排至最劣,也可反之由最劣排至最优。排序法的优点是简便易行,并具有一定的可信性;缺点是考核的人数不能过多,以 5~15 人为宜,只适用于考核同类职务的人员,考核结果是概括性的、不精确的,所评出的等级或名次只有相对意义,无法确定等级差。

3. 配对比较法

配对比较法也称成对比较法,是对许多考核者的同一考核内容采用"两两比较"的方法决定其优劣,即在被考核者之间进行比较,从每一对被考核者中比较出哪个优、哪个劣,记录每个人与别人相比胜出的次数。最后,根据某一被考核者与别人相比胜出的总次数来计算其得分和评定等级。

配对比较法,是一种系统比较程序,科学合理。另外,由于考核者在考核过程中很难判断每个被考核者的最终成绩,因而能克服考核者的主观影响,客观性和正确性较高。其缺点是考核的手续繁琐,工作量比较大。

4. 强制分配法

强制分配法是将全体被评价者按预先规定的比例分配到各个绩效类别上的方法。这种方法是根据统计学的正态分布原理进行,其特点是两边的最高分、最低分者很少,处于中间者居多。例如,一个企业对员工划分为优、中、劣三等,各等的比例可根据需要设定,然后按照每个考评者绩效的相对优劣程度,强制列入其中一定等级。强制分配法较适合于人数较多情况下考评总体状况,简便易行,可以避免考评者过分偏宽、偏严或高度趋于中等偏差。另外,还可以防止滥评优秀人数或被评价者得分十分接近的结果。

7.3.2　定量评价法

1. 标尺定位法

标尺定位法是使用一定的衡量尺度,对被考核者的工作情况、业绩以及个人品质进行考察。所谓"标尺定位"是指它根据工作类别选定员工共有的品质或特性,再运用分为 5 个或 7 个点的等分尺度来对员工打分。标尺定位法的基本特点是注重从事工作的员工本人情况,它主要用于非管理型工作,有时也用于中层管理职位。

2. 强制选择法

强制选择法(forced-choice procedures)即设计一份描述员工行为规范的工作表格,即行为对照表。其中的考核项目分组排列,每个项目都有四条表述,这些表述与被评价人的工作性质有关,但每个表述并不列出对应的分数。考核者从行为对照表中挑选出他认为最能够描述和最不能够描述员工的工作陈述,然后由人事部门根据不公开的评分标准计算员工的总分。

3. 关键事件法

关键事件法(critical incidents)是由美国学者弗拉赖根(Flanagar)和伯恩斯(Baras)共同创立的方法。其根本思想是,通过考核人在工作中极为成功或失败的事件来分析和评价被考核人的工作绩效。所谓关键事件首先是指较突出的、与工作绩效直接相关的事;其次,关键事件应是那些在有效工作与无效工作之间造成差别的事件或行为,不是对某种品质的评判;最后,关键事件记录本身不是评语,只是素材的积累,但有了这些具体事实,就可以归纳、整理得出可信的考评结论。在实施此法时,首先要对每一个考评的员工保持一本"考绩日记"或"绩效记录",由负责考核的主管人员随时记载,形成一份书面报告,然后对员工的优点、缺点和潜在能力在进行评价的基础上提出改进工作绩效的意见。

4. 行为锚定法

行为锚定法(behaviorally anchored ranting scales)是量表评分法与关键事件法的结合。它使用量表评分法对每一考核项目进行定义、设计出一定刻度(评分标准),同时使用关键事件法对不同水平的工作要求进行描述,并使之与量表上的一定刻度相对应和联系(即锚定),以此为依据,对员工工作中的实际行为进行测评打分。

5. 工作记录法

工作记录法一般用于对生产工人操作性工作的考核,也称为生产记录法。由于一般的企业对生产操作有明确的技术规范并下达劳动定额,工作结果有客观标准衡量,因此可以用生产记录法进行考核。这种方法是先设置考核指标,指标通常为产品数量、质量、时间进度、原材料消耗和工时利用状况等,然后制定生产记录考核表,由班组长每天在班后按工人的实际情况填写,经每个工人核对无误后签字,交基层统计人员按月统计,作为每月考核的主要依据。

6.目标管理法

目标管理是一种以目标成果为依据的绩效考核方法,在企业的绩效管理中被广泛使用。目标管理主要在于它对目标结果的重视,通常很强调"利润、销售额、成本"这些能带来成果的结果指标,这与目标管理法对工作绩效定量测评的关注相一致。目标管理的特点在于上下级之间双向互动的过程,目标是由上下级双方共同讨论制定的,由下级通过自我控制来完成,上级按照目标的要求定期进行检查和监督,并通过各种组织形式对目标完成情况进行评价。这是一种民主参与式的绩效管理方法,这种方法有利于调动被考核者的积极性和发挥他们的首创精神,比较适合于科技人员、管理人员和其他脑力劳动者的绩效考核。

7. 360 度考核法

360 度考核法是一种从多角度进行的比较全面的绩效考核方法,就是让位于某一员工之上(上级)、之旁(同事以及外部客户)、之下(下级)和被考核者本人的每个人都参与对其绩效的考核,因此也称为全方位考核评价法。360 度考核法是对特征法和行为法的综合运用,它既可以考核员工的行为,也可以考核员工的特征。360 度考核法一般用于选拔管理人员的考核。它用量化考核表对被考核者进行考核,采用 5 分制将考核结果记录,最后用坐标图来表示,以供分析。

7.4 绩效考核的实施与管理

绩效考核的流程通常包括制定考核体系和机制、进行考评准备、选拔考核人员、收集资料信息、分析评价结果和考核结果的应用六个环节。

7.4.1 绩效考核实施的流程

1.绩效考核的准备工作

为了保证绩效考核的顺利进行,在考核实施前应做好以下准备工作:

(1)要确定考核的目的和对象。不同的考核目的,其考核的对象是不同的。例如,企业为评定职称进行的考核,对象是专业技术人员;而评选先进、决定提薪奖励的考核,则往往在全体员工的范围内进行。

(2)要根据考核的目的和对象确定考核的时间。例如,人的思想品德及工作能力是不会迅速改变的,因此可以间隔长一些,一般一年一次;相反工作态度及工作业绩变化较快,间隔期可短些,如生产销售人员的勤、绩可每月考核,而专业技术人员和管理人员的工作短期内不易见效,一年一次较好。

（3）选择考核内容与方法。根据不同的考核目的和对象,考核的内容和方法也不同。如发放奖金,应以考核绩效为主,奖励员工提高绩效,着眼点是当前的行为;而提升职务,既要考核成绩,更要注意其品德及能力,着眼点是发展潜力。考核的方法是与考核内容相联系的,应根据不同的内容确定有效的考核方法。

（4）确定绩效考核的标准。在确定绩效考核的标准时可从绩效、行为及任职资格三个方面着手。

（5）制定考核制度。在完成考核内容选取、考核标准的确定、考核方法的选择及其他相关工作之后,就可以将这些工作成果汇总在一起,来制定企业的"绩效考核制度"。该制度是关于绩效考核的政策性文件,有了绩效考核制度,就代表着企业的绩效考评体系已经建立。绩效考核制度应包括考核的目的和用途、考核的原则、考核的一般程序等方面的内容。

2. 绩效考核的沟通

考核沟通是绩效考核非常重要的环节。但在实际工作中,很多企业都忽视了考核沟通,它的主要任务是让被考核者认可考核结果,客观地认识自己并改进工作,这也是进行绩效考核的根本目的。考核沟通使绩效考核公开化,让员工了解自己的考核得分和各方面意见,也使管理者了解下级工作中的问题及意见,总之考核沟通不仅使考核工作民主化,还促进了企业管理的科学化。

3. 选拔和培训考核人员

（1）选拔考核人员。选拔考核人员就是解决由谁来考核的问题。在选拔时,应考虑以下几个方面的因素:一是,能够全方位地对员工的工作表现进行观察;二是,有助于消除或减少个人偏见;三是,考核者有动力提供真实的员工绩效考核结果。一般而言,员工在企业中的关系是上有上司、下有下属,周围有同事,企业外有客户,考核的候选人就可以从这些人中产生。

① 直接主管。员工的直接主管能够对员工每天的工作情况全面了解,因此他们是最好的考核人员。但他们也可能因为个人偏见、与员工的私交或矛盾等,影响评价的客观性。

② 高层管理者。在考核中,由一名高级管理者对员工直接主管的考核进行检查和补充,可以抵消某些直接主管的偏见。

③ 相关部门管理者。组织中的员工有时也需要接受几个部门的管理,因此有时也需要由几个与员工联系密切的部门管理者组成一个考核小组,对员工进行考核。这种考核有消除个人考核偏见的优点。

④ 同事。同事的评价是对上级考核的补充。作为员工的同事,他们与被考核者朝夕相处,因此同事的评价具有较高的可信度。但也应认识到,同事之间的友情、敌意等也常影响到他们的评价,而在员工中造成利益冲突。

⑤ 下级人员。在考核过程中,可以组织被考核者的下属员工来评价他们的上级,考核其在信息沟通、工作任务委派、资源配置、信息传递、协调下属矛盾、公正处理与员工之间的关系等方面的能力。

⑥ 自我考核。自我考核可以使员工对自己的工作行为及时进行控制,找出存在的问题,并制定有针对性的措施。其还有助于将个人计划与组织目标结合起来。

⑦ 客户。与企业外部的客户和社会公众大量接触的服务性职务,进行客户评价是非常重要的。但客户对企业职务的性质及目标没有充分的了解和认识,因此评价的结果往往是不全面的,只是在某些方面有参考价值。

(2)培训考核者。在正式的绩效考核实施之前,要对所有考核者进行一次业务培训。培训的目的是为了使考核者了解绩效考核的目的、作用和原则,了解各岗位的绩效考核的内容,掌握进行考核的操作方法和考核沟通技巧,识别和预防考核中的误差。培训的具体内容包括:

- 绩效考核的含义、用途和目的;
- 企业各岗位绩效考核的内容;
- 企业的绩效考核制度;
- 考核的具体操作方法;
- 考核评语的撰写方法;
- 考核沟通的方法和技巧;
- 考核的误差类型及其预防。

4. 收集绩效资料信息

绩效资料信息是考核的基础,必须做到真实、可靠、有效。用收集到的绩效资料信息建立一套与考核指标体系有关的制度,并采取各种有效的方法来达到考核的目的。以生产企业为例,成套的收集信息的方法有以下几种:

(1)生产记录法。对生产、加工、销售、运输、服务的数量、质量、成本等数据填写原始记录和统计。

(2)定期抽查法。定期抽查生产、服务、管理工作的数量、质量,以代表整个期间的情况。

(3)考勤记录法。对出勤、缺勤及原因进行记录。

(4)项目评定法。采用问卷调查形式对员工逐项评定。

(5)减分抽查法。按职务(岗位)要求规定应遵守的项目,制定违反规定和扣分的办法,并进行登记。

(6)限度事例法。抽查在通常线以上的优秀行动或在通常线以下的不良行动,对特别好和特别不好的事例进行记录。

(7)指导记录法。不仅记录员工的所有行动,而且将主管的意见及员工的反应也记录下来。

5. 实施考核

实施考核,这一阶段是对员工个人各方面作出综合评价,是由定性到定量再到定性的过程。其过程为:

(1)确定等级。即对员工的每一个考评项目与工作质量、出勤、协作精神等按给定的尺度评定等级。等级划分的方法有很多,常用的有 10 等级、9 等级、7 等级、5 等级四种。例如,5 等级法可分为优、良、中、及格和不及格;7 等级法可分为非常优秀、优秀、比较优秀、合格、较差、差和非常差。在划分等级后,还要赋予不同等级以不同的数值,作为考核评价的数量依据。

(2)将同一项目的不同考核结果加以综合。通常,同一项目由若干人对某一员工进行考核,所得出的结果是不同的。为综合这些考核意见,可采用算数平均法或加权平均法。如假定上级评定为 5 分,下级评定为 2 分,一个相关部门评定为 3 分,用算术平均法综合,其得分为 $(5+2+3)\div3=3.3(分)$。若考虑上级意见更重要些,权数为 2.5,相关部门为 1.5,下级为 1,则用加权平均法综合为 $(5\times2.5+3\times1.5+2\times1)\div5=3.8(分)$,结论就与前有所不同。

(3)对不同项目的考核结果加以综合,形成总体考核结果。评价一个人的综合能力时,要将其知识、学历、判断能力、人际交往能力等综合起来考虑,根据考核的主要目的确定各考核项目的权数值。

6. 考核结果的分析

绩效考核完毕后,应该及时对绩效考核结果进行归档、整理,并进行统计和分析,这有助于管理者更科学地制定和实施各项管理政策。需要进行的统计和分析内容主要有:

- 各项结果占总人数的比例,以及优秀人数比例和不合格人数的比例。
- 不合格人员的主要不合格原因,尤其要辨别清楚是能力问题还是态度问题。
- 是否出现员工自评和企业考核差距过大的现象,如果出现,找出原因。
- 是否有明显的考核误差,如果出现,是什么误差,应如何预防。
- 能胜任工作岗位的员工比率占多少。

7. 绩效考核的反馈与面谈

经过认真组织实施考核后,作为一个完整的绩效管理系统来说,绩效考核还未真正完成,在经过对考核结果进行细致分析之后,应将考核结果反馈给被考核者,并与之面谈,指出被考核者的优势和劣势,帮助被考核者制订绩效改进计划,提高绩效水平,这样才能保证绩效考核的系统性和完整性。同时,加强考核结果的反馈也是实施"人本管理"的要求。

(1)绩效考核反馈的内容和方式。仅仅将考核反馈理解为告知被考核者的最终考核等级和考核得分是远远不够的。反馈的内容还包括以下几个方面：

① 被考核者在考核周期内的工作绩效状况。反馈时要分考核项目进行具体说明，最好能举出实例，并听取被考核者对考核结果的看法。

② 与被考核者探讨取得如此绩效的原因。对绩效优良者给予鼓励，对绩效不良者帮助分析原因，一起制定改进措施和相应的培训计划。

③ 告知奖罚情况。针对被考核者的绩效水平告诉他获得怎样的奖励以及其他人事决策。

④ 表明要求与期望。反馈时，要表明组织的要求和期望，了解被考核者在下一个考核周期内的打算和计划，并提供可能的帮助和建议。

在实际反馈中，许多内容都是混合进行的，而且不一定能面面俱到。这需要管理者灵活掌握，随机应变。

(2)绩效考核的面谈。绩效考核反馈主要采取面谈的方式。这种面谈一般是由承担被考核者考核责任的上级管理者主动约见被考核者。在反馈面谈中，要解决好"关系建立"及"提供和接受反馈"两个方面的问题。

① 建立考核面谈的关系。为了搞好考核面谈，要注意从以下几个方面建立和谐的关系：

- 建立和维护彼此之间的信任。
- 在考核沟通的开始阶段，致力于建立宽松的气氛。
- 适当把握谈话的节奏。
- 对考核面谈对象所讲的话作出反应，以显示谈话主持者在仔细地聆听。
- 谈话主持者在恰当的时机讲述自己的一些经验和兴趣。
- 观察被考核者的表情，听其言谈，确认其对谈话的反应。

② 提供信息和接受信息。考核面谈的核心，是向被考核者提供信息和从被考核者处接受信息，其实质是面谈双方互相进行工作本身的信息和有关考核工作信息两方面的反馈。反馈方面的技巧有：

- 仔细聆听被考核者的陈述。
- 提供和接受反馈时，应当避免解释和辩解的问题，还要注意给人以思考的时间。
- 鼓励被考核者说明一些细节，或者说明取得成绩与出现问题的原因。
- 考核谈话要采取三段论的交流方法，即"现实—澄清—现实"。
- 避免对立和冲突，考核者应就不同见解的问题向被考核者沟通清楚，争取员工理解。
- 集中在绩效，而不是性格特征。
- 集中于未来而非过去，进行面谈的目的是从过去的事实中总结经验教训。

- 优点和缺点并重。
- 对被考核者提供的信息、反映的看法和对考核工作的配合表示感谢。

反馈面谈是一项既重要又有很大难度的工作,需要管理者具备相当的沟通能力和与人交往的技巧。在许多企业中,经常使用角色扮演的方式来培训管理者,促使其提高沟通能力,进而掌握反馈面谈的技巧乃至艺术。

8.考核结果的应用

考核结果可以为企业提供各种有用的信息,如用于向员工提供反馈信息,帮助其改进工作绩效;作为任用、晋级、提薪、奖励等的依据;用于检查企业的人员配置、培训等各项管理政策是否正确。

7.4.2　处理绩效考核申诉

当发生下述情况时,有可能引发考核申诉:一是被考核员工对考核结果不满,或者认为考核者在评价标准的掌握上不公正;二是员工认为对考核结果的运用不当、有失公平。无论是哪种情况,组织都应对员工的考核申诉进行认真的了解分析,并给予正确合理的处理。在处理考核申诉中,应注意以下三点:

第一,尊重员工的申诉。在处理考核申诉的过程中,要尊重员工的个人意见,考核申诉机构要认真分析员工提出的问题,找出问题的原因。如果是员工方面的问题,应当"以事实为依据,以考核标准为准绳",对员工进行说服和帮助;如果是组织方面的问题,则必须对员工所提出的问题加以改正,并将处理结果告知员工,对其有所交代。

第二,把处理考核申诉过程作为互动互进的过程。绩效考核是为了促进员工发展、完善企业人力资源政策和实现组织的经营目标,而不是企业用来管制员工的工具,即互动互进的过程。因此,当员工提出考核申诉时,组织应当把它当做一个完善绩效管理体系、促进员工提高绩效的机会,而不是简单地认为员工申诉是"一些小问题",甚至认为员工在"闹意见"。

第三,注重处理结果。在考核申诉的问题上,应当把令申诉者信服的处理结果告诉员工。如果所申诉的问题属考核体系的问题,应当完善考核体系;如果是考核者方面的问题,应当将有关问题反馈给考核者,以使其改进;如果确实是员工个人的问题,就应当拿出使员工信服的证据,并要注意处理结果的合理性。

7.4.3　绩效考核中应注意的问题

1.考核结果的信度和效度

(1)考核的信度。所谓信度是指考核结果的一致性(不因所用考核方法及考核者的改变而导致不同结果)和稳定性(不久的时间内重复考核所获得的结果应相同)。影响考核结果信度的因素既有个人的,如考核者对考核的重视程度和考核者的理解力、判断力以及情绪、疲劳程度等;也有情景的,如考核时间选择不当、考核环境不够安静等。针对可能影响考核结果信度的各类因素,需要采取如下有效的措施避免和改进:

- 多采用全方位的 360 度考核,对同一项目从不同角度进行考核。
- 如果时间允许,间隔一周左右进行重复考核。
- 保证考核格式和程序的标准化。

(2)考核的效度。所谓效度是指考核所获信息及结果与需要考核的真正工作绩效之间的相关程度。有效的绩效考核必须具备以下要求:

①敏感性。敏感性是指绩效考核具有区分工作效率高的员工和工作效率低的员工的能力,否则就不利于企业管理决策,也不利于员工自身发展,而只能挫伤管理人员和员工的积极性。

②可靠性。可靠性是指考核者判定评价的一致性。即不同的考核者对同一个员工所作的考核应基本相同。研究结果表明,只有来自组织中相同级别的考核者才能对同一名员工的工作绩效得出一致性的评价。

③准确性。绩效考核的准确性指的是将工作标准和组织目标联系起来,把工作要素和考核内容联系起来,来明确一项工作成败界线时的误差大小。绩效考核的准确性要求对工作分析、工作标准和工作绩效考核系统进行周期性的调整和修改。

④可接受性。绩效考核体系只有得到管理人员和员工的支持才能推行。所以,绩效考核体系需要有员工的参与。绩效考核中技术方法的正确性与员工对考核系统的态度密切相关。

⑤实用性。实用性是指考核系统的设计、实施和信息利用都需要花费时间、精力和金钱,组织绩效考核系统的收益必须要大于其成本。

2. 绩效考核中的不良影响因素

在实施考核过程中,由于考核者心理原因经常会出现一些主观评价错误。这些错误可能是故意的也可能是无意的,但对考核结果的公正和客观都有不良影响。了解这些错误有助于在实际考核中避免和消除。

(1)宽严倾向。宽严倾向包括“宽松”和“严格”两个方面。宽松倾向指考核中所作的评价过高,严格倾向指考核中所作的评价过低。这两类考核误差的原因,主要是缺乏明确、严格、一致的判断标准,不同的考核者掌握评分标准各不相同,往往依据自己的经验。在评价标准主观性很强并要求评价者与员工讨论评价结果时,很容易出现宽松倾向,因为评价者不愿意因为给下属过低的评价而招致不满;当评价者采用的标准比组织制定的标准更加苛刻时,则会出现严格倾向。

（2）趋中倾向。趋中倾向是指大多数员工的考核得分都居于"平均水平"的同一档次,并往往是中等水平或良好水平。这也是考核结果具有"集中倾向"的体验。这种中庸的态度,很少能在员工中赢得好感,反而会起"奖懒罚勤"的副作用。

（3）晕轮效应。晕轮效应也称"光环效应",是指在考核员工业绩时,由于在某一特定方面表现优异,就断定他在别的方面也一定很好,从而以偏概全,影响考评结果的正确性。此效应的反面是魔鬼效应,就是因被考核者某一方面表现不佳而全盘否定。与此类似的还有第一印象效应。这些都属于个人偏见,经常在考核中不自觉地表现出来,影响考评结果的客观性。

（4）类己效应。考评者对与自己在某一方面（种族、籍贯、性别、学历、专业、母校、志趣、业余爱好等）相类似的被考核者心存爱心,以至给予较有利的评价。

（5）近因效应。近因效应是考核者只看到考核期末一小段时间内的情况,而对整个评估期间的工作表现缺乏了解和记录,以"近"代"全",使考核评估结果不能反映整个评估期间内员工绩效表现的合理结果。

（6）成见效应。成见效应也称为定型作用,是指考核者由于经验、教育、世界观、个人背景以及人际关系等因素而形成的固定思维,对考核评价结果产生偏见。成见效应是绩效考核中常见的问题,需要进行考核培训以及心理辅导,使考核人员纠正可能导致不正确结果的错误观念。

（7）个人好恶。凭个人好恶判断是非,是绝大多数人难以察觉的弱点,甚至是人的一种本能。在考核评价他人时,很多人都会受到个人好恶的影响。因此,考核者应努力反省自己的每一个判断是否因个人好恶而导致不公的结论。

本章思考题

1. 如何理解绩效、绩效考核与绩效管理?

2. 怎样确定绩效考核的标准? 如何设计绩效考核指标?

3. 什么是关键绩效指标? 如何操作?

4. 如何使用平衡记分卡?

5. 绩效考核的方法有哪些?

6. 为什么要进行绩效考核反馈面谈? 如何进行绩效考核反馈面谈?

7. 怎样衡量绩效考核的信度与效度?

8. 绩效考核中应注意哪些问题?

案例分析 7 - 1

预算员的考核：一个并不单纯的绩效管理难题

　　某企业是国内一家大型钢铁企业的全资子公司，其主营业务是机械加工，在当地具有较高的市场占有率。企业在生产管理环节实行内部独立核算，即在订单金额基础上，公司提留 20%，以剩余的 80% 作为标的下达给下属制造工厂；工厂在此基础上实行独立核算，扣除成本后即为工厂利润。

　　但是，在工厂生产任务较为饱满的情况下，工厂会将部分超出生产能力且利润率较低的订单返回公司，由公司组织实施外包。这时，就由公司财务部预算员重新核算订单成本，实施外包，当然外包的前提是至少保证公司 20% 订单金额的提取。

　　在这种情况下，如果预算员能够发现 80% 以内的成本压缩空间，则可进一步降低外包价格、提高公司利润。因此，为了鼓励预算员为公司争取利润，公司规定预算员可以从为公司争取的超出订单金额 20% 以上的部分提取 15% 作为奖励。

　　问题来了：虽然对于预算员的工作成果实施了提成性质的奖励，但是并不能阻止预算员与外包厂商联合作弊，因为预算员从外包厂商那里获得的回扣远远高于公司奖励，预算员的成本核算基本上都在订单金额 80% 以下浮动很小比例——这也是顺理成章的，就是因为利润率低才实行外包嘛。公司实际上在外包业务上几乎没有太多利润，但是公司却经常接到客户对于产品质量的投诉，这也是容易理解的，外包厂商总要在质量上将付出的"回扣"找回来。对于出现的问题，公司管理者陷入了深深的思考之中。

　　——资料来源：朱国成. 预算员的考核：一个并不单纯的绩效管理难题[EB/OL]. 2010 - 05 - 17. 中国人力资源管理网，http://www. rlzygl. com/Case_detail. asp? i＝2562.

案例讨论

1. 通过完善预算员的考核能否改变这个现状呢？
2. 如果要改，怎样的方案比较合适？

案例分析 7-2

银行职能部门绩效考核困局

转眼快到年底,某银行以人力资源部为主导的 A 省分行考核小组又要开始启动每年一次的年度考核了。分行各个部门都在观望:这次能不能公平、公正地评价每个部门的绩效?最终的奖金分配是不是仍像去年一样令人失望。其实,分管人力资源部的陈副行长心里也在打鼓,职能部门的绩效考核成了他的一块心病,这事还要从去年年底的绩效结果说起。

由于受外部经济环境的影响,去年整个分行的业务拓展情况不理想,导致分行年初制订的各项经营指标完成得不好。根据年终绩效结果进行排序,公司业务部、个人金融部、银行卡部等所有业务部门的得分较低,排在了后面;而党务、工会、人力资源部等职能部门由于更多考核的是工作目标完成情况,几乎都是满分,占据了前几名。如果按此来计算部门奖金的话,会引起分管业务部门的行领导不满,更重要的是与整个分行向一线和业务部门倾斜、鼓励更多的优秀人才到业务部门去做业务的激励导向背离。

面对这种情况,陈副行长想到两种可能:第一是将职能部门的绩效考核得分直接降低一些;第二是把业务部门的绩效考核成绩都乘上一个"难度系数"提上去。最终通过与主要行领导的讨论,决定采取第二种方式。于是,人力资源部着手"试"出一个"难度系数"来给业务部门都乘上,重新计算部门绩效考核结果。经过一番煞费苦心的调整,结果是业务部门的绩效成绩比职能部门略高一些。

但这个结果公布后,职能部门又有想法了:"如果全行业务完成得好,业务部门比我们成绩高,那我们无话可说。可为什么全行业务完成得不好,我们也非要比业务部门成绩差呢?职能部门的绩效就非要比业务部门的差吗?那考核我们还有什么意义?"

——资料来源:李颖.突破银行职能部门绩效考核困局[J/OL].人力资源·HR 经理人,2008(12). http://content. chinahr. com/Article(52815)ArticleInfo. view.

案例讨论

1. 银行职能部门绩效考核陷入了怎样的困局?原因在哪里?
2. 你认为如何有效平衡业务部门与职能部门的绩效考核与结果?

第 *8* 章

薪酬管理

现代企业的竞争归根到底是人才的竞争,而人才的去留与薪酬有着直接关系,所以薪酬是企业管理的一个重要工具。但薪酬又具有"双面刃"效应,只有对其进行科学合理的管理,才能使其发挥积极效应,激发起员工的积极性,并将员工的努力与组织的目标、理念和文化结合起来。从这个意义上来说,薪酬管理与企业的未来发展密切相关。

重点问题

⇨ 薪酬的概念、构成及功能
⇨ 薪酬管理的内容、原则、流程及发展趋势
⇨ 职位评价及其方法
⇨ 基本工资的设计
⇨ 奖金、津贴、福利的设计
⇨ 三种薪酬结构模式的选择
⇨ 宽带薪酬
⇨ 薪酬支付的种类
⇨ 薪酬调整的类型
⇨ 薪酬沟通
⇨ 基层管理人员的薪酬体系
⇨ 高级经理人员的薪酬体系
⇨ 销售人员的薪酬体系
⇨ 专业技术人员的薪酬体系

阅读资料

北人富士的宽带薪酬体系

北京北人富士印刷机械有限公司经过近一年的调研,推出了宽带岗效薪酬体系,对薪酬体系进行全面改革——由原来的岗位技能工资体系切换到宽带岗效薪酬体系。

宽带薪酬,主要指的是薪酬等级对应的薪酬浮动范围加宽。传统的薪酬设计重视职位的重要性,将职位设计成很多个级别,薪酬与职位基本成同级对应关系,宽带薪酬设计方案突出的变化就是削减职位的级别数,同时拉大同级薪酬的浮动范围,且不同级别薪酬水平部分重叠。

宽带薪酬以其可以预见的管理能效,逐渐被企业引入到员工激励体制的构建中。

首先,宽带薪酬体系使职位的概念逐渐淡化。在传统的薪酬设计中,员工的薪酬只能通过职位逐级提升而得到提升。在相同的职位上,业绩并不从根本上影响薪酬。同等职位相对应的工资是固定的,员工业绩出色也只能通过今后职位的按部就班地提升而得到滞后的薪酬调整,并不能适时得到有效激励。于是,除了整体薪酬水平调整外,员工要得到薪酬提升,就要向更高职位发展,而不是立足本职发挥特长、追求卓越。在宽带薪酬体系中,即使员工的职位没有得到提升,只要长期安心于本职,工作努力、业绩不俗,薪酬就可能不断得到满意的上升。

其次,宽带薪酬体系使薪酬制度更为灵活。由于宽带薪酬体系中不同级别薪酬水平部分重叠,低级别的员工只要工作业绩出色,所对应的薪酬就超过甚至大大超过高级别的员工:一位出色的专业技术人员的薪酬可以与研发部经理的薪酬平起平坐;一位最优秀的技术工人甚至可以拿到副总经理级的高薪。这种灵活的薪酬体系使人力资源部在制定薪酬政策时,可及时与人才市场接轨,使公司薪酬水平不至于因偏离市场价格而招不到或留不住所需人才。

再次,宽带薪酬还有利于职位轮换。在传统等级薪酬结构中,员工的薪酬水平是与其所担任的职位严格挂钩的,同一职位级别的变动并不能带来薪酬水平上的变化,但是这种变化使得员工不得不学习新的东西,从而工作难度增加,辛苦程度更高。因此,员工一般不愿意接受职位的同级轮换。而在宽带薪酬制度下,由于薪酬的高低主要是由能力来决定而不是由职位来决定,员工乐意通过相关职能领域的职位轮换、学习来提升自己的能力,以此获得更大的发展空间。

总之,宽带薪酬体系激励岗位成才,激励那些在本职工作中充分发挥聪明才智的员工驰骋在任何一条跑道上,只要业绩出色,同样能够得到承认。

认识到宽带薪酬的优势所在,北人富士以宽带薪酬为思路并结合北人股份公司的岗效工资制度,将岗效工资同一级别的横向薪酬等级由原 4 个等级拓展至 10 个等级,在拉大同级薪酬浮动范围的同时使不同级别薪酬水平部分重叠,并且某些岗位的薪酬级别还可垂直跳跃。例如,对于质量检查员岗位,根据工作责任的轻重、技能水平的高低、敬业爱岗的程度,薪酬水平可以在 7 岗 1 级(月薪 1390 元)和 8 岗 10 级(月薪 2480 元)中拉开差距;对于技术工人岗位,根据技能水平高低,薪酬水平可以在 6 岗 1 级(月薪 1190 元)和 12 岗 10 级(月薪 6190 元)中跳跃。这种拉大差距的薪酬设计提高了企业薪酬体系的灵活性,为企业留住管理、研发、生产领域的业务顶尖人才打下了基础,由此可提升企业的核心竞争力和企业的整体绩效。

此外,北人富士宽带岗效薪酬体系在简化过去薪酬结构的同时,适度加大薪酬中绩效薪酬的比例,并加大职能部门对薪酬的管理力度,部门对部属员工的薪酬具有决定权。公司每年将根据人才市场薪酬指导价位及公司的经济效益进行薪酬调整,在规定调整幅度的前提下,员工的薪酬调整权归部门经理,人力资源部转向宏观控制公司的整体薪酬平衡及公司整体薪酬升降幅度。这一举措带动了职能部门其他方面的管理,如员工的绩效管理,有些部门经理已开始着手完善部属员工的绩效评价方案并建立员工绩效档案。宽带岗效薪酬体系实现了职能部门对部属员工的聘用、考核、分配三权一体化。

宽带薪酬实施之前,北人富士每年都有几个骨干人才要求调离企业;改革后,没有一个员工提出调走。宽带薪酬大大激励了员工的工作积极性,稳定了员工队伍,增强了企业凝聚力。

——资料来源:北人富士:改革薪酬体系实施宽带薪酬[EB/OL].中国人力资源开发网,http://www.chinahrd.net.

8.1 薪酬管理概述

8.1.1 薪酬构成与功能

1. 薪酬的构成及基本形式

薪酬(compensation)是工资和薪金的统称,它是指员工从事企业所需要的劳动而得到的以货币形式和非货币形式表现的补偿,是企业支付给员工的劳动报酬,包括工资、奖金、福利、股票期权等。从其定义中,我们不难看出,薪酬本质上是一种公平的交易或交换关系,它是与商品货币关系相联系的一个范畴。

薪酬的构成从广义上讲,大致由经济性报酬和非经济性报酬两类组成。经济性报酬是员工获得的各种形式的收入,包括工资、奖金、福利、津贴、股票期权等。它又能再细分为直接薪酬(主要指以货币或现金形式支付的薪酬)和间接薪酬(主要指不以货币或现金形式支付的各种福利)。非经济性报酬是指员工由于努力工作而得到的晋升、表扬或受到重视等,它能产生和强化员工的工作荣誉感、成就感以及责任感等。非经济性报酬包括工作本身、工作环境和组织特征带来的心理效用三个部分。薪酬的构成如图 8-1 所示。

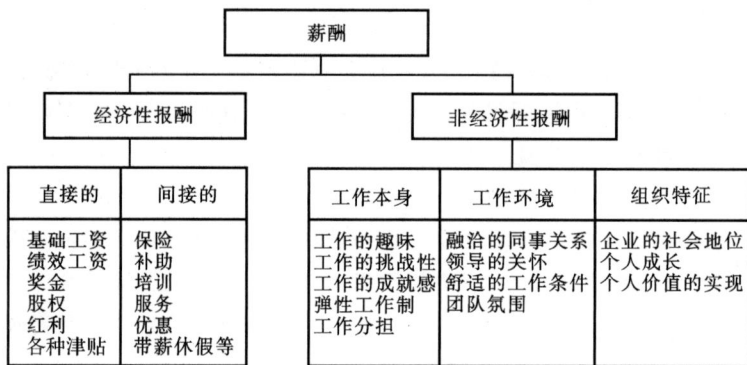

图 8-1　薪酬的构成

尽管非经济性报酬也是薪酬的重要组成部分,因为它也是影响人们进行工作选择和职业选择的重要因素,从而成为企业吸引人才、保留人才的重要工具和手段,但是在研究薪酬与薪酬管理中,从狭义的角度上,仍然将主要的注意力集中在企业的经济性报酬方面。在经济性报酬中,薪酬主要有以下几种形式:

(1)基本工资(base pay):是企业按照一定的时间周期,定期向员工发放的固定报酬。在国外,基本工资往往有小时工资、月薪和年薪等形式,在中国大多数企

业中,提供给员工的基础工资往往是以月薪为主,即每月按时向员工发放固定
工资。

(2)绩效工资(merit pay):是企业根据员工的年度绩效评价的结果而确定的
对基础工资的增加部分,是对员工的优良工作绩效的一种奖励。绩效工资与奖金
的差别在于,奖金并不成为基础工资永久性的增加部分,而只是一次性的奖励。

(3)奖金(incentives):是企业对员工超额劳动部分或劳动绩效突出部分所支
付的奖励性报酬,是企业为了鼓励员工提高劳动效率和工作质量付给员工的货币
奖励。奖金既可以与员工的个人业绩相挂钩,也可以与他所在的团队或组织的整
体业绩相挂钩,这分别称为个体奖金、团队奖励和组织奖励。

(4)津贴(subsidy):是指对工资或薪水等难以全面、准确反映的劳动条件、劳
动环境、社会评价等对员工身心造成某种不利影响或者为了保证员工工资水平不
受物价影响而支付给员工的一种补偿。简单地说,津贴就是对员工工作中的不利
因素的补偿。它在薪酬中所占的比例并不大。

(5)福利(welfare):是企业支付给员工的除工资之外的劳动报酬,往往不以货
币形式直接支付,而是以实物或服务的形式支付。

(6)股权(stock):股票期权主要包括员工持股计划(ESOP)和股票期权计划
(stock option)。员工持股计划主要针对企业中的中基层员工,而股票期权计划则
主要针对中高层管理人员、核心业务和技术人才。员工持股计划和股票期权计划
不仅是针对员工的一种长期报酬形式,而且是将员工的个人利益与组织的整体利
益相连接,优化企业的治理结构的重要方式。

2. 薪酬的功能

薪酬是对员工工作绩效的各种形式的支付和回报,同时也是企业营运成本的
重要组成部分。薪酬的支付是管理层向员工发出的何种行为重要并应受到鼓励的
信息,薪酬关系到能否激发员工积极性,关系到能否将员工的努力与组织的目标、
理念和文化结合超来,因此了解薪酬的功能是薪酬管理中的一项重要任务。薪酬
的功能可以从以下三个方面来考察:

(1)薪酬对员工的功能。① 维持和保障功能。劳动是员工脑力和体力的支
出,员工通过劳动和经营行为换取薪酬,以满足个人及家庭的吃、穿、住、用等基本
生活需求,从而实现劳动力的再生产。② 价值实现功能。高薪酬是员工优良工作
业绩的反映,是对员工工作能力和水平的承认,也是对个人价值实现的回报,是晋
升和成功的信号,它反映了员工在企业中的相对地位和作用,能使员工产生满足感
和成就感,并进而激发出更大的工作热情。

(2)薪酬对企业的功能。① 增值功能。薪酬是能够为企业和投资者带来预期
收益的资本,企业或投资者从事生产经营活动,必须雇用员工,薪酬就是用来购买

劳动力所支付的特定资本。薪酬的投入可以为投资者带来预期大于成本的收益，这是雇主雇佣员工，对劳动要素进行投资的动力所在。② 协调功能。薪酬通过其水平的变动，将组织和管理者意图传递给员工，促使员工个人行为与组织行为融合，协调员工与组织之间的关系；此外，还通过合理的薪酬差别和结构，化解员工之间的矛盾，协调人际关系。③ 激励功能。薪酬是对劳动者和经营者工作绩效的一种评价，反映着其工作的数量和质量情况，合理、科学的薪酬体系和结构可以激励员工劳动的积极性和创造性，提高劳动效率。

（3）薪酬对社会的功能。薪酬对社会具有劳动力资源的再配置功能。薪酬作为劳动力价格信号，调节着劳动力的供求和劳动力的流向。当某一区域、部门或职业及工种的劳动力供不应求时，薪酬就会上升，从而促使劳动力从其他地区、部门、工种向紧缺的区域流动，使流入区域劳动供给增加，逐步趋向平衡；反之也一样。通过薪酬的调节，实现劳动力资源的优化配置。另外，薪酬也影响着人们对职业和工种的评价，调节着人们择业的愿望和就业的流向。

8.1.2　薪酬管理概要

1. 薪酬管理的涵义及内容

薪酬管理，是经营管理者在企业战略的指导下，对员工报酬的支付原则、支付标准、发放水平、要素结构进行设计、分配、支付和调整的过程。其内容主要包括以下三个方面：

（1）确定薪酬管理目标。薪酬管理目标根据企业战略确定，具体包含以下方面：

- 吸引和留住企业所需要的优秀人才和核心员工。
- 激励企业内各类员工努力工作，提高效率和绩效。
- 鼓励员工提高企业所需要的知识和技能，挖掘自身潜力。
- 在满足员工需求的同时达成企业目标，控制运营成本，发挥资金效用，讲求投入产出效益。

（2）设计薪酬制度及政策。企业在薪酬上所采取的方针政策主要包括：

- 薪酬成本投入策略。比如，根据企业发展的需要，采取扩张劳动力成本还是紧缩劳动力成本策略，或者采取扩张此类劳动力成本并紧缩彼类劳动力成本策略。
- 根据企业的情况选择合理的薪酬制度。比如，是采取稳定员工收入的策略，还是激励员工绩效的策略。前者多与等级或者岗位工资制度相结合，后者则与绩效工资制度相结合。

· 确定企业的工资结构及工资水平。比如,是采取向高额工资倾斜的工资结构,还是采取均等化,或者向低额工资倾斜的工资政策。前者要加大高级员工比例,提高其薪资水平;后者要缩减高薪人员比例,降低其员工薪资水平。

(3)薪酬的控制与调整。薪酬的控制与调整建立在薪酬调查的基础之上,通过调查,了解劳动力市场的需求状况,掌握各种类型人才的价格行情,才能有效地控制和调整本企业的人力成本。

2. 薪酬管理原则

薪酬管理的原则是薪酬管理实践的总结,也是薪酬管理必须遵循的准则。在薪酬管理过程中,要遵循以下原则:

(1)补偿原则。薪酬应保障员工收入能够足以补偿劳动力再生产的费用,这不仅应包括员工恢复工作精力所必要的衣食住行费用,还应包括补偿员工为获得工作所必需的知识、技能而事先付出的费用。

(2)公平原则。根据亚当斯的公平理论,人们总是不断地以自己为企业付出的代价、从企业得到的报酬来与他人相比较,如果他得到的报酬,包括物质方面的薪酬、津贴、奖金、福利等以及精神方面的社会地位、受人尊敬的程度等与他自己付出的代价,包括他支出的体力、脑力(活劳动)、过去为学习成长付出的费用(潜在劳动)及产出(物化劳动)相比,低于他人相应比例,就会产生一系列消极行为,如怠工、辞职、攻击他人等。因此,薪酬分配一定要全面考虑员工的绩效、能力及劳动强度、责任等因素,考虑外部竞争性、内部一致性要求。

(3)透明化原则。长久以来,许多企业都实行保密薪酬制度,以此来减少人事摩擦,降低企业薪酬管理的难度和成本。但是,这种做法在一定程度上降低了薪酬应有的激励效果。根据激励理论中的期望理论,当员工认为努力会带来良好的绩效评价从而带来更多的收入或其他奖励时,就会受到较大的激励进而付出更大的努力。因此,为使薪酬发挥激励员工努力程度最大化的功能,员工应该了解企业是如何评估绩效的,了解与不同绩效水平相联系的报酬水平。这就要求实施透明化的薪酬管理。

透明化的薪酬管理不但有利于营造公平竞争的良好氛围,而且更有助于薪酬制度的健全。因为公开的薪酬体系有利于员工的积极参与,帮助管理层及时发现并纠正错误,根据自己工作岗位、职责与薪酬关系的切身体会提出更加合理化的建议,使薪酬制度得以改善。

(4)激励性原则。有效的薪酬管理应该能够刺激员工努力工作、多作贡献。薪酬管理系统的重点就在于创立这样一种系统,即将企业支出的大批费用变为高度激励员工取得良好绩效的诱因。企业激励员工的手段有物质奖励和精神奖励、货币奖励和实物奖励等多种方式,企业要善于采用各种有效的方式来达到激励员工的效果。

（5）竞争性原则。企业的薪酬水平如果缺乏吸引力，就只能留住平庸的员工，素质较高、能力出众的优秀员工则难以留住。

（6）经济性原则。薪酬是产品成本的一个组成部分，薪酬标准设计过高，虽然具有竞争性和激励性，但也会不可避免地带来人工成本的上升。因此，设计薪酬方案时，应进行薪酬成本核算，尽可能用一定的薪酬资金投入带来更大的产出。

（7）合法性原则。薪酬制度必须符合政府的有关政策和法律法规。如关于薪酬水平最低标准的法规、反薪酬歧视的法规、薪酬保障法规等，这些在薪酬管理时必须予以充分考虑。

3. 薪酬管理的流程

薪酬管理的流程如图 8 - 2 所示，它由七个步骤构成。图中的实线框表示了各步骤的名称，虚线框则说明各步骤对应的主要职责，箭头指出了各步骤依次进行的顺序。

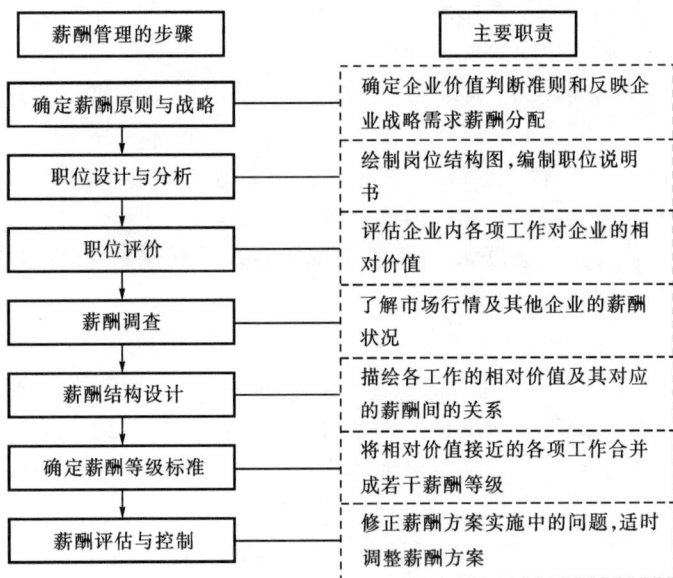

薪酬管理的步骤	主要职责
确定薪酬原则与战略	确定企业价值判断准则和反映企业战略需求薪酬分配
职位设计与分析	绘制岗位结构图，编制职位说明书
职位评价	评估企业内各项工作对企业的相对价值
薪酬调查	了解市场行情及其他企业的薪酬状况
薪酬结构设计	描绘各工作的相对价值及其对应的薪酬间的关系
确定薪酬等级标准	将相对价值接近的各项工作合并成若干薪酬等级
薪酬评估与控制	修正薪酬方案实施中的问题，适时调整薪酬方案

图 8 - 2　薪酬管理的流程

8.1.3　薪酬管理的权变因素

不同的企业、企业内部不同类型的员工，以及不同时期，企业的薪酬体系、薪酬结构、薪酬模式、薪酬水平等有所不同，并会随着企业内外部环境因素的变化而变化。这些因素大致可以分为三类：一类是企业员工个人因素；另一类是企业内部因素;还有一类是企业外部的社会因素。

1. 个人因素的影响

(1)工作表现。在同等条件下,工作绩效越好薪酬越高。

(2)资历水平。通常资历高的员工比资历低的员工的薪酬要高。

(3)工作技能。企业竞争激烈,使得企业愿意支付高薪给两种人:第一种是掌握关键技术的专才,第二种是阅历丰富的通才。

(4)工作年限。工龄长的员工薪酬通常要高一些。

(5)工作量。通常工作量较大时,薪酬水平也较高。

(6)岗位及职务差别。通常情况下职务高的人权力大,责任也较重,因此支付给他的薪酬也较多。

2. 企业自身因素的影响

(1)企业经营状况。经营得越好的企业,其员工的薪酬水平高且稳定;而经营业绩较差的企业,员工的薪酬相对较低且不具有保障。

(2)薪酬政策。薪酬政策是企业分配机制的直接表现,薪酬政策影响着企业利润积累与薪酬分配之间的关系。无论是注重高利润积累的企业,还是注重二者平衡的企业,都会导致薪酬水平的不同。

(3)企业文化。企业文化的核心是企业管理哲学和价值观,它们往往会对薪酬的设计产生非常重要的影响。比如,在崇尚个人主义的企业文化环境下,员工的薪酬差别很大;在崇尚集体主义的企业文化中,员工薪酬差别很小;在崇尚安全性的企业文化中,员工的工资较低,但福利较好;在崇尚物质刺激的企业文化中,则倾向设计出以较高的货币收入来刺激员工积极性的薪酬制度。

(4)工会。工会力量的强弱、薪酬谈判的策略也能影响到薪酬水平的高低。

3. 社会因素的影响

(1)地区及行业差异。一般经济发达地区的薪酬要高于经济落后地区的薪酬,处于行业成长期和成熟期企业的薪酬要高于处于衰退期的企业。

(2)地区生活指数。生活指数高的地区,员工的薪酬水平也较高。

(3)劳动力市场的供求情况。当市场上某类人才供大于求时,企业中该类人员的薪酬会相应降低;当市场上某类人才供小于求时,企业的薪酬会相应提高。

(4)经济发展水平。国家和地区的经济发展状况良好,企业的薪酬水平才可能较高。

(5)与薪酬相关的法律法规。各国、各地区都会依据实际情况制定与薪酬相关的法律法规,以确定有利于社会发展的薪酬水平和薪酬政策。例如,我国对最低工资标准、特殊岗位津贴、员工的福利待遇等都作出了法律规定。

8.2 薪酬设计

8.2.1 薪酬设计的原则

薪酬设计的目的是建立科学合理的薪酬制度。为此,在薪酬设计中要始终坚持贯彻以下原则:

1. 战略导向原则

战略导向原则强调企业设计薪酬时必须从企业战略的角度进行分析,制定的薪酬政策和制度必须体现企业发展战略的要求。合理的薪酬制度驱动和鞭策那些有利于实现企业发展战略的因素成长和提高,同时使那些不利于实现企业发展战略的因素得到有效遏制和消退。因此,企业设计薪酬制度时,必须从战略的角度分析各种因素的重要性,并通过一定的价值标准,给予这些因素一定的权重,同时确定它们的价值分配即薪酬标准。

2. 公平原则

公平原则是制定薪酬时要考虑的一个重要原则,只有在员工认为薪酬系统是公平的前提下,才可能产生认同感和满意度,才可能产生薪酬的激励作用。公平原则包括内在公平和外在公平两个方面。

(1)内在公平。内在公平是指企业内部员工的一种心理感受。企业的薪酬制度制定以后,首先要让企业内部员工对其表示认可,让他们觉得与企业内部其他员工相比,其所得薪酬是公平的。为了做到这一点,薪酬管理者必须经常了解员工对企业薪酬体系的意见,采用一种透明、竞争、公平的薪酬体系,这对于激发员工的积极性具有重要的作用。

(2)外在公平。这是企业在人才市场加强竞争力的需要,它是指与同行业内其他企业特别是带有竞争性质的企业相比,企业所提供的薪酬是具有竞争力的。只有这样,才能保证在人才市场上招聘到优秀的人才,才能留住现有的优秀员工。为了达到外部公平,管理者往往要进行各种形式的薪酬调查。

3. 竞争原则

企业要想获得具真正竞争力的优秀人才,必须要制定出一套对人才具有吸引力并在行业中具有竞争力的薪酬系统。如果企业制定的薪资水平太低,那么必然在与其他企业的人才竞争中处于劣势地位,甚至连本企业的优秀人才也会流失。

4. 激励原则

对一般企业来说,通过薪酬系统来激励员工的责任心和工作积极性是最常见和最常运用的方法。一个科学合理的薪酬系统对员工的激励是最持久也是最根本的激励,因为科学合理的薪酬系统解决了人力资源所有问题中最根本的分配问题。

5. 经济原则

薪酬设计的经济原则强调企业设计薪酬时必须充分考虑企业自身发展的特点和支付能力。这包括两个方面的涵义：从短期来看，企业的销售收入扣除各项非人工费用和成本后，应当能够支付企业所有员工的薪酬；从长期来看，企业在支付所有员工的薪酬，即补偿所用非人工费用和成本后，应当有盈余，以追加和扩大投资，实现企业的可持续发展。

6. 合法原则

薪酬设计当然要遵守国家法律和政策。这是最起码的要求，特别是国家有关的强制性规定，企业在薪酬设计中是不能违反的。比如国家有关最低工资的规定、有关职工加班加点的工资支付问题等，企业都必须遵守。

8.2.2　薪酬体系的类型

薪酬体系是指企业的基本工资或基本薪酬依据不同的基础而设立的薪酬系统，是企业实施的薪酬制度和薪酬政策的体现。目前，企业广泛采用职位、技能、能力和市场四个要素作为其基本工资的设立依据，相应地，企业的薪酬体系可分为职位薪酬体系、技能薪酬体系、能力薪酬体系以及市场薪酬体系四个类型。

1. 职位薪酬体系

（1）职位薪酬体系是指以职位价值为基础来确定基本工资的薪酬系统。这种薪酬体系的设立要求首先对职位本身的价值作出客观的评价，然后再根据这种评价结果赋予承担这一职位的员工与职位价值相对应的薪酬。

（2）优点和缺点。职位薪酬体系主要以职位作为基本薪酬的参考依据，容易实现同工同薪；按照职位系列进行薪酬管理，操作比较简单，管理成本较低；员工能清晰地看到晋升与薪酬增加的方向，为员工提高自身能力提供充分的动力。但职位薪酬体系实际暗含着一种假定，即假定担任某一种职位工作的员工恰好具有与工作难易水平相当的能力，它不鼓励员工拥有跨职位的其他技能，易导致员工技能的浪费，且不能充分激励员工提高或拓宽自己的技能，造成员工技能单一化的局面的出现；薪酬与职位直接挂钩，没有晋升就没有较大幅度加薪的机会，易挫伤员工的工作积极性，甚至出现"磨洋工"或离职的现象；此外，薪酬与职位直接相连，职位相对稳定，与之相对应的薪酬也就较稳定，员工的薪酬计发与其工作业绩和工作能力以及组织绩效缺乏明显的相关性，对员工工作的努力程度缺乏及时的激励性，同时也不利于增强企业的环境适应能力。

（3）实施前提。虽然职位薪酬体系得到广泛的使用，但并不是任何企业都能运用该体系，也不是任何企业实施该薪酬体系都能达到良好的效果。要保证职位薪酬体系运用的有效性，企业必须具备一定的组织环境特点，遵循一定的事实前提。

① 具有明确、规范、标准的职位内容。

② 职位内容具有基本的稳定性，确保工作序列关系明显以及工资体系的相对连续性和稳定性。

③ 企业具有完善的任职资格体系，按照个人能力安排工作岗位，实现人岗匹配，确保内部公平性。

④ 有完备的职务阶梯和相当多数量的职级，确保每一类员工都有由低向高晋升的机会和空间。

2. 技能薪酬体系

（1）技能薪酬体系是指以员工技能为基础确定基本工资的一种薪酬系统。这是一种以人为基础的基本工资决定体系。这种薪酬体系中，员工基本薪酬主要依据员工所掌握的与工作有关的技能、能力和知识的深度和广度，而不再是依据员工的职位价值来决定。这种薪酬制度通常运用于所从事的工作比较具体而且能够被界定出来的操作人员、技术人员以及办公室工作人员等。

（2）优点与缺点。技能薪酬体系以员工技能作为基本工作的主要决定依据，向员工传递了关注自身发展和不断提高技能的信息，有利于激励员工不断学习新的知识和技能、提高员工的知识和技能结构的多元性，增强员工在不同岗位和任务方面的适应和胜任能力；为专业技术人员安心于所擅长的本职工作提供了保障，减少了专业技术人员改行以及"专业技术型"管理人员带给组织的双重损失；薪酬与员工技能和对企业的贡献联系在一起，员工的关注点是个人以及团队技能的提高，而不是具体的职位，且技能薪酬体系的设计本身就需要员工的高度参与，这都将有助于高度参与型管理风格的形成。但技能薪酬体系比职位薪酬体系设计、操作更为复杂，需要更多的管理成本；技能薪酬薪酬体系要求企业在培训及工作重组方面付出更多的投资，一方面将促使由于员工技能短期提高而引起的薪酬上涨，企业将面临薪酬成本增加的压力，另一方面如果企业不能很好地将这种人力资本投资转化为实际生产力，促使培训成果实现良好的转化，则企业培训成本将无法得到回收，企业效益将会降低；由于高技能并不一定产生高绩效，因此技能薪酬体系还难以形成与绩效挂钩的工资激励体系，如果员工的技能普遍得到提高，促使员工劳动生产率的提高，但这种提高幅度却低于由此带来的劳动力成本增加的幅度时，企业的成本持续保持居高状态，这将严重削弱企业的竞争力。

（3）实施范围。技能薪酬体系也有其一定的实施范围。企业或企业组织中的某类工作需要考虑有关工作的性质、企业组织管理层对企业与员工之间关系的看法等因素来判断其是否适合采用这一体系来确定其基本工资系统。一般来说，技能薪酬体系比较适用于具备以下特点的企业组织或某类工作类型。

① 复杂程度高、技术密集的企业与组织。如：高新技术企业、研发机构、学

校等。

②深度技能、广度技能、垂直技能得分较高的职位类型。

③分工较粗且劳动对象不固定的职位类型。

④劳动熟练程度差别较大的职位类型。

⑤雇主之间具有合作性关系的企业。

⑥具有有机的组织形式的企业和组织。

3. 能力薪酬体系

（1）能力薪酬体系是一种以员工的能力为基础的基本工资决定体系。这里的能力指的是绩效行为能力，即达成某种特定绩效或表现出某种有利于绩效达成的行为的能力。绩效行为能力又称为素质、胜任能力或简称能力，指一系列的技能、知识、能力、行为特征以及其他个人特性的总称。

在能力薪酬体系时间活动当中，通常将能力划分为三个层次，即核心能力、能力模块以及能力指标。核心能力是指员工必须具备的确保企业组织成功的核心技能和素质，如"顾客服务意识"，这种能力通常来源于企业组织的战略使命和宗旨，体现了企业组织的经营哲学、价值观、经营战略和规划等。能力模块是一系列维度和要素组合，这些要素组合能够将核心能力转化为可观察的实际行为，为核心能力转化为实际生产力提供路径支持，如：全面质量管理、物流管理。能力指标则是用以观察每一能力群中能力水平的可观察行为，如"提出提高质量的方法"，通过能力指标，管理者可以比较直观地判定特定职位所需的行为密度、行为强度、行为复杂程度以及需要员工付出的努力程度。因此，能力指标还可以作为企业人员配备、评价以及薪酬支付的依据。

（2）优点与缺点。能力薪酬体系将员工的薪酬直接与员工的素质能力相挂钩，可以激励员工持续不断地努力学习，以提高自身的技能和知识水平；员工具有多项知识和技能，有利于减少员工在各岗位之间的转换成本，增强了企业配置员工的弹性；企业对于同一职级的员工的能力水平要求相近，因而便于员工在不破坏企业整体职级和薪酬体系基础上的水平流动，有助于消除员工的工作疲倦，提高劳动生产率。能力薪酬水平主要依据员工的能力确定基本工资，而员工的能力水平的判定过程中将会存在较多的主观性，容易引起官僚主义；能力强却不一定导致高绩效，因此企业应在能力投资水平与能力转化带来的企业和员工绩效增加水平之间找到良好的平衡，企业需要进行严格的成本控制，以确保企业的高绩效和竞争力的维持。

（3）实施前提。能力薪酬体系实施的有效性取决于以下因素：

① 具有以人为本的人力资源管理系统的支撑，对能力的强调必须贯穿于企业的员工招聘、晋升、绩效管理以及薪酬管理等人力资源全过程。

②具备完备的工作或角色评价系统,为薪酬制定提供参考依据。

③具备绩效奖励计划以及某些特定技能的开发和评价技术的辅助支持。

4. 市场薪酬体系

(1)市场薪酬体系是一种以外部市场竞争对手或行业的薪酬状况为基础的外部导向的基本工资体系。采用这种薪酬体系的企业根据市场调查所得竞争对手的薪酬计发水平和结构形式作为本企业基本工资和其他报酬的确定依据。企业的基本工资依据其参考对象所处的内外环境不同还可以分为内部导向薪酬体系及外部导向薪酬体系。其中,职位薪酬体系、技能薪酬体系以及能力薪酬体系以企业内部的职位、员工技能、能力为基本工资计发依据,属于内部导向薪酬体系,而市场薪酬体系则属于外部导向薪酬体系。

(2)优点与缺点。市场薪酬体系通过薪酬调查,参考竞争对手的状况来确定本企业的薪酬,简单易行,且能够使企业的薪酬保持与竞争对手或行业的竞争力。但这种薪酬体系对于薪酬调查的信息的准确性、详细性有很高的要求,且根据竞争对手或行业的薪酬状况来确定本企业的薪酬体系,使得本企业的薪酬体系处于十分被动的局面,与本企业的实际状况缺乏直接的相关性,同时也降低了企业的市场反应能力,有时还可能导致本企业薪酬体系内部出现不一致现象。

(3)实施前提。要确保市场薪酬体系实施的有效性,企业或组织应该具备以下特点:

①具备较强的市场信息收集、辨别、分析能力,确保收集信息的准确性和有效性。

②建立规范合理的薪酬结构,利于企业将自身的薪酬状况与竞争对手的薪酬状况作清晰的对比。

③具备科学、准确的业绩考核测评体系,确保企业的薪酬设立既遵循外部公平性,还具有内部一致性。

8.2.3　薪酬结构设计与模式选择

薪酬结构是指企业内部薪酬形式的构成与比例,它既包括薪酬形式的外部排列组合关系(薪酬模式),也包括薪酬形式的内部排列组合关系(不同职位的工资率),还包括某一职位或员工的不同的薪酬形式在总体薪酬中的配置比例。由于津贴、福利的差异性小,且福利的刚性又强,薪酬结构设计的主要对象或重点是工资结构设计。

1. 薪酬结构设计的基础

薪酬结构设计的基础是职位评价。职位评价也称为岗位评价、职务评价或工作评价,它是指采用一定的方法对企业组织中各种职位或工作岗位的相对价值作出评定,以作为员工等级评定和薪酬分配的依据。职位评价是一个为企业组织制定职位结构而系统地确定各职位相对价值的过程。这种相对价值的确定主要是找出企业内各种职位的共同付酬因素,用一定的评价方法,根据每个职位对企业贡献的大小而加以确定,继而以其为基础来建立薪酬结构,进行经济分配。职位评价是以基本职位内容和职位价值来评价具体职位在企业组织中的相对价值的。

职位评价是确保薪酬系统达成公平性的重要手段,它通过比较企业内部各个职位的相对重要性,得出职位等级序列,同时又为外部薪酬调查建立统一的职位评估标准。

职位评价的方法主要有四种,分别为排序法、分类法、要素计点法和因素比较法。

(1)排序法。排序法是由负责职位评价的人员对企业中各个职位的重要性作出判断,并根据各职位相对价值的大小按升值或降值顺序来确定职位等级的一种评价方法。该方法通常包括四个步骤,如图 8-3 所示。

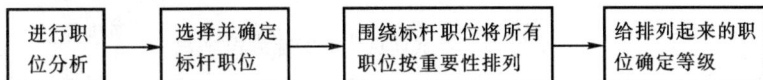

图 8-3　排序法实施流程

排序法的优点体现在:快速简单,容易操作,省时省事,能够获得更多人的认可,对于职务层次较少的企业一般比较适合。

其缺点在于:评价者的主观思想可能会影响评价结果;不容易找到熟悉全部工作的人员。由于很多企业工作种类较多,排序法带来的工作量很大。

总之,排序法虽然不很精确,但是较易使用,因此可以根据企业实际来进行操作。

(2)分类法。分类法是事先建立一连串的等级并给出等级定义,然后根据工作等级类别比较工作,把职位确定到各等级中去,直到安排在最合逻辑之处。分类法不同于排列法,职位等级标准是预先决定并建立的,然后参考工作的内容对其进行分级。分类法的步骤如图 8-4 所示。

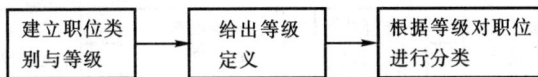

图 8-4　分类法的实施流程

分类法的主要优点:容易操作,执行速度快,不需要特定技术要求。

其缺点是:不容易清楚地定义等级,很难说明不同等级的职位之间的价值差距。

综上所述,对一个规模小、工作不太复杂或种类不多的企业而言,适宜采用分类法进行职位评价。

(3)要素计点法。要素计点法是一种比较复杂的量化职位评价方法,直到目前依然使用得非常普遍。要素计点法包含三大因素:一是报酬因素;二是反映每一个报酬因素相对重要程度的权重;三是数量化的报酬因素衡量尺度。

要素计点法的操作程序是这样的:首先确定影响所有职位的共有因素,并将这些因素分级、定义和配点,以建立起评价标准,然后依据这些标准对所有职位进行评价,最后将职位评价点数转换为货币数量,即职位工资率或工资标准。要素计点法的实施过程见图8-5。

图8-5　要素计点法的实施流程

要素计点法的优点:

· 与非量化的职位评价方法相比,评价更为精确;

· 允许对职位之间的差异进行微调;

· 可以运用可比性的点数对不相似的职位进行比较。

其缺点为:

· 耗费的人力、物力和财力较多,耗时较长;

· 在等级界定、权重确定等方面还存在一定程度的主观性。

(4)因素比较法。因素比较法与排序法有一定相似之处,两者的主要区别表现在两方面:一是排序法仅仅从一个综合的角度比较职位之间的差异,而因素比较法是选择多种报酬因素进行比较排列;二是因素比较法是根据各种报酬因素得到的评价结果设置一个具体的报酬金额,然后汇总得到职位的报酬总额。

因素比较法包括以下实施过程,参见图8-6。

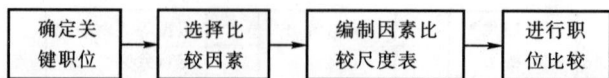

图8-6　因素比较法实施流程

因素比较法的优点是:评价标准明确,企业组织中所有职位都能运用统一的评价要素或标准进行比较;直接把等级转化为货币价值。

　　其缺点是:因素定义比较含糊,选用范围广泛,且不够精确;这种方法直接把等级转化为货币价值,其分配到每一因素的货币价值缺乏一个客观的依据,而只能依赖人为的评判;职位比较尺度的建立步骤复杂,难以向员工说明。

　　2. 薪酬结构设计的内容

　　薪酬结构主要由基本工资、奖金、津贴、福利等薪酬要素构成。下面分别介绍这些薪酬要素的设计操作。

　　(1)基本工资结构的设计。基本工资的具体设计可分为推导工资结构线、划分工资等级和确定工资幅度等三个主要环节。

　　① 工资结构线的确定。通过职位评价这一步骤,不论采取何种评价方法,总可以得到每一职位对企业的相对价值的顺序、等级、分数或象征性工资额。这只是得出了企业内每一职位的理论价值,还须进一步将其转换为实际工资额。利用工资结构线可以实现这两者的转换。

　　将企业内各个职位的相对价值与其对应的实付工资之间的关系用二维直角坐标系(横坐标表示通过职位评价所获得的企业内各项工作的相对价值的点数;纵坐标表示对应的付给该工作的工资值)直观地表现出来,就形成了工资结构线。工资结构线可以是线性的,也可以是非线性的。

　　工资结构线通过如下步骤确定出来:

　　第一,选用一种职位评价法,对企业内各职务进行评价获得其相对价值点数;

　　第二,做出现有职务工资散布点图(评价点数为横轴,现有工资值为纵轴作图);

　　第三,根据散布点状况,绘出反映其散布规律的工资结构线来;

　　第四,对绘出的工资结构线进行调整,以使工资结构线既符合内部一致性的原则又满足外部竞争性的原则。

　　② 工资等级的划分。工资结构线绘制出来以后,企业内相对价值不同(点数不同)的所有职位就都有了一个对应的工资值。这在理论上合理,在实践中却不胜其烦,过多的工资值会给工资的管理带来很大的困难,所以须给工资划分等级。把众多水平的工资归并组合成若干等级,就形成了一个工资等级系列。

　　工资等级的划分,简单地说,就是把经职位评价获得的相对价值相近的一组职务,编入同一等级。至于职级划分的区间宽窄及职级数多少的确定,则主要根据工资结构线的斜率、职务总数的多少及企业和工资管理政策和晋升政策等确定。总的原则是,职级的数目不能少到相对价值相差甚大的职务都处于同一职级而无区别,也不能多到价值稍有不同便处于不同职级而需作区分的程度。此外,级数太少,难以晋升,不利于调动士气;职级太多则晋升过频而刺激不强。实践中,企业工资等级系列平均在 10～15 级之间。

　　③ 薪幅的确定。薪幅即每一工资等级的变化范围。企业在实践中往往为每一工资等级规定一个工资变化的幅度——薪幅,薪幅的下限为工资等级的起薪点,上限为工资等级的顶薪点。划定的薪幅既可以同样大又可以有差别,企业工资制度中更常见的是工资范围随等级上升而呈累进式的扩大。

　　薪幅的确定不仅与工资等级的多少相关联,也与相邻等级工资范围的重叠程度有关。实际工作中,这种重叠是必要的。相邻职级重叠程度与工资结构线的斜率有关(越平缓则重叠越多),但更取决于职级的薪幅,即变化范围的大小。当职级所包含的相对价值范围较广,职务较多,而工作绩效又主要取决于员工的个人能力与干劲而非客观条件,企业的政策又是提薪较频时,职级的工资变化幅度宜大,这才是那些因主客观条件未能升级但有能力且经验丰富的员工,能有较多的提薪机会。当然,职级薪幅增大,也会带来一些消极影响。因此,职级数目与宽度、工资结构线斜率及各职级的变化幅度等因素,必须统筹兼顾,恰当平衡。

　　(2)奖金和津贴的设计。奖金是企业对员工超额劳动部分或劳动绩效突出部分所支付的奖励性报酬,是企业为了鼓励员工提高劳动效率和工作质量付给员工的货币奖励。奖金作为薪酬的一种辅助形式,不但可以灵活地反映员工的实际劳动差别,弥补计时、计件薪酬的不足,而且可以鼓励员工在生产过程中提高质量、节约材料和经费、革新技术等。奖金具有以下四个特点:

　　① 单一性,奖金在报酬上只反映员工某方面的实际劳动效果的差别。

　　② 灵活性,奖金的形式灵活多样,奖励的对象、数额、获奖人数均可随生产的变化而变化。

　　③ 及时性,奖金一般在员工提供了超额劳动或者取得了突出业绩以后立即予以兑现,它体现的是即时激励的作用。

　　④ 荣誉性,奖金不仅是对员工的物质奖励,还有精神鼓励的作用。

　　根据不同的标准,奖金可分为不同的类别:

　　① 根据奖金的周期划分,可划分为月度奖、季度奖和年度奖。

　　② 根据在一定时期内(一般指一个经济核算年度)发奖次数划分,可区分出经常性奖金(如超产奖、节约奖等)和一次性奖金(如见义勇为奖)。

　　③ 根据奖金的来源划分,可分为由工资基金中支付的奖金和非工资基金中支付的奖金。例如,节约奖就是从节约的原材料、燃料等价值中提取一部分作为奖金支付。

　　④ 根据奖励范围来划分,有个人奖和集体奖。

　　⑤ 从奖励的条件区分,有综合奖和单项奖之分。

　　对于各种不同类别的奖金项目,企业可以根据实际情况加以设立。

　　津贴主要是为了补偿员工特殊或额外的劳动消耗而支付的劳动报酬。津贴的种类、发放范围和标准等，一般由国家统一规定。对国家没有统一规定的，企业可以根据生产工作需要，在政策允许的范围内，自行设立一些津贴项目。津贴作为薪酬的补充形式之一，具有如下特点：

　　① 津贴是一种补偿性的劳动报酬，即津贴所体现的不是劳动本身，而是劳动所处的环境和条件的差别。

　　② 津贴具有单一性，多数津贴是根据某一特定条件，为某一特定目的而制定的，往往一事一贴。

　　③ 津贴有较大的灵活性，可以随工作环境、劳动条件的变化而变化，可增可减，可减可免。

　　（3）员工福利的设计。福利是指企业按照法律规定、惯例以及实际情况以非货币的形式支付给员工的各种报酬。相对于企业提供给员工的工资、奖金等直接报酬而言，福利属于间接报酬，它在薪酬体系中发挥着与直接报酬不同的功能，主要体现在：

　　① 传递企业的文化和价值观。现代企业越来越重视员工对企业的文化和价值观的认同，福利恰恰是体现企业的管理特色，传递企业对员工的关怀，创造一个大家庭式的工作氛围和组织环境的重要手段。完善的福利制度能够充分证明企业管理的"以人为本"的理念。

　　② 吸引和保留人才。员工对福利具有内在需求，因此越来越多的求职者在进行工作选择时，将福利也作为十分重要的因素来进行考虑。那么，对于企业来说，是否能够向员工提供有吸引力的、能够切实给员工带来效用的福利计划，就成为企业吸引人才和保留人才的十分重要的因素。

　　③ 税收减免。福利作为企业提供给员工的各种保障计划、服务和实物等，是免税的。如果把这些福利完全折算成现金计入工资中，将会使员工为这些福利支付一笔高额的所得税。

　　企业的福利可以区分为两个组成部分，一部分称为法定福利，它是国家以法律形式强制规定任何组织都必须向劳动者提供的福利，包括失业保险、医疗保险、养老保险、伤残保险等社会保险计划以及其他福利项目；另一部分称为非法定福利，它是指除法定福利以外的由组织自主决定提供的各种福利项目，包括各种服务、实物、带薪休假等。企业提供给员工的福利，具体有以下一些形式：

　　① 住房福利：如免费单身宿舍、夜班宿舍、廉价公房出租或廉价出售给本企业员工、提供购房低息或无息贷款、发放购房补贴等。

　　② 交通福利：企业接送员工上下班的班车服务、市内公交费补贴或报销、个人交通工具（自行车、摩托车或汽车）购买的低息（或无息）贷款以及补贴、交通工具的

保养费、燃料补助等。

③ 饮食福利：免费或低价的工作餐、工间休息的免费饮料、餐费报销、免费发放食品、集体折扣代购食品等。

④ 教育培训福利：企业内部的在职或短期的脱产培训、企业外公费进修、报刊订阅补贴、专业书刊购买补贴、为本企业员工向大学进行捐助等。

⑤ 医疗保健福利：免费定期体检、免费防疫注射、药费或滋补营养品报销或补贴、职业病免费防护、免费或优惠疗养等。

⑥ 意外补偿金：意外工伤补偿费、伤残生活补助、死亡抚恤金等。

⑦ 带薪休假：除每周末及法定节假日和病假、产假外，每月或每年向员工提供若干带薪休假日，其长短按照年资工龄的不同而进行区别对待。

⑧ 文体旅游福利：有组织的集体文体活动（晚会、舞会、郊游、野餐、体育竞赛等）、企业自建文体设施（运动场，游泳池，健身房，阅览室，书法、棋、牌、台球等活动室）、免费或折扣电影、戏曲、表演、球赛票券，旅游津贴，免费提供的车、船、机票的订票服务等。

⑨ 金融福利：信用储金、存款户头特惠利率、低息贷款、预支薪金、额外困难补助金等。

⑩ 其他生活福利：洗澡、理发津贴，降温、取暖津贴，优惠价提供本企业产品或服务等。

⑪社会保险项目：企业出资为员工购买法定的社会保险，如养老保险、医疗保险、工伤保险、生育保险等。

（4）弹性福利制。员工在以往对福利项目并无选择权利，这种刚性化的福利制度，无论对提供福利的企业来说，还是对消费福利的员工来说，都偏离了福利效用最大化的经济学原则。弹性福利制度由此应运而生。

弹性福利制又称为"自助餐式的福利"，即员工可以从企业所提供的一份列有各种福利项目的"菜单"中自由选择其所需要的福利。由于企业经营环境的多样化和企业内部的特殊性，弹性福利制在实际的操作过程中逐渐演化为以下几种有代表性的类型，企业可以根据自己的不同需要加以选择和比较。

①"附加型"弹性福利制。这是最普遍的弹性福利制，就是在现有的福利计划之外，再提供其他不同的福利措施或提高原有福利项目的水准，让员工去选择。

②"套餐型"弹性福利制。这是指由企业同时推出不同的"福利组合"，每一个组合所包含的福利项目或优惠水准都不一样，员工只能选择其中一个的弹性福利制，而不能要求更换里面的内容。在规定此种弹性福利制时，企业可依据员工群体的背景，如婚姻状况、年龄、有无眷属、住宅需求等来设计。

②"选高择低型"弹性福利制。这种弹性福利制一般会提供几种项目不等、程

度不一的福利组合给员工作选择,以组织现有的固定福利计划为基础,再据以规划数种不同的福利组合。这些组合的价值和原有的固定福利相比,有的高有的低。如果员工看中了一个价值较原有福利措施更高的福利组合,那么他就需要从薪水中扣除一定的金额来支付其间的差价。如果他挑选了一个价值较低的福利组合,他就可以要求雇主发给其之间的差额。

　　总之,弹性福利制度恰当地提供了员工所需要的福利,使员工的需要得到满足,从而使福利的总效用达到最大化,因此它作为一种新兴的、具备很强灵活性的福利模式正受到越来越多企业的青睐。

3. 薪酬结构模式的选择

　　企业总体薪酬由固定部分薪酬(主要指基本工资)和浮动部分薪酬(主要指奖金和绩效薪酬)共同构成。基本工资、津贴、奖金、福利、保险等薪酬要素在分配的刚性及差异性方面表现出明显的差别,如图 8-7 所示。图中的横坐标代表刚性,即不可变性;纵坐标代表差异性,即薪酬各部分在不同员工之间的差别程度。将整个坐标平面分为五个部分,形成五个区域。

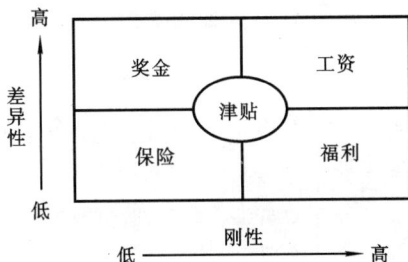

图 8-7　薪酬四分图

　　从图 8-7 中可以看出:工资具有高差异性、高刚性的特点;而奖金的发放可随时根据企业效益及员工绩效调整,所以奖金具有高差异性、低刚性的特点;保险的刚性和差异性情况较复杂(如医疗保险具有低差异、高刚性特点;养老保险则差异较大刚性也较大);福利是人人均能享受的利益,因此具有低差异性,若既有的集体福利予以取消会引起员工不满,这表明它又具有高刚性;津贴的种类较多,有的是低差异、高刚性的(如独生子女津贴),有的则是高差异、低刚性的(如地区津贴)。

　　将工资、资金、津贴、福利等要素有机地组织起来就形成了薪酬模式。可供企业选择的薪酬结构模式主要有三种——高弹性薪酬模式、高稳定薪酬模式和折中型薪酬模式。

　　(1)高弹性薪酬模式。这是一种激励性很强的薪酬模型,即薪酬中固定部分比例比较低,而浮动部分比例比较高。高弹性薪酬模式主要适用条件为:组织人员流动率高,工作变动性大,员工工作积极性低,以及产品研发、营销等业绩伸缩性较大的岗位或职务等情况。

(2)高稳定薪酬模式。这是一种稳定性很强的薪酬模型,即薪酬中固定部分比例比较多,而浮动部分比较少。该模式的主要适用条件为:组织人员流动率低,工作稳定性高,员工工作绩效的伸缩性较小,以及工作积极性、自觉性较高等情况。

(3)折中型薪酬模式。这是一种既具有激励性又具有稳定性的薪酬模型,绩效薪酬和基本薪酬各占一定的比例。当两者比例不断调和与变化时,这种薪酬模型既可以演变为以激励为主的薪酬模式,也可以演变为以稳定为主的薪酬模式。

三种薪酬结构模式各有特点和优缺点(见表8-1),这是企业在进行模式选择时需要注意的,同时薪酬结构模式的选择也与企业的发展阶段有关。一般而言,企业初创时期适宜采用高稳定模式和基本工资策略;企业在发展阶段适宜采用高弹性模式和高奖金策略;当企业进入成熟阶段时,应选用折中模式并采用有弹性的奖金、津贴和福利策略;当企业进入衰退期或重新创业阶段,应当再次采用高稳定模式和高基本工资策略。

表8-1　三种薪酬模式的比较

	高弹性薪酬模式	折中型薪酬模式	高稳定薪酬模式
特点	绩效薪酬所占比例很高,基本薪酬等所占比例很低	绩效薪酬与基本薪酬等各占一定的合理比例	基本薪酬所占比例很高,绩效薪酬等所占比例很低
优点	激励性很强,与员工业绩密切联系	对员工有激励性,也有安全感	员工收入波动很小,员工安全感很强
缺点	员工收入波动很大,员工缺乏安全感及保障	须设科学合理的薪酬系统	缺乏激励功能,容易导致员工懒惰

8.2.4　宽带薪酬

1. 宽带薪酬的涵义及特征

宽带薪酬是一种新型的薪酬结构与管理模式。它是压减薪酬等级,拉大等级内薪酬浮动范围,由此而形成的薪酬结构与管理体系。宽带薪酬的具体操作模式是:将原来很多的岗位等级压缩成少数的几个等级,将等级内的薪酬差距拉大,同时赋予主管相应的自由裁量权,以便主管据此依据特定职位员工的技能提升及业绩表现相应提升员工薪酬。因此,宽带薪酬具有以下几个特征:

(1)层级淡化。在薪酬设计中,企业往往会根据每个职位所承担的责任、应具备的知识和技能、对企业的价值度将职位划分为不同的层级,并赋予其相配套的薪酬。较之于传统的薪酬体系,宽带薪酬所划分出来的薪酬层级在数量上要减少许多。一般来讲,施行宽带薪酬的大型企业会划分出十几个薪酬层级,中小企业只有几个层级。

(2)宽幅化。层级淡化表明层级总量减少了,宽幅化则表明每一层级内部的薪酬差距增大,即同一层级内最高与最低薪酬标准之差增大,从而使得薪酬表中某一层级的薪酬呈现一条很宽的带状,这是宽带薪酬最直观的表现形式。

(3)自由裁量性。在实施宽带薪酬的企业中,主管被赋予较大的权限来确定某一员工薪酬的具体数额。但这一权限受到一定限制,即所确定的该员工的薪酬最高不能超出该层级的最高档,最低不能低于该层级的最低档。

(4)能绩薪酬制。这是指处于某一层级内的员工薪酬水平的高低、增减取决于员工的能力和业绩两个方面。当员工能力提升并取得突出业绩时,员工的薪酬就可以得到提升,这样实现了员工薪酬与能绩的有机结合。可见,宽带薪酬更多地强调能(力)绩(效)因素,而传统薪酬更强调职位因素,正是由于这一点,将两者从本质上区分开来。

2. 宽带薪酬的功能

宽带薪酬与传统薪酬一样,对员工具有维持、保障、激励功能,对企业具有保障增值功能,对社会具有劳动力资源的再配置功能。除此之外,宽带薪酬还具有以下几个方面的优势与作用:

(1)适应企业战略动态调整的需要。由于企业面临的外部环境日益复杂,企业的战略需要不断调整,企业的组织结构、员工的工作内容也要随之经常调整。假如岗位的区分越细、对岗位职责的描述和限定越清楚,则越难以进行调整。这样一来,传统的单纯以岗位职责定薪的薪酬制度无法完全反映员工所承担的责任。宽带薪酬却可以通过导入宽带概念,在同一层级内拉大员工之间的薪酬差异,弥补岗位描述和评估相对固定的缺陷,能更好地适应变化的、复杂的竞争环境,通过薪酬水平对员工的工作内容进行更好、更公平的体现。

(2)支持组织扁平化设计。扁平化的组织结构要求有灵活的薪酬制度,能够依据市场的变化随时作出反应和调整,从这一点说,宽带薪酬似乎是为扁平化组织结构量身定做的。宽带薪酬的最大特点是减少薪酬等级,增强薪酬体系的灵活性的弹性,更加突出外部市场的导向作用,使得企业组织结构变得更加有效率和灵活,提高了组织结构对外部市场竞争的适应能力。

(3)关注员工技能和能力的提高。在传统的薪酬体系下,员工薪酬水平的提高只能依靠职位的提升,这使得员工的注意力只放在得到上级的赏识和提拔,而不会放在对自身技能和能力的提升上。宽带薪酬设计的初衷则是关注员工技能和能力水平的提高,只要员工的能力提高了、绩效提升了,员工就能得到加薪,而不管其职位是否晋升。

(4)有利于职位轮换与员工职业生涯发展。在传统薪酬结构下,薪酬水平直接取决于职位等级的高低。因而员工的目光都关注在职位的晋升上,员工的发展始终是沿着薪酬等级在一个"垂直"的方向进行着。在宽带薪酬结构中,情况则不一样。不但员工的职位晋升能得到加薪,而且员工的技能和业绩的提高也能得到加薪,所以员工乐意接受上级安排的职位轮换,甚至跨职能的职位"横向"流动。宽带薪酬的实施使员工在职业生涯发展自我规划上弱化了职位和层级的概念,而强调了岗位的重要。

(5)促进绩效的改进。宽带薪酬不仅通过弱化头衔、等级、过于具体的职位描述以及单一的向上流动方式向员工传递一种个人绩效文化,而且还通过弱化员工之间的晋升竞争而更多地强调员工之间的合作和知识共享、共同进步,以此来帮助企业培育积极的团队绩效文化。组织整体绩效的实现是建立在员工个体的绩效之上的,宽带薪酬的本质是倡导员工发扬团队精神,鼓励员工以不断地增长技能和知识为工作主导,这对于企业整体业绩的提升无疑是非常重要的力量。

(6)适应劳动力市场的变化。宽带薪酬是以市场为导向的,其工资水平的确定与调整都与市场行情相适应,能够灵活地应对市场的变化。

从宽带薪酬的功能分析出发,进一步分析传统薪酬和宽带薪酬的区别(见表8-2),有助于我们加深对宽带薪酬的了解和认识。

表 8-2　传统薪酬与宽带薪酬的区别

比较内容	传统薪酬	宽带薪酬
薪酬战略与企业发展战略的关系	难配套	易配套
与劳动力市场的关系	市场是第二位的	以市场为导向
直线经理的作用	几乎没有参与	更多地参与
薪酬调整的方向	纵向	横向及纵向
组织结构的特点	层级多	扁平
与员工工作表现的关系	松散	紧密
薪酬等级	多	少
级差	小	大
薪酬变动范围	窄	宽

3. 宽带薪酬的实施步骤

宽带薪酬具有不同于传统薪酬的特点和功能,是对传统意义上那种带有大量等级层次的垂直型薪酬结构的一种改进或替代。宽带薪酬具体实施步骤如下：

(1)确定宽带的数量。首先企业要确定使用多少个工资带，在这些工资带之间通常有一个分界点。在每一个工资带对人员的技能、能力的要求都是不同的。通用电气零售商学院财务服务企业使用了 5 个宽带，替代了 24 个级别，并对每个宽带的目标、能力和培训要求作了明确的规定。

(2)根据不同工作的性质特点及不同层级员工需求的多样性建立不同的薪酬结构，以有效地激励不同层次员工的积极性和主动性。

(3)确定宽带内的薪酬浮动范围。根据薪酬调查的资料及职位评价结果来确定每一个宽带的浮动范围及级差，同时在每一个工资带中每个职能部门根据市场薪酬情况和职位评价结果，确定不同的薪酬等级和水平。

(4)宽带内横向职位轮换。同一工资带中薪酬的增加与不同等级薪酬增加相似，在同一工资带中，鼓励不同职能部门的员工跨部门流动以增强组织的适应性，提高多角度思考问题的能力。因此，职业的变化更可能的是跨职能部门，而从低宽带向高宽带的流动则会很少。

(5)做好任职资格及工资评级工作。宽带虽然有很多的优点，但由于经理在决定员工工资时有更大的自由，使用人力成本有可能大幅度上升。美国联邦政府的有限的经验表明，在宽带结构下薪酬成本上升的速度比传统工资结构快。为了有效地控制人力成本，抑制宽带薪酬模式的缺点，在建立基于宽带薪酬体系的同时，还必须构建相应的任职资格体系，明确工资评级标准及办法，营造一个以绩效和能力为导向的企业文化氛围。

两种薪酬结构的主要区别就在于：在传统薪酬下，薪酬等级表现为薪幅较窄的薪酬层级；而宽带薪酬的薪酬等级表现为薪幅较宽的薪酬宽带。在实施宽带薪酬时，企业到底应设立几个薪酬等级，没有统一的标准。多数企业设计 4～8 个薪酬宽带；有的企业设计 10～15 个宽带；有的企业甚至只设立 3 个薪酬宽带——一个是给管理人员用的(management band)，一个是给技术人员用的(professional band)，一个给领导者用的(leadership band)。

确定薪酬带比较常用的方法有两个：一是依据组织结构的层级和职位的属性来划分薪酬宽带；一是依据员工为组织带来的附加价值和贡献等级来划分薪酬宽带。

8.3　薪酬的支付与调整

8.3.1　薪酬支付的依据

薪酬的支付只有以员工为企业所创造价值的大小为依据才是公平、公正的，这样才能确保"多劳多得,少劳少得"。要衡量员工为企业所创价值的大小,一般有四种不同的衡量方式,由此产生了四种不同的支付基础。

第一种是通过对员工的职位进行价值评价,即员工所承担的职责和承担职责所需要的任职资格等因素,来确定其为企业创造的价值,这便形成以职位为基础的薪酬体系;第二种是通过对员工的能力进行评价,即员工所具备与工作相关的知识、技能、经验和胜任能力等因素,来确定其为企业创造的价值,这便形成了以能力为基础的薪酬体系;第三种是通过对员工的绩效进行评价,即员工的关键业绩指标和关键行为、态度指标的完成情况,来确定其为企业创造的价值,相应地形成了以业绩为基础的薪酬体系;第四种是借助于外部劳动力市场来对员工的价值进行评价,从而形成了以市场为基础的薪酬体系。

企业可以在实际操作中针对不同的职位类型和员工类型,综合运用基于不同支付依据基础上的薪酬体系。表 8-3 给出了不同的薪酬体系的适用对象。

表 8-3　四种支付依据的比较

薪酬支付依据	以职位为基础	以能力为基础	以业绩为基础	以市场为基础
主要适用对象	• 职能人员 • 管理人员 • 一般操作人员	• 研发人员 • 技术人员 • 各种知识员工	• 销售人员 • 其他业绩容易直接衡量的人员	• 企业的特殊人才 • 低层的可替代性很强的操作人员
表现形式	• 基础工资(职位、职务工资)	• 基础工资(知识工资、技能工资和能力工资)	• 佣金制 • 绩效工资 • 奖金	• 市场工资 • 谈判工资

8.3.2　薪酬的支付方式

1.计时薪酬

计时薪酬是指报酬与实际工作时间直接相关的薪酬支付方式。根据计算时所使用的时间单位不同,计时薪酬主要有四种形式:小时薪酬;日薪酬;周薪酬;月薪酬。

(1)计时薪酬的特点。

① 薪酬额的大小主要取决于员工的技能水平或岗位(职务)的薪酬标准,基本不受劳动对象和劳动条件差异的影响。

② 它以既定的薪酬标准和工作时间来计付薪酬,容易被广大员工理解和接受。

③ 薪酬标准的多少主要是由劳动复杂程度、技术等级要求等因素所决定。所

以计时薪酬能促进员工钻研技术业务,提高劳动素质,从而有助于提高工作质量和劳动效率。

④ 时间是劳动的天然尺度,各种劳动都可能直接用时间来计量,并且计算简便,所以计时薪酬适应性强,应用范围广。

正因为计时薪酬有以上优点,因此它是目前我国企业中普遍采用的薪酬形式,比如实习员工的实习工资、管理人员的职务工资、生产操作人员的岗位技能工资、专业技术人员的专业技术职务工资、艺术专业职务工资等都是计时薪酬。

但是,计时薪酬在实现按劳分配方面存在着明显的局限性:一是计时薪酬侧重以劳动的外延量(工作时间)来计算薪酬,至于劳动的内含量(劳动强度)则不能准确反映;二是就员工本人来说,计时薪酬难以准确地反映其实际提供的劳动数量和质量,薪酬与劳动量之间往往存在着不相当的矛盾;三是计时薪酬不能反映劳动质量上的差别,容易出现干多干少、干好干坏一个样的现象。因此,对激励员工的积极性不利。

(2)计时薪酬的适用范围。计时薪酬比较适宜在具备以下性质和特点的生产条件下实施:

① 劳动成果无法准确计算的工作,例如国家机关、事业单位的脑力员工、企业的行政管理人员、专业技术人员以及为生产一线服务的工作人员。

② 任务完成周期长,不便于计件的工作,如基础理论的研究、实验性生产、超大型设备的制造等。

③ 质量比数量更为重要的工作,例如教学、科研、生产高精尖产品等。

④ 机械化和自动化程度较高的工作,如大型的生产流水线作业。

⑤ 规模较小易于严密监督的单位,如生产场地集中、规模较小的中小型企业。

⑥ 产供销不正常的生产部门。

2. 计效薪酬

计效薪酬是将薪酬与员工个人的产出量直接关联,它的前身是计件薪酬。

(1)计效薪酬的优点:

- 能够从劳动成果上准确反映出劳动者实际付出的劳动量,按劳动成果计酬更为公平。

- 更能促使劳动者关心自己的劳动成果,激发劳动积极性,促进劳动生产率的提高。

- 能够促进员工经常改进工作方法,提高技术水平和劳动熟练程度,提高工时利用率,增加产品数量。

- 易于计算单位产品直接人工成本,并可减少管理人员及其工资支出。

- 促进企业改善管理制度,提高管理水平。

（2）计效薪酬的局限性：

- 容易出现片面追求产品数量、忽视产品质量、消耗定额、不注意爱护机器设备的偏向。
- 因管理或技术改进而使生产效率增加时，提高定额会遇到困难。若不提高定额，会增加产品成本；若提高定额，会引起员工不满。
- 因追求收入会使员工工作过度紧张，有碍健康。

3. 业绩挂钩薪酬

业绩挂钩薪酬不只考虑工作结果或产出，还关注实际工作效果。员工个人的业绩是依照预先设定的目标，或是对比岗位描述中所列的各项任务，利用业绩评估手段进行测量，然后根据评估结果支付薪酬。

（1）业绩挂钩薪酬具有以下优点：

- 将激励机制与实现目标和主管认可的业绩质量相联系，薪酬与可量化的业绩挂钩，更具公平性；
- 当员工业绩可量化，而相应的业绩报酬也足以激发进一步的努力时，企业向业绩优秀者做报酬倾斜，此举会因目标集中而节省薪酬支出；
- 突出一种关注绩效的企业文化，使员工将个人努力投入到企业活动中去。

（2）业绩挂钩薪酬的缺点如下：

- 可能影响到经理与下属之间的公开交流，下属往往不愿意透露个人缺点信息，因为这类信息会使他们丧失优势；
- 对自我中心的个人努力进行奖励，会影响到团队合作；
- 业绩不良者受到处罚，负激励不利于调动他们的积极性。

4. 利润挂钩薪酬

这种薪酬方式将员工薪酬与企业所获利润密切结合在一起，企业所获利润越多，员工薪酬相应增加；反之，员工薪酬减少。员工与公司共享收获，共担风险。

这种支付方式的优点有：

- 员工明确自身利益与企业成功密切相关，从而增加责任感，提高业绩水平；
- 有利于消除员工中"他们"与"我们"的心理屏障；
- 有利于员工为了共同利益而进行合作；

利润挂钩薪酬不是对任何公司都有效。对那些员工收入水平较低、纳税较少的公司，或是利润变化很大、无法预测的公司都不太适合。

8.3.3　薪酬的动态调整

1. 工龄调整

在结构工资制中，工龄工资是组成部分之一。员工工龄的增加意味着工作经验的积累与丰富,代表着能力或绩效潜能的提高。因此,随着员工工龄的增加,其工龄工资也随之增加。

2. 效益调整

这是企业根据自身的效益情况对薪酬进行的调整。当企业的经营效益较好、盈利较多时,为回报员工对企业所作的贡献,对全体员工的薪酬普遍上调,但在经营效益欠佳时可能会再调回。因此,这种调薪随企业经营效益的变化而改变,是暂时性的。

3. 生活指数调整

这是为了补偿员工因通货膨胀而导致的实际收入无形减少的损失,使他们的生活水平不致降低,企业常根据物价指数的变动情况对薪酬进行调整。

4. 奖励性调整

奖励性调整是为了奖励员工做出的优良的工作绩效,鼓励他们保持优点,再接再厉而进行的调薪。它不是面向全体员工的,只是奖励绩效突出的员工,因而调薪的范围相对小一些。

8.3.4　薪酬沟通

薪酬沟通是薪酬管理的重要职能和技术。薪酬沟通贯穿于薪酬方案的制订、实施、控制、调整的全过程,是整个薪酬管理流程中不可或缺的环节之一。企业薪酬制度传递了正确的薪酬信息,会影响到员工的态度和行为。但只有借助薪酬沟通才能有力地传递正确的薪酬信息,让经理和员工们真正理解薪酬传递的信息什么是重要的,什么不重要,才能有效地获得人们对薪酬方案的理解和认可,促进积极的行为来执行或配合方案的执行。企业薪酬沟通的过程步骤可以参考图 8-8 所示的美国薪酬协会所推荐的薪酬沟通要点。

IBM 公司不仅为员工建立福利制度,还为员工的薪酬福利待遇问题提供了多种双向沟通的途径:

(1)高层管理人员面谈。员工可以借助"与高层管理人员面谈"制度,与高层经理进行正式的谈话。这种面谈是保密的,员工可以选择任何个人感兴趣的事情来讨论。所面谈的问题将会由有关部门集中处理。

(2)员工意见调查。IBM 通过对员工进行征询,可以了解员工对公司管理阶层、工资福利等方面有价值的意见,使之协助公司营造一个更加完美的工作环境。

(3)直言不讳。在 IBM,一个普通员工的意见完全有可能被送到总裁的信箱中。"speak up"就是一条直通通道,可以使员工在毫不牵涉其直属经理的情况下获得高层领导对你关心的问题的答复。

(4)申诉。员工如果有关于工作或公司方面的意见,应首先与自己的直属经理

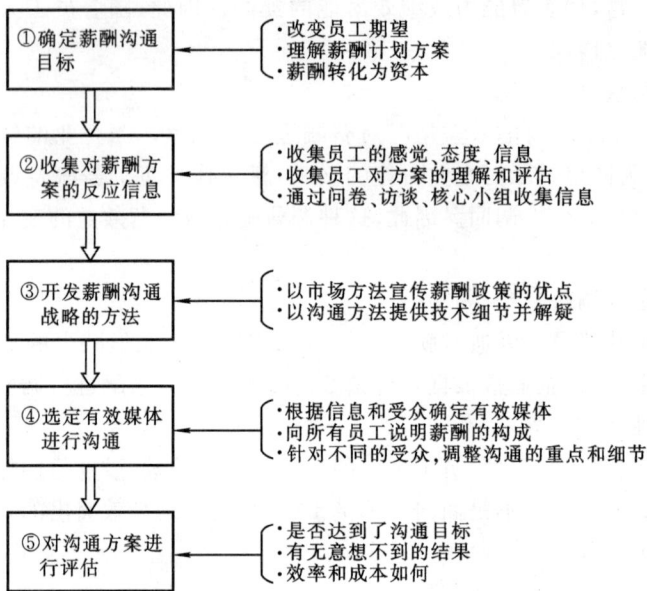

①确定薪酬沟通目标
- 改变员工期望
- 理解薪酬计划方案
- 薪酬转化为资本

②收集对薪酬方案的反应信息
- 收集员工的感觉、态度、信息
- 收集员工对方案的理解和评估
- 通过问卷、访谈、核心小组收集信息

③开发薪酬沟通战略的方法
- 以市场方法宣传薪酬政策的优点
- 以沟通方法提供技术细节并解疑

④选定有效媒体进行沟通
- 根据信息和受众确定有效媒体
- 向所有员工说明薪酬的构成
- 针对不同的受众,调整沟通的重点和细节

⑤对沟通方案进行评估
- 是否达到了沟通目标
- 有无意想不到的结果
- 效率和成本如何

图 8-8　薪酬沟通的步骤和要点

恳谈,这是解决问题的捷径。如果有解决不了的问题,或者你认为你的工资涨幅问题不便于和直属经理讨论,你可以向各事业单位主管、公司的人事经理、总经理或任何总部代表申诉,你的申诉会得到上级的调查和执行。

8.4　专门人员的薪酬管理

　　企业总是包含着各级各类人员,既有高层管理人员,又有中基层管理者,还有普通员工;既有专业技术人员,又有销售人员等。他们所有人都以自己的劳动为公司创造了价值和利润,因而都是公司正常运营不可或缺的组成部分。由于每级、每类人员的工作特点不同、承担的职责不同、激励的侧重点不同,所以,在薪酬管理当中,需要针对不同对象区别对待。

8.4.1　基层管理人员的薪酬管理

1. 基层管理人员工作的特点

　　管理人员是企业中从事管理工作的那部分员工,按职位高低可以将管理人员划分为三类,即高层管理者、中层管理者、基层管理者(通常也称为一般管理人员)。对于这三类管理人员薪酬管理的侧重点有所不同,比如对高层管理人员和部分中层管理人员,薪酬管理的重点主要是探讨长期激励措施的实施问题;而对于基层管理人员薪酬管理的重点则要放在如何通过薪酬管理,改善其工作绩效,提高其管理效能上。为什么对基层管理人员薪酬管理的重点如此定位?这是由基层管理人员工作的特点所决定的:

①基层管理人员是公司战略的最终落实者,公司的战略只有通过基层管理人员的管理活动才能真正落到实处。

②基层管理人员是公司政策和高层管理决定转变为员工行动的底层传达者,公司政策能否得到执行,高层决定能否得到贯彻,首先取决于基层管理人员贯彻政策和决定的态度和能力。

③基层管理人员是公司业务的主要执行者,公司业务能否顺利开展,业务范围能否不断扩大,效益能否提高,很大程度上取决于基层管理人员的主要努力程度和能否有效地调动下属的积极性,他们的稳定和高效对公司业绩的好坏起着十分重要的作用。

④基层管理人员是员工的直接主管,其管理活动和管理行为不仅是员工行为的示范,而且直接影响员工的工作效率和工作业绩。

2. 基层管理人员的薪酬模式

基层管理人员的上述特点决定了其薪酬模式应该为:基本薪金＋奖金＋福利。三者在整体薪酬中所占的比例没有统一的标准,而是随地区、行业、企业经济性质的不同会有所差别。据调查,在基层管理人员整体薪酬中,基薪占 60％左右,奖金占 20％左右,福利占 20％左右,可能是一个较为合理的比例结构。

(1)基薪。基层管理人员的基本薪金的确定可以采取职位等级工资制,针对不同等级的职位给予不同的薪金水平。基层管理人员的职位等级的晋升要体现其管理能力、管理幅度、管理责任、管理难度和管理业绩。随着基层管理人员职位等级的晋升,其薪金也应逐步提升。

(2)奖金。基层管理人员的绩效表现为部门产量的增加、质量的提高、收入的上升、成本的节约、工作量完成的加大、效益的提高等方面。基层管理人员的奖金设计要充分体现其业绩水平,以更好地发挥奖金的激励作用,进一步提高其业绩水平;同时又要有利于改善他们与普通员工的关系,拉近基层管理人员与普通员工之间的距离。因此在奖金的设计上要体现以下要求:

①要制定定额。对基层管理人员必须有明确的、量化的定额指标,比如,与产量挂钩,应制定部门产量定额;与质量挂钩,应制定质量控制指标(如合格品率、次品率);与收入挂钩,应制订收入计划;与成本的节约挂钩,应制定成本费用预算;与完成的工作量挂钩,应制定工作量完成指标;与效益挂钩,应制定效益目标。

②奖金的提取以超额完成定额给企业带来的利润为基数,以一定的百分比为

提取系数。比如与产量挂钩,产量定额的制定取历史同期三年的平均值,超额完成定额给予奖金奖励,奖励的标准按超额部分利润的 10% 计算。

③奖金奖励的对象是针对部门,而非个人。奖金奖励给部门后,由部门进行再分配的,基层管理人员的奖金应控制在部门员工平均奖的 3～5 倍。这是对基层管理人员实施奖金奖励的一个重要特征。既要突出个人的业绩,又要照顾全面。

④奖金奖励以月度为奖励周期。对基层管理人员的奖励周期不宜过长也不宜过短,太长了,起不到应有的激励效果;太短了,奖励过频,也容易使奖金奖励失去意义。因此奖金奖励要与企业的业务计划完成情况相配套,充分发挥奖金及时激励的作用,调动基层管理人员的积极性。

(3)福利。对于基层管理人员的福利计划也要体现其特点:

①他们承担着对员工的直接指挥任务,对其技术技能素质要求较高,因此要因人而异地为基层管理人员设计一些技术业务方面的培训计划,帮助他们提高技术技能。

②基层管理人员管理任务重、工作时间长,有的甚至要长期坚守在生产岗位,与员工生活在一起,无暇照顾家庭与子女,因此要有意识地增加服务性福利项目,为他们提供更多的家庭服务,解决其后顾之忧,比如提供子女入托、家务料理服务等。

③基层管理人员直接面对被管理者,在行使管理职能时容易与被管理者发生冲突,因此矛盾较为集中。尤其是当被管理者素质较低,思想意识较差的情况下,基层管理人员会面临着各种安全威胁,因此在安排福利计划时,为他们设计保障性福利也符合其福利需求,如人身伤害保险等。

④基层管理人员长期坚守在本职岗位上,过着枯燥、乏味又紧张的生活,基于此可考虑为其增加一些实物性福利项目。比如可为他们在工作场所设置球类体育设施,让他们在紧张工作之余与员工一起从事一些球类运动;也可送一些免费的电影票或足球赛入场券,让他们在观看电影或比赛中得到放松;当然也可以为他们增加一些机会性福利项目,给予带薪休假的机会,或者安排家庭旅游活动。

⑤根据基层管理人员的工作环境设置福利项目。比如基层管理人员如果是露天作业,夏天就可以安排一些避暑福利项目,如饮料、避暑药品等;冬天则安排一些取暖福利项目,如棉衣、棉裤、棉帽等。如果是在高温环境下工作,那么就要为他提供高温补贴;如果带有伤害性或容易产生职业病,就需要为他提供免费定期体检、职业病免费防护等福利项目。

当然在福利项目设置上也可以为基层管理人员提供"自助式福利套餐",任他们选择适合自己的福利项目组合。

8.4.2　高级经理人员的薪酬管理

高级经理人员是企业最重要的人力资源,是企业的领导者,他们策划公司一切重要经营管理决策;他们直接作用于公司的经营方向和生产营销策略;他们的工作作风和领导风格对企业的工作氛围、人际关系等有举足轻重的影响 。所以,其薪酬管理模式受到人们的广泛关注。近年来在薪酬管理领域无论是理论上还是管理实践中所取得的重大突破,无一不与高级经理人的薪酬激励有关,比如年薪制、股票激励、股票期权激励等。无论选择何种薪酬方式,对高级经理人的薪酬管理必须着眼于以下两点:

- 使高级经理人员具有长期的投资式的战略眼光;
- 保证高级管理层的稳定性。

1. 年薪制

(1)涵义。年薪制是指企业以年度为单位确定高层管理者的报酬,并视其经营成果发放风险收入的工资制度。它由五方面构成:①薪水,这是固定收入,主要是根据市场工资率、经营规模等因素而定;②激励工资,是工资中随高层管理者工作努力程度和经营成果的变化而变化的部分;③成就工资,是对高层管理者过去经营成就的追认,是加入固定收入中的长久性收入;④福利,高级经理人除了享有一般员工所具有的福利外,还有特殊福利;⑤津贴,主要支付方式是提供良好的工作生活条件等。

年薪制与一般员工的月薪制相比,体现着高级经理人员的经营管理能力和价值。

(2)模式。年薪制的操作模式大概有四种:

①一元模式,即规定一个固定的年薪数量,与年度经营目标挂钩;

②二元模式,薪酬由基本工资和风险收入两部分构成;

③三元模式,薪酬由基本工资、风险收入、养老金计划三部分构成;

④四元模式,薪酬由基薪、风险收入、股权期权收入、养老金计划四部分构成。

2. 股权激励

(1)涵义及意义。股权激励就是让企业高管持有股票或股票期权,使之成为企业股东,将他的个人利益与企业利益联系起来,以激发高管通过提升企业长期价值来增加自己的财富。

股权激励作为高级经理人员的一种长期激励方式,发挥着重要作用:一方面,股权激励有利于减少高级经理人的短期化行为,提高企业长期效益;另一方面,它还有利于缓解公司运营资金的压力,减少企业的运营成本;此外,它还有利于高层管理者负担必要的风险,激励他们提高经营决策水平。

(2)股权激励的类型。高级经理人员的股权激励的方式大致可以分为五种类型：

①股票购买，是指由企业根据一定的条件为高级经理人提供各种优惠贷款，由高级经理人用于购买一定数量的公司股票，从而使公司利益和高级经理人员的个人利益紧密地联系在一起，促进企业的生产经营。

②股票奖励，与股票购买方式不同，股票奖励方式不要求高层管理者支付股票款项，而是将公司股票无偿奖励给高级经理人。

③后配股，是指以后按规定条件可转为普通股的一种特殊股票。在转为普通股之前，后配股也享有股利，但仅为普通股股利的一半。后配股激励方式是指在期初高级经理人一次性按很优惠的价格购买一定数量的公司后配股，在期末，如果完成了预定业绩目标，后配股按 1∶1 的比例转为普通股；如果没有完成预定业绩目标，后配股将失去价值而使高级经理人员遭受损失。

④虚拟股票，是指高级经理人员在名义上享有股票，而实际上仅享有其相当于持有这些股票的一些收益。

⑤业绩单位，是公司授予高级经理人员的股票或成功奖金授予额，以公司能够实现某些特定的经营目标为条件的充分奖励。

3. 股票期权激励

(1)概念与特征。股票期权就是给予高级经理人员在未来一段时间内按预定的价格(行权价)购买一定数量本公司股票的权利。股票期权并不是股票，其特征如下：

①股票期权是一种权利而非义务。股票期权的受益人在规定时间内，可以买也可以不买公司股票。若受益人决定购买股票，则公司必须卖给他们；若他们决定不购买股票，则公司或其他人不能强迫他们购买。

②股票期权只有在行权价低于本公司股票的市场价时才有价值。

③股票期权是公司无偿赠予高级经理人的。高级经理人获得股票期权是免费的，但实施股票期权时，必须按行权价购买股票。

(2)与股权激励的区别。股票期权激励与股权激励同属于高级经理人员的长期激励方式，现实生活中人们常常模糊两者的不同，实质上它们有着本质的区别，表现如下：

①赠予人与获受人的支出不一样。采取股票期权，企业不用支付现金，但个人行权时则要支付一笔现金来获得股权。采用虚拟股票和股票增值权在现金支付的情况下，企业要向赠予人支付一笔现金，如果是股票支付则不然。

②税收优惠不一样。股票期权计划往往有税收优惠，限制性的股票期权计划尤其如此。虚拟股票、股票增值权通常情况下没有任何税收优惠。

③激励的性质不一样。股票期权与股权一样，一般可以提供持续的业绩激励。

虚拟股票如果是用现金支付,是一次性的业绩激励;如果用股票来支付,则与股票的激励是相同的,它取决于支付的结构和其中的现金比重。

④风险结构不一样。股票期权只有在行权时股票的市场价格高于赠与价格的情况下,赠与人的收入才不会落空,否则将一钱不值;而股票激励则不一样,只要公司股票价格大于零,一定数量的虚拟股票和股票增值权总会给赠与人带来一定的收入。

8.4.3　销售人员的薪酬管理

销售人员是公司获取利润的直接工作者,然而,其流动性很大,因此建立一个行之有效的薪酬制度是非常必要的。这样的薪酬制度既要不断激励销售员工创造业绩,又要满足其工作成就感。

目前市场流行的销售人员的薪酬模式大概有以下几种:

1. 纯薪金模式

纯薪金模式指的是对销售人员实行固定的工资制度,而不管当期销售完成与否,其计算公式为:

个人收入＝固定工资

这一模式的优点在于:易于管理;收入有保障,有安全感。其缺点表现在:不能形成有效的竞争机制,容易产生平均主义倾向,销售人员缺乏上进心。

纯薪金模式适用于以下情形:

①当销售员对荣誉、地位、能力提升等非金钱因素产生强烈需求时,该模式比单纯采取提成刺激的薪酬方式会有更好的激励效果;

②销售业绩的取得需要众多人集体努力时,它可以起到促进团队合作的作用;

③知识型销售人员在队伍中占较大比重时,它可以满足这部分人员的多方面的需求;

④实行终身雇佣制的企业。

2. 纯佣金模式

纯佣金模式是指销售员的工资收入全部来自于销售额提成。提成比例是企业预先规定的,销售人员的收入是完全变动式的。其计算公式为:

个人收入 ＝ 销售额(或毛利、利润)×提成率

这一模式的优点是:销售目的明确,报酬的透明度高,能充分调动积极性;将风险完全转移到销售员身上,降低了公司运营成本的压力。但它的缺点也是不容忽视的:销售员的目标过于单一,只热衷于有利可图的交易;销售人员要承担巨大的风险和压力,减弱了销售队伍的稳定性。

纯佣金模式适用于单价很低但获利颇丰的产品。

3. 薪金佣金模式

这是指销售人员的收入包括基本薪金和销售提成两部分。在这种模式下,销售员一般有一定的销售定额,当月不管是否完成定额,均可得到基本薪金即底薪;如果销售员当月完成的销售额超过销售定额,则超过部分按比例提成。它的计算公式如下:

个人收入 ＝ 基本薪金＋(当期销售额－销售定额)×提成率

薪金佣金模式实质上是纯佣金模式和纯薪金模式的混合模式,它兼有两者的优点,使销售人员收入既有固定薪金作保障,又有销售提成的刺激,因而成为当前最通行的销售人员薪酬模式。

4. 薪金佣金奖金混合模式

薪金佣金模式尽管兼顾了纯薪金模式和纯佣金模式的优点,但仍然存在一些弊端,比如它冲淡了纯薪金模式促进团队合作的积极功能。鉴于此,一些企业提出了薪金佣金奖金混合模式。

按照这一模式,销售人员的收入由薪金、佣金、奖金三部分组合而成。在这种模式下,企业一般给销售部门一个总的销售定额,销售部门将这个总定额按比例分解给每个销售员作为个人的定额。销售员不论是否完成定额,都可获得基本薪金;销售员若超额完成定额,则超额部分可按比例提取佣金;销售部门超额完成总销售额可提取部门奖金总额,销售部门将奖金总额按个人完成销售额占部门总销售额的比例分解给每人。其计算公式如下:

个人收入＝基本薪金＋(当期销售额－销售定额)×提成率＋部门奖总额×个人提奖系数

部门奖总额＝(销售部门当期整体销售额－总销售定额)×提奖率

个人提奖系数＝个人当期销售额/销售部门当期整体销售额

薪金佣金奖金模式的最大优点就是它兼顾了薪金、佣金、奖金这三种报酬的特点,充分发挥出了薪酬在调动销售人员积极性方面的激励作用,因此它作为薪金佣金模式的补充在国内外企业被广泛接受。但它也有不足:它加大了公司的销售成本,并且使成本变得不可控制;操作难度较大,销售定额、提成率、提奖率的核定需要经过复杂的测算,加大了销售管理的工作量。

5. 总额分解模式

这是指事先确定销售部门销售人员工资收入总额,然后在本月结束后,按每个人完成的销售额所占销售部门总销售额的比例来确定个人工资收入的模式。其计算公式为:

个人工资 ＝ 销售部门工资总额×(个人月销售额/销售部门月总销售额)

销售部门工资总额 ＝ 单人核定工资×人数

　　总额分解模式的优点在于：管理简单，易于操作；成本固定，便于核算；鼓励竞争，有效地避免了纯薪金模式容易导致平均主义倾向的问题。它的弊端在丁容易引发内部矛盾，不利于团队建设和整体战斗力的提升。

　　以上所介绍的五种薪酬模式没有优劣之分，企业应该根据实际情况选择恰当的模式，企业所处的行业、发展阶段、产品的特点等条件不同，适宜的薪酬模式就不同。

　　①从企业所处的不同行业来看，保险公司销售人员多实行"高提成＋低薪金"模式甚至纯佣金模式；而 IT 行业由于竞争激烈、人员流动性大的原因，多采用"高薪金＋低提成（或奖金）"模式。

　　②从企业所处的发展阶段来看，企业处于初创阶段，资金实力较弱，采用纯佣金模式可能更适合一些；当企业发展到一定阶段，有了一定的规模，资金实力较强的情况下，可能会逐步转向薪金佣金模式或者薪金佣金奖金模式；当企业发展到较大规模，资金雄厚，需要加强品牌建设，提升企业形象，强化员工忠诚度时，采用纯薪金模式可能是更为理想的选择。

　　③从企业产品所处生命周期来看，当公司产品刚上市，在市场上没有知名度或知名度很小，需要销售员做很多工作去打开市场时，而这个阶段的销售额却又很小，因此实行纯薪金模式或高薪金、低奖金的薪金奖金混合模式会有利于促进销售人员的积极性；当产品逐渐在市场上打开了销路，销售处于快速成长期，就应该降低销售人员报酬中的固定部分，提高浮动部分；当产品处于衰退期，市场份额逐渐缩小时，为了延缓衰退，需要将销售员的报酬调整为"高薪金＋低浮动"模式。

8.4.4　专业技术人员的薪酬管理

　　专业技术人员是指具有中专以上学历或者持有有关部门颁发的专业技术职务资格证书，在专业技术岗位上从事专业技术工作的人员。在企业中常指在相关岗位上从事产品研发、产品研究、市场研究、财务分析、经济活动分析、人力资源开发、法律咨询等工作的专门人员，其工作属于脑力劳动的范围，其产品属于智力产品。

　　越来越多的企业认识到，吸引和留住拥有智力资本的专业技术人员是企业培育核心竞争力、获取竞争优势的关键环节。给专业技术人员定薪，以下两种薪酬模式值得参考和借鉴。

1. 技能取向型

　　技能取向型薪酬模式是指根据专业技术人员的专业技术职务设计薪酬，而专业技术人员的专业技术职务提升与其专业技能的成长紧密相关。下面将以某公司为例进行说明。该公司根据专业技术人员技能成长规律，为专业技术人员的职业生涯设计了两条不同的路径，一条是以职位等级提升为主线，一条以专业技术职务提升为主线。与此相配套的薪酬设计也并行设计管理和专业技术职务两条跑道，专业技术跑道比管理跑道低半个等级，由此构建了职位等级薪资与专业技术职务薪资并行的薪酬体系。

职位等级薪资是公司在综合考虑各级管理职位工作的责任、难度、重要程度以及对任职者的资格要求等因素的基础上建立起来的等级薪资制度。该制度仅针对管理职位，而不针对任职者。任职者根据其所在职位等级享受所在等级薪资。

专业技术职务薪资则是在职位等级薪资之外，针对专业技术人员专业技能发展变化的特点而确立的，以公司设立的专业技术职务为对象而建立起来的薪资体系。公司根据专业技术工作的性质和需要设立专业技术职务级别。在专业技术岗位上工作的员工，根据被聘用的专业技术职务享受相应的薪资等级。专业技术职务薪资不针对专业技术岗位，只针对专业技术职务。

总之，技能取向型薪酬体系可以较好地实现专业技术职务薪资与职位等级薪资的对接：①每一个专业技术职务都有相应的职位等级与之相对应，相应的职位等级的薪资就是对应的专业技术职务的薪资。员工专业技术职务不变，其薪资等级也不变；②专业技术人员从一个专业技术职务晋升到上一级专业技术职务，其薪资等级跟随提升；③职务薪资与职位等级薪资横向调整，即专业技术人员调任与之平行的管理职位，职务薪资变更为职位等级薪资，职级不变；④职务薪资交叉晋升职位等级薪资，即专业技术人员交叉晋升至较高职等的管理职位，职务薪资变更为职位等级薪资，并相应调高职级。

技能取向型薪酬体系具有以下优点：一是把员工薪资提升与员工专业技能提升结合起来，使员工在提升自己专业技能的同时其薪资也不断得到提升，从而有力地调动了员工学习和提升技能的积极性；二是把员工薪资提升与员工职业发展结合起来，拓宽了员工的职业晋升渠道，从而有利于员工的职业发展，提高企业的职业管理水平。

但是，技能取向型薪酬体系片面强调技能提升本身，忽视技能提升的经济价值，没有建立起员工薪酬提升机制与企业经济效益提升机制的有机联系。如果员工的技能提升与其业绩提升成正比，则企业在人力成本上的投入产出比率可能是较为合理的。但是，如果员工的技能提升没有带来相应的业绩提升，则会导致企业在人力成本上的投入没有带来相应产出，那么这种投入显然是无效的。另外，技能取向型薪酬体系是建立在完善的职业管理体系基础之上的，在设计这种薪酬体系之前，企业应该根据不同专业技术职务的技能要求和本企业员工技能成长特点建立健全专业技术职务任职资格体系，因此操作复杂，难度较大，成本较高。

2. 价值取向型

所谓价值取向型薪酬体系就是企业将体现专业技术人员的技能和业绩因素价

值化,员工按其所拥有的技能和业绩因素的多少,或者等级确定其组合薪酬待遇。这是目前很多企业,特别是专业技术人员薪资体制改革中采用较多的一种薪资体系。下面我们以某公司针对专业技术人员的薪资改革方案为例,来说明这种薪资体系的基本操作。

该公司专业技术人员薪资的基本模式为:

薪资总额＝基本生活费＋工龄薪资＋知识价值＋岗位薪资

根据这一薪资模式,该公司专业技术人员的薪资由四个部分构成:

(1) 基本生活费。公司规定专业技术人员的基本生活费每月为 400 元,这是一个平均率,每个员工都一样。

(2) 工龄(含学龄)薪资。员工工龄工资标准为 10 元/年,即员工在公司工作每满一年按月计发 10 元的工龄工资。

(3) 知识价值。按照该公司的规定,专业技术人员的知识价值由学历、职称、科技成果、评优评先等四个付酬因素确定,确定依据如下:

① 学历价值,即根据专业技术人员所拥有的不同的学历按月计发不同的薪资。计发标准如下:中专 70 元/月;大专 150 元/月;本科 300 元/月;硕士研究生 800 元/月;博士研究生 2200 元/月。

② 职称价值,即按照每个专业技术人员所拥有的职称等级的不同按月计发不同的薪资。计发标准如下:技术员 50 元/月;助理工程师 80 元/月;工程师 120 元/月;副高级工程师 180 元/月;正高级工程师 250 元/月。

③ 科技成果价值,即两年内专业技术人员在企业的技术活动中所取得的成果的价值。根据所取得成果的档次不同,核定不同的系数,根据累计系数给予不同的薪资,系数最高为 9,可拿到 3600 元/月(每 0.1 个系数计发薪资 40 元/月)。在确定科技成果系数时,规定项目主持人可拿到该项目的全额系数,项目参与人只能拿该项目全额系数的 1/2。

④ 评优评先价值,即专业技术人员在年度专业技术职称考核和年度科技人员评先中,被评为优秀、良好及优秀科技工作者,按月计发一定的薪资。该公司规定,国家优秀科技工作者 400 元/月;省优秀科技工作者 200 元/月;市优秀科技工作者 150 元/月;厂科技标兵 80 元/月;年度考核评优 40 元/月;年度考核评良 30 元/月。

(4) 岗位薪资。即按照不同的职务和不同的技术等级核定不同的月薪资等级,薪资等级以个人具备的基本能力、工作经验和工作成果来确定。在技术等级考核及评定中重点强调独立创新能力、英语水平和运用计算机的能力。能力及水平高,岗位薪资就定得高,否则就定得低。

岗位薪资档次如下:副主任工程师 900～1000 元/月;主任工程师 1000～1100

元/月;副处长 1000～1100 元/月;处长 1100～1400 元/月;技术一级 800～900 元/月;技术二级 700～800 元/月;技术三级 600～700 元/月;技术四级 500～600 元/月;技术五级 400～500 元/月;新进大中专毕业生见习薪资 400～1100 元/月。

价值取向型薪酬体系实质上是一种结构薪资体系,只不过这种薪资体系设计在考虑付酬因素时,针对专业技术人员的特点,强化了技能因素和业绩因素在薪资结构构建中的作用,并将这种因素直接量化为员工的薪资,增加了薪酬的透明度。该薪酬模式把员工专业技术能力、员工业绩与其薪酬紧密地结合在一起,克服了技能取向型薪酬体系忽视员工业绩的不足之处,在一定程度上保证了企业人力投入的产出效率。

但是实施价值取向型薪酬体系需要建立一套科学合理的技能和业绩指标体系。这里有几项工作非常重要:一是企业应该选取哪些技能和业绩指标作为专业技术人员的付酬因素。付酬因素的选择既反映了企业战略的需求,也反映了企业的薪酬策略和分配哲学,即鼓励什么,肯定什么,提倡什么,奖励什么。二是所选取的付酬因素和指标之间权重比例如何确定。三是如何确定各付酬因素和指标的经济价值。四是要考虑企业所在地区同类型人才的薪资水平、企业过去的薪资水平和企业内在公平性等问题。确定各付酬因素的相对价值是其中一项最具有挑战性的工作,因此要建立一套科学合理的价值取向型薪酬体系需要聘请专家参与,在专家指导下进行。

要充分发挥薪酬对专业技术人员的激励作用,还需要做好以下几项工作:

- 营造一个"尊重科技,尊重人才"的良好的企业文化氛围,使企业技术人员树立安全感、归宿感、自尊感、满足感和社会荣誉感。
- 将专业技术人员的职业管理与薪酬管理有机结合起来,满足专业技术人员职业期望需求,促进员工与企业共同成长。
- 完善专业技术人员的福利体系。专业技术人员由于工作的特殊性,在福利上有更多的需求,包括家庭护理、心理测试、身体保健、进修培训、旅游休假等。在福利支付方式上应着重要强调个性化福利,给予其选择福利的自由。
- 将专业技术人员纳入企业长期激励体系。在产权清晰、公司治理结构建立健全的情况下,可以通过设计和实施适当的股票期权计划,将专业技术人员纳入企业的长期激励体系,使其与企业结成命运共同体,从而达到长期激励的目标。

本章思考题

1.宽带薪酬较之传统薪酬有何特点？

2.薪酬的高低受哪些因素影响？

3.薪酬管理要遵循哪些原则？

4.职位评价的方法有哪四种？试分析每种方法的优缺点。

5.薪酬设计的原则有哪些？

6.可供企业选择的薪酬结构模式有哪三种？每种模式有何特点,适用于何种情境？

7.薪酬调整有哪四种方式？

案 例 分 析

全面薪酬的新实践——认可奖励计划

　　小文是一家连锁快餐店的前台点餐员,其时薪只有 4.5 元,一天干满 8 小时才三十几块钱,而且这份工作既无挑战性又很繁琐劳累,更谈不上乐趣了。但是,小文很喜欢自己的这份工作,谈起她的工作、她的老板和公司来却是十分热情。她这样对人们解释:"其实我喜欢的是老板对我所付出的努力的认可,他经常在大家面前赞扬我。在上半年,我已经两次被评选为'月度工作明星'了。只要人们到我们餐厅去就餐,都可以看到墙上贴着我戴奖章的照片。"其实,要保留和激励员工并没有想象中那么困难甚至不一定需要高额的经济开支。货币薪酬不能实现的功能,或许一个小小的表扬就能达到。

　　随着全球经济的迅速发展,人才竞争日益激烈,传统的基于工资、奖金福利的薪酬组合模式开始显现出局限性,员工更加考虑工资和福利之外的东西,全面薪酬的概念应运而生。"认可奖励计划"从字面上看是认知承认的意思,它是全面薪酬的重要组成部分,目前在很多企业得到了推广和运用。

　　认可奖励计划可以分成两部分来理解,一部分是认可、肯定,另一部分是奖赏。认可是指承认员工的绩效贡献并对员工的努力工作给予特别关注。被人赏识且自己对组织的价值得到承认,是员工一种内在的心理需要。不管这种认可和承认是正式的还是非正式的,只要表现出对员工个人的关注,就能表明领导或组织对他感兴趣。通过对员工的行为、努力或绩效给予赞扬和感谢,组织将很快能够看到员工的工作状态向着期望的方向发生改变。作为激励的一种重要形式——对员工杰出绩效的认可和奖励——是组织的薪酬系统中至关重要的一部分。

在全球范围内,认可奖励计划得到了积极的推广和实施,不少知名企业为认可奖励计划的执行树立了典范。比如英特尔公司就高度重视认可奖励的及时性。在英特尔,认可的形式可以多种多样,是即时的、随机的,一个团队成员做了一个非常成功的项目,这个团队的每一个人都可以及时地给他一种鼓励、认可、表扬。再如蓝色巨人IBM,在企业起死回生的变革中,强调了全面薪酬体系的战略作用。近年来,IBM大力推行全面薪酬的新实践,尤其在认可员工贡献方面进行了大量的创新。IBM美国公司有一个"百分之百俱乐部",当公司员工完成他的年度任务,他就被批准为"百分之百俱乐部"成员,他和他的家人被邀请参加隆重的聚会。这一认可奖励措施有效地利用了员工的荣誉需求,取得了良好的激励效果。

谈到认可奖励计划的实践,不得不提到美国的西南航空公司。2005年度,全球著名的航空杂志《航空公司商务》评选出该年度全球最佳航空公司五大奖项,美国西南航空公司一举赢得了最佳成就和最佳市场营销奖两项桂冠,令各界人士惊叹不已! 2005年度是美国航空运输业形势非常糟糕的一年:全行业亏损100多亿美元。而美国西南航空公司则"风景这边独好",又一次创造了"与竞争激烈的商业航空行业不相称的"业绩:全年经营收入75.8亿美元,实现净利润5.48亿美元,比快速成长的2004年度又递增了75.1%,创造了世界航空史上无可企及的33年连续赢利记录! 西南航空公司为什么能取得如此辉煌的成效呢? 其中一个重要的原因就是公司重视并很好地执行了"贡献承认计划"——认可奖励计划。西南航空从成立之初就形成了浓厚的赞赏和庆祝文化。老总非常重视对员工工作的认可和鼓励,他每年亲笔签发给员工的感谢信多达上万封,同时还经常出其不意地邀请优秀员工与自己进餐。在薪酬管理领域,西南航空公司把固定工资、浮动报酬和"贡献承认计划"视为公司薪酬激励管理的有机组成部分,依靠一系列"贡献承认计划"(包括基蒂霍克奖、精神胜利奖、总统奖和幽默奖、当月顾客奖等)来鼓励和支持它想得到的职业化行为。比如著名的"心目中的英雄奖"这一奖项,它褒奖、肯定那些因后台工作对客户服务产生了重大积极影响的员工团队;这些员工可能来自设备养护部门,也可能来自直接服务部门或其他支持性部门。经过广泛的提名和认真的评审,"心目中的英雄"被挑选出来——他们的名字会被喷涂在飞机上并保持至少一年。虽然西南航空公司支付给员工的薪酬在航空业中仅属于一般水平,但是它对员工的认可和激励,让员工找到了一种在其他企业无法体验到的满足和乐趣,最终取得了令其他航空公司望尘莫及的成就。

——资料来源:文跃然,张兰.全面薪酬的新实践——认可奖励计划[J].企业管理,2009(3).

案例讨论

1. 什么是认可奖励计划? 它的特点是什么?

2. 美国西南航空公司是如何实施认可奖励计划的? 你对此有何评价?

第 *9* 章

劳动关系

劳动关系是劳动力使用者与劳动者在实现劳动过程中所结成的一种社会经济利益关系。企业的劳动关系状况直接关系着人力资源效能的发挥,关系到企业的形象和诉讼成本,关系到员工的劳动态度和行为,从而直接或间接地影响到企业的劳动成本、生产率和利润率,最终会影响企业的市场竞争地位。企业劳动关系最经常、最普遍的表现形式是企业内部员工与管理者之间的关系。现代企业管理最重要的一项任务之一就是调整好人际关系,发挥人力资源的效用,而这其中,最重要、最核心的人与人之间的关系就是劳动关系。加强和改善企业劳动关系管理乃是现代企业的立身之本、发展之基。

重点问题

⇨ 劳动关系的概念和类型
⇨ 影响劳动关系的因素
⇨ 劳动法律关系
⇨ 劳动关系管理
⇨ 劳动合同

阅读资料

三星电子:"我们都是一家人"

职工是企业的主体,是社会财富的创造者。三星电子积极倡导"我们是一家人"的企业理念,培植"大家庭"的和谐氛围,使职工感受到企业的温暖。公司先后被授予"全国优秀外商投资企业"、"威海市十强企业"、"威海市三星级劳动关系和谐企业"等荣誉称号。

让职工无后顾之忧

王远翔是三星电子的一名普通员工,2006 年,他的母亲不幸患上尿毒症。公司及时向他伸出了援手,部门内自发捐款,工会每年拿出专项资金资助他。"同事的关心、领导的帮助,让我感受到了三星这个大家庭的温暖。"王远翔感激地说。

"企业好比一条奔腾不息的河流,职工的困难和困惑就是河里的石头,如果不能及时把石头搬开,河水的流动就会受阻,甚至会改变流向。"公司韩方总经理金大汉十分重视营造良好的用工环境。

1 月 6 日中午,记者走进三星电子(山东)数码打印机有限公司的餐厅,只见每张桌子上都摆放着两枝康乃馨,让人倍感温馨;职工意见栏、健康资讯、消毒柜等一应俱全。

"虽然午餐是公司免费提供,但质量却丝毫不打折扣,每顿午餐都是四菜一汤,还有餐后水果。"谈起公司的待遇,职工陈明辉十分满意。

公司对职工的关心还体现在生活各个方面:向员工即将上小学的孩子赠送学习用品;春节期间租车送员工回家;投资 500 多万元改造装修职工公寓,配备电视、书柜、热水器等设施,供职工免费居住;向过生日的职工赠送蛋糕,向新婚职工赠送红包;每年都向生活有困难的职工发放 500 元至 3000 元的慰问金……在公司一系列关爱举措下,和谐的劳动关系已在三星逐渐形成。

营造和谐的文化氛围

近日,三星电子瑜伽"同好会"会员邵华正在和同事们积极排练,准备参加年终聚会。从 2005 年起,公司相继组织成立了乒乓球、羽毛球、读书等 24 个"同好会"。公司为"同好会"的活动提供包括资金、场地甚至是培训方面的支持,引导大家参加锻炼,愉悦身心,以更加饱满的精神投入到工作中。

去年 10 月下旬,第五届"三星杯"爱心马拉松大赛如期举行。来自三星公司及 41 家协作厂家、驻威两所高校及社会公益人士共 1 万多人参加了爱心长跑活动。大赛共募集善款 70 万元,用于对口帮扶特困学生和弱势群体。该活动由三星电子(山东)数码打印机有限公司与协作企业共同发起举办,自 2006 年起每年秋冬季举行,以举办单位出资报名费的方式募集爱心基金。大赛连续举办 5 年来,共筹集善款近 300 万元,参与总人数超过 4 万人。

"你称我赞"接力赛活动是三星电子的特色活动。只要有人帮助了你,你都可以对他进行公开称赞,最后由公司评出"称赞明星"。目前,公司已评出 622 名"称赞明星"。"你称我赞"活动的开展,让大家拥有了一颗感恩的心,构筑了一个充满爱和人情味的企业。

此外,三星电子还每月开展一次环境日活动,组织员工外出捡拾垃圾,创造美好的生活环境;与其他公司开展单身联谊活动;开展宿舍文化节,对宿舍卫生、文化进行评比……

和谐融洽的劳动关系使员工增强了对企业的认同感和归属感,有效激发和调动了职工的积极性,促进了企业健康快速发展,确保了公司连续 13 年经济效益实现 10% 的递增。2010 年,面对复杂的国内外形势,三星电子各项指标实现 30% 的增幅,公司实现销售收入 94 亿元。

——资料来源:张丽华,张莉. 三星电子:"我们都是一家人"[N]. 威海日报,2011 - 01 - 31.

9.1　劳动关系概述

9.1.1　劳动关系的概念

劳动关系是指劳动力使用者与劳动者在实现劳动过程中所结成的一种社会经济利益关系。作为一种具体的劳动关系,企业劳动关系主要是指在企业组织中由于雇佣行为,企业劳动力使用者(雇主)与企业劳动者(雇员)之间,在实现劳动的过程中所结成的社会经济利益关系。企业劳动关系中的劳动力使用者又称"用人单位"、"雇主"、"资方"等,是指企业的所有者以及所有者所任用的管理者,企业劳动者又称"雇员"、"员工"、"职工"、"职员"、"打工者"等,是指事实上已成为企业的成员,并为其提供有偿劳动的正式或非正式员工以及他们的团体。两者之间在企业生产经营活动中表现出来的关系的总和,就构成了企业劳动关系——企业劳动相关的、复杂而重要的社会经济利益关系。人们在使用中常常不加说明地把企业劳动关系简称为劳动关系。

不同的国家对于劳动关系有不同的称谓。如雇佣关系——强调由雇主与雇员双方构成劳动关系;劳资关系——资本与劳动的关系或企业所有者与劳动者的关系;劳工关系(雇员关系)——强调作为劳动关系中人数占优势的劳动者一方;劳使关系——强调说明劳动关系是劳动者与劳动力使用者之间的关系;产业关系——"产业中劳动力和资本之间关系"的缩略语,亦称劳动—管理关系,其内容涉及与雇佣关系相关的个人、企业、社会等各个方面。

9.1.2　劳动关系的类型

劳动关系的类型相当复杂,可以根据不同的标准划分为不同的类型。

按照劳动关系主体中各方力量的对比,可以将劳动关系划分成均衡型劳动关系、不均衡型劳动关系和政府主导型劳动关系。所谓均衡型劳动关系就是指劳动关系双方的力量相差不大,能够互相制衡。在这种劳动关系中,劳动者和工会在相关法律和制度的保障下,有权了解用人单位的相关内部信息,而组织的经营决策是由管理方和员工共同协商的。不均衡型劳动关系是指劳动关系中的双方力量相差悬殊,一方在用人单位中居于主导地位。一般的不均衡型劳动关系都表现为管理方占上风,只有在少数经济体系中才可能存在员工占主导地位的情况。政府主导型劳动关系是指政府是控制劳动关系的主要力量,并且决定劳动关系的具体事务。这种劳动关系在新加坡这种政府主导经济的国家里面比较普遍。

按照管理方与员工之间在利益方面的相互关系划分,可以将劳动关系划分成利益一致型劳动关系、利益协调型劳动关系以及利益冲突型劳动关系。这种劳动关系的划分是同企业内部的管理思想相关的。利益一致型劳动关系是以管理方为中心建立起来的,强调企业目标和组织机构的单一性原则,赋予管理方权威性,主张对员工实行激励办法,通过企业内部的管理制度和激励机制来协调双方的利益关系。日本企业的劳动关系多属此类。利益协调型劳动关系是以劳资双方权利对等和地位平等为基础建立起来的,管理方和员工在人格和法律上是平等的,双方相互享有权利和义务,在处理双方利益关系的时候,遵循对等协商的原则。西方发达国家企业的劳动关系大多数就属此类。利益冲突型劳动关系强调主体双方都有自己的利益,是彼此冲突、充满不协调的。在这种关系中工会的力量一般比较大。

按照用人单位的所有制性质划分,在当前市场经济条件下,我国的劳动关系主要表现为公有制经济的劳动关系、混合经济的劳动关系和私有制经济的劳动关系三种类型。

根据劳动者是否在编,可以将劳动关系划分成正式工的劳动关系和临时工的劳动关系等。

9.1.3　建立和维持和谐劳动关系的意义

劳动关系的和谐与否对于劳动者、劳动力使用者和整个社会都有着深刻的影响。对于劳动者而言,劳动关系状况会影响其岗位任务、工作条件、劳动强度、劳动报酬、劳动安全、劳动保障与生活保障等利益攸关的重要事项,决定着个人的就业机会、职业发展机会、生活水平、个人尊严、社会地位以及身心健康等。对于企业等用人单位而言,劳动关系状况会影响企业内部的人际关系和工作秩序,影响不同人群或群体的冲突与合作关系,影响人们对企业的承诺和工作的积极性,影响到人们的工资福利水平、工作绩效和工作的满意度,从而直接或间接地影响到企业的劳动力成本、生产效率和产品质量,最终影响到企业的生存。对于企业用人单位以外的社会大系统而言,劳动关系状况会通过劳动者与劳动力使用者之间的冲突、合作、谈判、罢工、裁员、停产、关厂等相互作用的矛盾运动形式,通过双方的亲友、家庭和各种利益相关者影响波及社会,影响政府的立法、干预和监督,影响社会的秩序与安定团结,影响社会的经济政治环境和投资,进而直接或间接地影响到社会的经济增长、失业率、通货膨胀率、社会收入的总量与分配等,最终影响到社会成员的整体生活质量。

相关链接 9-1

内地沿海同现用工荒 东部沿海缺工将成常态

2010 年春节后,随着经济的迅速回暖,内地和沿海地区同时出现大规模用工荒。尤其是制造业集中的珠三角地区,缺工人数超过 200 万。即使是在河南、湖北、湖南等人力输出大省,当地企业也面临用工荒的窘境。为了招人、留人,企业纷纷放宽招工条件、提高工资待遇。而 10 月刚过,广东、江苏、浙江等用工大省的制造行业,就已出现"用工荒",这比往年提早了近四个月。专家指出,我国劳动力供给发生重大转折,已从"无限供给"转变为"有限剩余",劳动力结构性短缺今后会经常出现。

【点评】内地劳务输出省经济的发展与东部沿海生活成本的上升,共同促使大量农民工开始回流。而新生代劳动力结构的变化,使得目前企业所提供的大量低端就业岗位受到冷遇。这启示沿海地区,如果不提高工资福利,改善劳动条件,切实保障民工的权利,"用工荒"恐怕难以缓解。同时,用工荒的出现,也在一定程度上逼迫着企业升级换代,尽快摆脱对劳动密集型产业的依赖。

——资料来源:任宝宣. 内地沿海同现用工荒 东部沿海缺工将成常态[EB/OL]. 2010-12-31. 中国劳动保障新闻网,http://www.clssn.com/html/report/34746-1.htm.

相关链接 9-2

富士康连跳事件　民工生存状况引发关注

　　自 1 月 23 日第一跳起,2010 年富士康员工已有 10 余人跳楼身亡。尤其在 5 月一个月,即发生多达 7 起跳楼事件。常年的加班、枯燥的生活、微薄的工资、严苛的管理使许多年轻员工看不到生命的乐趣和希望。他们以死抗争,把富士康推向了道德绝境。富士康被网民戏称为"赴死坑"、"死亡工厂"。在政府有关部门的强力干预下,在社会各界的共同推动下,6 月初,富士康公司宣布,全面上调薪资标准,一线员工加薪 66%,跳楼事件慢慢平息。但由此引发了珠三角企业加薪潮和迁移潮的连锁反应。

　　【点评】富士康连跳事件,不仅折射出了代加工企业艰难的生存状态问题,也昭示了中国平民生存之痛。由于教育水平的提高,新生代民工自我意识增长,向往体面的工作,追求生活质量,需要更多更大的社会空间,但承压能力相对较弱,普遍面临着合同少、社保少、工资少、工伤多、加班多、争议多的困境。富士康的悲剧,涉及员工个体、企业和社会等多方面的因素,引起了全社会的大反思。工会制度形同虚设、企业管理不人性化、劳动强度大、新生代员工抗压能力弱、劳动部门监管失位等,都成了人们批评的靶子。社会热炒的"尊严"和"体面",也被狠狠地浇了一盆冷水。理想和现实的差距,在这起事件中得到放大,体面劳动、有尊严地活着,似乎离我们还很遥远。富士康的悲剧提示我们,在经济转型的新时期,企业和政府更应以人为本,要转变管理方式和服务模式,多一些温情和关怀,杜绝富士康式的悲剧再重新上演。

　　——资料来源:任宝宣. 富士康连跳事件 民工生存状况引发关注[EB/OL]. 2010-12-31. 中国劳动保障新闻网,http://www.clssn.com/html/report/34748-1.htm.

9.1.4　影响劳动关系的因素分析

　　(1)社会环境对劳动关系的影响。社会的经济状况是影响企业劳动关系的首要因素。经济环境能够改变劳动关系主体各方力量的对比,并通过对员工的工资水平、就业、工作转换,以及工人运动和工会发展的影响,作用于企业产品的生产、工作岗位的设计和工作程序等。如经济繁荣期,同行业工资普遍提高的情况下,企业会面临更大的员工要求增加工资的压力。经济萧条期,失业率很高的情况下,就会减少劳动者凭其技术和能力获得岗位的力量,从而影响其对工作的预期。

政府的就业政策对劳动力市场和劳动关系的影响最为直接。如我国对雇佣残疾人和下岗工人的企业给予税收优惠等从而使部分弱势群体在就业中增强了竞争力。

劳动法律规定了劳动关系双方的权利和义务,具有相对的稳定性。比如,法律要求雇主承认工会,并同工会进行集体谈判,这一规定提高了工会有效代表其会员的能力,进而影响了工会会员的工资和工作条件。

文化环境由各国、各地区甚至各种工种的主流传统习惯、价值观、信仰等组成。其对劳动关系的影响是潜在的、不易察觉的,它不具有强制性但却无处不在,通过社会舆论和媒体产生影响。比如,择业自由、个人发展在美国是天经地义和理直气壮的,但在日本过分跳槽是不忠于组织、不道德的行为,是不良的记录。

(2)企业自身因素对劳动关系的影响。第一,企业所处行业自身的特殊性对劳动关系影响很大。资本、技术密集型的企业(如 IT 行业)相对于劳动密集型的企业(传统的制造业和建筑业)来说其劳动关系有很大的不同。具体来说,前者对员工的知识和技能要求高,同时员工也有能力与雇主讨价还价;而在后者,员工维护自身权益的能力则相当有限。

第二,企业所处的成长阶段对劳动关系的状况也有一定的影响。一般说来,在企业刚建立时企业和员工要建立长期稳定的合作关系是不可能的。当一个企业进入衰退期时,劳动关系往往会变得很复杂,裁员、岗位调整、安置和劳资冲突等就在所难免。

第三,企业员工的岗位特点与劳动关系的状况也有某种内在的联系。有些工作岗位,如机械操作工,劳动双方对劳动报酬的标准容易达成共识。相反,有些高级复杂的工作岗位,劳动双方就这些问题很容易产生纠纷。另外有些工作岗位更取决于个人的技术和人际关系,如销售工作。一般来说,后两者容易夸大自己在工作中的作用,容易对雇主产生不满并找借口跳槽;前者则较难与企业讨价还价,利益容易被侵犯。

第四,企业中工会组织的状况对企业劳动关系的影响是不容忽视的,企业中有没有工会,工会是否真正代表员工的利益,工会与企业的谈判能力如何,这些都将直接影响劳资双方力量的对比。

9.2　劳动法律关系

9.2.1　劳动法律关系的概念

劳动关系及与其密切联系的其他社会关系经劳动法调整,就形成了法律上的权利义务关系。它包括两大类：一是劳动法调整劳动关系所形成的法律关系，称为劳动法律关系；二是劳动法调整与劳动关系密切联系的其他社会关系所形成的法律关系，称为附随劳动法律关系。

劳动法律关系是指劳动法律规范在调整劳动关系过程中形成的法律上的劳动权利和劳动义务关系。它是劳动关系在法律上的表现，是劳动关系被劳动法调整的结果。

劳动法律关系与劳动关系是既有联系又有区别的不同范畴的概念。其联系表现为：①劳动关系是劳动法律关系产生的基础，劳动法律关系是劳动关系在法律上的表现形式。②劳动法律关系不仅反映劳动关系，而且当其形成后，便给劳动关系以积极的影响，即现实的劳动关系唯有取得劳动法律关系的形式，其运行过程才有法律保障。其区别表现为：①劳动关系是一种社会物质关系，属于经济基础的范畴。劳动法律关系则是思想意志关系的组成部分，属于上层建筑的范畴。它是根据国家制定的劳动法律规范而形成，体现了国家意志。②劳动关系的形成以劳动为前提，即以劳动者提供劳动力为前提，发生在现实社会劳动过程中；劳动法律关系的形成则以劳动法律规范的存在为前提，发生在劳动法律规范调整劳动关系的范围之内。③劳动关系的内容是劳动；劳动法律关系的内容则是法定的权利义务，双方当事人必须依法享有权利并承担义务。④范围不同。劳动关系的范围广于劳动法律关系的范围。现实的劳动关系并非都是劳动法律关系，只有纳入劳动法调整范围，并且符合法定条件的劳动关系，才能表现为劳动法律关系，其他劳动关系都不能成为劳动法律关系。因此，劳动法律规范是劳动关系成为劳动法律关系的前提。

相关链接 9-3

雇主有义务为家庭保姆购买社会保险吗？

江某雇佣了小红做保姆。小红喜欢学习法律，在江某家作了一年保姆后，向江某提出，要求江某为其购买社会保险，以保证其将来老有所养。

小红的要求在我国现行的劳动法中是没有依据的。虽然社会保险具有强制性，但购买社会保险的前提条件是，雇主和雇员之间须存在劳动关系，即我国劳动法所规范的劳动关系。而我国《劳动法》第二条规定："在中华人民共和国境内的企业、个体经济组织（以下统称用人单

位)和与之形成劳动关系的劳动者,适用本法。国家机关、事业组织、社
会团体和与之建立劳动合同关系的劳动者,依照本法执行。"劳动部《关
于贯彻执行〈中华人民共和国劳动法〉若干问题的意见》第四条规定:
"公务员和比照实行公务员制度的事业组织和社会团体的工作人员,以
及农村劳动者(乡镇企业职工和进城务工、经商的农民除外)、现役军人
和家庭保姆等不适用劳动法。"因此,小红与江某之间不属于劳动关系,
而属于雇佣合同关系,他们之间的权利义务应由民法调整。

9.2.2 劳动法律关系的种类

劳动法律关系可根据不同标准进行不同分类,主要可以分为以下几种不同
类型:

(1)按照用人单位所有制形式不同,我国劳动法律关系可分为:国有单位劳动
法律关系;集体单位劳动法律关系;劳动者个体经营单位劳动法律关系;私营企业
劳动法律关系;中外合资经营企业、中外合作经营企业劳动法律关系;外商独资经
营企业劳动法律关系;港、澳、台投资企业劳动法律关系;混合所有制企业劳动法律
关系等。

(2)根据劳动法律关系当事人是否具有涉外因素,可将劳动法律关系分为:国
内劳动法律关系和涉外劳动法律关系。在我国这两类劳动法律关系从确立到履
行,乃至发生劳动争议后的处理等,法律、法规均有不同的规定和要求。

(3)根据劳动者的人数来划分,可将劳动法律关系分为:个别劳动法律关系和
集体劳动法律关系。劳动者个人与用人单位签订劳动合同所确立的劳动法律关系
为个别劳动法律关系,劳动者集体通过单位工会或职工代表与用人单位签订集体
合同所形成的劳动法律关系为集体劳动法律关系。集体劳动法律关系一般是在个
别劳动法律关系确立之后形成的,但集体劳动法律关系又为提高个别劳动法律关
系中职工的劳动条件和劳动待遇奠定了基础。

9.2.3 劳动法律关系的要素

任何一种劳动法律关系都是由三要素即劳动法律关系的主体、劳动法律关系
的内容和劳动法律关系的客体构成,三者缺一不可。

(1)劳动法律关系的主体。法律关系的主体,就是依法享有权利与承担义务的
法律关系的参与者。劳动法律关系的主体是指依照劳动法律规范参与劳动法律关
系,并享有权利和承担义务的当事人,包括劳动者和用人单位。劳动者,是指达到
法定年龄、具有劳动能力,以从事某种社会劳动获取收入为主要生活来源的自然
人,包括我国公民、外国人、无国籍人。用人单位,是指依法招用和管理劳动者,并

按法律规定或合同约定向劳动者提供劳动条件、劳动保护和支付劳动报酬的单位。我国现阶段的用人单位包括企业、个体经济组织、国家机关、事业组织、社会团体。

劳动法律关系主体参与劳动法律关系,必须具备劳动权利能力和劳动行为能力。劳动者的劳动权利能力,是指自然人能够依法享有劳动权利和承担劳动义务的法律资格,它是自然人参与劳动法律关系成为主体的前提条件。劳动者的劳动行为能力,是指自然人能够以自己的行为参与劳动法律关系,依法实际享有劳动权利和履行劳动义务的能力。它是自然人作为劳动法律关系主体的基本条件。不具备劳动行为能力的人,就不能够实际参与劳动法律关系并享有劳动权利和承担劳动义务。

我国劳动法赋予自然人劳动权利能力与劳动行为能力是基于以下两个条件:①达到法定年龄。我国劳动法将公民的就业年龄规定为 16 周岁,禁止用人单位招用未满 16 周岁的未成年人;某些特殊职业如文艺、体育和特种工艺单位确需招用未满 16 周岁的人时,必须依照国家有关规定,履行审批手续,并保障其接受义务教育的权利。②具有劳动能力。根据自然人的生理状况,其劳动能力一般表现为三种情况,即有完全劳动能力、有部分劳动能力和无劳动能力。具体地说,因身体有残疾根本不能劳动的,视为无劳动能力的人;因身体有残疾不能提供正常劳动,但又没有完全丧失劳动能力的,视为有部分劳动能力的人;而身体健康、智力健全的人则是有完全劳动能力的人。只有达到法定年龄,具有完全劳动能力或部分劳动能力的公民,法律才赋予其劳动权利能力和劳动行为能力,才能参与劳动法律关系而成为主体。反之,未达到法定年龄,即使具有劳动能力,也不能参与劳动法律关系。同时,无劳动能力的人,无论是生来就没有,还是后来因丧失劳动能力而离开劳动岗位,都不具备劳动法律关系的主体资格。

用人单位的用人权利能力,是指用人单位依法享有用人权利和承担用人义务的法律资格。它是用人单位参与劳动关系成为合法主体的前提条件。用人单位不同,其用人权利能力的范围也不同。这种制约因素通常表现为国家允许用人单位使用劳动力的限度和要求用人单位提供劳动条件和劳动待遇的标准。如:可能受职工编制定员、职工录用基本条件、最低工资标准、劳动条件和劳动保护、社会保险、社会责任等条件制约。

用人单位的用人行为能力,是指用人单位依法能够以自己的行为实际行使用人权利和履行用人义务的资格。它是用人单位依法参与劳动法律关系,享受用人权利和承担用人义务的基本条件。用人单位的用人行为能力,主要表现为职工提供劳动条件和劳动待遇的能力。因此,用人单位必须要有独立支配的财产,主要是生产资料,这是吸收劳动力的先决条件;用人单位还要有一定的工作场所和组织机构,使劳动力在一定的分工和协作条件下与生产资料相结合,并遵守统一的劳动规则,顺利实现劳动过程。

(2)劳动法律关系的内容。劳动法律关系的内容,是指依照劳动法规定,劳动法律关系主体双方享有的劳动权利和承担的劳动义务。它是劳动法律关系的基础和核心。劳动法律关系主体的权利与义务具有统一性和对应性。所谓统一性,是指劳动法律关系主体双方既享有一定的权利,又承担一定的义务。如:劳动者有依劳动合同约定完成劳动任务的义务,同时享有取得劳动报酬的权利。所谓对应性,是指劳动法律关系主体一方的权利就是对方应履行的义务,一方履行的义务就是对方享有的权利。如:劳动者有领取劳动报酬的权利,而用人单位有支付劳动者劳动报酬的义务。

依《劳动法》及有关法律、法规的规定,劳动者的基本劳动权利有:①平等就业和选择职业的权利;②取得劳动报酬的权利;③享有休息休假的权利;④获得劳动安全卫生保护的权利;⑤接受职业技能培训的权利;⑥享有社会保险和福利的权利;⑦享有提请劳动争议处理的权利;⑧享有法律规定的其他劳动权利,如民主管理企业的权利、与用人单位进行平等协商的权利、依法参加工会和组织工会的权利、与企业签订集体合同的权利等。劳动者的基本劳动义务有:①按时、保质、保量地完成劳动任务;②不断接受新的业务知识,提高业务能力和操作技能;③认真执行劳动安全卫生规程,防止和消除生产过程中的伤亡事故和职业危害;④严格遵守劳动纪律和职业道德。用人单位的基本权利可概括为:①要求劳动者按时、按质、按量完成劳动任务的权利;②要求劳动者努力提高职业技能,以适应生产需要的权利;③要求劳动者认真执行劳动安全卫生规程的权利;④要求劳动者严格遵守劳动纪律和职业道德的权利。用人单位应承担的义务可概括为:①平等和择优录用职工的义务;②支付劳动者劳动报酬的义务;③保证劳动者休息休假的义务;④为劳动者提供安全卫生和劳动保护的义务;⑤为劳动者提供职业培训的义务;⑥为劳动者提供社会保险和福利的义务;⑦配合解决劳动争议的义务;⑧保证劳动者实现法律规定的其他权利的义务。

(3)劳动法律关系的客体。劳动法律关系的客体,是指劳动法律关系主体双方的劳动权利和劳动义务所共同指向的对象。劳动法律关系的客体在实践中的具体表现形态是复杂多样的,根据其在劳动法律关系中的地位和作用不同,可分为基本客体和辅助客体两大类。

劳动法律关系的基本客体是劳动行为,或者称劳动活动。即劳动者和用人单位在实现劳动过程中所实施的行为。它包括劳动者与用人单位生产资料结合直接从事生产活动的行为,职工完成单位所交付的工作任务的行为,以及用人单位对全部劳动过程实行劳动管理的行为。在劳动法律关系中,劳动行为的形式、质量和数量都具有重要的法律意义,直接关系到用人单位提供什么样的劳动条件、劳动保护以及支付劳动报酬等。如:在劳动法中,赋予用人单位为劳动者提供劳动条件的具体义务,往往要同劳动行为的具体表现形式相适应;要求劳动者遵守劳动规则,应符合劳动行为的具体表现形式的特点;对劳动者职业技能、劳动报酬分配标准等方面所提出的要求,往往因劳动行为的质量等级不同而有所差别;劳动行为的数量,不仅是确定劳动报酬数额的一个主要的法定依据,而且是表明劳动任务完成情况的一项重要的法定指标。

　　劳动法律关系的辅助客体是劳动待遇和劳动条件。即劳动者因实施劳动行为而有权获得的、用人单位因支配劳动行为而有义务提供的各种待遇和条件。劳动待遇是对劳动者提供劳动力的物质补偿,如各种形式的劳动报酬、各种项目的劳动保险和福利等。劳动条件是劳动者完成劳动任务和保护劳动者安全健康所必需的物质技术条件和工作环境,如劳动工具、技术资料、安全卫生的工作环境等。这类客体,有的表现为行为,有的表现为物,有的表现为技术,有的是行为、物、技术的结合。其从属和受制于劳动行为,即从属于劳动行为而存在,并在种类、数量、环境等方面受劳动行为的制约,或者是实施劳动行为的必要条件,或者是实施劳动行为的必然结果,主要体现劳动者的利益。

9.2.4　劳动法律关系的产生、变更和消灭

　　(1)劳动法律关系产生、变更和消灭的概念。劳动法律关系的产生,是指劳动法律关系主体双方依法确立劳动法律关系,从而在双方之间产生相互的劳动权利和劳动义务关系。如某公民参加某单位录用考试合格后,双方依法签订劳动合同,从而在相互之间产生了法律上的劳动权利和劳动义务关系。

　　劳动法律关系的变更,是指劳动法律关系主体之间已形成的劳动法律关系,由于一定的客观情况的出现而引起法律关系中某些要素的变化。如用人单位与其职工经过协商,变更了职工的工作岗位、工作地点。

　　劳动法律关系的消灭,是指劳动法律关系主体之间原先设立的劳动法律关系依法解除或终止的情况,亦即劳动权利和劳动义务关系的消灭。如经双方协商或单方依法解除劳动合同,以及劳动合同期限届满、职工死亡等,均可引起劳动权利和劳动义务关系的消灭。

　　(2)劳动法律事实。劳动法律事实,是指劳动法规定的能够引起劳动法律关系产生、变更或消灭的一切客观情况。如:在劳动法律关系的产生上,劳动者和用人单位所具有的劳动权利能力和劳动行为能力仅仅是可以依法参与劳动法律关系的资格,它只是一种可能性,要使这种可能变为现实,即在劳动者和用人单位之间建立一定的劳动法律关系,就必须经双方协商达成一致意见并签订劳动合同。这种协商一致并签订劳动合同的行为就是法律事实,它是引起具体劳动法律关系产生

的原因。同样,劳动法律关系的变更或消灭,也都通过一定的法律事实才能引起。例如:用人单位的职工因工负伤,不能从事原来的工作而被调换工作岗位而引起劳动法律关系的变更;劳动合同期限届满、劳动者在劳动法律关系存续期间死亡而引起劳动法律关系消灭。

劳动法律事实按照其发生是否以行为人的意志为转移来划分,可将其分为行为和事件两大类。

劳动法律行为,是指劳动法规定的,能够引起劳动法律关系产生、变更和消灭的人的有意志的活动。它可分为合法行为和违法行为。合法行为是指符合法律、法规规定的行为,通常能产生当事人预期的法律后果。合法行为有:主体双方依法签订、履行、变更、解除劳动合同的行为;劳动者完成生产任务、工作任务的行为;用人单位实施的劳动管理的行为等。违法行为是指违反法律、法规规定的行为,通常产生被追究法律责任的后果。违法行为如职工的严重违纪行为,失职、营私舞弊行为,用人单位侵犯职工合法权益的行为等。合法行为和违法行为,都能引起一定的法律后果,因而都是法律事实。

劳动法律事件,是指不以行为人的意志为转移的客观现象。它包括外界自然现象,如地震、洪水、飓风等自然灾害;人身自然现象,如人身伤残、疾病、死亡等;社会现象,如战争、动乱等。如自然灾害引起用人单位的生产资料毁损灭失,用人单位丧失了用工的权利能力和行为能力,导致劳动者和该用人单位劳动关系的消灭。事件虽不以人的意志为转移,但其在一定条件下,能够引起劳动法律关系的变更或消灭,因而是法律事实。

9.2.5 附随劳动法律关系

附随劳动法律关系,是指劳动法在调整与劳动关系密切相联系的其他社会关系时所形成的权利义务关系。劳动法除调整劳动关系而形成劳动法律关系之外,还调整与劳动关系密切联系的其他社会关系,从而形成附随劳动法律关系。与劳动关系相联系的其他社会关系,其本身并非劳动关系,但它与劳动关系密切联系。它的目的是实现劳动关系,即它是为实现劳动关系而发生的社会关系。有的是发生劳动关系的必要前提,有的是劳动关系的直接后果,有的是随劳动关系而附带产生的关系。它的当事人一般有一方是劳动者或者用人单位,另一方则是与实现劳动过程有关的部门,如劳动与社会保障部门、用人单位主管部门、工会、职业介绍机构、职业培训机构、社会保险经办机构等。正因为这些社会关系与劳动关系有着密切联系,所以,我国的法律体系将其列入劳动法的调整范畴。

9.3　劳动关系管理

9.3.1　劳动合同管理

劳动合同是劳动关系产生的基础,也是用人单位重要的劳动力管理制度之一。劳动合同是组织社会劳动,合理配置劳动力资源,避免减少劳动争议,提高劳动生产率,促进社会经济发展的重要手段。

1. 劳动合同的概念与特征

劳动合同亦称劳动契约、劳动协议,是指劳动者与用人单位之间为确立劳动关系,依法协商就双方权利和义务达成的协议,是劳动关系设立、变更和终止的一种法律形式。根据这种协议,劳动者加入企业、个体经济组织、事业组织、国家机关、社会团体等用人单位,成为该单位的一员,承担一定的工种、岗位或职务工作,并遵守所在单位的内部劳动规则和其他规章制度;用人单位则应及时安排被录用的劳动者工作,按照劳动者劳动的数量和质量支付劳动报酬,并且根据劳动法律、法规规定和劳动合同的约定提供必要的劳动条件,保证劳动者享有劳动保护及社会保险、福利等权利和待遇。

劳动合同具有以下特征:①劳动合同主体具有特定性。即劳动合同的主体一方是劳动者,另一方是用人单位。②劳动合同内容具有权利义务的统一性和对应性。劳动合同订立以后,劳动者一方必须加入到用人单位一方去,成为该单位的职工,享受和承担本单位职工的权利和义务;用人单位有权利也有义务组织和管理本单位的职工,把他们的个人劳动组织到集体劳动中去。双方在实现社会劳动过程中形成了支配与被支配、领导与服从的职责上的从属关系。这种职责上的从属关系,使得劳动合同双方当事人既是权利主体,也是义务主体,反映在劳动合同的内容上就具有了权利义务的统一性和对应性的特征,即劳动者的权利就是用人单位的义务,而劳动者的义务则是用人单位的权利。③劳动合同具有双务、有偿、诺成合同的特性。④劳动合同往往涉及第三人的物质利益关系。这一特征是由劳动力本身再生产的特点决定的。劳动者因享有社会保险和福利待遇的权利而附带产生了劳动者的直系亲属依法享有一定的物质帮助权。劳动者这种物质帮助权是通过国家立法强制实现的,如社会保障法。

2. 劳动合同的种类

劳动合同按照不同的标准,可以分为不同的种类。常见的种类有:

(1)按照劳动合同期限的不同,劳动合同可分为固定期限劳动合同、无固定期限劳动合同和以完成一定工作任务为期限的劳动合同。

固定期限劳动合同是指用人单位与劳动者约定合同终止时间的劳动合同。期限可长可短,由当事人在订立劳动合同时商定。劳动合同期限届满,劳动关系终止。

无固定期限劳动合同,是指用人单位与劳动者约定无确定终止时间的劳动合同。用人单位与劳动者协商一致,可以订立无固定期限劳动合同。有下列情形之一,劳动者提出或者同意续订、订立劳动合同的,除劳动者提出订立固定期限劳动合同外,应当订立无固定期限劳动合同:①劳动者在该用人单位连续工作满10年的;②用人单位初次实行劳动合同制度或者国有企业改制重新订立劳动合同时,劳动者在该用人单位连续工作满10年且距法定退休年龄不足10年的;③连续订立两次固定期限劳动合同,且劳动者没有《中华人民共和国劳动合同法》(以下简称《劳动合同法》)第39条和第40条第一项、第二项规定的情形,续订劳动合同的。另外,用人单位自用工之日起满一年不与劳动者订立书面劳动合同的,视为用人单位与劳动者已订立无固定期限劳动合同。

以完成一定工作任务为期限的劳动合同,是指用人单位与劳动者约定以某项工作的完成为合同期限的劳动合同。

(2)以用人方式为标准,可以将劳动合同分为录用合同、聘用合同和借调合同。录用合同,是指用人单位与被录用的劳动者之间,为建立劳动关系而订立的劳动合同,一般适用于招收录用普通劳动者。聘用合同,是指在招聘或聘用有特定技术专长的劳动者为技术专业人员或管理人员时,用人单位与被聘用者订立的劳动合同。借调合同,亦称借用合同,是指为了将某用人单位职工借调到另一用人单位从事短期工作,而由借调单位、被借调单位和被借调职工三方当事人依法签订的,约定借调期间三方当事人之间权利和义务的合同。

(3)以就业方式为标准,可以将劳动合同分为全日制劳动合同和非全日制劳动合同。全日制劳动合同,又称全职劳动合同,是指约定劳动者按照法定工作时间从事全职工作的劳动合同。非全日制劳动合同,又称部分时间劳动合同、弹性工作劳动合同,是指约定劳动者用部分时间为用人单位从事工作的劳动合同。

在我国,非全日制用工,是指以小时计酬为主,劳动者在同一用人单位一般平均每日工作时间不超过4小时,每周工作时间累计不超过24小时的用工形式。非全日制用工在劳动合同的形式、订立、终止、经济补偿等方面与劳动合同的法律规定不同。

(4)以劳动者人数的多少,可以将劳动合同分为个人劳动合同和集体劳动合同。个人劳动合同即劳动者个人同用人单位所订立的合同;集体劳动合同是由工会或职工代表与用人单位就劳动报酬、工作时间、休息休假、劳动安全卫生、社会保障和福利等事项进行协商谈判而订立的书面协议。依法签订的集体合同对企业和企业全体职工具有约束力。职工个人与企业订立的劳动合同中劳动条件和劳动报酬等标准不得低于集体合同的规定。

（5）以劳动合同是否典型，劳动合同可以分为典型劳动合同与非典型劳动合同。随着市场经济的全球扩张、社会经济的发展及技术发展等因素的影响，出现了各种非典型劳动合同。如劳务派遣、非全日制工作（part-time work）、临时工作（temporary work）、家内劳动（home work）以及远程工作（telecommunication work）等。我国《劳动合同法》首次以法律的形式规定了劳务派遣与非全日制工作这两种非典型劳动合同。

所谓劳务派遣（labor dispatching），也称劳动租赁（labor leasing），是指劳务派遣机构与劳动者订立劳动合同，但是并不直接使用该劳动者，而是将劳动者派遣到用工单位（即接受以劳务派遣形式用工的单位）的工作场所，在要派企业的指挥监督下从事劳动的用工形式。劳务派遣最主要的法律特征就是"雇用"与"使用"的分离。在劳务派遣制度下，劳动关系已经从传统的劳动者与用人单位之间的两方关系，演变成劳动者、劳务派遣机构以及用工单位之间的三角关系。

3. 劳动合同的内容和形式

劳动合同的内容是指劳动者与用人单位双方通过平等协商所达成的关于劳动权利和劳动义务的具体条款，是劳动合同的核心部分，具体表现为劳动合同的条款。依据《劳动合同法》第 17 条第一款的规定，劳动合同的条款分为以下三类条款：

一是法定必备条款。法定必备条款是指劳动合同法规定的劳动合同中必须具备的条款。依据《劳动合同法》第 17 条的规定，劳动合同应当具备以下条款：①用人单位的名称、住所和法定代表人或者主要负责人；②劳动者的姓名、住址和居民身份证或者其他有效身份证件号码；③劳动合同期限；④工作内容和工作地点；⑤工作时间和休息休假；⑥劳动报酬；⑦社会保险；⑧劳动保护、劳动条件和职业危害防护；⑨法律、法规规定应当纳入劳动合同的其他事项。

二是协商约定条款。协商约定条款是指在必备条款之外，劳动者和用人单位经过协商认为需要约定的条款。协商约定条款依据是否为法律所规定，又可以分为：①法定协商约定条款。如《劳动合同法》第 17 条第二款规定：用人单位与劳动者可以约定试用期、培训、保守秘密、补充保险和福利待遇等其他事项。②任意协商约定条款。任意协商约定条款是指完全由劳动者与用人单位协商的法律未作任何规定的条款，如商业保险，为职工提供住房、班车、托儿所、子女入学等。

三是法定禁止约定条款。法定禁止约定条款是指法律规定的禁止在劳动合同中约定的条款。依据《劳动合同法》第 25 条规定，除该法第 22 条和第 23 条规定的服务期协议和保密协议可以约定的情形外，用人单位不得与劳动者约定由劳动者承担违约金。

　　劳动合同的形式是指劳动合同当事人双方所达成协议的表现形式,是劳动合同内容的外部表现和载体。我国《劳动法》和《劳动合同法》均规定,劳动合同应以书面形式订立,排除了口头或其他形式。已建立劳动关系,未同时订立书面劳动合同的,应当自用工之日起一个月内订立书面劳动合同。用人单位自用工之日起满一年不与劳动者订立书面劳动合同的,视为用人单位与劳动者已订立无固定期限劳动合同。如未订立书面劳动合同,《劳动合同法》规定了严格的法律责任,即用人单位自用工之日起超过一个月不满一年未与劳动者订立书面劳动合同的,应当向劳动者每月支付两倍的工资。

4. 劳动合同的订立

　　劳动合同的订立是指劳动者与用人单位为建立劳动关系,依法就双方的劳动权利义务协商一致,达成协议的法律行为。订立劳动合同,应当遵循合法、公平、平等自愿、协商一致、诚实信用的原则。

　　用人单位招用劳动者时,应当如实告知劳动者工作内容、工作条件、工作地点、职业危害、安全生产状况、劳动报酬,以及劳动者要求了解的其他情况;用人单位有权了解劳动者与劳动合同直接相关的基本情况,劳动者应当如实说明。用人单位招用劳动者,不得扣押劳动者的居民身份证和其他证件,不得要求劳动者提供担保或者以其他名义向劳动者收取财物。

　　劳动合同订立的程序如图 9-1 所示。

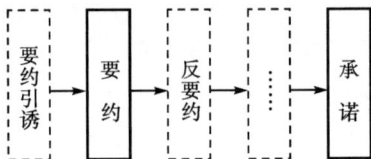

图 9-1　劳动合同订立的程序

注:实线方框内的程序为法定必经程序;虚线方框内的程序为实践中常见的程序,但非法定必经程序。

　　劳动合同订立的必要程序包括要约和承诺两个阶段。所谓要约,是指劳动者或用人单位向对方提出的、希望订立劳动合同的意思表示。发出要约的一方称为要约人;接受要约的一方称为受要约人。要约人可以是劳动者,也可以是用人单位。要约的内容应具体确定,表明经受要约人承诺,要约人即受该意思表示约束,并应向受要约人发出。一般来说,受要约人应该是特定的人。实践中常见的劳动合同订立程序,往往是先由用人单位公布招工(招聘)简章,其中载明录用(聘用)条件、录用(聘用)后的权利义务、报名办法等内容,然后由劳动者按照招工(招聘)简章的要求报名应招(应聘)。用人单位公布招工(招聘)简章的行为是针对不特定的多数人发出的,因而不是要约,而是希望他人向自己发出要约的意思表示,其性质为要约邀请。劳动者应招(应聘)的行为符合要约的条件,应为要约。用人单位与劳动者进行反复协商、谈判的行为,则为反要约,或称之为新要约。直到任何一方同意了对方提出的条件,即构成承诺。所谓承诺,是指受要约人同意要约的意思表示。承诺必须由受要约人在要约有效期限内向要约人发出,其内容应当与要约的内容一致。在实践中,用人单位对经过考核合格的应招(应聘)的劳动者决定录用(聘用),并向本人发出书面通知的行为即为承诺,该通知到达劳动者,劳动合同即告成立。然后,双方签订书面合同,劳动合同的订立过程即告完成。

5. 无效劳动合同

无效劳动合同是指由于欠缺生效要件而全部或部分不具有法律效力的劳动合同。依据《劳动合同法》第 26 条规定,下列劳动合同无效或者部分无效:①以欺诈、胁迫的手段或者乘人之危,使对方在违背真实意思的情况下订立或者变更劳动合同的;②用人单位免除自己的法定责任、排除劳动者权利的;③违反法律、行政法规强制性规定的。对劳动合同的无效或者部分无效有争议的,由劳动争议仲裁机构或者人民法院确认。劳动合同部分无效,不影响其他部分效力的,其他部分仍然有效。劳动合同被确认无效,劳动者已付出劳动的,用人单位应当向劳动者支付劳动报酬。劳动报酬的数额,参照本单位相同或者相近岗位劳动者的劳动报酬确定。

相关链接 9-4

总监违规被炒索赔 160 万败诉

可口可乐饮料公司营运单位资能总监万先生,因违反操作规程和有关规定,造成公司重大损失后被除名。其申请仲裁未获支持后诉至法院,要求公司支付违法解约赔偿金等 160 万余元。闵行区法院认为,万先生为避开上报集团公司审批环节而采取隐瞒、歪曲合同真实意思表示的行为,违反了可口可乐公司商业操守等规定,驳回其诉讼请求。

被开除后起诉索赔

万先生自 2008 年 3 月起,签约在可口可乐公司担任四川绩效财务部门的营运单位资能总监一职。2008 年 4 月 17 日,公司与其解除劳动合同。同年 6 月 3 日,万先生申请仲裁,要求支付解除劳动合同的经济补偿金、替代通知期工资和违法解除劳动合同的赔偿金等损失,但未获支持。

万先生不服仲裁,起诉至法院,称公司在未提供任何充分事实及法律依据的情况下,以违反公司商业操守守则、严重违反规章制度及严重失职为由,单方面通知立即解除劳动合同,要求判令支付违法解除劳动合同的赔偿金和因违法解除劳动合同所致工资损失等共计 160 万余元。

可口可乐公司辩称,万先生严重违反公司规章制度,给公司带来极大的经济损失。按照劳动合同及相关规定解除双方间的劳动合同,有事实及法律依据,请求法院依法驳回全部诉讼请求。

总监被指违规操作

可口可乐公司称,按相关规定,标的超过 12 万元的合同必须报集团审批。万先生所在的四川营运单位先向集团上报了为期一年、金额为 350 万元的合同,但未获集团批准通过。后万先生等人采取通过签订三个月的短期合同、且每份合同标的均低于 12 万元的手段,故意避开应由集团审批的流程规定,歪曲了上述交易本质。而且万先生在签订合同时未进行比价,在签订合同前也已明知所谓的三家物流公司实为同一自然人所有。公司认为,万先生行为违反操作规程和有关规定,造成公司重大损失。

万先生对公司提供的有关证据真实性均无异议,但认为采购政策补充规定尚未生效,且员工纪律行动标准政策系公司于 2007 年 12 月 26 日方才发布。而公司所述的"违规"行为,均发生于当年 2 月至 9 月期间,故不应适用上述规定。

除名符合公司规定

法院认为,万先生于 2008 年 3 月 28 日的谈话笔录中陈述,按规定应先进行比价,但此次并未进行比价,其本人亦认为配送单价报价过高。

在被问及"签三个月,是否为避开集团审批"时,其回答"有这方面考虑"。尽管万先生辩称签订为期三个月的短期、低额合同并非其本人个人决定,而是经四川营运单位开会商议以及总经理最终确定的,但他确实参与了上述活动,且在明知未进行比价、配送单价报价过高、同样报价的合同未获集团公司审批通过、相关物流公司实为同一人开办等情形下,仍未提出反对意见。

综上,万先生的行为应属于歪曲交易的真实本质,以及隐瞒、歪曲合同真实意思表示的行为,其行为违反了可口可乐公司商业操守守则、《员工纪律行动标准政策》等的相关规定,公司据此与其解除劳动合同并无不妥。

——资料来源:谢磊,杨克元. 总监违规被炒索赔160万败诉[N]. 新闻晨报,2010 - 04 - 01.

6. 劳动合同的履行、变更和终止

劳动合同的履行是指劳动者和用人单位按照劳动合同的约定,履行其所承担的义务的行为。只有双方当事人按照合同约定全面、正确地履行其所承担的义务,劳动过程才能顺利实现。劳动合同的履行应遵循亲自履行原则、全面履行原则和协作履行原则。

劳动合同的变更是指在劳动合同依法成立后,尚未履行或尚未履行完毕之前,当事人就和合同的内容达成修改或补充的协议。劳动合同订立后,用人单位与劳动者协商一致,可以变更劳动合同约定的内容。变更劳动合同,应当采用书面形式。变更后的劳动合同文本由用人单位和劳动者各执一份。

劳动合同的终止是指劳动合同关系在客观上已不复存在,劳动合同当事人的权利义务归于消灭。劳动合同终止后,合同效力消灭,当事人不再受合同约束。依据《劳动合同法》第44条规定有下列情形之一的,劳动合同终止:①劳动合同期满的;②劳动者开始依法享受基本养老保险待遇的;③劳动者死亡,或者被人民法院宣告死亡或者宣告失踪的;④用人单位被依法宣告破产的;⑤用人单位被吊销营业执照、责令关闭、撤销或者用人单位决定提前解散的;⑥法律、行政法规规定的其他情形。终止劳动合同属于下列情形之一的,用人单位还应当向劳动者支付经济补偿:①除用人单位维持或者提高劳动合同约定条件续订劳动合同,劳动者不同意续订的情形外,终止固定期限劳动合同的;②用人单位被依法宣告破产的;③用人单位被吊销营业执照、责令关闭、撤销或者用人单位决定提前解散的。

相关链接 9-5

不能胜任工作被解雇应获补偿

2009年1月27日,王某入职北京某生物公司工作,并于当日与该公司签订2009年1月27日起至2011年1月26日止的劳动合同,其中约定王某担任销售,月工资标准5000元,工作销售额应达到运营一

部 2009 年和 2010 年基本销售目标 20 万元,各季度分别为 5 万元。2009 年第一季度、第二季度,王某实际销售额分别为 2 万元、2.5 万元,后经该公司对王某进行销售业务培训后,王某第三、四季度销售额分别为 3 万元、2 万元。

2010 年 1 月 7 日,北京某生物公司以不胜任工作为由,向王某出具了 30 日后与其解除劳动合同通知书。2010 年 2 月 7 日王某被停止工作,双方办理了工作交接手续,王某提出单位需给付经济补偿。该公司则认为,王某在履行工作中,不能按公司规定完成工作任务,其公司才与他解除劳动合同,不同意支付补偿金。在协商不成的情况下,王某以北京某生物公司未支付解除劳动合同经济补偿 5000 元为由,向原宣武区劳动仲裁委申请劳动仲裁。

劳动仲裁委审理后认为,依据《劳动合同法》第 40 条规定:"有下列情形之一的,用人单位提前 30 日以书面形式通知劳动者本人或者额外支付劳动者一个月工资后,可以解除劳动合同:① 劳动者患病或者非因工负伤,在规定的医疗期满后不能从事原工作,也不能从事由用人单位另行安排的工作的;② 劳动者不能胜任工作,经过培训或者调整工作岗位,仍不能胜任工作的……"依据《劳动合同法》第 46 条、第 47 条的规定,用人单位依照该法第 40 条规定解除劳动合同的,应向劳动者支付经济补偿。本案中,由于王某工作期间未达到双方劳动合同中约定的销售指标,且经过培训后仍不能完成该指标,表明王某符合不能胜任工作且经培训后仍不能胜任工作的法定情况,北京某生物公司据以上事实单方解除与王某劳动合同并无不妥。但考虑到在该种解除劳动合同的情形下,劳动者并不存在过错,仅仅是因为能力、知识或者其他因素的限制不能达到岗位预期要求,同时用人单位也是基于客观实际单方解除劳动合同,导致劳动者失业,应当支付经济补偿金,因此仲裁委支持了王某的劳动仲裁请求。

——资料来源:闵丹. 不能胜任工作被解雇应获补偿[N]. 劳动午报,2010 - 07 - 16.

7. 劳动合同的解除

劳动合同的解除是指在劳动合同依法成立后尚未履行完毕前,当事人基于约定或法律规定而使合同效力归于消灭的法律行为。劳动合同依法订立即具有法律约束力,任何一方当事人不得擅自解除合同。只有在具备一定条件的情况下,才允许当事人解除合同,并且必须由当事人实施解除行为。这种解除行为是一种法律行为,既可以是单方法律行为,也可以是双方法律行为。劳动合同的解除只对未履行的部分发生效力,不涉及已履行的部分。劳动合同解除包括协议解除和法定解除。

协议解除是指劳动者和用人单位双方在自愿基础上协商一致解除合同的行为。当事人一方向对方提出解除劳动合同的要求,对方表示同意,即可签订解除劳动合同的书面协议。

法定解除是指依据法律规定解除劳动合同的行为,包括用人单位解除劳动合同和劳动者解除劳动合同。

劳动者单方解除劳动合同的情形包括:

(1)劳动者提前 30 日以书面形式通知用人单位,可以解除劳动合同。劳动者在试用期内提前 3 日通知用人单位,可以解除劳动合同。该条规定赋予了劳动者无条件地单方预告解除劳动合同的权利,其目的主要是维护劳动者的职业选择权,充分发挥劳动者的积极性、主动性和创造性,有利于劳动力的合理流动,优化劳动力资源配置。

(2)用人单位有过错,即有下列情形之一的,劳动者可以解除劳动合同:①未按照劳动合同约定提供劳动保护或者劳动条件的;②未及时足额支付劳动报酬的;③未依法为劳动者缴纳社会保险费的;④用人单位的规章制度违反法律、法规的规定,损害劳动者权益的;⑤因《劳动合同法》第 26 条第一款规定的情形致使劳动合同无效的;⑥法律、行政法规规定劳动者可以解除劳动合同的其他情形。用人单位以暴力、威胁或者非法限制人身自由的手段强迫劳动者劳动的,或者用人单位违章指挥、强令冒险作业危及劳动者人身安全的,劳动者可以立即解除劳动合同,不需事先告知用人单位。

用人单位单方解除劳动合同的情形包括:

(1)劳动者有过错,即劳动者有下列情形之一的,用人单位可以解除劳动合同:①在试用期间被证明不符合录用条件的;②严重违反用人单位的规章制度的;③严重失职,营私舞弊,给用人单位造成重大损害的;④劳动者同时与其他用人单位建立劳动关系,对完成本单位的工作任务造成严重影响,或者经用人单位提出,拒不改正的;⑤因《劳动合同法》第 26 条第一款第一项规定的情形致使劳动合同无效的;⑥被依法追究刑事责任的。

(2)劳动者无过错,但有下列情形之一的,用人单位提前 30 日以书面形式通知劳动者本人或者额外支付劳动者一个月工资后,可以解除劳动合同:①劳动者患病或者非因工负伤,在规定的医疗期满后不能从事原工作,也不能从事由用人单位另行安排的工作的;②劳动者不能胜任工作,经过培训或者调整工作岗位,仍不能胜任工作的;③劳动合同订立时所依据的客观情况发生重大变化,致使劳动合同无法履行,经用人单位与劳动者协商,未能就变更劳动合同内容达成协议的。

　　(3)经济性裁员。有下列情形之一,需要裁减人员 20 人以上或者裁减不足 20 人但占企业职工总数 10%以上的,用人单位提前 30 日向工会或者全体职工说明情况,听取工会或者职工的意见后,裁减人员方案经向劳动行政部门报告,可以裁减人员:①依照企业破产法规定进行重整的;②生产经营发生严重困难的;③企业转产、重大技术革新或者经营方式调整,经变更劳动合同后,仍需裁减人员的;④其他因劳动合同订立时所依据的客观经济情况发生重大变化,致使劳动合同无法履行的。裁减人员时,应当优先留用下列人员:①与本单位订立较长期限的固定期限劳动合同的;②与本单位订立无固定期限劳动合同的;③家庭无其他就业人员,有需要扶养的老人或者未成年人的。用人单位依照上述规定裁减人员,在 6 个月内重新招用人员的,应当通知被裁减的人员,并在同等条件下优先招用被裁减的人员。

　　劳动者有下列情形之一的,用人单位不得依照上述(2)、(3)的规定解除劳动合同:①从事接触职业病危害作业的劳动者未进行离岗前职业健康检查,或者疑似职业病病人在诊断或者医学观察期间的;②在本单位患职业病或者因工负伤并被确认丧失或者部分丧失劳动能力的;③患病或者非因工负伤,在规定的医疗期内的;④女职工在孕期、产期、哺乳期的;⑤在本单位连续工作满 15 年,且距法定退休年龄不足 5 年的;⑥法律、行政法规规定的其他情形。

　　用人单位单方解除劳动合同,应当事先将理由通知工会。用人单位违反法律、行政法规规定或者劳动合同约定的,工会有权要求用人单位纠正。用人单位应当研究工会的意见,并将处理结果书面通知工会。

　　解除劳动合同,有可能给劳动者造成一定的损失,因此《劳动合同法》规定下列解除劳动合同的情形下,用人单位应当向劳动者支付经济补偿:①用人单位有过错,劳动者依照《劳动合同法》第 38 条规定解除劳动合同的;②用人单位依照《劳动合同法》第 36 条规定向劳动者提出解除劳动合同并与劳动者协商一致解除劳动合同的;③劳动者无过错,用人单位依照《劳动合同法》第 40 条规定解除劳动合同的;④出现经济性裁员情形时,用人单位依照《劳动合同法》第 41 条第一款规定解除劳动合同的。经济补偿按劳动者在本单位工作的年限,每满 1 年支付 1 个月工资的标准向劳动者支付。6 个月以上不满 1 年的,按 1 年计算;不满 6 个月的,向劳动者支付半个月工资的经济补偿。劳动者月工资高于用人单位所在直辖市、设区的市级人民政府公布的本地区上年度职工月平均工资 3 倍的,向其支付经济补偿的标准按职工月平均工资 3 倍的数额支付,向其支付经济补偿的年限最高不超过 12 年。此处所称月工资是指劳动者在劳动合同解除或者终止前 12 个月的平均工资。

8. 违反劳动合同的法律责任

　　违反劳动合同的法律责任,是指劳动者或用人单位不履行劳动合同义务,或者履行劳动合同义务不符合约定时,所应承担的法律后果。违反劳动合同的法律责任,可以由当事人协商约定,但不得违反《劳动合同法》的强制性法律规定,否则为无效条款。同时,《劳动合同法》也规定了用人单位和劳动者在违反劳动合同时所应该承担的法律责任。

依据《劳动合同法》的规定,用人单位违反劳动合同的法律责任有:

(1)用人单位有下列情形之一的,由劳动行政部门责令限期支付劳动报酬、加班费或者经济补偿;劳动报酬低于当地最低工资标准的,应当支付其差额部分;逾期不支付的,责令用人单位按应付金额百分之 50% 以上 100% 以下的标准向劳动者加付赔偿金:①未按照劳动合同的约定或者国家规定及时足额支付劳动者劳动报酬的;②低于当地最低工资标准支付劳动者工资的;③安排加班不支付加班费的;④解除或者终止劳动合同,未依法规定向劳动者支付经济补偿的。

(2)用人单位违反《劳动合同法》规定解除或者终止劳动合同的,应当依照《劳动合同法》第 47 条规定的经济补偿标准的两倍向劳动者支付赔偿金。

(3)用人单位有下列情形之一的,依法给予行政处罚;构成犯罪的,依法追究刑事责任;给劳动者造成损害的,应当承担赔偿责任:①以暴力、威胁或者非法限制人身自由的手段强迫劳动的;②违章指挥或者强令冒险作业危及劳动者人身安全的;③侮辱、体罚、殴打、非法搜查或者拘禁劳动者的;④劳动条件恶劣、环境污染严重,给劳动者身心健康造成严重损害的。

(4)用人单位违反《劳动合同法》规定未向劳动者出具解除或者终止劳动合同的书面证明,由劳动行政部门责令改正;给劳动者造成损害的,应当承担赔偿责任。

(5)用人单位招用与其他用人单位尚未解除或者终止劳动合同的劳动者,给其他用人单位造成损失的,应当承担连带赔偿责任等。

依据《劳动合同法》的规定,劳动者违反《劳动合同法》规定解除劳动合同,或者违反劳动合同中约定的保密义务或者竞业限制,给用人单位造成损失的,应当承担赔偿责任。

另外,劳动合同依照《劳动合同法》被确认无效,给对方造成损害的,有过错的一方应当承担赔偿责任。

9.3.2　集体协商和集体合同

集体协商,亦称集体谈判,是指用人单位工会或职工代表与相应的用人单位代表,就劳动标准和劳动条件进行商谈,并签订集体合同的行为。作为现代工业社会和经济结构的社会现象,集体协商在 20 世纪 60—80 年代得到普及和发展。在多数西方市场经济国家,集体协商是确定劳动者劳动条件的主要方式,是稳定劳动关系的主要手段之一。

集体合同是集体协商的结果,又称团体协约或集体协议。我国集体合同分为一般集体合同和专项集体合同。一般集体合同,是指用人单位和本单位劳动者依法就劳动报酬、工作时间、休息休假、劳动安全卫生、职业培训、保险福利等事项,通过集体协商签订的书面协议。专项集体合同,是指用人单位和本单位劳动者依法就集体协商的某项内容签订的专项协议,如工资集体合同。集体合同作为调整劳动关系的一种有效手段,为世界各国广泛采用。

我国在《劳动法》、《劳动合同法》、《集体合同规定》、《工资集体协商试行办法》等法律法规中确定了集体协商和集体合同制度,规定了集体协商的代表的确定、集体协商的程序、集体合同的订立、集体合同的效力等内容。但是,集体协商和集体合同在我国由于体制、劳动者权利意识差、劳动力市场供大于求等原因,在保护劳动者权益、维护劳动关系的稳定等方面还远远没有发挥出应有的作用。随着经济全球化以及我国经济发展水平不断提高、劳动力市场供求状况的改变、新生代劳动者的权利意识的增强,劳资矛盾呈多发态势,全国总工会自 2010 年开始全力推进以工资集体协商为核心的集体谈判,希望通过这一制度来缓解劳资矛盾、增加劳动者收入。全国总工会明确要求,各级工会要进一步加大推进工资集体协商工作力度,力争到 2012 年基本在各类已建工会的企业实行集体合同制度,全面扎实推进工资集体协商。我国部分发达地区已经开始了工资集体协商的探索。如广东率先推选出集体协商路线图——"工资集体协商三年行动计划",分别从完善工会主席和工会委员民主选举、推行工资协商制度等方面对政府、企业、工会和职工提出要求以求构建新型劳动关系。

📞 相关链接 9-6

对工资增长一直避而不谈,迫于用工形势企业坐到谈判桌前

富士康员工集体谈判获加薪

世界 500 强企业之一的富士康公司 30 万深圳一线员工今年的工资平均增长幅度将有望达到 3% 以上,这一工资增长计划是通过工人与企业的集体协商达成的。

富士康在中国最大的制造基地设在深圳,此前,这家公司大多数员工的"底薪"是以当地的最低工资为标准的,即每月 900 元人民币。员工的工资增长主要来自加班费,加班工资往往占到员工总工资的大半。深圳市总工会副主席王同信说,目前,中国沿海地区的制造加工企业大都是贴着最低工资标准给员工定"底薪",企业的利润增长与员工收入"绝缘"。这一"规则"使得员工工资的整体水平和 10 年前差不多。

早在 20 世纪 90 年代初,中国沿海一些城市就开始借鉴国际经验,探索推广工资的集体协商制度,要求企业为工人建立合理的工资增长机制,使其工资收入与企业利润同步增长。然而,由于廉价劳动力供应充足、员工缺乏话语权等原因,这一制度长期以来都属于"纸上谈兵"。伴随金融危机后中国经济明显好转,订单骤增,沿海地区劳动力市场发生了明显变化,正在席卷中国多个城市的"用工荒",被员工们视作一次难得的机会。工人们在工会的帮助下和企业主开展集体谈判,提出"涨工资"的要求。而企业主们迫于"用工形势",也相继坐到了谈判桌前。富士康的转变就是一个典型的例子。

2008 年 9 月,深圳市总工会就向富士康发出集体谈判的要约,但富士康对工资增长一直避而不谈。去年下半年,富士康订单增多,急需增加工人,却因薪酬过低出现招工难。经过多次沟通,富士康终于在 2009 年 12 月签订了一个覆盖 40 余万深圳员工、惠及全国 70 万富士康员工的集体合同,其中对工资增长作出明确约定:一线员工工资平均增长幅度不低于 3%,并将于每年 12 月定期进行集体谈判。

和富士康一样,珠三角众多企业开始着手提高工人工资和福利待遇,以期吸引和留住日益宝贵的劳动力资源,集体协商正在被越来越多的企业认可。

目前,深圳市总工会已向 145 家世界 500 强企业发出集体谈判要约,有 143 家积极回应,其中 50% 以上的企业通过集体谈判实现了工资增长。今年 1 月份,日资企业先端精密公司与员工签订了集体合同,双方商定 2010 年度一线员工工资增长 10%。

——资料来源:富士康员工集体谈判获加薪[N]. 羊城晚报,2010 - 03 - 19.

9.3.3　劳动争议管理

劳动争议又称劳动纠纷,在国外也称劳资纠纷或劳资争议,是指劳动关系双方当事人之间因劳动权利和劳动义务发生的纠纷和争议。在我国,劳动争议主要包括下列情形:①因确认劳动关系发生的争议;②因订立、履行、变更、解除和终止劳动合同发生的争议;③因除名、辞退和辞职、离职发生的争议;④因工作时间、休息休假、社会保险、福利、培训以及劳动保护发生的争议;⑤因劳动报酬、工伤医疗费、经济补偿或者赔偿金等发生的争议;⑥法律、法规规定的其他劳动争议。

　　劳动争议管理包括劳动争议的预防和处理。在劳动争议发生之前,"防患于未然",将其消灭在萌芽状态,这应该是企业人力资源管理中劳动争议管理的主要内容。现代化企业应本着"建立以事前预防为主,以事中控制及事后补救为辅的企业风险控制体系"的原则,建立有效的劳动争议内部应对机制,这样一方面可以及时防范、化解因劳动争议可能导致的劳动关系的激化或群体性事件,保障生产经营活动的正常顺利开展,另一方面,在仲裁诉讼程序中可以最大限度地维护企业的利益。

　　劳动争议预防制度包括以下几个方面:①员工参与或影响决策的管理机制。增强员工对企业工作环境的认识,减少和克服因不了解企业管理者意图和措施而引起的不满心理,加强彼此的沟通和信任。②在企业内部创造有利的群体环境和交往气氛。企业要提出本企业组织全体员工的共同价值观、理想、信念和作风,用于统帅企业内部员工的思想和行为,创造出一种团结共事的和睦气氛。③创造良好的工作条件。良好的工作环境虽以精神环境为核心,然而,良好的物质环境是精神环境的前提和保证,是良好工作环境的外显特征。不好的工作条件既会降低工作效率,也会导致员工对企业产生不满和抵触情绪等。

　　劳动争议处理是在劳动争议发生之后,当事人通过协商、调解、仲裁、民事诉讼等方式(见图9-2)依法解决劳动争议的行为。解决劳动争议,应当根据事实,遵循合法、公正、及时、着重调解的原则,依法保护当事人的合法权益。发生劳动争议,员工可以与用人单位协商,也可以请工会或者第三方共同与用人单位协商,达成和解协议。如当事人(包括员工和用人单位)不愿协商、协商不成或者达成和解协议后不履行的,可以向调解组织申请调解;不愿调解、调解不成或者达成调解协议后不履行的,可以向劳动争议仲裁委员会申请仲裁;对仲裁裁决不服的,除《劳动争议调解仲裁法》第47条规定的情形外,可以向人民法院提起诉讼。

　　劳动争议申请仲裁的时效期间为一年。仲裁时效期间从当事人知道或者应当知道其权利被侵害之日起计算。仲裁时效因当事人一方向对方当事人主张权利,

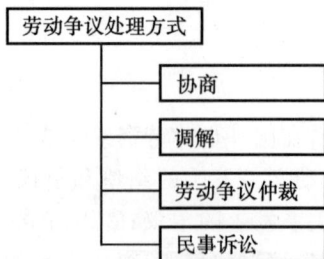

```
┌─────────────────┐
│  劳动争议处理方式  │
└────────┬────────┘
         │    ┌──────────┐
         ├────│   协商    │
         │    └──────────┘
         │    ┌──────────┐
         ├────│   调解    │
         │    └──────────┘
         │    ┌──────────┐
         ├────│ 劳动争议仲裁 │
         │    └──────────┘
         │    ┌──────────┐
         └────│  民事诉讼  │
              └──────────┘
```

图9-2　劳动争议的处理方式

或者向有关部门请求权利救济,或者对方当事人同意履行义务而中断。从中断时起,仲裁时效期间重新计算。因不可抗力或者有其他正当理由,当事人不能在上述仲裁时效期间申请仲裁的,仲裁时效中止。从中止时效的原因消除之日起,仲裁时效期间继续计算。劳动关系存续期间因拖欠劳动报酬发生争议的,员工申请仲裁不受上述仲裁时效期间的限制;但是,劳动关系终止的,应当自劳动关系终止之日起一年内提出。

发生劳动争议,当事人对自己提出的主张,有责任提供证据。与争议事项有关的证据属于用人单位掌握管理的,用人单位应当提供;用人单位不提供的,应当承担不利后果。县级以上人民政府劳动行政部门会同工会和企业方面代表建立协调劳动关系三方机制,共同研究解决劳动争议的重大问题。用人单位违反国家规定,拖欠或者未足额支付劳动报酬,或者拖欠工伤医疗费、经济补偿或者赔偿金的,员工可以向劳动行政部门投诉,劳动行政部门应当依法处理。

9.3.4　职业安全卫生管理制度

《劳动法》第 52 条规定:"用人单位必须建立、健全劳动安全卫生制度,严格执行国家劳动安全卫生规程和标准,对劳动者进行劳动安全卫生教育,防止劳动过程中的事故,减少职业危害。"劳动安全卫生制度包括安全生产责任制度、安全教育制度、安全检查制度、伤亡事故和职业病调查处理制度。其中,最主要的是建立劳动安全卫生责任制度。具体来说用人单位必须建立的职业安全卫生管理制度内容可以包括安全生产责任制度、劳动安全卫生技术措施计划制度、劳动安全卫生技术措施经费制度、劳动安全卫生教育制度、劳动安全卫生检查制度、劳动防护用品发放管理制度、职业危害作业劳动者的健康检查制度、伤亡事故与职业病统计报告调查处理制度、职业安全卫生监察制度、三同时制度。

相关链接 9-7

雅士利:响应国家要求,积极推动劳动者权益保障

2010 年 4 月 27 日,胡锦涛总书记在全国劳模和先进工作者表彰大会上说,"要切实发展和谐劳动关系,建立健全劳动关系协调机制,完善劳动保护机制,让广大劳动群众实现体面劳动。"而在去年两会上,温家宝总理在作政府工作报告时说,"我们所做的一切都是要让人民生活得更加幸福、更有尊严,让社会更加公正、更加和谐。"

　　从"体面劳动"到"活得有尊严",显示出中央高层更加关注人的本身。全国人大代表、全国劳动奖章获得者、雅士利集团总裁张利钿先生对此深有感触,他说:"劳动者是财富的真正主人,'体面劳动'和'活得更有尊严'是劳动者应有的待遇。27 年来,为员工创造理想的生活方式,让他们有归属感、安全感,以企业为家,以企业为荣,是我们一贯的追求。"这时,刚刚参加完员工生日会的张总裁显得兴致勃勃,无疑是受到生日会气氛的感染。

　　说起雅士利的员工生日会,充分地体现了一种人文关怀和亲密的劳资关系。在雅士利集团,每月生日的员工都会收到生日贺卡并被邀请参加生日会,集团决策层亲自出席,与员工一起唱生日歌、切蛋糕,相互祝福,亲密无间。其实,为员工举办生日会只是员工福利中的一项,实际工作中,集团采取多种手段保障员工的利益,通过提高工资收入、为员工缴纳社会养老和医疗保险、改善工作环境、优化生活设施、丰富业余生活等让员工感受家一般的温暖、分享成长的喜悦,切实践行"体面劳动"与"活得有尊严"这一人本理念。

　　什么是尊严,尊严是受人尊敬的身份和地位;什么是体面,体面是荣耀的身份和面子。把劳动者的社会地位提高到体面、尊严的高度,是对劳动者的精神福利、经济福利和综合权益的关心和充分尊重,更是一种划时代举措。"让企业发展,让员工快乐"是雅士利集团的核心价值观,也是爱心文化、家园文化的重要指导思想。雅士利集团的员工来自四面八方,如何从工作、生活的角度为员工创造一个有归属感的家园,成为了管理者的工作重心。

　　2008 年的汶川强地震发生后,雅士利集团先后向灾区捐赠 300 万元,并积极筹集一大批赈灾物资发往灾区。同时,集团各部门、营业部也迅速展开对受灾员工的调查工作,随后向四川籍受灾员工发放了总额达 80 余万元的慰问金,帮助他们重建家园。天灾无情,人间有爱。关键时刻,企业成为了广大员工信心的保障、坚强的后盾。

　　企业的人文关怀还体现在人与人之间的关系上。"田大姐"是集团行政部一名保洁员,至今已在企业工作了十年,与公司同事建立了深厚的感情,公司同事——上到公司决策层,下到普通工人,都亲切地称她为"田大姐"。清洁工作离不开脏和累,往往不为人所理解和尊重,许多人怕被人看不起而不愿意干。而在雅士利,只有分工不同,没有贵贱之分,普通员工一样受到平等的礼遇,保洁员更被冠以"企业美容师"称号而备受尊重。田大姐说:"在雅士利我得到更多的是领导信任、同事的认同,在这里打工有一种被尊重、受欢迎的优越感,我把企业当成家业,把职业当成事业。"

今天的雅士利,让员工实现"体面劳动"、"活得有尊严",已不仅仅是一句口号,而是一项实实在在的行动,进而上升为发展战略。今天的雅士利,共同的价值观念形成了共同的目标和理想,员工把企业看成是一个命运共同体,把本职工作看成是实现共同目标的重要组成部分,用感恩的心为实现企业价值最大化而努力工作。

——资料来源:雅士利:响应国家要求,积极推动劳动者权益保[EB/OL]. 2011-01-17.新华报业网,http://car.xhby.net/system/2011/01/17/010872377.shtml.

9.3.5　员工沟通制度

沟通是劳动关系的一个基本要素,它不仅在劳资双方共同协商、集体谈判的过程中发挥重要作用,而且劳资双方自身、各自内部同样需就制定政策、战略和决策进行沟通。在现代企业绩效管理过程中,沟通的作用越来越突显出来。企业制定关于有效沟通制度的规定,使沟通的双方相互理解、相互信任、相互认同,通过建立有效的双向沟通制度来协调劳动关系,并实现员工个人与团体绩效的改进与提高。

建立有效沟通制度的途径有:第一,建立有效的信息披露制度。信息披露是指向员工代表传递产生在计划、控制和决策这些传统上属于管理者管理权范围内的信息。信息披露内容应真实、准确、完整而没有虚假、严重误导性陈述或重大遗漏;用人单位就应该披露的信息制定经常性的信息披露制度、定期信息报告制度和临时信息披露制度;信息披露应本着对劳动关系当事人双方有价值的原则进行;信息披露应侧重于保护劳动者人身安全、劳动者基本权益。第二,建立信息协定制度。信息协定是指劳动关系双方主要就有关企业政策变化和企业运营状况变化的信息,以及集体谈判所达成的协议。第三,建立快捷有效的信息传播制度。

实施沟通制度的具体方式有:①员工协调会议制度。管理人员和员工共聚一堂,商讨一些彼此关心的问题,逐层反映上去,公司总部的协调会议是标准的双向意见沟通系统。另外也有很多企业设立意见箱,员工可以随时将自己的问题或意见投到意见箱里,为配合这一计划实行,许多企业还特别制定了一些奖励规定,凡是员工意见经采纳后,产生了显著效果的,公司将给予优厚的奖励。②主管汇报制度。对员工来说,公司主管汇报、员工大会的性质,和每年的股东财务报告、股东大会相类似。这份主管汇报包括公司发展情况、财务报表分析、员工福利改善、公司面临的挑战以及对协调会议所提出的主要问题的解答等。公司各部门接到主管汇报后,就开始召开员工大会。公司员工每人可以接到一份详细的公司年终报告。③员工大会制度。员工大会大多在规模比较大的部门里召开,由总公司委派代表主持会议,各部门负责人参加,可以以报告公司的财务状况和员工的薪金、福利、分红等与员工有切身关系的问题为主,然后开始问答式的讨论。三角洲航空公司在员工沟通方面的做法堪称典范。

本章思考题

1. 劳动关系是否一定属于劳动法律关系,为什么?

2. 劳动合同的内容有哪些?

3. 用人单位在何种情形下可以单方解除劳动合同?

4. 新生代员工有何特点?针对新生代员工,应采取何种人力资源管理策略?

5. 何为体面劳动?在人力资源管理中,如何保障劳动者体面劳动的权利?

6. 结合我国现阶段劳动关系的转型与变化,分析影响劳动关系的因素及其对劳动关系的具体影响。

案例分析 9-1

小小罚款单帮忙证明存在劳动关系

单位无故将孙某辞退后,以双方不存在劳动关系为由,拒绝支付其解除劳动合同经济补偿。由于未签订劳动合同,孙某凭着一张有总裁助理签名的罚款单和其他证据,证明了自己和单位的劳动关系。

2007年9月,孙某经人介绍到山东某集团有限公司从事销售工作,双方未签订劳动合同。2009年3月12日,该公司将孙某辞退。孙某在该公司工作期间,该公司向孙某发放了员工手册,并分四次收取其物品代管费共计800元。另外,孙某曾因工作失职被罚款20元,罚款单上有该公司总裁助理李某的签名。孙某月工资1600元。孙某被辞退后向济南市历城区劳动争议仲裁委员会提起申诉,要求该公司支付未签订劳动合同的双倍工资、解除劳动关系经济补偿。劳动争议仲裁委经审理,以双方之间不存在劳动关系为由,驳回了孙某的申诉请求,孙某不服,向历城区法院提起诉讼。

庭审中,该公司提交了考勤表及职工张某的证明,证明该公司与孙某之间不存在劳动关系,孙某系张某个人雇佣的人员,对此孙某不予认可。而张某也未出庭作证。

  法院审理后认为：该公司虽辩称与孙某之间不存在劳动关系，但未提交有效的证据予以证明，而孙某提交的员工手册、物品代管费及罚款通知单等证据可以证明双方之间存在劳动关系。2007 年 7 月至 2009 年 3 月 12 日期间，孙某与该公司存在事实劳动关系，双方应按有关法律规定履行各自的权利义务。按照《劳动合同法》的规定，用人单位自用工之日起超过一个月不满一年未与劳动者订立书面劳动合同的，应当向劳动者每月支付两倍的工资。2008 年之后，该公司应与孙某签订书面劳动合同但未签，为此应向孙某支付 2008 年 2 月至 2008 年 12 月期间的双倍工资差额 17600 元。该公司无故将孙某辞退，应按孙某在该公司工作年限支付其经济补偿 3200 元。据此，法院判决：该公司支付孙某双倍工资差额 17600 元，解除劳动关系经济补偿 3200 元。

——资料来源：毕荣恩，高原. 小小罚款单帮忙证明存在劳动关系[N]. 山东工人报，2010 - 07 - 23.

案例讨论

  1. 未签订书面劳动合同，除了本案的证据外，劳动者还可能提供哪些证据，证明其与用人单位之间的劳动关系？

  2. 如果劳动者不愿意签订书面劳动合同，用人单位是否还需向劳动者支付自用工之日起超过一个月不满一年期间每月两倍的工资？

  3. 本案中，孙某是否可以追加一个请求：要求用人单位为其补缴社会保险费用或支付其用人单位应缴纳的社会保险费用？

案例分析 9-2

华为奋斗者协议：关注劳动者权利的被自愿

  2010 年 8 月下旬，多家网站爆出《华为对抗〈劳动法〉的〈奋斗者申请协议〉》一帖，根据这份协议华为提供两种角色让员工选择：一种是奋斗者，但要自愿放弃年休假、婚假、产假，从而得到公司在年终奖、配股分红、升迁、调薪等方面对他们的倾斜；一种是劳动者，可以享受以上假期，但被取消年终奖、股票分红，同时升迁、调薪等均受影响。员工申请"华为奋斗者"，还需要在协议上添加"我申请成为与公司共同奋斗的目标责任制员工,自愿放弃带薪年休假、非指令性加班费和陪产假"这句话。华为此举被认为是,通过这样的协议,以员工自愿放弃的名义,使华为合理规避《劳动法》,规避潜在的法律风险。继 2007 年底工龄门事件后,华为以争议性的奋斗者协议再次引发外界强烈的质疑和批评。但在华为内部,该协议并未遭到强烈的反抗,很多人"自愿"选择要当"奋斗者"。此时此际,富士康正在实施大举内迁计划,而身处同城的华为却高歌猛进,再次展开奋斗者梦想。

——资料来源:任宝宣. 华为奋斗者协议:关注劳动者权利的被自愿[EB/OL]. 中国劳动保障新闻网,http://www.clssn.com/html/report/34780 - 1.htm.

案例讨论

1.如果员工选择做奋斗者,与华为签订《奋斗者协议》,其中的自愿放弃年休假、婚假、产假等约定是否合法?

2.在员工的生存需要已经满足的情形下,请思考企业应该采取哪些措施激励员工忠实、勤奋工作?

第 10 章

人力资源战略管理

从 20 世纪 80 年代开始，人力资源管理的研究领域有非常大的方向性转变，这个转变使得人力资源管理的研究由完全的微观导向转为宏观的或者战略的导向，也就是通常所说的"人力资源战略管理"。人力资源战略管理，是基于人力资源作为企业战略性资源、竞争优势的源泉而提出的，是人力资源管理发展的新阶段、新探索、新趋势。

重点问题

⇨ 企业战略
⇨ 人力资源战略
⇨ 人力资源战略管理的涵义与特性
⇨ 人力资源战略管理系统
⇨ 人力资源外包分析
⇨ 人力资源外包的内容及方式选择
⇨ 人力资源外包的影响因素与潜在风险
⇨ 人力资源外包的发展趋势

阅读资料

戴尔：配合低成本战略的人力资源管理措施

低成本＋高效率＋好服务是戴尔发明的商业模式，凭借着这个神奇的模式，成立于 1984 年的戴尔公司在 20 多年的时间中成长为全球领先的 IT 产品及服务提供商,年营业额高达近 500 亿美元。戴尔公司于 1993 年 5 月进入中国市场,1998 年 8 月在中国九大城市开展直销业务,如今,戴尔已成为中国人家喻户晓的国际品牌。中国市场已成为戴尔公司海外仅次于英国的第二大市场。

21 世纪初的几年对整个电脑行业的打击很大,为了维持刚刚获得的全球头号个人电脑制造商地位,戴尔公司在 2001 年第一季度把每台电脑的平均价格降低了 300 美元左右,公司的利润也随之从 21% 降至 18%。戴尔公司的毛利率虽然低于它的主要竞争对手 IBM 和惠普,但净利润却大大高于二者,最主要的原因是直接面对客户的戴尔模式节约了大量成本。

电脑行业失去了往日欣欣向荣的景象,电脑价格大幅下跌。对于一贯凭借低成本取得成功的戴尔来说,要想继续保持领先,只能尽可能地再压缩成本。为了配合低成本领先战略,所有部门都应该为之做点什么,人力资源部门也不例外。

与其他公司一样,戴尔公司压缩人力成本的第一个举措就是裁员。2001 年上半年,公司决定要裁掉 4000 名工人。但辞退雇员是一件非常麻烦的事情,涉及诸多细节,这几乎是每个人力资源部门都感到头疼的事儿。戴尔公司人力资源部专门制定了一套确定哪些人应该离开公司的制度,并有效地处理了这次解雇过程中层出不穷的细节问题。被解雇的工人较早地拿到了两个月的薪资、年度奖金以及离职金,生活得到了保障。并且这些被辞退的工人还得到了重新谋职咨询和相应福利,有助于他们尽早找到新工作。通过妥善安排,戴尔公司顺利地精简人员,节约了一大笔人力成本。

作为一家 IT 企业,戴尔公司充分利用内联网,用先进的手段管理大多数人力资源工作。在公司的内联网上有一个管理者工具箱,其中包含了 30 种自动网络应用程序,这些工具帮助管理者能够方便而有效地承担部分人力资源管理工作,而这些工作过去必须由人力资源部门承担,并且成本相当高。雇员也可以利用内联网查询人力资源信息、管理自己的 401(K) 计划、监控各类明细单,过去要到人力资源部才能办到的事,现在只需轻轻一点鼠标即可完成。有效地利用公司内联网,用电子技术管理人力资源,简化了人力资源部门大量繁杂的工作,大大降低了管理成本。

传统的人力资源部门根据工作内容划分成几块,如招聘、培训、薪酬、考核等,每块都有相应人员负责,不但要处理具体的工作,还要根据公司战略作出相应决策。戴尔公司摒弃旧的组织结构,将人力资源管理部门划分成人力资源"运营"部门和人力资源"管理"部门。人力资源"运营"部门主要负责福利、薪酬、劳资关系等具体工作,直接与雇员接触,很少与其他部门的负责人打交道。这些工作虽然繁多琐碎,但属于日常事务性工作,可以借助例行程序、制度、方法完成,戴尔是通过集中的呼叫中心来协调这类人力资源管理职能。人力资源"管理"部门主要负责招聘、培训等工作,从事这些工作的专员要向事业部的副总裁和人力资源副总裁汇报,并且要以顾问的身份参加事业部的会议,为事业部制定专门的人力资源战略,并且从人力资源角度来帮助事业部实现战略。这种划分方式,可以让人力资源"运营"部门有效地处理大量日常事务,又可以让人力资源"管理"部门为事业部提供有效的专业支持。重新划分工作,不但效率得到提高,而且精简了专门从事人力资源工作的人员。

　　人力资源战略作为公司战略的重要组成部分,必须以低成本战略为导向,配合整个公司的发展。如何把这样一个战略思想转变成现实可操作的措施,是解决问题的关键,也正是戴尔努力的方向。

　　——资料来源:宋联可.戴尔:配合低成本战略的人力资源管理措施[EB/OL].2009 - 07 - 24. http://www.chinavalue.net/Article/Archive/2009/7/24/186943.html.

　　随着知识经济的推进及近年来人力资源管理中非核心业务外包的不断扩大,人力资源管理由事务操作型转向战略规划型。通过阅读戴尔公司的案例,我们不难发现人力资源战略管理在企业经营中的作用越来越大,没有战略性人力资源管理措施,企业很难实现其经营战略。

10.1　企业战略与人力资源战略管理

　　20 世纪 90 年代以来,人力资源管理研究领域的一个重要变化就是把人力资源管理看成是企业战略的贡献者,人力资源管理正逐步向人力资源战略管理过渡。正如美国哈佛大学教授迈克尔·波特所认为的:人力资源管理可以通过降低成本,增加产品和服务的差别为企业获得竞争优势,因此,通过人力资源管理获得竞争优势必须以战略的眼光进行。人力资源战略管理的提出和发展,标志着人力资源管理正走向成熟。

10.1.1 企业战略与人力资源战略

1. 企业战略的两大类型

(1)企业竞争战略。哈佛大学的迈克尔·波特教授在《竞争战略》(1980)一书中提出,一个企业在严酷的市场竞争中能否生存和发展的关键在于其产品的"独特性"和"顾客价值",若二者缺一,企业就很难在竞争中取得优势。他提出了可供企业选择的三种基本战略:成本领先战略、差异化战略和集中化战略。

①成本领先战略(cost-leadership strategy)。企业在采取这种战略时,力求在生产经营中降低成本、扩大规模、减少费用,从而可以用低价格和高市场占有率保持竞争优势。

②差异化战略(differentiation strategy)。所谓差异化战略,就是在本行业或市场细分内,提供客户喜欢的独一无二的商品。这种差异地位的取得通常是由于产品的高质量、成功的营销和分销或优良的服务。

③集中战略(focus strategy)。集中战略,是将目标集中在特定的消费者或者特定的地理区域上,即在行业内很小的竞争范围内建立独特的竞争优势。前两种战略是在广泛的产业细分市场上寻求竞争优势,而集中战略则是集中在较小的细分市场中寻求成本领先或差异化,即成本集中化或差别集中化。

(2)企业发展战略。企业的发展战略主要有以下四类:成长战略、维持战略、收缩战略和组合战略。

①成长战略。一是集中式成长战略,即在原有产品的基础上,集中发展成为系列产品,或开发与原产品相关联的产品系列。典型范例是国内长虹电器股份公司,在公司的开创阶段,长虹选择了"独生子女"政策,即集中全部精力和资源生产经营电视机。当公司的产品形成规模、创出了名牌后,又改为"多子女"政策,在电视机的基础上,开始全面出击,开发相关联的其他家电产品,如空调、VCD、数字移动通讯电话等。二是纵向一体化成长战略,即向原企业产品的上游产业或下游产业发展。如饲料生产厂家可以发展养殖、食品加工和销售,正大集团就是成功运用了这种成长战略。三是多元化成长战略,即企业在原产品或产业的基础上,向其他不相关或不密切相关的产品或产业发展,形成通常所说的"多角化经营"的格局。三九集团的迅速发展就在于采用了多元化战略,从 30 万元起家,仅仅生产一种胃药的企业,发展成了今天拥有数十亿资产,跨医药、工程、建筑、啤酒、饭店、旅游等产业的企业集团。

②维持战略。当市场相对稳定,且被几家竞争企业分割经营时,处于其间的企业通常采取维持性战略,即坚守自己的市场份额、客户和经营区域,防止企业利益

被竞争对手蚕食,同时保持警惕,防止新的对手进入市场。

③收缩战略。当企业的产品进入衰退期或因经营环境变化而陷入危机时,企业可以采取收缩战略以扭转颓势,克服危机,争取柳暗花明,走出困境。现在许多知名的企业也在实行收缩战略,最著名的案例就是百事放弃肯德基。

④组合战略。组合战略是同时实行两种或多种上述的战略。对于一个组织而言,它可以对某项业务实行成长战略,而对另一项业务进行收缩。例如通用汽车公司就曾在 1992 年迅速扩大它的电子数据系统分公司,同时大幅度削减它在美国国内的汽车制造业务。

2. 企业战略与人力资源战略的联系

人力资源战略是企业战略的一项重要职能战略,是以企业战略为依据,同时又影响企业战略的制定和执行。人力资源战略对于企业的赢利和效率非常重要,同时也是一个组织追求的终极目标(博克萨尔,Boxall,1996)。

根据现有研究,企业战略与人力资源战略的联系可由五个模型来表述,主要介绍如下:

在"分离模型"中,如果组织战略和人力资源战略并没有在组织中体现为书面形式的话,它们两者之间完全没有联系。这一现象仍然存于一些小型组织中。

"匹配模型"表示人们逐渐认识到在实现组织战略过程中雇员的重要性。雇员被看做是实现组织战略的关键要素,人力资源战略也旨在达到上述目标。在匹配模型中,组织战略与人力资源战略的关系是以组织作为例证的,这些组织将其目标从高层管理团队向职能、部门、团队等进行贯彻。例如,各职能系统需要提出职能战略,以确保实现组织战略。部门也需要提出战略,以确保职能战略能够得以实现。从这个角度看,人力资源职能(其他职能也一样)需要按照组织战略来定义出自身的战略,以满足组织的需要。

"对话模型"使上述关系深入了一步,它认为需要双向交流和一些有益的冲突。

"整体模型"表示组织中的人被认为是竞争优势的关键,而不仅仅是实现组织战略的方式。也就是说,人力资源战略不只是实现组织战略的手段,也是其自身的结果。博克萨尔将这种思想引申到以资源为基础的公司,他们认为组织战略可以被解释得更为宽泛,而不仅仅是竞争战略(或者是市场定位战略),企业战略包含了一系列的战略,其中有人力资源管理战略,博克萨尔将这些战略描述为一把锯的锯齿。这表明了战略的共同发展以及一些形式上的整合,而不是仅仅根据预先确定的战略作出反应。

"人力资源驱动模型"提供了一个更为极端的形式,它将人力资源战略置于最重要的位置。这个观点认为,如果人是竞争优势的关键,那么我们需要建立起在人员方面的优势。巴特勒(Butler,1988,1989)将这个模型视做一个重要的转变,即从人力资源是战略实现手段的观点转变到人力资源是战略形成中驱动因素的观点。并且这个模型反映了以资源为基础的战略性人力资源管理的观点,恰好也是在人们日益重视"人力资本"的背景下,强调组织中人员整体的素质和能力,也是公司未来竞争优势的重要条件。

10. 1. 2　人力资源管理对企业战略实现的作用

人力资源管理在成就企业竞争优势,推动企业战略目标实现方面的意义重大,地位不容忽视,其作用主要体现在:

1. 人力资源管理通过为企业获得竞争优势实现企业战略目标

企业的生存和发展离不开企业的竞争优势和核心能力。战略学家迈克尔·波特提出,人力资源管理是获取竞争优势的一个关键。获取竞争优势是企业战略的最终目标,人力资源管理对企业竞争优势的取得具有重要意义。优秀的人力资源管理能在防止产生冗员的同时为企业发展提供充足的人力资源储备,以最低成本和最短时间选用最佳员工,培养稀缺性人力资源,调动员工积极性,提高企业业绩和竞争实力。由于人力资源管理必须符合企业员工在知识、素质、能力等方面的具体状况,企业人力资源管理活动也难以被竞争者深入接触,所以通过人力资源管理实践获得的竞争优势难以模仿,比通过其他手段获得的竞争优势更为持久。

2. 人力资源管理通过提高企业经营绩效实现企业战略目标

人力资源管理的一个重要目标就是要提高员工工作绩效,提高人的活动对企业绩效的促进力。过去,人力资源管理是以活动为宗旨,主要考虑做什么,较少考虑投入成本和人力资源开发产生的收益,人力资源管理人员通过计算员工的工作和任务来体现自身的存在。现在作为企业的战略贡献者,人力资源管理必须把他们的活动所产生的回报作为企业的经营成果,尤其是人力资源投资的回报。高绩效工作实现的人力资源管理是与企业良好的财务状况相联系的。人力资源管理的其他一些活动也为企业经营绩效的提高带来帮助,例如培训必然带来员工能力的提高,而员工能力的提高必然带来企业绩效的提高。因此,人力资源管理与企业战略实现程度存在正相关的关系。

3. 人力资源管理通过为企业扩展人力资本实现企业战略目标

人力资本是企业人力资源的全部价值,它由企业中的人,以及他们所拥有的并能用之于工作中的能力所构成。对于人力资本而言,如果企业出现技能短缺,除非增加人力资本投资,否则这种短缺将会影响企业的市场竞争力。人力资源管理的战略目标就是要不断地增加人力资本。人力资源管理能够通过对人力资源的培训与开发,有效地增强企业的人力资本,并使人力资本的使用效率最大化。

4.人力资源管理能为企业增添战略伙伴

当人力资源成为企业竞争优势的主要来源时,人力资源管理则在企业的总体战略中扮演重要角色。人力资源管理可以在企业中扮演战略伙伴、专家顾问、员工服务者和变革推动者四种角色,每一种角色都有其行为和成就的要求。人力资源管理通过战略伙伴等角色定位,必然能够有效地支撑企业的核心能力,帮助企业在激烈的竞争中实现战略目标。

5.人力资源管理通过为企业缩减代理及交易成本实现企业战略目标

交易成本是团体间因为协商、监督、评估及强迫交换所需要的成本,交易成本会使团体将该交易成本内部化。代理问题是发生在一个团体需要另一个团体在不稳定的情境下进行服务,而两者又都是自利的时候,代理成本就是确使两者建立有效合约关系所需的成本。代理成本可能会发生在人力资源投入、人员行为及绩效产出上。由于机会主义,组织在雇用员工时,应征者往往会夸大自己的才能,造成雇主在甄选时必须花费较多的成本;透过员工的一些技能进行与资产相关的投资时,代理成本也会增加;由于监督及评估员工不易,为确保员工的绩效,成本也会增加。

为了解决这些弊端,需要制定一些正式与非正式的契约与条款,而人力资源管理等各项活动可以有效管理雇主与员工的关系,可以使员工个人的贡献能清楚地定义出来,并适当地给予薪酬,否则员工将不会有诱因去提升绩效,而人力资源实务还可以作为衡量员工绩效的方法,透过这些方法,可以使员工行为及组织目标趋于一致。因此人力资源管理可发挥效用,使交易成本与代理成本降低,促进企业的效益提升。

10.1.3　企业战略类型与人力资源管理

人力资源管理应该与企业战略类型相适应。不同的企业战略对人力资源管理工作提出了各不相同的挑战。就人力资源管理而言,目的是选择企业的人力资源管理活动,以使这些选择能导致不断加强实现企业战略目标所需的各种确定的行动。

1.企业竞争战略与人力资源管理

企业竞争战略有三种:成本领先战略、差异化战略与集中化战略。适用不同企业竞争战略的人力资源管理活动见表 10 - 1。

表 10 - 1　　适用于不同竞争战略的企业人力资源管理活动

	成本领先战略	集中化战略	差异化战略
	低参与	高参与	高参与
人力资源管理活动	明确的工作标准	明确的工作标准	不明确的工作标准
	主要是内部招聘	部分外部招聘	外部招聘
	较窄的职业路径	较窄的职业路径	较宽的职业路径
	以结果为基础的考评标准	主要以结果为基础的考评标准	过程与结果并用的考评标准
	短期的考评标准	主要是短期的考评标准	长期的考评标准
	以个人考评为主	部分群体工作者绩效考评标准	部分群体工作者绩效考评标准
	个人工作安全感差	个人有一定的工作安全感	个人有一定的工作安全感
	不对研发人员进行激励	适当激励研发人员	多种方式激励研发人员
	等级工资制	相同工资制	相同工资制
	不培训研发人员	对研发人员进行多种培训	对研发人员进行多种培训
	传统的劳动关系/管理关系	集体劳动关系/管理关系	集体劳动关系/管理关系

（1）采用成本领先战略时，企业将积极追求生产效率并严格控制成本，以便超过竞争对手。成本领先战略要求企业人力资源具有的特质是：员工技能的应用范围较窄，强调重复性的行为，注重行为的结果和对变革的适应性要求不高。

① 在人员招聘上，为了节约成本，稳定员工队伍，调动员工的积极性，为企业内部员工提供发展的机会，企业往往采取从内部招募的办法，即当企业中出现职位空缺时，人力资源管理部门将采取积极的态度，首先从组织内部寻找、挑选合适的人员填补空缺。即使有时从外部招聘员工，也必须是低成本的。如美国的德克萨斯仪器公司在过去几年的计算机业务中取得极大成功的一个关键因素，就是努力通过大批量、低成本的生产过程来大幅度降低成本。根据企业的这一经营战略，德克萨斯仪器公司在雇用员工方面，就注重挑选那些在降低成本方面受过训练的技术人员。

② 为了配合低成本的企业战略，人力资源管理应突出强调在人力资源取得、使用、调整等环节的有效性、低成本性和极小化的不确定性。企业对员工的培训也只限于与工作有关的特定训练，培训投入相对较少。

③ 在薪酬管理方面,应强调以工作为基础的薪资。即根据劳动者所担任工作(职务、岗位)对任职人员在文化、技术(业务)、智力、体力等方面的要求,以及劳动环境对劳动者的影响等因素所确定的各工作的顺序(等级)来确定薪酬。劳动者干什么工作,就领取什么样的薪酬,而不考虑他具有的超出本职要求的工作能力。这种薪酬制度主要包括以下两种具体形式:职务等级制和岗位等级制。前者是按照劳动者所担任的工作职务来规定薪酬标准的一种薪酬等级制度;后者则是按照劳动者在工作中的不同岗位,来确定薪酬标准的一种等级制度。

(2)差异化战略是企业力图使自己的新产品或者服务区别于其竞争对手的战略。实施差异化战略时,企业员工应具备的特质是:创造性、灵活性、团队参与意识和对模糊状态的容忍度。实施差异化战略所需的人力资源管理活动是:员工高参与,外部招聘员工,激励员工和关心员工的行为结果。

① 在招聘时可采用外部招聘的办法,这样选择的范围广、层次丰富,选择的余地大。在工作内容上应较模糊,无常规做法,具有非重复性并且具有一定的风险,工作类别广,工作规划松散,强调创新和弹性。

②为了激发创造力,必须注重开发和培训,注意培育良好的劳动关系。

③在薪酬管理方面,强调以个人为基础的薪资,即根据劳动者的实际工作能力(不限于本职工作能力)确定薪酬标准。这种制度一般先要通过考核确定劳动者的工作能力大小并对其提高程度进行评价,然后再确定薪酬等级和薪酬标准或增薪幅度。与以工作为基础的薪酬制度不同,它不是按"事"规定薪酬,而是按"人"规定薪酬,并用绩效评估作为发展的工具。

(3)集中化战略是把企业的中心工作放在一种特殊的市场或者特殊的顾客群体上。对这一特殊市场或顾客群体,采用集中战略的企业可以按差异战略或成本领先战略的标准进行竞争。它所需要员工的特质既有差异化战略的又有成本领先战略的,而其中特别重要的是,高度重视员工的行为过程和员工高参与。

2. 企业发展战略与人力资源管理

根据冯布龙·迪维纳的研究(1984),企业发展战略对人力资源管理有很大影响,尤其是在人员招聘、绩效考评、薪酬政策和员工发展等方面。所以,人力资源管理应与企业的发展战略相契合,这样才能实现企业的发展目标。企业发展战略与人力资源管理的契合分析如下:

(1)集中式单一产品发展战略。企业采取这种发展战略时,往往具有规范的职能型组织结构和运作机制,高度集权的控制和严密的层级指挥系统,各个部门和人员都有严格的分工。

① 在员工招聘和绩效考评上,较多地从职能作用上评判,且较多依靠各级主管。

② 在薪酬管理上,多采用自上而下的家长式分配方式,即上司说了算。

③ 在员工培训和发展方面,以单一的职能技术为主,较少考虑整个系统。

采取集中生产单一产品或服务的最典型的企业是麦当劳公司。麦当劳公司根据自身的企业发展战略,制定了一套健全和公平的晋升机制和工资政策。

(2)纵向整合式发展战略。采取这种发展战略的企业在组织结构上仍较多实行规范性职能型的运作机制,控制和指挥同样较集中,但这种企业更注重各部门实际效率和效益。

① 在人员的挑选招聘时,较多依靠客观标准,并同时进行企业内部和外部的招聘。

② 在绩效考评时也是较多依靠客观标准,立足于事实和具体数据。奖酬的依据主要是工作业绩和效率,并且注重物质奖励。

③ 员工在培训时注重开展正规的技能培训,员工的发展仍以专业人才培养为主,少数通才主要通过工作轮换来培养和发展。

(3)多元化发展战略。采取这种发展战略的企业因为经营不同产业的产品系列,其组织结构较多采用战略事业单位(SBU)或事业部制。这些事业单位都保持着相对独立的经营权。这类企业的发展变化较为频繁。

① 在人员招聘和选择上较多运用系统化标准,并尽量从内部招募。

② 对员工的考核主要是看员工对企业的贡献和企业的投资效益,运用"内在激励"多于"外在激励"。

③ 员工的培训和发展往往是跨职能、跨部门甚至是跨事业单位的系统化开发,即员工的发展和培训计划是大规模的。

10.2　人力资源战略管理系统

10.2.1　人力资源战略管理的涵义与特性

1.人力资源战略管理的涵义

所谓人力资源战略管理(strategic human resource management,SHRM),就是系统地把企业人力资源管理同企业战略目标联系起来,其核心在于通过有计划的人力资源开发与管理活动,增强企业战略目标的实现。人力资源战略管理有别于传统人力资源管理所扮演的职能性角色,而以总体导向的战略性方式,探讨人力资源管理与企业的互动关系,审视企业外在的各项活动与内在的优缺点,确认可能的机会与威胁,将人力资源管理的各项活动与企业战略相结合,因此,它与传统的人力资源管理相比,最大的区别就在于人力资源管理部门能够直接参与企业的战略决策,在明确的企业战略前提下,与其他部门协调合作,共同实现企业的战略目标。

人力资源战略管理的提出,证明了企业的人力资源管理已出传统的人力资源管理,即只注重员工个体工作绩效和满意程度等微观问题,向帮助企业获取持续竞争优势,实现员工贡献最大化这样一种全新角色转变。它将企业的注意力集中于:改变结构和文化,组织效率和业绩,特殊能力的开发,以及管理变革。目的是:通过确保企业获取具有良好技能和良好激励的员工,使企业获得持续的竞争优势,从而形成企业的战略能力,依靠人们实现战略目标和依靠核心人力资源去建立竞争优势。

2. 人力资源战略管理的特性

企业人力资源战略管理与人力资源管理有联系又有区别,表现出如下特性:

(1)战略性。人力资源战略和企业战略紧密结合是人力资源战略管理的核心特征,其战略性也是企业人力资源管理的本质所在,主要体现在四个方面:

① 在战略指导思想上,现代人力资源管理是"以人为本"的人本管理;

② 在战略目标上,现代人力资源管理是为了"获得竞争优势"的目标管理;

③ 在战略范围上,现代人力资源管理是"全员参与"的民主管理;

④ 在战略措施上,现代人力资源管理是运用"系统化科学和人文艺术"的权变管理。

(2)匹配性。战略匹配或契合(fit)是人力资源战略管理的关键,企业要通过战略整合来保持企业战略和人力资源战略的一致性。一致性理论指出,环境与组织各部分间的契合程度越高,组织行为的效率也越高。因此,对企业来说,最中心的问题不是如何识别哪些是最佳的人力资源政策,而是去寻找企业外部环境、总体战略与人力资源管理政策和执行间的最佳匹配处。具体而言,匹配性包括纵向匹配和横向匹配:

① 纵向匹配,即人力资源管理必须与企业的战略类型匹配,其中包括人力资源整合计划与战略的匹配;组织结构及组织文化等与战略的匹配;人力资源具体实践活动与人力资源整合计划的匹配;个体目标与组织目标的匹配。

② 横向匹配,即整个人力资源管理系统各组成部分或要素相互之间的匹配。

另外,匹配性还意味着动态性。因为要保证人力资源实践活动的纵向匹配和横向匹配,必然关注组织内各要素的变化。

(3)捆绑性(协同性)。捆绑性即指组织内部人力资源管理各项实践活动协同发挥作用,共同服务于某一特定目标的组合模式。人力资源管理实践的捆绑性特征基于匹配性特征。正是由于各项人力资源实践间的匹配能够使人力资源管理获取协同效应,所以才能促使运作中人力资源实践间的捆绑。"捆绑"性就是寻求互补的人力资源实践之间的捆绑或结合,力图找到最有效果的发挥协同作用的模式。

　　一般而言,实践活动的捆绑模式又可分为两类:一是所有人力资源管理的具体实践活动组合在一起,没有核心实践活动,这种模式强调了所有实践活动的系统性和均衡性。二是在所有实践活动中,以一项或某几项为核心而捆绑在一起,这种模式往往是根据组织自身特征和要求,强调某一项或某几项事件活动的作用,并使其他实践活动支持核心活动。

　　(4)目标性。人力资源战略管理的目的是通过确保组织获取具有良好技能和良好激励的员工,使组织获得持续的竞争优势,从而形成组织的战略能力,依靠人们实现战略目标和依靠核心人力资源去建立竞争优势。简而言之,其根本目的就是实现组织战略目标,提高绩效,为组织赢得竞争优势。

　　其目标性具有两个显著特点:其一是人力资源战略管理范式下的目标更强调员工的个人目标与企业战略结合在一起,不仅注重组织的绩效,也注重个人的绩效与目标。人力资源战略管理的一个重要原则是双层双元原则,"双元"一是指企业发展,二是指员工发展;"双层"一是指企业层次,二是指员工层次,即在企业和员工层次都要既考虑个人发展,又要想到企业发展。也就是说,要通过合理的人力资源战略管理使企业目标和员工个人发展目标尽可能相匹配。其二是人力资源战略管理的目标更在于长期性、整体性。人力资源管理虽然也强调其目标性,但人力资源战略管理更关注决定企业命运的、与人有关的战略性因素,其目标体现战略性。

　　(5)灵活性。人力资源战略管理的灵活性,是指企业人力资源管理帮助企业有效、及时地适应由外部和内部环境所提出的需要的能力。西方学者提出了需要重视的三个方面的灵活性:开发一个能够很快适应变化的人力资源管理系统;开发一个具有高适应性的人力资本水池;在雇员中促进行为的灵活性。桑切茨认为存在两种基本的灵活性:一是资源灵活性,二是协调灵活性。当然,不同的学者在研究人力资源战略管理所强调的灵活性方面是不同的。如斯诺和斯奈尔强调通过招聘具有创造价值潜力的雇员来建立这种灵活性,而麦克杜菲则强调人力资源的灵活性应该从培训雇员具有广泛的才能入手。但有一点是共同的,他们都强调灵活性与雇员的技能以及雇员行为的联系。

　　人力资源战略管理是基于人力资源重要性的提升,是基于人力资源作为企业战略性资源、竞争优势的源泉而提出的。它的本质集中体现在战略性上。而人力资源战略管理的几大特性是一个相互联系、密不可分的体系。战略性与灵活性是其主要的两个核心,而战略性又是其本质与基础。匹配性是人力资源战略管理的关键,是战略性的保障。因为只有人力资源管理系统与战略目标相匹配,才能体现出其战略性。只要人力资源管理系统与战略相匹配,就可以发挥其协同性亦即捆绑性,共同服务于提高组织绩效和获取竞争优势的目标,即体现其目标性。

10.2.2　人力资源战略管理系统设计

人力资源战略管理系统的设计，是现代企业为获取竞争优势、实现可持续发展的重要举措。我们将人力资源战略管理系统分为六个子系统：人力资源战略规划、获取与配置人力资源的战略管理、人力资源培训与开发的战略管理、战略性绩效考核与薪酬管理、战略性职业生涯的战略设计与管理和企业核心文化的战略性整合。通过这六个子系统的有机结合，充分发挥人力资源战略管理功能，实现企业战略目标。

1. 人力资源战略规划

人力资源战略规划，是指企业根据内部的战略目标和经营方向，以及企业外部的社会和法律环境对人力资源的影响，制定出的一套符合企业长远发展的两年以上的计划，该计划保持战略规划的稳定性和灵活性。人力资源战略规划具有动态性、系统性、超前性、跨文化性、扁平化、个性化等特征。

人力资源战略规划主要包含人力资源数量规划、人力资源结构规划和人力资源素质规划这三项内容，企业人力资源战略管理的指导方针和政策即来源于此。

（1）人力资源数量规划。人力资源数量规划是依据未来企业业务类型和组织结构等变量，确定未来企业各职各类人员的配比关系或比例，并在此基础上制订人力资源需求和供给计划。换言之，就是确定企业目前多少人，以及企业未来需要多少人。

这一规划主要解决企业人力资源配置标准的问题，它为企业未来的人力资源配置和人力资源的整体发展提供了依据，指明了方向。

（2）人力资源结构规划。人力资源结构规划是依据企业规模、战略业务类型及行业特点，对企业人力资源进行分层分类，对企业各层各级功能、职责及职权进行设计和定义，从而理顺各职各类人员在企业发展、战略目标实现中的地位、作用和相互关系。目的是要打破组织壁垒（如部门）对人力资源管理造成的障碍，为人力资源开发与管理的顺利进行提供保障，同时也为企业人力资源战略管理系统的设计和运行打下基础。

这一规划与其他两项规划是同步进行的，其他两项规划是根据这一规划所确定的结构进行的，因此，人力资源结构规划是人力资源战略规划的核心内容。

（3）人力资源素质规划。人力资源素质规划是在企业战略、业务类型及组织对员工行为要求的基础上，来设计各职各类人员的任职资格要求，包括素质模型、行为能力及行为标准等。它是企业开展选人、用人、育人和留人活动的基础和前提条件。

人力资源战略规划明确了企业人力资源管理长期的远景、使命、价值观及企业的核心竞争因素，根据核心竞争因素推导出企业的战略目标，只有在企业发展战略、经营目标明确后，才能制定与之相应的人力资源战略。人力资源战略规划是关系企业和员工长期的、战略性的计划决策,是企业人力资源战略指导思想和企业战略发展方向的具体体现,为企业的竞争计划和发展提供了坚实的基础。

2. 获取与配置人力资源的战略管理

人力资源的获取与配置作为整个人力资源战略管理的重要组成部分,有其独立的运行过程,并与企业战略目标和人力资源战略管理其他子系统互为支持、相辅相成。换言之,获取与配置人力资源的战略管理工作,将人力资源的获取与配置纳入到企业战略目标的实现框架中,表 10 - 2 说明了不同的战略目标是如何影响企业采取不同的招聘和保留员工的方法的。

表 10 - 2　战略选择如何影响招聘和保留员工工作的举例

战略目标	招聘和保留员工的战略管理
通过低成本的服务来扩大市场份额	·随着公司的增长,保留住目前人才的重要性 ·需要预测增长率,并且将市场份额的变化转化为需要增加的劳动力 ·不断地提高招聘工作的效率来保持低成本 ·低成本战略对工资、福利成本施加了压力,所以,在寻找低成本的招聘和保留人才的方法方面需要有创造性
通过提供创新的产品和保持高边际利润来提高投资回报率	·招聘工作的重点要放在吸引那些在他们的领域中处于前沿的高素质申请人 ·最好的人才大多不会找工作,所以必须接触他们(不要坐等他们找上门来) ·需要具备保留优秀人才的战略,因为这些人正是其他公司猎取的对象;对知识的保留也是一项战略问题
通过多样化而进入新的业务领域来回应正在衰落的行业趋势	·可能需要制订和实施解雇计划,这对如何吸引新的人才,同时又保留住最好的人才提出了挑战 ·为新的业务领域招聘新员工应当包括制订从衰落行业中调动人员的计划,这样可以使解雇的人最少 ·对于新的业务来说,人力资源部需要制定招聘这些行业中最优秀人才的战略

获取与配置人力资源的战略管理的主要内容:

(1)战略性的员工招募。战略性的员工招募是指组织根据人力资源战略规划所确定的人员要求,通过多种渠道,利用多种工具,广泛吸引具备相应资格的人员(候选人)向本组织求职的过程。它的目的是形成一个工作候选人的蓄水池,即,"以最小的代价选择最合适的员工"。其主要内容为:

① 根据企业未来业务类型和成长规模,预测未来的人员需求;

② 集中注意力只吸引具备相应资格的人员;

③ 确保员工招募和甄选活动的合法性;

④ 确保吸引候选人的过程公开、透明;

⑤ 力求员工招募能够支持实现企业的战略目标。

(2)战略性的员工甄选。战略性的员工甄选是指组织通过一定的工具和渠道,对应聘者进行区分、评估,并最终挑选出满足组织要求、符合组织战略需要的人员。研究表明,高素质员工的绩效能达到平均水平的 129%(Boyatzes,1999),因此,能够挑选出合适人员的战略性员工甄选环节,成为了人力资源战略管理过程中极为重要的一环。其主要内容为:

① 对工作岗位的分析和衡量;

② 对候选人资源条件和个人能力的衡量;

③ 甄选的客观标准和依据;

④ 甄选工具和渠道的选择及使用。

值得注意的是,在战略性的员工甄选活动中,应考虑候选人的价值观是否与本组织文化相融。

(3)战略性的员工调配。战略性的员工调配是指组织根据战略需要和实际情况,结合员工与职位匹配程度,以及员工的个人因素,对员工重新评价、配置的过程。这一过程关系到工作绩效和员工个人利益,应遵循因事设人、用人所长、照顾差异、人尽其才的原则,审慎进行。战略性的员工调配在确保企业战略目标、实施人力资源战略规划、激励员工、改善企业组织气氛等方面起着很好的作用。其主要内容为:

① 晋升、降职、辞退;

② 工作轮换;

③ 竞聘上岗。

员工调配的方式方法的选择,应视企业的战略目标、岗位需要、员工个人需要等因素进行有效选择。

表 10-3　战略性员工调配的三项内容及其适用范围

三项内容	适用范围
晋升、降职、辞退	根据绩效考核或任职资格考核,发现人事不匹配的时候
工作轮换	为满足员工职业生涯发展的需要的时候
竞聘上岗	当出现职位空缺,要从组织内部招聘的时候

3. 人力资源培训与开发的战略管理

人力资源对企业核心能力和竞争优势的支撑,根本上取决于员工为客户创造价值的核心专长与技能。而企业以战略和核心能力为导向的人力资源培训与开发的战略管理,将对培养和提升员工的核心专长与技能提供重要的支持。因此,从支撑企业核心竞争力、实现企业战略目标的角度,构建的企业人力资源培训与开发战略管理子系统,是人力资源战略管理系统中一个投入大、产出高、极具增长潜力的部分。

我们把人力资源培训与开发战略管理的工作内容分成四个阶段来展开:

第一阶段:必要性评价,即分析确认某个岗位、人员和部门是否需要培训。岗位分析和绩效评估是实现这一目的的有效方法。

第二阶段:设计培训和开发方案。在必要性评价的基础上,确立培训和开发的目的和内容。企业在设计培训开发项目时既要考虑企业战略与经营目标对人力资源的要求,又要切实考虑员工的职业生涯发展需求,这样才能既赢得员工的认可、支持与参与,又不偏离组织发展的目标,才能真正发挥培训开发在企业人力资源管理以及企业其他经营活动中的作用。

第三阶段:决定采用的培训和开发方法。选择培训和开发方法最基本的考虑是在岗培训还是脱产培训。具体方法有报告、角色扮演、项目学习、案例讨论、业务模拟等。

第四阶段:培训效果评估。根据员工的反应、学习情况和工作的变化对培训和开发有效性进行评估。

4. 战略性绩效考核与薪酬管理

开展战略性的绩效考核,是强化人力资源战略管理的根基。作为人力资源战略管理重要职能之一的绩效考核,是指根据一定的目的、程序,并采取一定的方法对员工的工作绩效给予评定,是组织对其战略目标、战略体系的实现过程进行控制的一种重要职能。绩效考核的战略管理具有识别和挖掘人才、调整人事安排、调整报酬待遇、决定奖惩以及留住人才等功能,是合理推行人力资源战略性开发与管理、有效实施激励制度的基础和依据。

人力资源管理支撑企业战略目标的实现,从根本上讲,在于通过 KPI 指标体系的分解来实现对战略的传递,同时借助战略性的绩效考核来促进个体、团队和整个企业的绩效持续改进,提升企业的核心能力和竞争优势。建立战略导向的企业 KPI 指标体系对于企业绩效管理有着十分重要的意义:它不仅能成为企业员工行为的约束机制,还能发挥战略导向的牵引作用;通过将员工的个人行为、目标与企业的战略相契合,能有效地阐释与传播企业的战略,是企业的战略实施工具;对传统绩效考核方法的创新,它尤为强调战略在绩效考核过程中的核心作用。

　　以 KPI 指标为核心的战略性绩效管理系统,主要包括绩效计划、绩效辅导、绩效考核与绩效反馈与面谈四个环节,它们构成一个完整的循坏,从而实现对企业战略目标的支撑。

　　企业在构建战略性薪酬管理的基本框架时,首先要从战略层面展开分析和思考,这样才能保证在企业战略指导下设计出来的薪酬管理体系适合本企业。其次还应在制度层面中考虑薪酬管理系统中各个子系统的独特作用和相互关系。最后从方法层面上来有效设计各个薪酬管理子系统,使它们能有效运行。图 10 - 1 给出了战略性薪酬管理的框架体系。

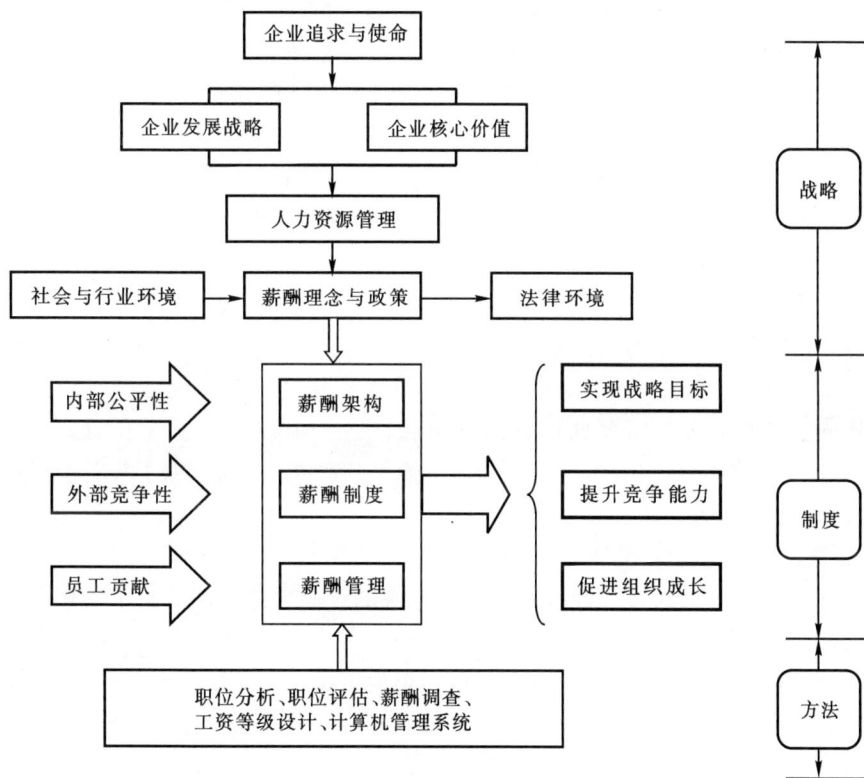

图 10 - 1　战略性薪酬管理框架体系

　　(1)战略层面。企业战略定义了企业的核心竞争力,使企业明确自身需要搭建什么样的架构,如何去吸引和培养人才。在明确了企业的战略之后,从而也就有了事业部战略,这样也就确立了与企业战略相匹配的人力资源战略,最后也就有了与企业战略相匹配的薪酬战略。战略性薪酬管理作为人力资源战略管理的多个子系统之一，也必须与企业的战略类型和价值导向匹配，在构建战略性薪酬管理的基本框架时也必须以之为依据，这样才能达到战略性薪酬管理的根本目的，从而才能激励员工的行为朝公司所倡导的方向转变。

（2）制度层面。即薪酬管理制度。制度是战略与理念得以落实的载体。在战略指引下，制度设计的方向才会更加明确，制度的存在才有了意义。在薪酬系统设计时要避免孤立地去考虑单个制度，要考虑与其他制度的关联性。因为企业处于不同的发展阶段，遇到的问题不同，所以薪酬制度设计的出发点也不同。如果缺乏对薪酬管理制度进行系统化思考，可能就会造成各种制度都强调一种导向，致使各项制度的整体效用不能达到最大。因此，各项薪酬管理制度的设计不仅要有个性化，而且还要使各项薪酬管理制度的组合能够发挥整体效能。

（3）方法层面。战略性薪酬管理的方法是操作层面的事情，它是将战略性薪酬管理设计转换为实践的一种有用的技术。但许多人力资源专业人员经常陷入技术误区，采用各种所谓先进的科学方法来设计制度，而没有从战略层面来思考制度设计。方法和工具是薪酬制度设计时运用的手段而不是出发点。如果没有适当地运用方法和工具，也很难设计出运作效度高、执行性强的制度，从而会给制度的落实和执行带来困难。

战略性薪酬管理作为人力资源战略管理系统中一个极为复杂的子系统，除了要与企业战略相匹配外，在一定程度上还要受到其与其他人力资源子系统怎样匹配的影响。这种匹配的重要性可以通过招聘、录用、绩效考评和晋升的关系来说明。因此，战略性的薪酬管理往往难为其他企业所模仿，从而有助于提升企业的持续性竞争优势，帮助企业实现其战略目标。

5. 战略性职业生涯设计与管理

职业生涯是一个人一生经历的与工作相关的经验方式。随着员工的职业生涯发展阶段和生理年龄的改变，其职业需求也有所变化。企业应把员工的个人发展目标与企业的战略目标结合起来，在为每一个员工设计职业生涯时，考虑到员工的个人成长和发展能够支持企业的发展，使员工发展成为企业发展的组成部分，员工职业生涯的规划与设计成为企业战略的组成部分。

因此，战略性的职业生涯设计与管理活动不仅能够有效地满足组织的人力资源需求计划，增强组织培训与开发经费使用的针对性，而且能够充分调动员工的工作积极性，实现组织与员工之间的双赢。因此，无论是对企业来说，还是对员工而言，职业生涯的战略设计与管理都至关重要。事实上，许多优秀的企业一直将这项工作视为人力资源战略管理的核心工作，并专门设置职业生涯管理人员和相应的组织部门，战略性的职业生涯设计与管理业已成为企业吸引和保留优秀人才的重要举措之一。

战略性的职业生涯设计与管理工作是以战略的职位分析为基础,从企业的战略性招聘开始,经过战略性的绩效考核,发掘员工的潜在能力,进行战略性的培训与开发,以战略性的薪酬为激励手段,开辟战略性的职业生涯发展路径,促进员工可持续能力的提升,实现员工和企业共同发展的战略目标。

6. 企业核心文化的战略性整合

企业文化与人力资源战略管理之间存在着密切的联系。人力资源管理学者夏里逊提出,企业文化是一个绝对不能忽略的因素,人力资源战略要有成效,一定要得到企业文化的支持,亦要同时支持企业文化的延续。在人力资源战略管理活动中,企业文化的影响无所不在。

企业若要获取和维持竞争优势、实现战略目标,必须培育、发展并整合四个核心文化,它们是:顾客服务文化,创新驱动文化,营运卓越文化,精神驱动文化。

①顾客服务文化。其根本目的是创造顾客服务解决方案。通过同顾客接近来获得竞争优势,这些公司努力了解顾客想要做什么,预测顾客需求,为顾客创造价值。

②创新驱动文化。其根本目的是创造企业的未来。竞争优势来自释放技术能力创造新产品、新市场。对员工的智力开发应站在技术前沿,与创新文化相匹配。

③营运卓越文化。其根本目的是创造一个营运过程,使得成本最小化和生产率、效率的最大化。竞争优势通过产品和服务的生产及递送的程序来获得。这一文化的基础是持续地改进系统、程序以及产品和服务质量。

④精神驱动文化。其根本目的是创造一个激励员工的环境。竞争优势通过释放员工的无限能量、创造力和热情来实现。精神驱动文化常常包括一个高规格的集团目标,通过它使人们做得更好。

在人力资源战略管理系统中,企业要根据自身企业文化的实际情况,将以上四个核心文化整合到吸引、培育、发展和留住优秀人才的人力资源管理实践中去,用文化凝聚人才。整合的实践可概括为以下几个方面:

(1)深入灵魂。企业应极力寻找深入员工心灵和灵魂的途径,因为优秀的员工不会将他们自己的心灵和灵魂奉献给只提供存货报告和年度计划的公司和组织。

(2)薪酬引导。绩优公司将他们的报酬同核心文化联系起来。他们认为核心文化同报酬系统联系越强,雇员的效率也就越高。

(3)金钱的作用。经验表明,对大多数员工而言,金钱不是基本的驱动器,而是一些深层次的东西在激励着员工。无数调查表明,金钱很少被列为是员工加入、离开公司或对企业作最大贡献的主要原因。

(4) 学习驱动收益。在新经济下,每一个人都是知识工作者,脑力作为基本的生产手段已取代体力。智力资本取代财务资本作为公司的关键竞争优势。学习型组织作为关键的战略举措已取代组织再造。员工也认识到他们的生计取决于学习能力,他们认识到为了生存必须快速提升他们的智力资本。

(5)享受生活。公司整合雇员组织外部的个人生活和组织内部的工作,他们将战略性留人不仅仅看成是使雇员的工作可接受,不仅仅是平衡员工的工作计划。通过将员工的个人生活同组织的文化整合起来,提高优秀员工对组织的忠诚度。

(6)归属感。有归属感的雇员感到同公司有一种强烈的纽带联系。这些雇员会主动参加主要项目,自由地发表他们的意见。他们乐于承担分外的工作。成功留人的关键是将沟通同核心文化联系起来。沟通必定会增强公司雇员的核心文化观,从而使雇员产生认同感和归属感。

(7)轻松的氛围。优秀的雇员肯定会乐于留在工作氛围轻松的公司。公司要极力去创造给人轻松、舒适的环境,从而对员工产生强大的吸引力。

(8)自由。在当今的市场中,限制员工的自由只会削弱组织的快速、灵活的反应能力。

7. 建立战略性劳资关系

战略性劳资关系是指劳动者和用人单位(包括各类企业、个体工商户、事业单位等)在实现劳动过程中建立的战略性经济伙伴关系。这一关系直接影响到用人单位的产出和劳动者的利益。因此,战略性劳资关系是人力资源战略管理系统内一个不可或缺的内容。

(1)战略性劳资关系包括以下三个层次的内容:

①劳资双方的关系。例如,劳动者接受或者辞去工作的选择和企业招用或者解聘员工的选择;企业同意或者拒绝提高工资、提供福利的选择和员工接受或者拒绝某种劳动条件的选择;双方对解决争议方式的选择;等等。

②劳资双方各自组织之间的关系。例如,工会和企业组织的组建与发展;集体谈判与签订集体协议;为达到各自的目的而从事的各种经济行为以及组织之间的相互影响;等等。

③外部环境对劳资关系的影响。例如,政府对劳资关系的法律调整(颁布与就业有关的最低工资法、最低劳动标准法、职业安全等);政府对劳资双方组织活动的规范(颁布有关集体谈判的法律、争议处理程序等);经济环境对劳资关系的影响;社会公众对双方组织与活动的影响等。

可见,战略性劳资关系的主体要素包括员工、企业和政府,并且战略性劳资关系会受到经济、政治和社会文化因素的影响。

战略性劳资关系作为企业重要的社会经济关系,从本质上来说,是一种经济利益关系或财产关系。这一关系的主体要素是处在复杂多变的战略环境下的,企业要求员工与其建立一种以企业战略为纽带的劳动关系,即在企业整体战略目标和员工个人发展战略之间建立某种联系。通过实现企业战略目标,来为员工个人目标的实现提供保障。

(2)建立战略性劳资关系可通过以下基本途径:

① 健全法律体系。法律体系在企业对待员工可采用的潜在和实际的方式上设定了限制。有了相关法律,一旦出现劳动纠纷也有个客观依据予以圆满解决。例如:《公平就业机会法案》确保公司在招聘和培训方面不进行歧视;《平等劳动标准法案》和《公平工资法案》保证员工可以根据其对公司的贡献得到公平的补偿;《职业安全和健康法案》对工作环境的安全和健康提供保护;《劳动法》则寻求对劳资双方的保护,以便使劳资关系能够改善。

②发挥工会的作用。美国学者舒乐(Randall Schuler)认为"成立工会对雇主、雇员都很重要。对雇主来说,工会对雇主管理生机勃勃的人力资源的能力有很大影响;对雇员来说,工会能帮助他们从雇主那里获得必要的东西(例如高工资及职业保障)。"因此,从积极的方面看,工会可以成为建立战略性劳资关系的一支重要力量。

③培训管理人员。企业劳资关系的紧张或者劳动纠纷的产生,很大程度上是由于不合理的报酬、不正当的处罚和解职、侵犯隐私和自尊、不公正的评价提升、不安全的工作环境等。这些都与管理人员的思想作风、法律意识有关。因此,建立战略性劳资关系的重要途径之一就是对管理人员进行培训,使他们增强员工与企业间存在战略关系的意识,掌握处理劳资关系的原则和技巧。

④提高员工职业生活质量。开展员工援助,实行相互合作。在沟通方面,应全面开通各种正式或非正式渠道,经常互相对话,开讨论会;印发宣传企业战略、目标的员工手册,使所有员工熟悉企业实现战略目标的关键信息;回答员工有关福利方面的问题,保证管理人员处事的公正、客观及一致性;还可广泛开展合理化运动,定期进行员工态度调查;等等。

10.2.3　人力资源战略管理的运作

1. 明确企业战略目标与任务

人力资源战略决策者必须了解组织的战略目标,即企业要走向哪里,它计划从事的业务是什么,发展前景如何等,以便掌握可获得的人员的数量和类型。人力资源战略管理,必须建立在由企业管理层共同确定的、符合企业内外各方面利益且得到企业全体员工一致认同的企业战略目标的基础之上,各项人力资源管理活动要为实现企业的战略目标服务。因此,明确企业战略目标与任务,清晰地描绘企业将竭尽全力所要进入的事业,是人力资源战略管理运作的首要步骤。

2. 分析企业内外环境

成功的人力资源战略管理是以准确全面的环境评价为基础的。对企业外部环境的分析主要包括:行业和市场分析、竞争者分析、政治和监管分析、社会分析、人力资源分析、宏观经济分析和技术分析等。进行外部分析的同时,还要对其内部主要的职能部门的优势和劣势进行评价。人力资源战略决策者应对企业的技术储备、资源储备、人力资源现状和职能部门的运营水平有全面的了解。在对企业外部环境和内部资源进行分析后,战略决策者便获得了有关人力资源管理战略形成所需要的信息。

3. 优化企业组织结构

不论人力资源战略管理制定得多么完善,除非其所关联的组织结构是适合的,否则人力资源战略管理的运作就会失败。实质上,没有单一的"最好"结构,成功的人力资源战略管理趋向于寻求结构与运作偶然性间最合适的匹配——为企业特定的内外环境寻找最适合的组织结构形式,以配备合适的人力资源。

4. 制定人力资源管理战略

在企业内外环境得到详细分析的基础上,结合企业的战略目标,并以优化的组织结构作保障,人力资源战略的决策者就能够制定出相应的战略管理内容。其包括制订人力资源战略计划、战略性地招聘与使用人力资源、形成战略性的人力资源培训体系、提供战略性的职业生涯设计、设计战略性的薪酬管理体系,以及建立战略性的劳资关系等。

5. 实施人力资源战略管理

管理者必须在人力资源管理各个职能环节中实施新战略。战略在得到合理的组织结构、技术、人力资源、奖酬体系、信息系统、企业文化和领导风格等方面支持的情况下,将人力资源战略管理的各项计划落实到具体的管理活动中,各个层次的管理者都应参与战略的识别和实施。

6. 反馈与评估人力资源战略

反馈可以显示人力资源战略管理的实施是否按照战略决策运行以及在组织中的哪个部分运行。对人力资源战略管理运作的各项活动进行评估,看它们是否对组织的战略目标的实现产生了应达到的效果。如果存在差异,就要采取相关的更正行动。图 10-2 显示了人力资源战略管理运作的六个步骤:

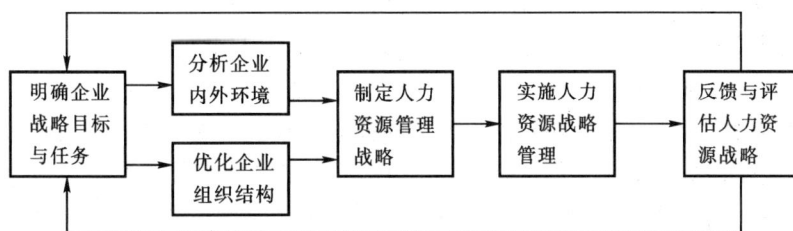

图 10-2　人力资源战略管理的运作

10.3　人力资源战略性外包

新技术的出现使得企业所必需的一些人力资源服务可以越来越多地通过外包的形式提供出去,交给外包专业化程度更高的公司或者机构来管理,企业内部的人力资源管理者得以将更多的精力集中在对企业价值更大的管理实践开发以及战略经营伙伴的形成等功能上。

10.3.1　人力资源外包分析

1. 人力资源外包的涵义、程序和战略意义

人力资源外包(human resource outsourcing,HRO)是企业业务外包的一种形式,指将原来由企业内部人力资源部承担的工作职能,包括员工招聘、员工培训与开发、保险福利和薪酬管理等,通过招标的方式,签约付费委托给专业化外包服务商的做法。专业化的外包服务商有:管理咨询公司、人力资源服务机构、猎头公司、高级会计事务所等。

人力资源外包的基本程序是:外包提出方提供外包项目需求说明,外包承接方给出相应的外包项目计划书,双方沟通、协商,达成正式协议或合同,外包承接方根据协议或合同规定的绩效标准和工作方式完成所承接的活动,外包提出方按规定付费,外包提出方若对承接方的工作不满意,并能出具相关证明,可以中止外包关系,任何一方在未得到另一方接受、允许的情况下违反协议或合同规定,外包关系即行终止。

若干战略和运营因素推动了人力资源外包趋势的形成。从战略角度讲,一些人力资源管理部门试图运用外包管理这一方法来使其精力和资源放在更具有战略意义的角色上。人力资源外包的战略意义体现在以下几点:

(1)降低人力资源管理的运营成本。人力资源外包能够运用比企业内部管理

还低的运营成本来提供比其更有效的人力资源管理工作。对企业而言,外包通过法律确认使企业和外包服务机构之间建立起符合双方利益的风险共担机制,最大限度地降低了企业的连带责任成本。外包为企业提供了一种获取和维护最新人力资源管理技术的途径,为企业节省了大量的技术性投资资金。在外包服务机构一方,因其专门承接大批量的人力资源工作而形成规模经济的低成本运作格局,避免了企业因不熟练专业性业务和不了解外部人力资源市场的运行规律而可能造成的重大损失。因此,人力资源外包是以降低企业的运营成本来提升企业核心竞争力的一种新型人力资源战略管理模式。

(2)聚焦人力资源管理的战略性职能。目前,企业的竞争优势来源于企业控制的战略性资源,企业纷纷在聚焦战略性工作以获取持续竞争优势。人力资源部门如果过多地关注琐碎繁杂的、非核心的作业性管理事务,势必会影响企业对具有战略意义的核心工作的专注,因此人力资源部门开始从过去的"以一般性、事务性、作业性的工作为主"向"以前瞻性、核心性、战略性工作为主"转变。人力资源外包有助于把人力资源部门从日常管理事务中解脱出来,越来越多地参与到制定企业发展战略、组织企业业务活动、构建学习型组织、倡导企业变革、管理员工发展等战略性事务中去,企业人力资源部门也随之从过去的行政总务转变成为高层主管的战略业务伙伴。

(3)提高人力资源管理的工作效率。人力资源战略性外包在保留企业自身的优势业务的基础上,将不具备竞争优势的业务外包给更具竞争优势的组织机构,使企业与外包机构形成了"资源共享、优势互补、双方共赢"的战略联盟与策略伙伴的合作关系,双方共同整合了人力资源管理专家队伍,形成了人才合效力量,共同组合了人力资源管理的最新运作程序、操作技术和信息平台,为企业构建了更广泛、更先进的人力资源管理支撑体系和运作平台,因此,战略性外包模式在人力资源管理中所表现出的高工作效率是企业内部人力资源管理所无法比拟的。

2. 人力资源外包的影响因素

(1)人力资源实践的独特性。这一因素是指人力资源实践是否与企业背景及运作模式具有较强的契合性,人力资源管理问题的解决是否基于对组织历史、文化和战略目标的深入理解。若企业绝大部分人力资源管理活动建立在隐性知识的基础上,其人力资源外包则将面临难以找到服务隐秘性较高的外包服务商,甚至很有可能因服务商工作不合要求而导致企业人力资源外包风险加大、成本上升。

(2)人力资源战略参与度。这是指企业人力资源部门是否参与到重大的企业战略决策中去,是否享有广泛的决策权。若企业人力资源部门扮演的是战略伙伴角色,那么他们将更多地关注与企业战略、文化和绩效高度相关的人力资源活动,而较少关注薪资发放、培训等常规性工作。人力资源部门更多的战略参与性将导致其对人力资源管理各项活动的重视程度不同,并促进人力资源外包趋势的产生。

(3)人力资源管理的积极成果。通过内部人力资源管理活动,掌握企业隐性知识的高层管理者可以通过具体的指导将其知识进行传导和内化,而外包则很难保证基于隐性知识的人力资源管理方法和流程的有效性。那些认为积极的人力资源管理成果取决于组织隐性知识的组织将倾向于人力资源管理活动的内化。

(4)人力资源管理者的晋升机会。该因素是指公司是否重视对人力资源管理者的培训,并为其提供较多的晋升机会。强调内部晋升为员工职业生涯发展打通了道路,使其持续贡献以晋升的方式得到了鼓励,相应地,人力资源管理成本也将降低。因此,强调内部晋升的组织缺乏将人力资源外包的动力。

(5)人力资源需求的不确定性。这种不确定性是指由组织环境、绩效和产品、服务需求的变动所引起的企业员工结构及数量需求的变化性。当企业人力资源需求发生变动,需要对员工的数量和岗位进行调整时,内部人力资源管理活动需要花费较高的成本,如招聘、解雇或培训费用等。而在人力资源外包条件下,服务商可以以低成本在客户群中进行调配。面临较高不确定性的组织更倾向于人力资源外包活动。

(6)薪酬水平。不同的薪酬政策会影响其内部人力资源管理活动的成本,如果企业采取的是薪酬领先战略,那么人力资源外包会降低组织成本。但“薪酬领先”的目的是吸引和保留优秀员工,将涉及核心员工的人力资源外包会影响高新企业的组织绩效。因此,薪酬、培训等常规性人力资源管理活动才是高新企业人力资源外包的主要对象。

(7)组织规模。由于存在规模经济效应,小规模公司中某些人力资源活动发生的频率较小,致使其单位人力资源管理活动成本较高。而大公司的人力资源管理活动具有成本上的相对经济性。所以,小企业较高的人力资源成本促使其进行人力资源外包。

(8)竞争对手的人力资源外包状况。人力资源外包决策是在有限理性下作出的,组织外包选择会受到行业行为的影响,同类企业的人力资源外包状况成为组织人力资源外包的重要参照。

3. 人力资源外包的潜在风险

(1)依赖性风险。在调整或改变运作流程以适应合作需求时,人力资源外包双方之间会产生依赖。企业需要重视人力资源外包时管理流程间的相互关系,尤其在与服务商进行关于管理对象、手段的协同定位,或外包的培训阶段。如果服务商没有有效履行相关的外包职能,由于企业流程间的传递性和相互作用,必然会影响组织其他管理活动。

(2)溢出性风险。人力资源外包中会产生组织机密信息泄露的风险。如果外包职能与其他组织内部活动之间的界面模糊,则溢出性风险会加大。因此,组织在进行人力资源外包时,要把握好私有信息保护和适当信息沟通的平衡,重视外包业务与内部职能间的界面管理。

(3)信任风险。人力资源外包合同的签订是一个耗费精力的谈判过程,并且合同的遵守也充满着各种不确定性。由于可能存在的利益分歧,相互独立的主体间的信任在本质上是有条件的。组织在选择人力资源外包商时,需要对相关候选者的可信任程度进行权衡。

(4)相对精通程度。人力资源外包商可以集聚多个客户的外包活动来取得规模经济,许多大型企业内部的人力资源管理活动因其具备足够的管理规模也可取得高效率。企业在进行人力资源外包决策时,应将内部管理效率、精通程度与外包商的能力作一比较。即使是大公司,包揽全部人力资源管理活动,有时在战略意义上也是低效的。

(5)战略能力风险。公司不能将对其战略产生贡献的任何管理活动外包出去,并且对那些不能直接产生竞争优势,但与竞争优势存在密切相关关系的管理活动外包也要三思而行。如果企业在某项业务上能够保持持续的领先优势,那么这种职能的外包应当控制。此外,组织还需考量是否有足够的精力和资源来对外包服务商进行管理。

组织在外包人力资源管理业务时,特别是在外包涉及组织关键的创新性技术或能力时,要充分估计其潜在风险,同时也要保持其外包战略的灵活性。对公司人力资源职能进行精确的定位,以确定哪些职能需要外包,哪些要保留,并时刻关注外包带来的负面影响,以确保人力资源外包整体上对企业带来正的效应。

在综合考虑人力资源外包的影响因素和潜在风险的基础上,可以设计出一个战略性人力资源外包的决策模型,见图 10-3。

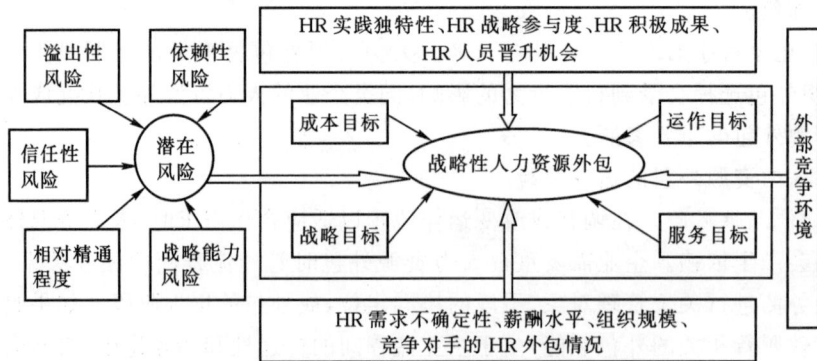

图 10-3 战略性人力资源外包决策模型

10.3.2　人力资源外包的内容及方式选择

1. 人力资源外包的目标和内容

加特纳(Gartner,2003)指出:组织流程外包的主要原因集中于内部管理成本太高、难以雇用和保留专业人员、日常行政事务耗时太多等方面。2003 年安达信(Accenture)的战略人力资源管理外包调查显示:过去五年,人力资源外包市场增长了 11%,外包的主要目的及所占比率为:节省成本,26%;战略集中,23%;增强适应性,22%;增强准确度,18%;利用新技术,18%;缺乏相关经验,18%;获得从其他途径难以获得的服务,17%;集中于核心业务,15%;其他,5%。此外,人力资源外包使管理者增强了对组织流程的控制力。安达信 2004 年的相关调查表明:在实施人力资源外包的一年以内,86% 的受访者——企业高层经理,认为他们对企业的管控能力显著增强了。除成本控制外,被认为增强了控制力的环节及占被调查者比例为:计划能力,47%;商业信息可靠性,39%;削减开支,39%;成本灵活性,38%;掌握经营收入,37%;贯彻管理理念,37%。由此可见,现代人力资源外包的主要驱动因素体现在为企业的成本、战略、服务、运作方面创造价值。

美国国内事务管理局(BNA)2004 年的研究(HR Department Benchmarks and Analysis Survey)指出,五项最普遍的人力资源外包工作为:雇员援助/咨询、(薪酬)支付和账目管理、退休前咨询、离职服务、养老金及养老计划。美国人力资源管理协会(SHRM)2004—2005 年度人力资源外包调查报告显示:后台核算、雇员援助/咨询、支付和账目管理在人力资源完全外包职能中占前三位;医疗福利、养老金管理和薪酬管理在人力资源部分外包职能中居前三甲。布莱恩(Brian,1999)认为人力资源外包包括多项内容,从常规的薪酬支付、人员培训到复杂的人力资源计划。前者涉及一些事务性的人力资源管理活动,后者则包括重要的人力资源系统设计问题,它将对组织绩效和文化产生直接的影响。

具体地,企业可根据战略目标及实际情况,选择下列人力资源外包内容的一种或几种:

(1)组织发展方面:新员工岗前培训、管理人员继任计划设计、向外安置人员等;

(2)人员配置方面:发布招聘广告、招聘面试、调查候选人、员工租赁等;

(3)人员培训方面:管理人员培训、技能培训、安全培训等;

(4)薪酬管理方面:职位评价、薪资调查、薪酬方案设计、薪资发放等;

(5)人力资源信息系统方面:建立计算机信息系统、开发合适的人力资源管理软件等。

2. 人力资源外包的方式选择

不同的企业由于具体情况的差异,在人力资源外包方式选择上会有所不同,对人力资源外包方式实践经验的总结,可提供以下几种方式参考:

(1)全面人力资源职能外包。全面外包是指将企业的绝大部分人力资源职能委托给外包服务商完成的外包方式。这种方式具有较大的风险性,因此,中型和大型企业实行全面外包还应慎重考虑。而小型企业因其人力资源职能相对简单,实行全面人力资源职能外包就比较容易。事实上,目前实行全面人力资源外包的主力军是小型企业。

(2)部分人力资源职能外包。这是大部分企业普遍采用的方式。企业可根据实际情况,将特定的人力资源管理活动(如员工培训、薪资发放等)外包出去,同时在内部保留一部分人力资源职能。如果该方法采用得当,将会获得很好的效益。

(3)人力资源职能人员外包。这种外包方式是指,企业保留其所有的人力资源职能,但由外包服务商提供维持企业内部人力资源职能运作的人员,是一种员工租赁的方法。企业通常采用这种方法要求外包服务商雇用他们现有的人力资源工作人员。

(4)分时外包。在某些情况下,由企业计划相关系统和设备的使用时间,由外包服务商提供技术人员,集中处理企业人力资源管理活动,是企业分时间段引入外包服务的一种方式。

10.3.3　人力资源外包的运作

1. 人力资源外包的运作流程分析

企业人力资源外包的运作流程大体上需要六个步骤,如图 10-4 所示。

(1)分析人力资源外包的可行性。为了使人力资源外包能够快速开展并有效实施起来,企业必须进行可行性论证。对于社会而言,当社会上已经存在着规范运作的成熟外包市场,已经广泛开展网络化、系统化的流程管理,规范经营和专业操作的人力资源外包机构很多且能够在近距离获得的时候,就说明社会上存在着能够满足本企业外包现实要求的可能性;对于企业而言,当企业已经具有先进的人事管理观念和规范的成本控制机制,已经开始培育核心性战略资源优势,已经开始接受外包理念且外包只会在较短时间内给企业造成较轻微的混乱状态,外包确实能够带来比企业内部操作更大的投资回报率,就说明人力资源外包的时机已经成熟了。

(2)确定人力资源外包的项目内容。企业需要结合自身的发展战略和实际需要来确定人力资源战略性外包的内容。员工招聘、工作分析、雇员沟通、培训发展、

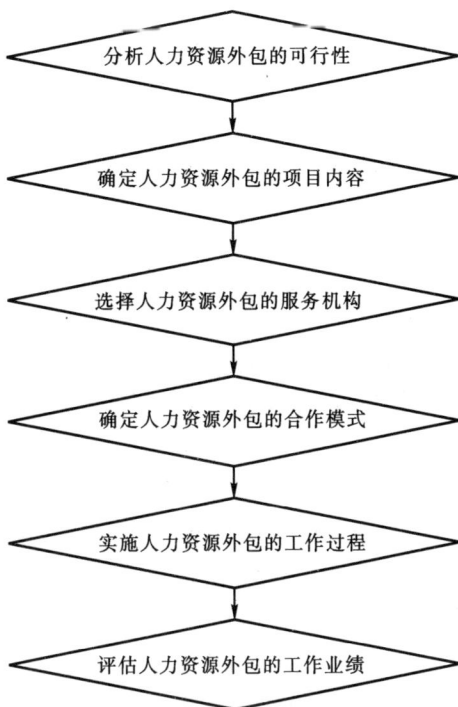

图 10 - 4　企业人力资源外包运作流程图

代发工资、福利待遇、社会保险、档案管理、人才租赁、考勤记录、信息管理、外派人员等基础性日常事务工作,都可以考虑实施外包策略。而企业文化建设、协调内部关系、绩效考核管理、员工职业发展管理、人力资源规划决策等战略性工作,需要企业进行内部化处理。

(3)选择人力资源外包的服务机构。企业实施人力资源外包之后,外包服务机构与企业之间已不是传统的委托与代理关系,取而代之的是一种新型的战略伙伴关系,外包服务机构的服务水准直接决定着企业人力资源管理的现实状况。确定外包服务机构时,企业要考虑以下几个问题:

① 通过对外包服务机构的经营规模和业务现状的全面考察,确定其能否提供与本企业外包要求相吻合的业务范围;

② 通过对外包服务机构的人员素质、硬件设施、软件技术的综合性评估,确定其能否提供与本企业外包要求相匹配的专业能力;

③ 通过对外包服务机构以往的工作业绩和公众评价的调查,确定其能否做到重信誉、守承诺;

④ 通过对外包机构的收费标准与其自身的专业水平、服务质量、信誉程度的同价比较,确定外包服务机构能否以更低的运营成本提供更有效的人力资源管理方面的服务。

(4)确定人力资源外包的合作模式。目前,有三种合作模式在人力资源管理外包中被广泛运用:第一种是全部外包,即企业把全部的人力资源管理业务外包给专业机构实施,小型的企业比较适合这种方式;第二种是部分合作方式,即企业把某一项具体性人力资源工作项目或某一种持续性人力资源工作业务外包给专业机构实施;第三种是企业工作人员外包,企业保留了所有的人力资源管理职能,雇佣外包服务机构来维持人力资源管理活动的正常运转,企业内部员工直接对人力资源外包服务机构负责,企业将内部员工甚至是组织外包给了服务机构。国内个别进军国际市场的企业将员工和组织外包给外企服务总公司,就属于这种类型。

(5)实施人力资源外包的工作过程。在实施人力资源外包工作的过程中,企业与外包机构需要通过不断地互动来建立积极的合作关系,双方共同配置管理资源和操作技术,确定各自的角色定位和职能分工。外包服务机构要全面了解企业未来愿景目标、战略主题思想、核心价值理念、文化底蕴积淀等,在此基础上开展的外包业务就可以规避因不了解企业内部情况或无法进行文化融合而带来的各种风险。企业的人力资源部门应该对外包实施全过程的动态管理,依据人力资源外包的执行时间表的分阶段目标来进行阶段性控制,对外包行动与企业目标之间的偏差实施纠错和调整。

(6)评估人力资源外包的工作业绩。人力资源外包评估,是指采取科学的绩效评价方法,运用合理的绩效考核指标对人力资源管理外包的工作成绩进行价值判断的过程。评估之后,企业必须依据合同书的责任约定及时对外包机构进行奖惩兑现,同时对达标的及未达标的外包工作都进行深层次的原因探讨,并以此为切入点寻找到提高外包效果的关键性行动措施,通过这种良性循环上升运作系统使人力资源外包工作不断地向纵深层次发展。

2. 人力资源外包的管理策略

(1)构筑人力资源战略性外包的思想保障。企业实施人力资源战略性外包旨在提升核心能力,是在保证企业核心价值观不变的前提下,充分利用外部资源更好地服务于全体员工的战略选择。作为一种对传统人力资源管理模式的深刻变革,战略性外包必将导致各种利益的再分配,会遭受多方面的阻力。为此,高层管理者应高度关注,积极沟通协调,赢得企业内部员工的支持,为顺利引进外包作好充分的思想准备。

① 首先要做好人力资源部门员工的思想工作。克服他们的惧怕情绪,一方面,加快人力资源部门角色转变,使其角色定位于推动组织变革、规划员工职业生

涯方面。另一方面,加快人力资源管理者的角色转变,使其角色转化为企业战略决策伙伴、企业变革的推动者、员工的代言人等角色。

② 还要做好企业内部各层面的沟通工作。通过沟通获得企业执行层的全力支持,这是人力资源战略性外包得以顺利实施的基础。

(2)构造人力资源战略性外包的文化保障。实施人力资源战略性外包必须加强文化管理,增强文化协同管理意识。具体而言,应注意以下三个方面:

① 构建明确性、连续性与一致性强的企业文化,树立共同的经营观,加强员工对于企业文化的认同,特别要培育目标一致性的团队文化。

② 营造信任与合作的文化氛围。相互信任有助于加强信息的有效沟通,增进理解与支持,从而更有效地实现企业内外部资源的整合。

③ 利用信息沟通工具,积极主动地消除沟通障碍,缩小信息时滞。

(3)提供人力资源战略性外包的效益保障。为了确保战略性外包在控制经营成本方面的潜在优势,突破成本壁垒,企业应组成一个由高层管理者参加的专家委员会,研究战略性外包的相关成本风险因素,评估可能的成本风险,并将成本作为选择外包商的考量因素。此外,企业还要做好外包的预算、决算工作,运用成本—效益分析方法,对外包的显性与隐性成本进行仔细分析,对外包活动进行过程控制,以便及时根据成本等与效益紧密关联的因素调整外包策略。

(4)构建人力资源战略性外包的信用保障。企业在选择外包服务商时,要调查外包商的专业水平和工作经验,分析其以往外包业务的成功案例,判断其是否能为企业提供有效的服务。

① 对外包商的评估。企业可以运用多种工具,通过多种渠道对外包商进行评估。评估的方面有:

a. 业务能力和专业技能:评估外包商提供必要服务和未来支持的能力;评估外包商在提供服务时所涉及的合作伙伴;评估外包商风险预测与防范能力;获取外包商的客户、信誉度和服务水平等信息;考察外包商提供服务的相关人员的业务能力、道德水平等。

b. 运作过程:考察外包商的政策、程序和标准是否满足人力资源外包项目运行和控制的要求;评估企业能否完整而准确地访问外包商运行维护的信息等。

c. 财务状况:分析外包商的财务报告、年度报告等反映绩效的报告;考察外包商从业时间、市场份额、投资水平、费用支出、波动因素等。

② 对外包商服务质量的管理。企业除了对外包商进行全面、综合的评估外,还要通过详细周密的外包协议或合同来对外包商服务质量进行管理。

a. 建立严格的外包服务管理体系。要求外包商将提供的服务内容量化、明朗化,以便企业科学评估其服务质量。

　　b. 加强外包过程中质量的监控。企业可根据实际情况自行组织或委托专业机构对外包业务进行监测和评估。

　　c. 评价外包商的服务质量。根据相关指标和规定内容对外包商的服务质量进行合理的评价，以便及时作出策略调整。

　　(5)构筑人力资源战略性外包的安全保障。

　　① 向员工强调信息数据对企业竞争发展及员工切实利益的重要性，强化员工的信息安全意识。

　　② 建立企业内部的人力资源信息系统。通过系统将与企业有关的知识、信息整理、记录下来，转化成企业自己的知识，防止企业知识因外包商的变动而流失。

　　③ 加强企业内部计算机网络的安全防护，防止网络泄密。

　　需要注意的是，企业实施人力资源战略性外包后，人力资源执行官或经理的角色就会从负责监管实施这些职能员工转变为卖主关系(即与外包服务商的关系)的管理者。管理这种关系所需的技巧不同于那些直接的监管，而是要参与合同的谈判，具有对更富战略性的问题的敏感度，如了解避免依赖某一个卖方(即外包服务商，下同)的重要性，明确通过契约性的关系来保持服务水平的重要性。表 10-4 提供了管理这种关系的一组指南或建议。

表 10-4　人力资源外包指南

人力资源外包决策
· 不允许墨守成规，除了核心能力以外，所有其他的人力资源活动都应该作为资源外包的候选者
· 确定外包某种活动的愿望来自核心能力的低贡献，来自外部环境的影响或是对该活动的不良管理的某种结果
· 承认人力资源部门的绩效要比该部门人手少与成本低来得重要
· 要谨防承担外包的卖方提供那些照本宣科而不适合公司需要的解决方案
· 避免过度依赖卖方
· 决定对各种人力资源活动需加多少控制以及是否用资源外取保持控制
· 识别资源外取的关键个人利益
人力资源外包卖方的选拔与识别
· 赋予卖方的行业知识以较高的权重
· 对潜在卖方的推荐资料加以审核
· 了解更换外包服务卖方所支付的成本

人力资源外包管理过渡
• 期望内部的人力资源团队抵制资源外取并开发出管理这种抵制的方法
• 以一种支持与卖方之间关系的方式预测冲突以及开发一个解决它的计划
• 预测员工职业生涯的变化
管理卖方关系
• 与外包卖方建立长期的关系,连续性在这种关系中十分重要
• 把员工开发成卖方关系的有效管理者
• 维持那些负责监管卖方关系及了解原来谈判的绩效预测的内部员工的稳定性
• 要定期为每种外包服务招标
监督与评估卖方
• 为人力资源外包各方建立期望、测量方法以及当面报告关系
• 坚持对人力资源外包卖方的高质量的业绩的要求
• 坚持让人力资源外包卖方作经常的、准确的情况汇报,而且一旦有问题要及时通知
• 如果需要,可以在外部顾问的协助下为卖方建立绩效目标
• 通过使用绩效标准来提高卖方的绩效
• 考虑通过对内部顾客的调查来对卖方的绩效作出评估

——资料来源:Greer, C. R. , Youngblood, S. A. , Gray, D. A. . Human resource management outsourcing:The make or buy decision[J]. The Academy of Management Executive, 1999,13(3):85 - 96.

3. 与人力资源外包运作相关的配套机制分析

(1)组织管理机制。在外包的过程中要强化企业人力资源部门的组织管理职能,人力资源部门与外包服务机构的权利关系是授权而非弃权,在人力资源管理外包的考察调研、制定规划、实施运转、效果评估的全过程中,人力资源部门扮演着政策的制定者、计划的规划者、过程的监督者、外包的顾问者、质量的评估者等角色,人力资源部从原先的人事行政机构转化为专业的人力资源管理机构,更好地发挥了它在管理方面的作用。

(2)沟通协调机制。有效畅通的沟通协调机制是人力资源外包快速实施并有效运转的不可或缺的重要工具。

首先,要建立内部员工沟通协调机制。人力资源外包要求有严谨的运行流程、共享的信息资源平台、和谐的人事氛围与之相配套。但是,外包作为一种新型的管理模式必然会带来种种变革,员工对职责分配、人事关系、职业发展定位的改变会焦灼不安,管理者对外包业务转移过程中陌生的业务和可能失败的风险会心存疑虑,企业必须选择适应个体差异的最佳沟通模式向各级员工传达和解释外包的战略意义,消除对变革的恐惧与抵制,形成企业上下齐心合力地支持外包工作的良好氛围。

其次,要建立与外包服务机构的沟通协调机制。人力资源外包之后,企业与外包服务机构之间关于代理行为存在着严重的信息不对称性,这就要求企业和服务机构之间建立信息沟通机制,要定期或在遇到特殊情况时互通信息。

(3)风险预警机制。人力资源外包作为不受企业直接控制的、程序复杂的行为,作为一种方兴未艾、不尽完善的管理模式,作为外包运作市场不够成熟条件下的产物,不可避免地存在着各种各样的风险,企业建立人力资源外包风险预警机制是规避各种风险的重要举措。

首先,企业要与外包机构就相应的外包项目签订书面合同,明确外包工作的绩效考核指标和违约赔偿标准等一系列问题,并建议多采取"短期合作"或"临时契约"的方式来规避因未来环境的不确定性而带来的风险。

其次,从合约的签订到解除的全过程中,企业要进行风险的监控、预防和管理工作。企业应时刻估测出外包风险源的发生概率,提前作出预防措施;企业要保持对外包业务的随时监测和定期评估,将可能产生的危机事件杜绝在萌芽状态里;一旦风险引发了危机事件,企业要冷静沉着应对,及时采取补救措施来妥善化解矛盾、处理危机,力争将外包风险的损失降到最低。

(4)有效激励机制。企业与外包服务机构商之间所形成的代理行为存在着严重的信息不对称,这就产生了外包服务商可以运用欺瞒委托人的办法来满足个人效用的可能性。针对这种可能出现的逆向选择,企业除了采取有效的实施监督措施外,还要采取显性激励措施。建议鼓励外包商通过持股、期股和期权等形式持有本企业的股份,由于股票增值与外包商的切身效益密切相关,外包商势必会从自身利益最大化的角度出发来努力提高企业人力资源管理效率,从而避免外包商由于利己动机和信息不对称性而产生道德沦丧和逆向选择的风险。

(5)法律法规机制。人力资源外包作为一种新兴事物,与其配套的法律法规建设存在着严重的滞后性。例如企业进行人力资源外包之后,外包商必然掌握企业一定程度的核心知识,如果一旦泄密必然会对企业的经营管理造成不可估量的损失,目前我国尚无相应的、完善的法律法规来规范这种行为。因此,建立和完善与人力资源外包相配套的法律法规机制是人力资源战略性外包顺利进行的不可或缺的因素。

10.3.4　人力资源外包管理的发展与展望

人力资源外包是企业探索如何进行战略创新、发挥核心能力、获取竞争优势的创新产物之一。它的发展呈现出以下四个不同于其他管理活动创新趋势的特点：

1. 内容丰富化

企业通过实施人力资源战略性外包能够获取经营绩效的提升，以及外包服务商的业务能力增强，促使人力资源外包从简单的人员培训、薪资发放等内容扩展到员工招募、薪酬规划、员工职业生涯战略性设计等方面，增添了人力资源业务职能和战略规划等更多丰富的内容。由传统的人力资源管理实施方"一枝独秀"（企业内部人力资源部）或"无花开放"（未设置专门的人力资源管理机构）的局面，发展到"百花齐放"（人力资源管理活动外包给一个或多个外包服务商）的壮丽景观。

2. 卖方（外包服务商）联盟化

人力资源外包服务商正在不断地走向联合，大型外包服务商近几年努力并购小型服务商，或与其他服务商结成联盟，力求形成服务的规模效应，拓宽业务领域，增加客户数量。同时，卖方的联盟化，可以使一些同类的外包人力资源职能活动结合起来，在同一时间同一地点进行，如：对 A、B 两个企业的销售人员进行营销道德的培训活动，可以安排两个企业员工的时间交集，在同一场所开展。这样，外包服务的成本大为降低，不同企业的员工还获得了沟通交流的机会，外包服务的质量得到上升。

3. "外包"外包化

"外包"是一种新型的管理模式，而人力资源管理活动的"外包"又因涉及企业、员工个人的利益，是一项对管理人员活动的外部管理，更显示出其复杂多变性，不易为众多企业所接受、认可和应用。当外部同类企业因实施人力资源外包而取得显著效益，人力资源外包成为一种管理潮流和时尚时，企业需要有专门的对外包服务商进行分析、评估和监测管理的机构的支持，即将其什么样的人力资源管理活动外包出去，交给什么样的外包服务商，以及怎样对外包服务商进行管理，如何对外包服务商的服务水平、业务质量、绩效额度进行评价等涉及与外包服务商发生直接或间接关系的活动"外包"出去，亦称为"外包的外包化"。企业的这类需求，催生了人力资源外包专家和对人力资源外包服务商进行接触和管理的机构。

4. 范围全球化

大型外包服务商在市场份额扩张的基础上，制定了全球的人力资源解决方案，将人力资源规划和企业、产业、国家的战略目标相结合，推行人力资源外包管理业务的全球化扩展。眼光之长远、视野之开阔，远非中小型外包服务商所及。也因此，人力资源外包服务商的业务领域、管理规模正逐步走向纵深化、全球化。

本章思考题

1. 什么是人力资源战略管理，人力资源战略管理具有哪些特性？
2. 如何实施人力资源战略管理？
3. 如何根据企业不同的战略类型，展开企业的人力资源管理活动？
4. 与传统的人力资源规划相比，人力资源战略规划有哪些显著特征？
5. 人力资源培训与开发的战略管理实践如何展开？
6. 谈谈你对战略性薪酬管理的理解。
7. 什么是人力资源外包？它的具体内容有哪些？
8. 简述人力资源外包的运作流程及其配套机制。

案例分析

W公司的人力资源外包风险及其规避

W公司成立于1995年，是中国较早成立的专业人才公司。经过10年的时间，W公司不断发展创新，迄今为止举办各种大型招聘会800多届。近年来，W公司通过资本收购不断扩大市场规模，目前旗下已拥有四家人才市场，为数百万人提供人才服务，已经成为"中国最大的民营人才市场"之一。

随着公司业务与规模的不断扩大，公司人力资源管理面临的挑战与压力也越来越大。各业务部门总是抱怨人手不够，同时部分员工又抱怨工作饱和度不够，薪资偏低，年终奖金分配不合理，随意性太大，而管理层没有办法确切了解到人均产值，也很难考察到每个人是否尽力工作。

各业务部门经常大规模招聘，但是看不到业绩的大幅上升。与公司一起成长"打江山"的大量老员工，常常以功臣自居，人浮于事、效率低下。公司管理层经过认真分析，认为这种现象源于长期以来公司没有一套合理的绩效考核体系，薪资不能很好地与绩效挂钩。而W公司的核心优势在于整合"网络＋传统招聘会＋移动通信＋平面媒体"等多种媒介资源，全力打造求职招聘互动的交流平台，为企业招聘与人才求职提供更多的解决之道。管理层经过分析认为，设计绩效考核体系不是自己的优势。同时，经调查发现：在美国，80%的企业将原来由企业人力资源部门承担的许多工作职能外包给专门从事相关服务的外部机构；在加拿大,95%的企业至少有一项人力资源职能外包,而55%的企业计划在5年内将更多的人力资源职能外包。为了集中精力于自己的核心业务,公司决定实行人力资源外包策略,将设计绩效考核体系的工作人力资源外包出去。之后,公司迅速采取了以下措施：

(1)选择人力资源部外包服务商。为了使公司尽快摆脱困境,W公司迅速找到本地一家从事人力资源咨询的公司。在谈判过程中,W公司一味压低外包服务成本,而对咨询公司的其他状况未作详细考察,双方很快签订了外包服务协议。

(2)设计新的绩效考核体系。协议签订后,咨询人员进驻W公司,针对各类岗位有代表性地进行信息收集。一个月后,通过实地观察、访谈等手段,咨询公司制定出W公司各岗位职位说明书,并在此基础上设计W公司的绩效考核体系。按照W公司管理层的计划,新的考核体系的出台,将意味着员工的薪资、奖励以及年终奖等将与考核结果挂钩。

(3)实施新的绩效考核体系。新的绩效考核体系完成后,咨询人员认为他们对此体系最为熟悉,因此建议W公司将绩效考核的实施工作由他们来完成,这一建议得到了W公司的同意,并签订了新的人力资源外包服务协议。

新的绩效考核体系运行半年后,公司的绩效水平没有明显提升,而且在实施过程中不断遭到许多员工的反对,尤其是老员工极为不满。不满主要来自两个方面：一是他们不认可咨询公司收集到的岗位信息的真实性、准确性和全面性;二是新的考核体系是对公司许多原有制度的彻底性破坏与否定,他们难以接受。一部分员工为此相继离开公司。更令公司没有想到的是：咨询人员在绩效考核的过程中,接触到了关于W公司的许多商业信息与个人业绩的数据,借助有用的商业信息为自己赚取外快,同时向其他公司透漏了W公司的员工绩效信息,造成大量优秀人才流向竞争对手,公司再度陷入困境。

——资料来源：W公司的人力资源外包风险及其规避[EB/OL]. 2010-01-07. 清华大学领导力培训项目网,http://www.thldl.org.cn/news/1001/30414.html.

案例讨论

1.请分析W公司人力资源外包活动的风险。

2.为了有效解决W公司在人力资源外包中存在的问题,请你结合本章内容,提出对策。

参考文献

[1] (美)加里·德斯勒. 人力资源管理[M]. 北京:中国人民大学出版社,2002.

[2] (美)劳伦斯·S·克雷曼. 人力资源管理——获取竞争优势的工具[M]. 北京:机械工业出版社,1999.

[3] (美)约翰·M·伊万切维奇,赵曙明. 人力资源管理[M].孙非,等,译.9 版.北京:机械工业出版社,2005.

[4] (美)亚瑟·W·小舍曼,等. 人力资源管理[M].张文贤,主译.11 版. 大连:东北财经大学出版社,2001.

[5] (美)劳埃德·拜厄斯,莱斯利·鲁. 人力资源管理[M]. 李业昆,等译. 7 版.北京:人民邮电出版社,2004.

[6] (美)R·韦恩·蒙迪,等. 人力资源管理[M].葛新权,等,译.6 版. 北京:经济科学出版社,1998.

[7] (美)雷蒙德·A·诺伊. 雇员培训与开发[M]. 徐芳,译.北京:中国人民大学出版社,2001.

[8] 余凯成,等. 人力资源管理[M]. 大连:大连理工大学出版社,2001.

[9] 秦志华. 人力资源管理[M]. 北京:中国人民大学出版社,2000.

[10] 湛新民. 人力资源管理概论[M]. 3 版. 北京:清华大学出版社,2005.

[11] 于桂兰,魏海燕. 人力资源管理[M]. 北京:清华大学出版社,2004.

[12] 窦胜功,卢纪华,戴春凤. 人力资源管理与开发[M]. 北京:清华大学出版社,2005.

[13] 马新建,等. 人力资源管理与开发[M]. 北京:中国石油大学出版社,2003.

[14] 刘建华. 企业人力资源管理咨询与诊断[M]. 北京:中国经济出版社,2003.

[15] 张德. 人力资源开发与管理[M]. 2 版. 北京:清华大学出版社,2001.

[16] 吴国存,李新建. 人力资源开发与管理概论[M]. 天津:南开大学出版社,2001.

[17] 李德. 人力资源开发与管理[M]. 北京:清华大学出版社,2001.

[18] 胡君辰,等. 人力资源开发与管理[M]. 上海:复旦大学出版社,1999.

[19] 钱振波. 人力资源管理[M]. 北京:清华大学出版社,2004.

[20] 赵景华. 人力资源管理[M]. 济南:山东人民出版社,2002.

[21] 李剑锋,杨海辰. 人力资源管理[M]. 北京:经济管理出版社,2004.

[22] 江卫东. 人力资源管理理论与方法[M]. 北京:经济管理出版社,2002.

[23] 吴志华. 人力资源开发与管理[M]. 北京:高等教育出版社,2004.

[24] 陈维政,余凯成,程文文. 人力资源管理[M]. 北京:高等教育出版社,2002.

[25] 董克用,叶向峰. 人力资源管理概论[M]. 北京:中国人民大学出版社,2004.

[26] 郑晓明,吴志明. 工作分析实务手册[M]. 北京:机械工业出版社,2002.

[27] Gary Dessler. Human Resource Management[M]. 8 版. 北京:清华大学出版社,Prentice Hall International,lnc. 2001.

[28] 冉斌. 工作分析与组织设计[M]. 深圳:海天出版社,2002.

[29] 杨旭华,王新超. 卓越人力保证技术:企业人才选聘经典实务[M]. 广州:广东经济出版社,2003.

[30] 张晓彤. 绩效管理实务[M]. 北京:北京大学出版社,2004.

[31] 付亚和,许玉林. 绩效考核与绩效管理.[M] 北京:电子工业出版社,2003.

[32] 付亚和,许玉林. 绩效管理[M]. 上海:复旦大学出版社,2003.

[33] 刘军胜. 薪酬管理实务手册[M].北京:机械工业出版社,2002.

[34] 文跃然. 薪酬管理原理[M]. 上海:复旦大学出版社,2004.

[35] 李剑锋. 劳动关系管理[M]. 北京:对外经济贸易大学出版社,2003.

[36] 王昌硕. 劳动和社会保障法学[M]. 北京:中国劳动社会保障出版社,2005.

[37] 王昌硕. 劳动法学案例教程[M]. 北京:知识产权出版社,2003.

[38] 关怀. 劳动法[M]. 北京:中国人民大学出版社,2003.

[39] 周长征. 劳动法原理[M]. 北京:科学出版社,2004.

[40] 苏倩. 如何处理劳动争议[M]. 北京:北京大学出版社,2004.

[41] 张岩松,李健,等. 人力资源管理案例[M]. 北京:经济管理出版社,2005.

[42] 张议元,陈滨. 企业人力资源管理的发展趋势[J]. 企业研究,2003(2):58 - 59.

[43] 王明辉,凌文轻. 2005 年我国人力资源管理的发展趋势[J]. 人才资源开发,2005(5):25 - 26.

[44] 戴良铁,刘颖. 职业生涯管理的内容[J]. 中国劳动,2001(11).

[45] 杜文举. 双重职业路径 6 守则[J]. 人力资源,2005(10):13.

[46] E・H・施恩. 职业锚理论[J]. 中国人才,2002(9):25 - 27.

[47] 廖泉文. 职业生涯发展的三、三、三理论[J]. 中国人力资源开发,2004(9):21 - 23.

[48] 熊科,刘耀中. 职业生涯管理,递一把梯子给员工[J]. 人力资源,2005(2):22-23.

[49] 马士斌. 生涯通道的设计[J]. 中国人力资源开发,2001(4):51-52.

[50] 王俊强. 人力资源管理的 6 大发展趋势[J]. 企业研究,2005(11):22-23.

[51] 马彩凤. 个人职业生涯的设计步骤[J]. 企业改革与管理,2005(1):66-67.

[52] 王伟伟,王东奎. 论个人事业生涯的管理[J]. 沈阳大学学报,2002(9):32-34.

[53] 刘和东,梁东黎,杨同宇. 构建和谐社会中的协调劳动关系[J]. 贵州财经学院学报,2005(6).

[54] 曾湘泉. 青年就业:我国就业战略研究关注的重要领域[J]. 劳动经济与劳动关系(中国人民大学报刊复印资料),2005(6).

[55] 郭碧坚. 高技术企业经营战略与人力资源管理[J]. 研究与发展管理,2001(12).

[56] 张正堂,刘宁. 战略性人力资源管理及其理论基础[J]. 财经问题研究,2005(1).

[57] 杜运周. 企业战略人力资源管理开发研究[J]. 价值工程,2005(9).

[58] 袁红林. 企业竞争优势与战略性人力资源管理[J]. 生产力研究,2002(6).

[59] 许庆瑞,刘景江,周赵丹. 21 世纪的战略性人力资源管理[J]. 科学学研究,2002(2).

[60] 顾琴轩. 提升企业竞争优势的薪酬战略研究[J]. 上海交通大学学报(社科版),2001(2).